中等职业教育课程改革国家规划新教材
全国中等职业教育教材审定委员会审定

物理

WULI

机械建筑类

主　编　惠和兴
审　定　乔志远　郝　超

语文出版社
·北京·

图书在版编目（CIP）数据

物理 ： 机械建筑类 / 惠和兴主编. — 北京 ： 语文出版社，2011.4（2019.6重印）
ISBN 978-7-80241-222-4

Ⅰ. ①物… Ⅱ. ①惠… Ⅲ. ①物理学—高等职业教育—教材 Ⅳ. ①04

中国版本图书馆CIP数据核字(2012)第273302号

责任编辑 张 程
装帧设计 李建章
出 版 语文出版社
地 址 北京市东城区朝阳门内南小街51号 100010
电子信箱 ywcbsywp@163.com
排 版 语文出版社照排室
印刷装订 北京市科星印刷有限责任公司
发 行 语文出版社 新华书店经销
规 格 787mm×1092mm
开 本 1/16
印 张 24.75
字 数 633千字
版 次 2009年7月第1版
印 次 2019年6月第12次印刷
定 价 32.00元

010-65253954（咨询） 010-65251033（购书） 010-65250075（印装质量）

中等职业教育课程改革国家规划新教材
出 版 说 明

为贯彻《国务院关于大力发展职业教育的决定》（国发〔2005〕35号）精神，落实《教育部关于进一步深化中等职业教育教学改革的若干意见》（教职成〔2008〕8号）关于“加强中等职业教育教材建设，保证教学资源基本质量”的要求，确保新一轮中等职业教育教学改革顺利进行，全面提高教育教学质量，保证高质量教材进课堂，教育部对中等职业学校德育课、文化基础课等必修课程和部分大类专业基础课教材进行了统一规划并组织编写，从2009年秋季学期起，国家规划新教材将陆续提供给全国中等职业学校选用。

国家规划新教材是根据教育部最新发布的德育课程、文化基础课程和部分大类专业基础课程的教学大纲编写，并经全国中等职业教育教材审定委员会审定通过的。新教材紧紧围绕中等职业教育的培养目标，遵循职业教育教学规律，从满足经济社会发展对高素质劳动者和技能型人才的需要出发，在课程结构、教学内容、教学方法等方面进行了新的探索与改革创新，对于提高新时期中等职业学校学生的思想道德水平、科学文化素养和职业能力，促进中等职业教育深化教学改革，提高教育教学质量将起到积极的推动作用。

希望各地、各中等职业学校积极推广和选用国家规划新教材，并在使用过程中，注意总结经验，及时提出修改意见和建议，使之不断完善和提高。

教育部职业教育与成人教育司

2009年5月

前　言

本书是中等职业教育课程改革国家规划新教材，是按照教育部制定的《中等职业学校物理教学大纲》编写而成的。课程的教学任务是：使学生掌握必要的物理基础知识和基本技能，激发学生探索自然、理解自然的兴趣，增强学生的创新意识和实践能力；使学生认识物理对科技进步，对文化、经济和社会发展的影响，帮助学生适应现代生产和现代生活；提高学生的科学文化素质和综合职业能力，帮助学生形成正确的世界观、人生观和价值观。

本课程采用模块化设计方式，本书内容包括大纲中基础模块、机械建筑类职业模块及拓展模块规定的各知识点。考虑到目前中等职业教学的现状和新时代对从业人员的知识和素质要求，编写中我们力求使本书具有以下特色：

1. 在保持物理学科自身知识体系和相关概念准确的前提下，精选经典物理的内容，大幅度降低理论推导和数学演算的难度，同时增加贴近现代科技发展的有关内容，增大了信息量，使课程具有时代气息。

2. 把握学生原有的基础，注意学生感性知识的积累，贯穿物理学的思维方式，由具体到抽象，由易到难，逐步深入。

3. 注重科学素质、创新能力、职业技能和自主学习能力的培养，密切结合生产和生活实际。

4. 设置了演示实验、议一议、做一做、实践活动等教学环节，并配有物理实验、思考题、练习题、习题，适合于学生自学，便于学生自我检测，增强了师生互动和学生之间的互动，以提高学习效率。

5. 注重趣味性和可读性，图文并茂，激发学生的学习兴趣，活跃学习气氛，实现学生从“要我学”到“我要学”的转变。

本书采用国际单位制（SI），同时给出国际计量大会许可的其他单位（如小时、摄氏度、标准大气压等）与SI的换算关系。物理名词符合1996年全国自然科学名词审定委员会公布的《物理学名词》的规定。

为了编写出高质量、高水平的中等职业教育课程改革国家规划新教材，我社成立了中等职业教育课程改革国家规划新教材编写委员会，编委会主任：王旭明、王晓庆；编委会委员（以姓氏笔划为序）：王立善、王社光、方鸣、尹江峰、邓弘、石林百、向伟、李秋芳、张建虹、张景斌、张程、金朝晖、赵大鹏、赵贝、赵曾、柯敬贵、龚双江、彭世东、董强、惠和兴、戴宗显。

本教材的主编是惠和兴，审定是乔志远、郝超。参加教材方案讨论及教材编写的有谭晓春、史晓力、张程、徐伟、孙健、王国庆、姜乃辉等。

由于编者水平有限，缺点和错误在所难免，诚请广大中职教师、学生批评指正。

语文出版社

2009年6月

目录

基础模块

职业模块

拓展模块

基础模块

第一章 运动和力

在我们的周围，无论天上飞的、地上跑的、还是水中游的，到处可见物体的运动，大到宇宙天体，小到微观粒子，无不在运动着，这些运动有什么规律呢？物体又为什么能做不同的运动呢？

1.1 物体运动的描述

运动是自然界最普遍的现象，如图 1.1.1 所示．汽车在公路上飞驰，江水在咆哮着奔向远方，鸟儿在飞翔，树叶在摇动，瀑布直泻千尺，雪花在空中飞舞，运转的机器……自然界的一切物体都在不停地运动．**物体的空间位置随时间的变化，是自然界中最简单、最基本的运动形态，称为机械运动，简称为运动．**

甲　豹的奔跑

乙　车辆的运动

图 1.1.1　物体的运动

工具箱

物体位置的变化叫机械运动，物体运动的快慢用速度表示，物体沿着直线快慢不变的运动叫匀速直线运动．

1．质点的概念　任何物体都有一定的大小和形状．一般情况下，物体运动时，其内部各点的位置变化是不相同的，例如，汽车转弯时外侧一点划过的弧就比内侧一点划过的弧要长一些．要详细描述物体的运动，并不是一件简单的事．但是，在某些情况下却可以不考虑物体的大小和形状，从而使问题简化. 一列火车在铁轨上行驶，它的发动机、传动机构及车轮的运动是很复杂的. 但是当我们只关心列车整体的运动情况时，上述运动均可不予考虑，而用一个“点”的运动代替列车这个庞然大物的运动. 这时，我们突出“物体具有质量”这一要素，**把它简化为一个有质量的点，称为质点**.

一个物体能否看做质点是相对的，要看问题的具体情况而定. 例如，在平直铁轨上行驶的列车，如图 1.1.2 所示，车厢上各点运动情况相同，

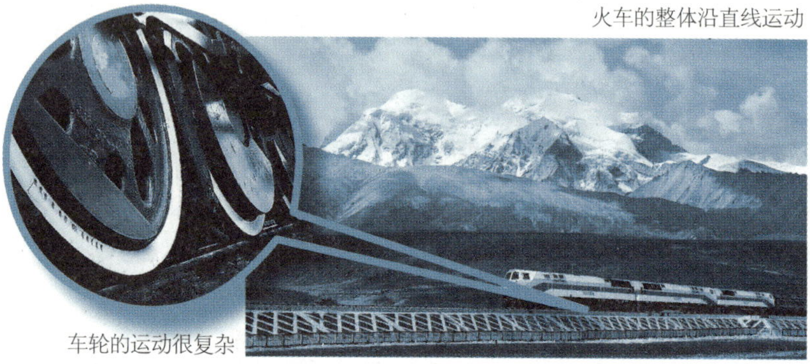

图 1.1.2　火车在什么情况下可以看成质点，什么情况下不能看成质点

若研究火车的整体运动，可把火车看做质点. 研究地球的公转时，地球的大小可以忽略；研究宇宙飞船在轨道上的运动时，飞船的大小也可以忽略. 这时可以把地球、飞船看做质点.

从这些例子可以看出，一个物体能否看成质点，取决于它的形状和大小在所研究问题中是否可以忽略不计，而跟自身体积的大小、质量的多少和运动速度的大小无关. 如果物体的形状和大小对研究问题的影响可以忽略不计，就可把物体看成质点，一般研究物体的转动时不能把物体看做质点. 质点是一种科学抽象，是一种理想化的模型，在物理学中，突出问题的主要方面，忽略次要因素，建立理想化的“物理模型”，是经常采用的一种科学研究方法. 质点就是这种物理模型之一，**“理想模型”**的建立具有十分重要的意义. 引入“理想模型”可以使问题的处理大为简化，而又不会发生大的偏差. 在现实

议一议

图 1.1.3 运动的地球

地球是一个庞然大物，如图 1.1.3 所示，直径约为 12800km，与太阳相距 1.5×10^8km. 研究地球绕太阳的公转时，能不能把它看成质点？研究地面上各处季节变化时，能不能把它看成质点？

世界中，有许多实际的事物与这种“理想模型”十分接近，在一定条件下，作为一种近似处理，可以把实际事物当作“理想模型”来处理，即可以将研究“理想模型”的结果直接地应用于实际事物.“理想模型”的方法也是一种解决物理问题的重要思维方法.

2. 时间和时刻 时间和时刻既有联系又有区别. 比如说我们上午 8 点上课，8 点 45 分下课，这里的“8 点”和“8 点 45 分”是这一节课的开始和结束的时刻，而这两个时刻之间相隔 45 分，这个“45 分”则是两个时刻之间的时间间隔（图 1.1.4）. **在表示时间的数轴上，时刻用点表示，时间间隔用线段表示**. 日常生活中人们说的“时间”，有时指的是时刻，有时指的是时间间隔，很不科学，同学们今后要科学区分.

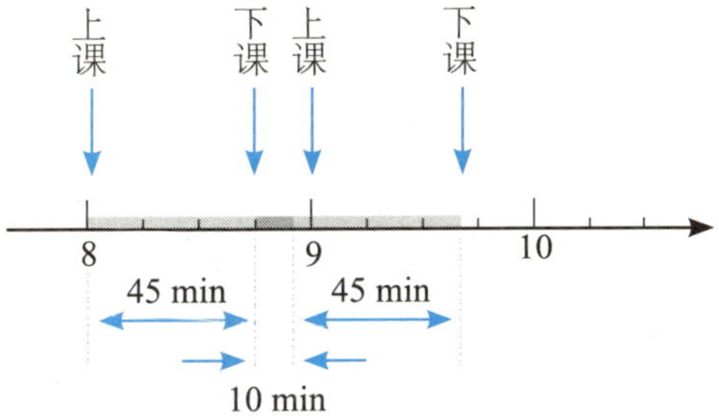

图 1.1.4　时间与时刻

想一想

我国在 2003 年 10 月成功地进行了首次载人航天飞行. 10 月 15 日 09 点 0 分，“神舟”五号飞船点火，经 9 小时 40 分 50 秒，至 15 日 18 点 40 分 50 秒开始，我国宇航员杨利伟在太空中展示中国国旗和联合国国旗，请指出上面的数据哪些指的是时刻，哪些指的是时间？

3. 运动的相对性和绝对性 自然界的一切物体都处于永恒的运动中，绝对静止的物体是不存在的. 所以我们说**运动是绝对的**. 但是，描述某一个物体的位置及其随时间的变化，却又总是相对于其它物体而言的，这便是运动的相对性. 可见，要描述一个物体的运动，首先要选定某个其它物体做参考，观察物体相对于这个“其它物体”的位置是否随时间变化，以及怎样变化，这种用来做参考的物体称为**参照系**.

描述一个物体的运动时，可以任意选择参照系. 但选择不同的参照系来观察同一物体的运动，其结果会有所不同. 例如，坐在行驶的火车中的乘客，如果以车厢作参照系，他是静止的；如果以地面作参照系，他是随车箱一起运动的. 从匀速飞行的飞机上向地面空投物资，飞机上的人以飞机作参照系，

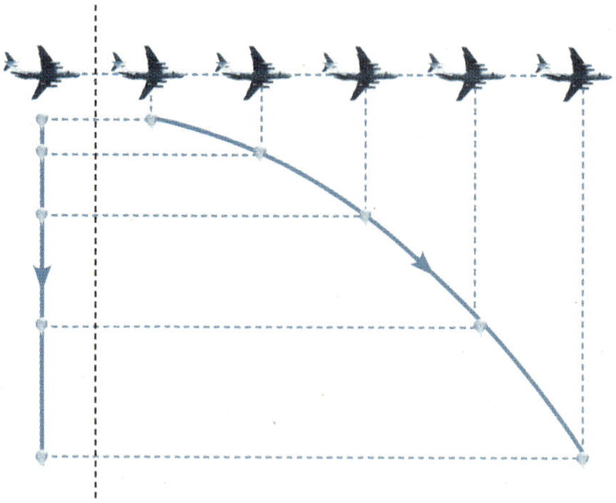

甲　匀速飞行的飞机空投物资

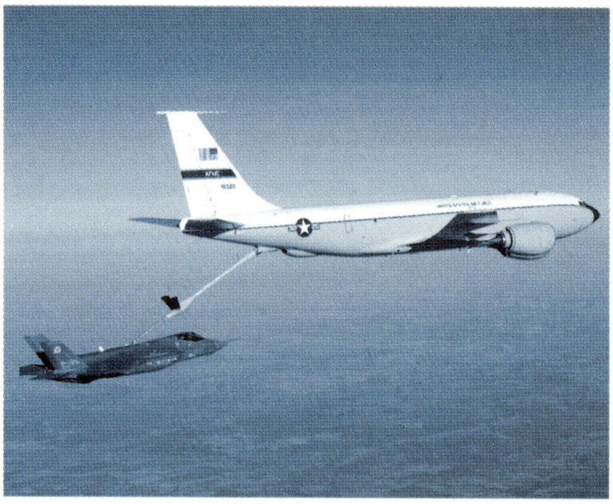

乙　飞机和空中加油机相对静止

图 1.1.5

看到投下的物体是沿直线竖直下落的，地面上的人以地面作参照系，看到物体是沿着曲线下落的，如图 1.1.5 所示.

由于运动描述的相对性，凡是讲到运动，都应该弄清楚它是相对于哪个参照系而言的. 参照系的选择是个重要问题，选取得当，会使问题的研究变得简单、方便. 通常，如无特殊说明则指相对于地面.

4. 路程和位移　由北京去上海，你可以选择不同的交通方式，可以坐火车，也可以乘飞机，还可以坐汽车到天津换乘轮船. 显然，使用不同的交通工具，你所通过的路径，也就是运动轨迹是不一样的. **路程是物体运动轨迹的长度**. 可见，选择不同的路径，你所经过的路程是不相同的，但是，就位置的变动来说，你总是由初位置北京到达了东南方向直线距离约 1080km 的上海（图 1.1.6）.

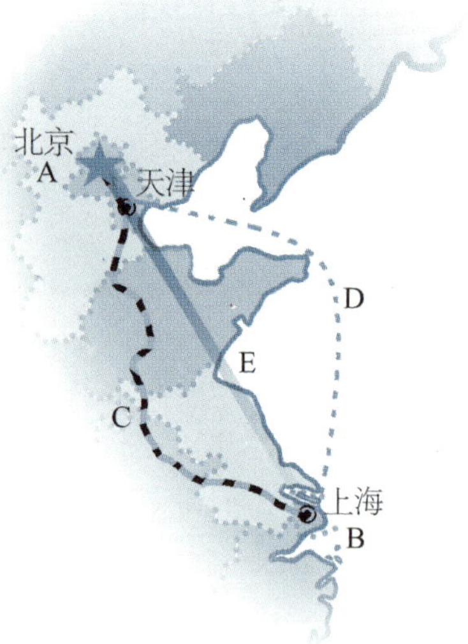

图 1.1.6　沿不同路径从北京到上海

一般来说，当物体从某一点 A 运动到另一点 B 时，尽管可以沿不同的轨迹、走过不同的路程，但位置的变动是相同的. 在物理学中用一个叫做**位移**的物理量来表示物体（质点）的位置变化. 我们从初位置到末位置做一条有向线段，用这条有向线段表示位移，如图 1.1.7

中的有向线段 AB，位移的大小是始末两点间的距离，位移的方向由始位置指向末位置.

在物理学中，像位移这样的物理量叫做**矢量**，它既有大小又有方向；而像温度、质量、长度、时间这些物理量叫做**标量**，它们只有大小，没有方向.

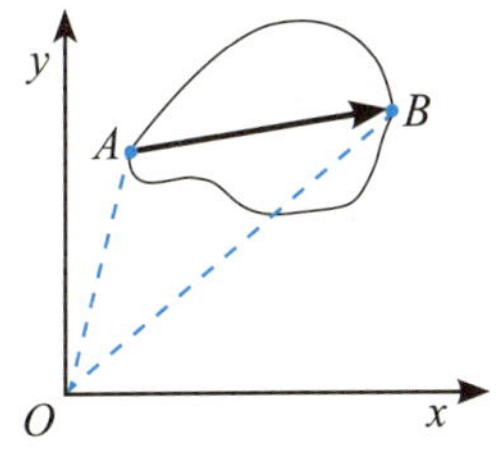

图 1.1.7　物体从 A 到 B 时，轨迹不同但位移都是相同的

矢量相加与标量相加遵从不同的法则. 例如，一个袋子中原来有 20kg 玉米，又放入 10kg 玉米，那么现在玉米的质量是 30kg. 也就是说，两个标量相加遵从代数加法的法则. 矢量相加的法则与此不同，后面我们会逐步学习.

议一议

怎样用数学的方法描述直线运动的位置和位移？

例1 如图 1.1.8 所示，汽车在时刻 t_1 处于"位置" $x_1 = 10\text{m}$，在时刻 t_2 运动到"位置" $x_2 = 30\text{m}$，求汽车的位移？

解析： 物体的"位移" $\Delta x = x_2 - x_1 = 30\text{m} - 10\text{m} = 20\text{m}$. 位移为正值表示位移方向与 x 轴正方向相同.

可见，要描述直线运动的位置和位移，只需建立一维坐标系，用坐标表示位置，用位置坐标的变化量表示物体位移，位置坐标的变化量用终点的坐标减去起点的坐标.

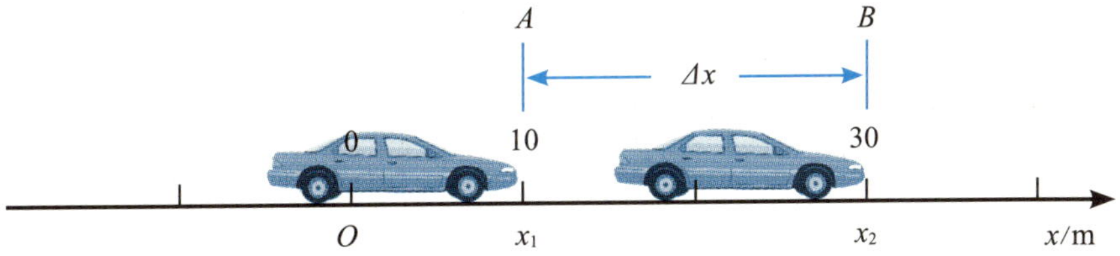

图 1.1.8　可用一维坐标表示物体位置

想一想

一个人向东运动了 30m，然后又向北运动了 40m，这个人的位移该如何描述？

5. 速度和速率　不同的运动，位置变化的快慢和方向往往不同. 描述物体运动快慢和方向的物理量称为**速度**.

物理学中用位移与发生这个位移所用时间的比值表示物体运动的快慢和方向，这就是速度. 通常用字母 v 表示.

例如，汽车在 2h 内行驶 80km，自行车在相同时间内沿同方向行驶了5km，两者速度方向相同，但速度大小不同，汽车速度的大小等于40km/h，读做40千米每小时. 自行车速度的大小等于2.5km/h，汽车比自行车快. 速度的大小描述物体运动的快慢. 又如，汽车甲在2h内向东行驶80km，汽车乙在2h内向南行驶80km，两者速度大小都是40km/h，但方向不同，故两者的速度是不同的.

速度是矢量，既有大小，又有方向. 速度的大小在数值上等于单位时间内物体位移的大小，速度的方向就是物体运动的方向.

如果物体沿 x 轴运动，在时间 Δt 内位移是 Δx，则它的速度

$$v = \frac{\Delta x}{\Delta t} \qquad (1.1.1)$$

如果此值为正，则速度方向沿 x 轴正向，如果此值为负，则速度方向沿 x 轴相反方向. 即对于一维运动的物体，在选定了正方向后，速度的方向由正负号表示.

在国际单位制中，位移的单位是“米”（m），时间的单位是“秒”（s），速度的单位是米每秒，符号是 m/s 或 ms^{-1}. 常用的单位还有千米每小时（km/h 或 kmh^{-1}）、厘米每秒（cm/s 或 cms^{-1}）等.

一般说来，物体在某一时间间隔内，运动的快慢不一定是时时一样的，所以由 $v = \frac{\Delta x}{\Delta t}$ 求得的速度，表示的只是物体在时间间隔 Δt 内的平均快慢程度，称为**平均速度**. 显然，平均速度只能粗略地描述运动的快慢. 为了使描述精确些，可以把 Δt 取得小一些. 物体在从 t 到 $t+\Delta t$ 这样一个较小的时间间隔内，运动快慢的差异也就小一些. Δt 越小，运动的描述就越精确. 如果 Δt 非常非常小，就可以认为 $\frac{\Delta x}{\Delta t}$ 表示的是物体在时刻 t 的速度，这个速度叫做**瞬时速度**. 我们在初中学到的匀速直线运动，就是瞬时速度保持不变的运动. 在这种运动中，平均速度与任意一个时刻的瞬时速度相等.

在物理学中瞬时速度的大小叫做**瞬时速率**，简称速率. 它只有大小，没有方向，是标量.

例2 一辆汽车沿平直的公路行驶，在前2s内向东通过了25m，在前4s内向东通过60m，求汽车在最初2s内的平均速度和这4s内的平均速度各是多少？

解析：所求问题是不同时间内的平均速度，要紧扣平均速度的定义，

用位移除以发生这段位移所需的时间，并且必须注意时间和位移的对应关系．最初2s内的时间为2s，位移大小为25m；前4s的时间间隔为4s，位移大小为60m.

根据平均速度的定义公式：

最初2s内的平均速度是：$v=\frac{\Delta x}{\Delta t}=\frac{15}{2}$ m/s = 12.5m/s，方向向东.

前4s内的平均速度是：$v=\frac{\Delta x}{\Delta t}=\frac{60}{4}$ m/s = 15m/s，方向向东.

注意：在求解矢量时不但要求出大小，还要回答方向.

观察与思考

图1.1.9是行驶中的汽车速度表指针的读数，它指示的是平均速度还是瞬时速度？

图1.1.9　行驶中的汽车速度表的指针

练习

1. 如图1.1.10，在标准的运动场上将要进行1500米赛跑，上午9点20分50秒，发令枪响，某运动员从跑道上最内圈的起跑点出发，绕运动场跑了3圈多，到达终点，成绩是4分38秒．请根据上面的信息讨论以下问题，并注意题中有关时间、时刻、路程、位置变化的准确含义.

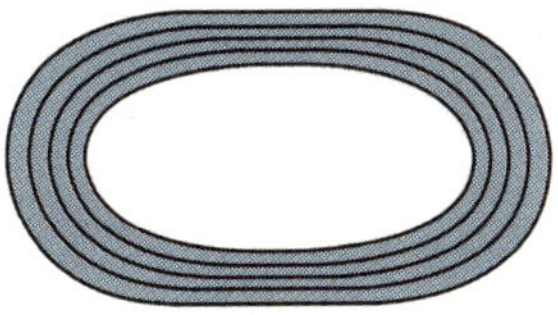

图1.1.10

(1) 该运动员从起跑点到达终点所花的时间是多少？起跑和到达的时刻分别是多少？

(2) 该运动员跑过的路程是多少？他的位置变化如何？

2. 京九铁路北京西至深圳某一车次运行的时刻表如下表，设火车在表中路段做直线运动，且在每一个车站都能准点开出，准点到达.

北京西→深圳	自北京西起（公里）	站　名	北京西←深圳
22:08 开	0	北京西	– 6:35 到
23:30 到 23:32 开	92	霸州	5:22 开 5:20 到
0:08 到 0:11 开	147	任丘	4:39 开 4:36 到
1:39 到 1:45 开	274	衡水	3:10 开 3:04 到
…	…	…	…

(1) 火车由北京西站开出直至到达霸州车站，运动的平均速度是多大?

(2) 火车由霸州车站开出直至到达衡水车站，运动的平均速度是多大?

(3) 在零时 10 分这一时刻，火车的瞬时速度是多少?

1.2 匀变速直线运动

观察与思考

如图 1.2.1 所示，大卡车约在 100 秒内速度由零达到 100km/h，一辆小汽车在 20 秒内速度由零达到 100km/h，而一辆赛车在 5 秒内速度由零达到 100km/h. 谁的速度“增加”得比较快呢？它们的速度平均 1 秒各增加多少？

图 1.2.1

议一议

讨论并举例说明“速度大”“速度变化大”“速度变化快”这三种不同情况.

1. 加速度 不同物体运动时速度变化的快慢往往是不同的. 例如，运动员投出铅球时，铅球的速度可以在 0.2s 内由零增加到 17m/s，它每秒速度的增加等于 $\frac{(17-0)\text{m/s}}{0.2\text{s}}=85\text{m/s}^2$. 一门迫击炮射击时，炮弹在炮筒中的速度在 0.005s 内就可以由零增加到 250m/s，每秒速度的增加等于$\frac{(250-0)\text{m/s}}{0.005\text{s}}=5\times10^4\text{m/s}^2$. 可见，炮弹的速度变化比铅球的速度变化要快得多.

为了描述物体运动速度变化的快慢这一特征，我们引入加速度的概念：**加速度是表示速度改变快慢的物理量，它等于速度的改变跟发生这一改变所用时间的比值**. 通常用 a 表示. 若用 Δv 表示速度在时间间隔 Δt 内发生的变化，则有

$$a=\frac{\Delta v}{\Delta t} \qquad (1.2.1)$$

在国际单位制中，加速度的单位是米每二次方秒，符号是 m/s^2 或 $\text{m}\cdot\text{s}^{-2}$. 加速度也是矢量，既有大小，又有方向. 下面我们探究一下直线运动中加速度的方向与速度方向的关系，如图 1.2.2.

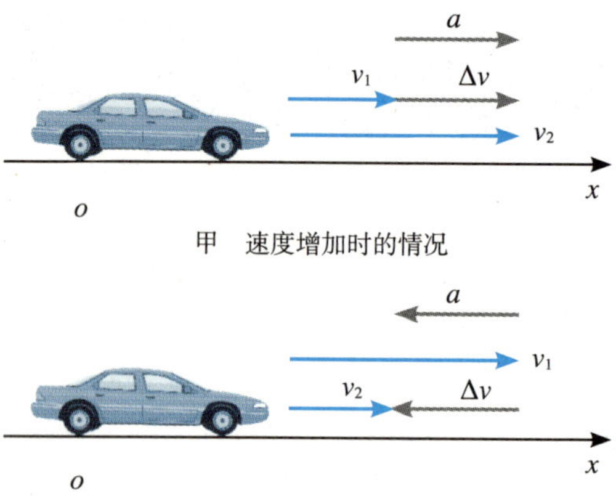

甲　速度增加时的情况

乙　速度减小时的情况

图 1.2.2　加速度方向与速度方向的关系

汽车原来的速度 v_1，经过一小段时间 Δt 之后，速度变为 v_2．为了在图 1.2.2 中表示加速度，我们以原来的速度 v_1 的箭头端为起点，以后来的速度 v_2 箭头端为终点，作出一个新的箭头，它就表示速度的变化量 Δv．由于加速度 $a = \dfrac{\Delta v}{\Delta t}$，$\Delta t$ 是标量，所以加速度的方向与速度的变化量 Δv 的方向相同；确定了速度变化量 Δv 的方向，也就确定了加速度的方向．从图 1.2.2 中可以看出：在直线运动中，如果速度增加，加速度方向与速度方向相同，如果速度减少，加速度方向与速度方向相反．

若初速度 v_0 方向取为正，当物体加速时，则 $\Delta v = v_2 - v_1 > 0$，加速度 a 的计算值为正值，a 为正值则表示 a 的方向与初速度的方向相同；反之，若加速度 a 与初速度同向时，则这个直线运动为加速运动．

若初速度 v_0 方向取为正，当物体是减速时，则 $\Delta v = v_2 - v_1 < 0$，加速度 a 的计算值为负值，a 为负值则表示 a 的方向与初速度的方向相反；反之，若加速度 a 与初速度反向时，则这个直线运动为减速运动．

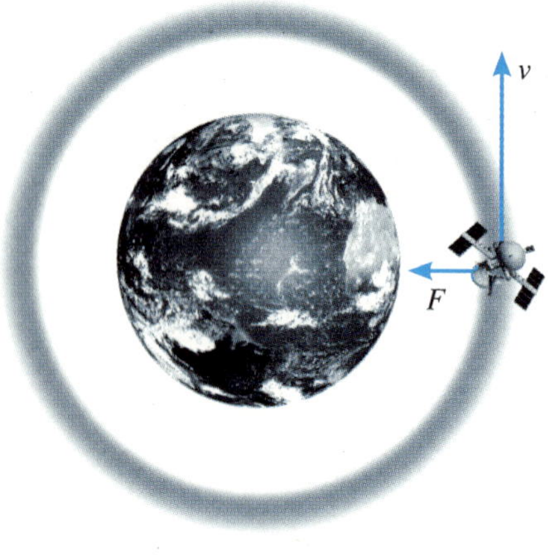

图 1.2.3　绕地球转动的人造卫星

当加速度 a 的方向与初速度 v_0 方向不在一条直线时，物体做曲线运动．如汽车拐弯、平抛出的物体等．有时物体运动的速度大小不变，但速度方向在变化，也有加速度，如图 1.2.3 所示绕地球转动的人造卫星就属于这种情况．

就像平均速度与瞬时速度那样，

加速度也有**平均加速度**与**瞬时加速度**之分. 一般说来，物体在某一时间间隔内，速度变化的快慢不一定是时时一样的，所以由 $a=\frac{\Delta v}{\Delta t}$ 求得的加速度，表示的只是物体在时间间隔 Δt 内的速度平均变化快慢，称为**平均加速度**. 显然，平均加速度只能粗略地描述速度变化快慢. 为了使描述更精确些，可以把 Δt 取得小一些. 物体在从 t 到 $t+\Delta t$ 这样一个较小的时间间隔内，速度变化快慢的差异也就小一些. Δt 越小，运动的描述就越精确，如果 Δt 非常非常小，就可以认为 $\frac{\Delta v}{\Delta t}$ 表示的是物体在时刻 t 的加速度，这个加速度叫做**瞬时加速度**. 如果物体做匀变速运动，那么平均加速度等于瞬时加速度.

例1 做匀加速运动的火车，在 20s 内速度从 10m/s 增加到 20m/s，求火车加速度的大小. 当汽车紧急刹车时做匀减速运动，在 2s 内速度从 10m/s 减小到零，求汽车的加速度大小.

解析： 这是利用公式 $a=\frac{\Delta v}{\Delta t}$ 求解 a 的题目. 火车的初速度、末速度、加速度和加速运动的时间分别用 v_0、v_t、a 和 t 表示. 汽车的初速度、末速度、加速度和刹车的时间分别用 v_0'、v_t'、a'、t'来表示.

（1）由于 $v_0=10\text{m/s}$，$v_t=20\text{m/s}$，$t=20\text{s}$，所以火车的加速度

$$a=\frac{\Delta v}{\Delta t}=\frac{v_t-v_0}{t}=\frac{20-10}{20}\text{m/s}^2=0.5\text{m/s}^2.$$

（2）由于 $v_0'=10\text{m/s}$，$v_t'=0$，$t'=2\text{s}$，所以汽车的加速度

$$a'=\frac{\Delta v'}{\Delta t}=\frac{v'_t-v'_0}{t'}=\frac{0-10}{2}\text{m/s}^2=-5\text{m/s}^2.$$

答： 火车的加速度的大小是 0.5m/s^2，汽车紧急刹车时的加速度大小是 5m/s^2，负号在这里表示汽车做减速运动.

议一议

图 1.2.4　上海磁悬浮列车

如图 1.2.4 所示“上海磁悬浮列车的最高速度可达 430km/h，它的加速度一定很大.”这一说法对吗？为什么？加速度逐渐减小，速度就逐渐减小吗？

2. 匀变速直线运动的规律 物体作直线运动时，如果在任意相等的时间间隔内速度的变化都相等，这种运动称为**匀变速直线运动**. 如果物体的速度是均匀增加的，称为**匀加速直线运动**；如果物体的速度是均匀减少的，称为**匀减速直线运动**，它们

统称为匀变速直线运动. 匀变速直线运动是一种理想化的运动模型. 生活中的许多运动由于受到多种因素的影响，运动规律往往比较复杂，但我们忽略某些次要因素后，有时也可以把它们看成是匀变速直线运动.

在匀变速直线运动中，运动物体的速度变化是均匀的，即加速度在整个运动过程中保持恒定，由加速度公式 $a=\frac{v_t-v_0}{t}$ 可以得到速度和时间的关系

$$v_t=v_0+at \qquad (1.2.2)$$

这个公式称为匀变速直线运动的**速度公式**. 如果匀变速直线运动的初速度为零，上式可简化为 $v_t=at$，此式表明，初速度为零的匀加速直线运动的速度和时间成正比.

在匀变速直线运动中，速度是均匀变化的，它在时间 t 内的平均速度等于它在这段时间内的初速度 v_0 和末速度 v_t 的平均值，即

$$\bar{v}=\frac{v_0+v_t}{2}$$

由平均速度的公式 $\bar{v}=\frac{x}{t}$，得

$$x=\bar{v}t=\frac{v_0+v_t}{2}t$$

将 $v_t=v_0+at$ 代入上式，得

$$x=v_0t+\frac{1}{2}at^2 \qquad (1.2.3)$$

这个公式称为匀变速直线运动的**位移公式，**它给出了做匀变速直线运动物体的位移随时间变化的规律.

例2 一辆汽车原来沿直线匀速行驶，然后以 $1\mathrm{m/s^2}$ 的加速度加快行驶，从加快行驶开始，经 12s 行驶了 180m. 汽车加速时的速度是多大?

解析：在这个问题中，加速度 a、行驶时间 t 和行驶距离 s 都是已知量，由位移公式 $x=v_0t+\frac{1}{2}at^2$ 解出 v_0，就是汽车开始加速时的速度.

汽车加速时，速度越来越大，加速度的方向与速度的方向相同，取速度的方向为正方向，加速度为正值，即 $a=1\mathrm{m/s^2}$.

根据题意，$a=1\mathrm{m/s^2}$，$t=12\mathrm{s}$，$s=180\mathrm{m}$，由公式 $s=v_0t+\frac{1}{2}at^2$ 可解出

$$v_0=\frac{s}{t}-\frac{1}{2}at=\frac{180\mathrm{m}}{12\mathrm{s}}-\frac{1}{2}\times1\mathrm{m/s^2}\times12\mathrm{s}=9\mathrm{m/s}$$

即汽车开始加速时的速度是 9m/s.

速度公式（1.2.2）和位移公式（1.2.3）所反应的是速度和位移各自与时间的函数关系，而速度和位移之间也存在一定的函数关系．联立速度公式和位移公式，消去时间 t 后，即得到匀变速直线运动的速度和位移的关系：

$$v_t^2 - v_0^2 = 2as \quad (1.2.4)$$

这个公式称为**速度－位移公式**.

匀速直线运动的速度是恒定的，不随时间而改变．如果我们在平面直角坐标系中用纵轴表示速度，横轴表示时间，作出它的速度－时间图像，简称 $v-t$ 图像或速度图像，可以看出它的 $v-t$ 图像是一条平行于时间轴的直线，如图 1.2.5 所示.

从匀速直线运动的速度图像不仅可以看出速度的大小，而且可以求出位移．运动物体在时间 t 内的位移 $s = vt$，在速度图像中，对应着边长分别为 v 和 t 的一块矩形的面积，如图 1.2.6 中画斜线的部分.

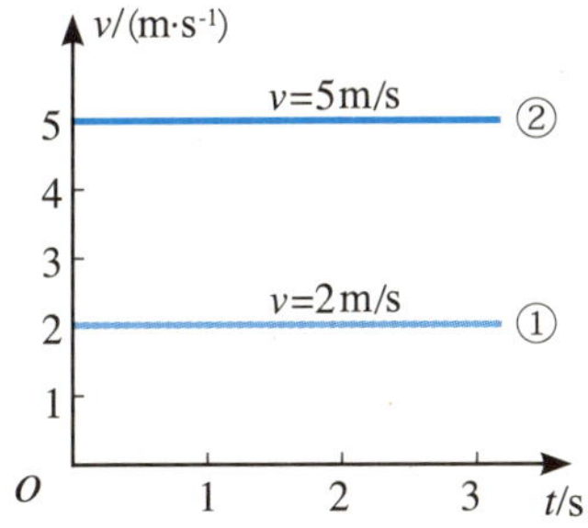

图 1.2.5　速度－时间图像，①②表示两个不同速度

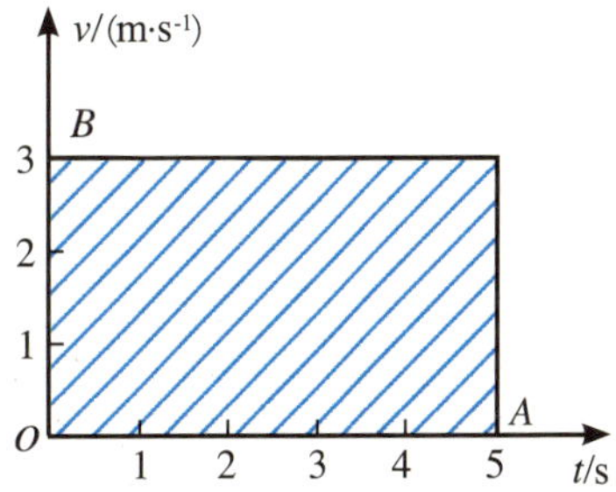

图 1.2.6　“面积”代表位移

在匀变速直线运动速度公式 $v_t = v_0 + at$ 中，由于 a 恒定，所以速度 v_t 是时间 t 的一次函数，它的函数图像是一条直线．如图 1.2.7 所示，是某同学记录下的汽车加速时不同时刻速度统计数据所绘出 $v-t$ 图像.

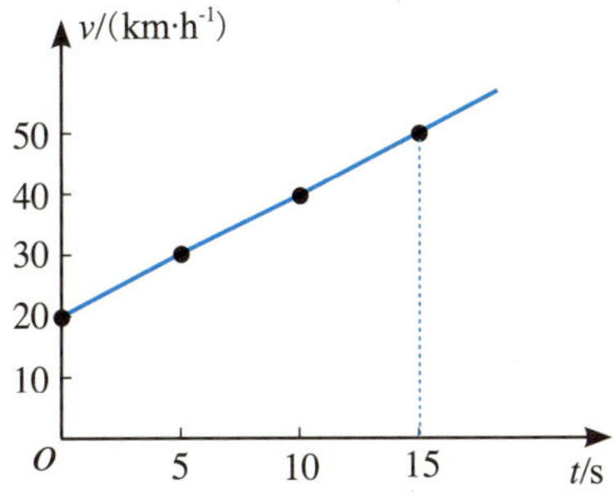

图 1.2.7　汽车加速时速度图像

从图像可以看出，汽车每隔 5 秒，速度增加 10km/h．由位移 $s = \bar{v} \cdot t = \frac{v_0 + v_t}{2} t$ 可以看出，速度与时间围成的梯形面积代表位移.

议一议

如图 1.2.8 所示是质点运动的速度图像，讨论一下图线下面积的算术和代表什么物理意义，图线下面积的代数和代表什么物理意义.

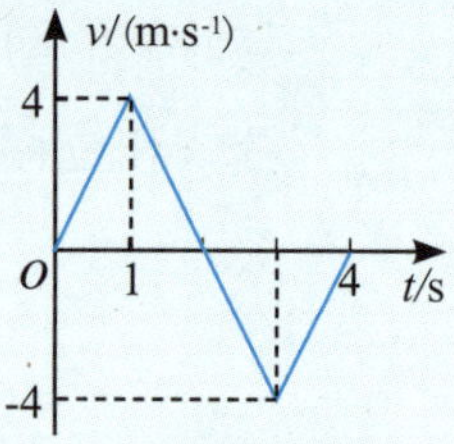

图1.2.8　某物体速度图像

3. 自由落体运动　物体下落的运动是一种常见的运动.

古希腊哲学家亚里士多德是一位知识渊博的伟大学者，那时候的哲学包括一切科学. 亚里士多德研究了物体下落的现象. 他认为，物体下落的快慢是由它们所受的重力决定的，物体越重，下落得越快. 在此后两千多年的时间里，人们一直信奉他的这种看法. 到了十七世纪，伟大的物理学家伽利略首先通过观察发现了亚里士多德这个观点的内部矛盾：按亚里士多德的论断，一块大石头下落的速度要比一块小石头的下落速度大. 假定大石头的下落速度为 8，小石头的下落速度为 4，当我们把两块石头拴在一起时，下落快的会被下落慢的拖着而减慢，下落慢的会被下落快的拖着而加快，结果整个系统的下落速度应该大于 4 小于 8. 但是两块石头拴在一起，加起来比大石头还要重，因此下落速度应该大于 8. 可见，就从重物体比轻物体下落得快的假设，推出了重物体比轻物体下落得慢的结论. 亚里士多德的理论陷入了自相矛盾的境地. 伽利略由此推断重物体不会比轻物体下落得快.

亚里士多德（公元前 384 – 公元前 322）古希腊伟大的哲学家

伽利略（1564 – 1642）意大利物理学家、天文学家和哲学家

观察与思考

在同一高度同时释放一片金属片和一张纸片，请观察物体是否同时落地. 把纸片揉成纸团，重复以上实验. 比较这两次实验，你得出的结论是什么？

演示实验

如图 1.2.9 所示，拿一根长约 1.5m 的玻璃管，一端封闭，另一端与真空泵相连，里面放有形状、质量、和材料各异的物体，如金属片、小石块、纸屑、羽毛等，封住管口. 把玻璃管倒置过来，这些物体将以不同的速度下落，似乎重的物体落得快，轻的物体落得慢. 如果把玻璃管里的空气抽出，再把玻璃管倒置过来，这时物体下落的快慢几乎相同.

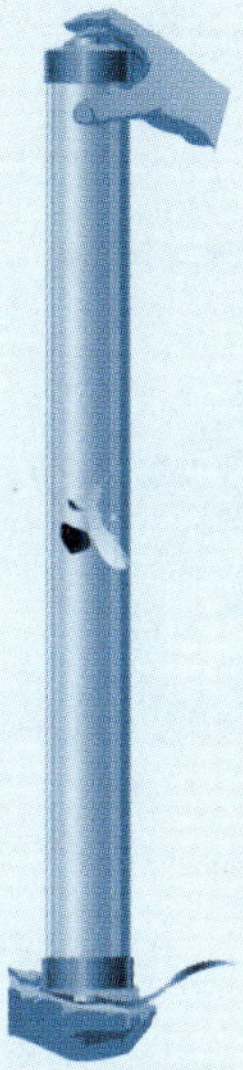
图1.2.9　牛顿管实验

实验表明，在没有空气阻力的情况下，各种物体自由下落的快慢程度都相同. 物体只受重力作用，从静止开始下落的运动，称为**自由落体运动**.

通过大量实验证明：**自由落体运动是初速度为零的匀加速直线运动**. 在同一地点，一切物体做自由落体运动的加速度都是相同的，这个加速度称为**自由落体加速度或重力加速度**，用 g 表示. 重力加速度的方向总是竖直向下的. 在地球的不同地方，g 值略有不同，主要与纬度和高度有关，理论和实验证明，g 值随纬度升高而增大，随高度增加而减小. 一般情况下，取 $g = 9.8\text{m/s}^2$，有时为了计算方便，取 $g = 10\text{m/s}^2$. 下表是不同地方的重力加速度数值.

重力加速度的数值 g/（m · s^2）

标准值：g =9.80665m/s^2（纬度 45°海平面）

地　点	纬　度	重力加速度
赤　道	0°	9.780
广　州	23°06′	9.788
武　汉	30°33′	9.794
上　海	31°12′	9.794
东　京	35°43′	9.798
北　京	39°56′	9.801
纽　约	40°40′	9.803
莫斯科	55°45′	9.816
北　极	90°	9.832

观察与思考

通过观察上述表格你能发现什么规律？

由于自由落体运动是初速度为零的匀加速直线运动，所以匀变速直线运动的基本公式以及它们的推论都适用于自由落体运动，只要把这些公式中的v_0取做零，并且用 g 代替加速度 a，就可以由匀变速直线运动公式推得自由落体的运动公式，即

$$v_t = gt$$

$$h = \frac{1}{2}gt^2$$

$$v_t^2 = 2gh$$

例3 一物体从 78.4m 高处自由下落，忽略空气阻力，求：

（1）物体在 2s 内的位移；

（2）物体落地时的速度.

解：（1）已知 g =9.8m/s^2，t =2s，所以

$$h = \frac{1}{2}gt^2 = (\frac{1}{2} \times 9.8 \times 2^2)\text{m} = 19.6\text{m}$$

（2）已知 h =78.4m，g =9.8m/s^2，所以

$$v_0 = \sqrt{2gh} = \sqrt{2 \times 9.8 \times 78.4}\ \text{m/s} = 39.2\text{m/s}$$

议一议

在某高度处，如果将一物体以一定的初速度 v_0 竖直上抛，则可以看成初速度为 v_0，加速度大小为 g 的匀减速直线运动；那么如果将此物体仍以初速度 v_0 竖直下抛，则物体将做什么运动呢？

做一做

我们知道人从发现情况到采取行动所需的时间叫做反应时间，这段时间很短，用普通钟表测量误差很大. 下面我们将采用一组简单的实验来测量反应时间，虽然方法粗略，但还比直接用常规计时工具测量精确得多，即根据自由落体运动公式 $x=\frac{1}{2}gt^2$，计算出相应下落时间 $t=\sqrt{\frac{2x}{g}}$. 两人一组，甲为主试者，以拇指、食指夹持一垂悬塑料直尺的末端，并决定何时让尺滑落. 乙为受试者，受试者的手指在尺落下前，需位于尺上刻度0公分的两侧，距尺约1－2厘米处. 眼睛注视主试者的手指，当看到尺滑落，立即用手指夹尺，如图1.2.10所示.

图1.2.10

实践活动

观察生活中的自由落体运动.

练习

1. 以36km/h速度行驶的列车开始下坡，在坡路上的加速度等于0.2m/s²，经过30s到达坡底，求坡路的长度和列车到达坡底时的速度.
2. 图1.2.11是甲、乙两质点的 $v-t$ 图像，由图可知下列说法正确的是(　　).

   A. 0时刻甲的速度大

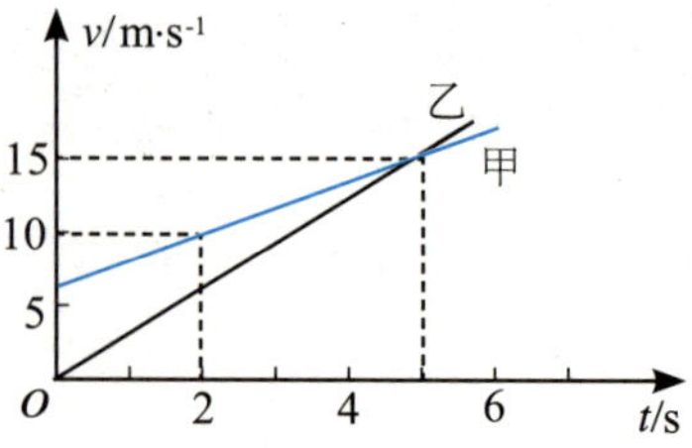

图 1.2.11

B. 甲、乙两质点都做匀加速直线运动

C. 在相等的时间内乙的速度变化大

D. 在前 5s 内甲的速度大

3. 为了测出井口到井里水面的深度，让一小石块从井口落下，经过 2s 后听到石块落到水面的声音．求井口到水面的大致深度（不考虑声音传播所用的时间）．

1.3 重力 弹力 摩擦力

工具箱

力的三要素是：大小、方向、作用点．力的三要素不同，力的作用效果就不同．力的作用效果是改变物体的运动状态和使物体发生形变．

物理学中可以形象准确地表示出力的三要素，方法就是力的图示．如图 1.3.1 所示，小车在水平方向受到向右的 100N 的力 F，可这样作力 F 的图示：首先选一标度（比如 1cm 长表示 20N 的大小）．其次，从力的作用点向右画一根带箭头的线段，线段的长度要是标度的 5 倍，表示 100N，箭头表示力的方向．用一根带箭头的线段来表示力，线段的长度表示力的大小，箭头的指向表示力的方向，箭头或箭尾画在力的作用点上，这就是力的图示．

力使物体发生了变形

人踢球后，球由静止状态变为运动状态

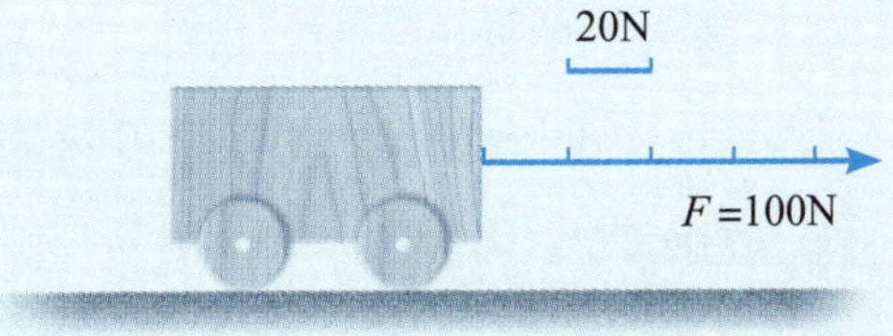

图1.3.1　力的图示

1. **力的定义**　力是物体间的相互作用．一个物体受到力的作用，一定有别的物体对它施加这种作用．前者是受力体，后者是施力体．只要有力发生，就一定有受力物体和施力物体，力是不能离开受力物体和施力物体而独立存在的．力的大小可以用测力计（弹簧秤）来测量．在国际单位制中，力的单位是牛顿，简称牛，符号是 N.

2. **力的示意图**　在物理学中，分析物体的受力情况时，只需要在图中画出力的方向，不画大小，表示物体在这个方向上受到了力，这种表示力的方法叫做力的示意图，如图 1.3.2 所示.

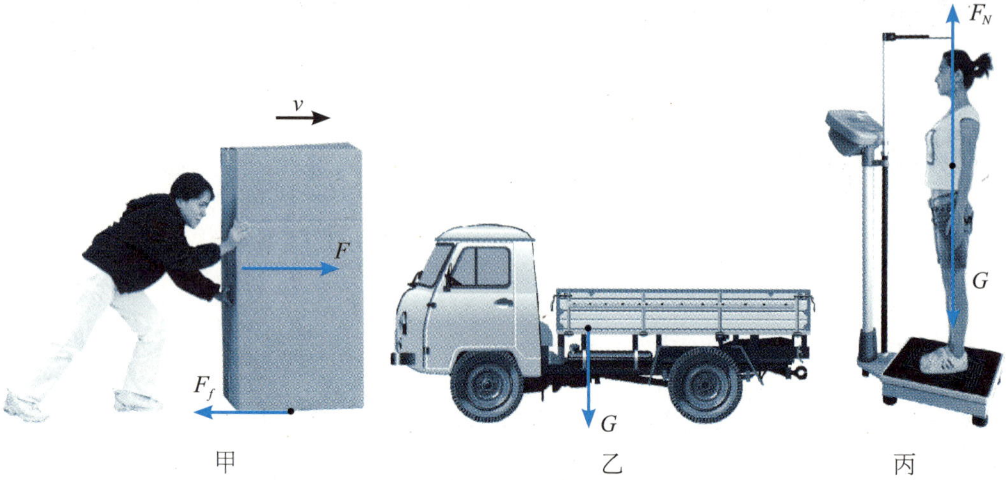

图 1.3.2　力的示意图

3. 力的分类　在物理学中，力的分类一般有两种方法：一种根据力的性质命名，如重力、弹力、摩擦力、分子力、静电力、磁力、核力等；另一种则是根据力的效果命名，如拉力、压力、支持力、浮力、表面张力、动力、阻力等.

从力的性质看，力学中经常接触的力有重力、弹力和摩擦力，下面分别讨论这三种力.

(1) 重力　地球上一切物体都受到地球的吸引，这种由于地球吸引而使物体受到的力叫做重力. 用字母 G 来表示.

①重力的大小 G 与物体的质量 m 成正比，即

$$G = mg \tag{1.3.1}$$

通常在地球表面附近 $g = 9.8\text{m/s}^2$，表示质量为 1kg 的物体受到的重力为 9.8N. 重力的大小可以用弹簧秤来测量. 如图 1.3.3 所示，物体静止时对竖直悬挂物的拉力的大小或对水平面压力的大小等于其重力的大小.

图 1.3.3　用弹簧秤测量物体重力

②重力不但有大小，而且有方向. 如图 1.3.4 所示，悬挂物体的绳子静止时总是竖直下垂的；由静

止开始落向地面的小石块总是竖直下落的，可见重力的方向是竖直向下的.

严格地说，重力并不是地球的吸引力，而是吸引力的一个分力. 所以说重力是由于地球的吸引而使物体受到的力，而不能说地球的吸引力就是物体的重力. 由于两者相差很小，通常可以用重力代替吸引力. 同一物体的重力在地球上不同的地点略有不同.

图 1.3.4　悬挂物体的绳子静止时总是竖直下垂的

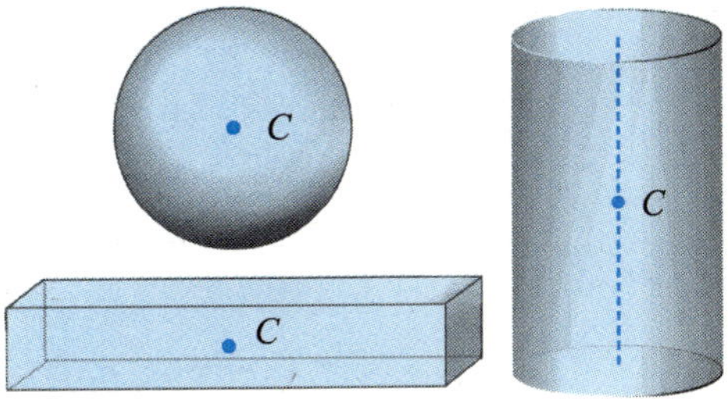

图 1.3.5　质量分布均匀的物体的重心

③重心　在研究问题时，从效果上看，可以认为物体各部分受到的重力作用集中于一点，这一点就叫做物体的重心. 我们把物体的全部质量压缩成一点而不影响研究结果，体现了物理学的一种等效代替的思想. 如图 1.3.5 所示，质量分布均匀的物体的重心位置与物体的形状有关.

质量分布不均匀的物体，重心的位置既与形状有关，又与质量分布有关. 如图 1.3.6 所示，往汽车上放货物，重心位置不断随叠放货物质量多少而发生变化.

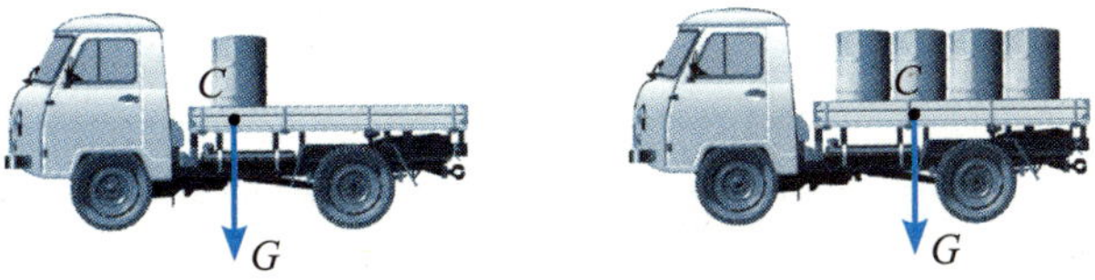

图 1.3.6　重心位置不断随叠放货物的质量多少而发生变化

相关链接

西安半坡文化遗址，出土了一种新石器时代（距今6000年）使用的汲水瓶．它的特点是底尖、腹大、口小，系绳的耳环设在瓶腹稍靠下的部位，如图1.3.7所示．

当汲水瓶空着时，由于瓶的重心高于绳的悬点，它就会倾倒；把它放到水里，水就会自动流进去，当瓶中汲入适量的水（达到瓶容积的60%～70%）时，瓶的重心降到绳的悬点以下，一提绳，汲水瓶就会直立着被提上来．如果瓶中的水太满，瓶的重心又高于绳的悬点，瓶会自动倾倒，将多余的水倒出．这种汲水瓶巧妙地通过重心变换，使得汲水方便、省力，又能控制汲水量，充分体现了我国古代劳动人民的智慧．

图1.3.7　古汲水瓶

观察与思考

建筑工人常用铅锤线当作参照来垒直墙体，为什么？

（2）**弹力**　当我们拉伸或压缩弹簧时，当跳水运动员脚踏跳板时，

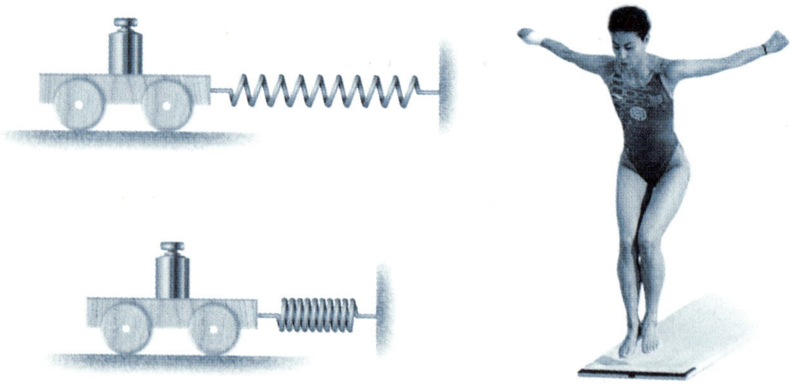
图1.3.8　形变的物体要恢复原状，对与它接触的物体施加弹力作用

我们能明显的观察到这些物体的形状或体积的改变．我们把物体形状或体积的变化叫做**形变**．发生形变的物体为了反抗形变恢复原状，就会对与它接触的物体产生力的作用，这种力叫做**弹力**．如果物体的形变超过一定限度，它将不能完全恢复原状，这个限度叫做**弹性限度**．

物体的弹力在生活中应用很多．如图 1.3.9，撑杆跳高运动员能腾空越过 5、6 米高的横杆，就是因为撑杆弯曲产生形变，为了恢复原状而产生的作用；拉弓射箭也是这个道理，弓形变产生的弹力作用于箭上，使箭射向远方；儿童玩的弹弓、跳水、跳马等项目中起跳板都是应用了物体的弹力．

图 1.3.9　发生形变的物体产生弹力作用

任何物体都能发生形变，不能发生形变的物体是不存在的，只不过有的形变比较明显，可以直接看出；有的形变极其微小，要用仪器才能显示出来．

演示实验

如图 1.3.10 面上放两个平面镜 M 和 N，让一束光通过两个平面镜反射后照到一个刻度尺上．当用手压桌子时．手指发生形变（可直接观察出），产生一个对桌面的弹力（通常叫压力），刻度尺上的光点发生移动，这说明桌面发生了形变，产生一个对手指的弹力（通常叫支持力）．

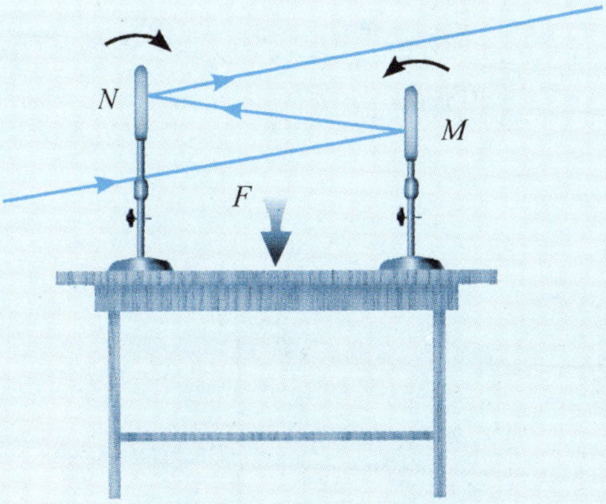

图 1.3.10　显示微小形变的装置

英国科学家胡克通过大量实验总结得出了弹力和弹性形变大小的关系：

物体发生弹性形变时，弹力的大小 F 与物体的伸长（或缩短）量 x 成正比，即

$$F = kx \qquad (1.3.2)$$

式中的 k 是常数，称为物体的劲度（倔强）系数. 在国际单位制中，F 的单位是牛（N），x 的单位是米（m），则 k 的单位是牛/米（N/m）. 其值与物体的几何形状和材料有关. 劲度系数在数值上等于物体伸长（或缩短）单位长度时的弹力. 这个定律叫做**胡克定律**.

胡克定律是胡克最重要的发现之一，也是力学最重要基本定律之一，在现代仍然是物理学的重要基本理论. 为了证实这一定律，胡克还做了大量实验，制作了各种材料构成的各种形状的弹性体.

例1 有一根弹簧的长度是 15cm，在下面挂上 0.5kg 的重物后长度变成了 18cm，求弹簧的劲度系数.

解析： 已知弹簧原长为 $L_0 = 15\text{cm} = 0.15\text{m}$，后来长度为 $L = 18\text{cm} = 0.18\text{m}$，伸长量为 $x = 0.03\text{m}$，弹簧的弹力和重力大小相等，$F = G = mg = 0.5\text{kg} \times 10\text{N/kg} = 5\text{N}$，

由胡克定律 $F = kx$ 知，$k = F/x = 166.7\text{N/m}$.

如图 1.3.11 所示，把书放在桌面上，书压桌面，书和桌面都有微小的变形. 书要恢复原状，对桌面有一个向下的弹力（压力）. 桌面要恢复原状，对书有一个向上的弹力（支持力）.

一般情况，支持物对物体的支持力，都是支持物因发生形变而对物体产生的弹力；支持力的方向总是垂直于支持面，并指向被支持的物体.

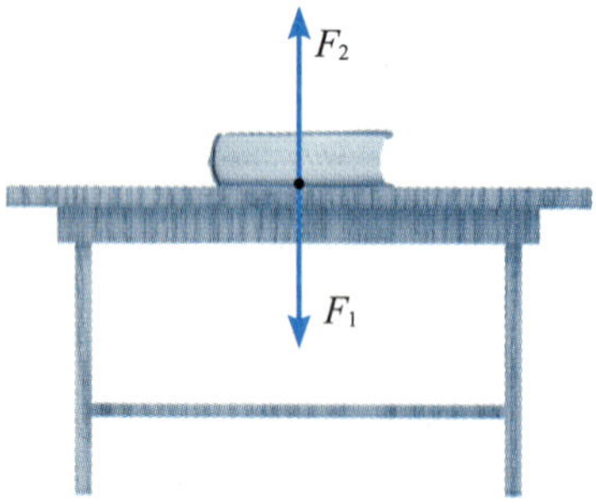

图 1.3.11　支持力和压力的方向

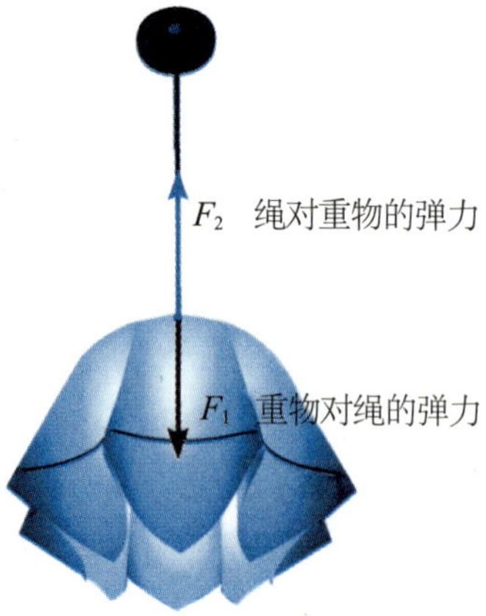

图 1.3.12　弹力方向

如图 1.3.12 所示，用绳吊重物，绳拉重物，绳对重物有弹力，重物和绳都有极微小的形变．发生形变的绳要恢复原形，对重物产生向上的弹力（拉力）．发生形变的重物要恢复原状，对绳产生向下的弹力（拉力）．

一般情况，凡是一根线（或绳）对物体的拉力，都是这根线（或绳）因为发生形变而对物体产生的弹力；拉力的方向总是指向线收缩的方向．

由大量的实例分析，我们可以总结出弹力的方向特点，即轻绳（线）的弹力方向沿绳（线）收伸缩方向；面面接触（或点面接触）物体间的弹力垂直于切面并指向受力物体．

例2 如图 1.3.13 所示，画出下列物体 *A* 受到的弹力方向．

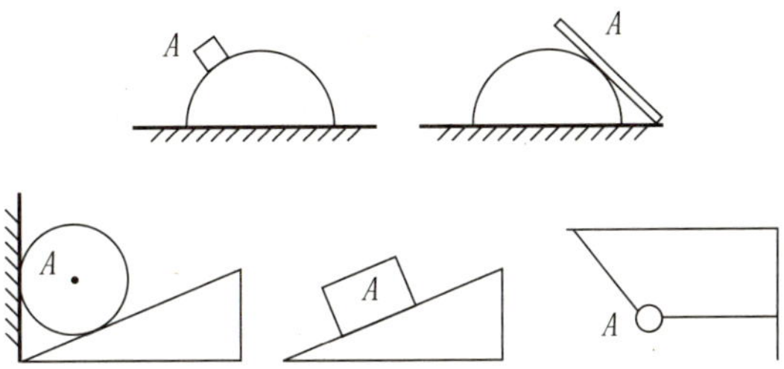

图 1.3.13　物体 A 静止图

解析： 根据面面接触（或点面接触）物体间的弹力垂直于切面并指向受力物体，与球面接触弹力与球面切线垂直，轻绳的弹力方向沿绳可得物体 *a* 所受弹力方向，如图 1.3.14 所示．

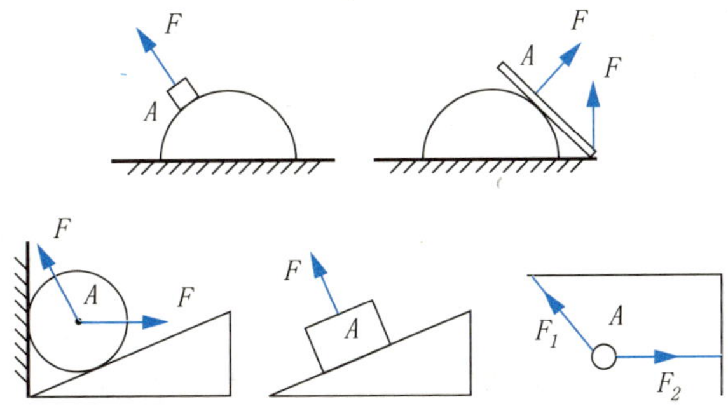

图 1.3.14　物体 A 所受弹力方向

做一做

用简单的装置也可显示微小形变．如图 1.3.15 所示，找一个大玻璃瓶，装满水，将瓶口中间插有细管的瓶塞塞上，用手按压玻璃瓶，细管中的水面就上升；松开手，水面又降回原处．这说明玻璃瓶受到按压时发生形变．

图1.3.15　玻璃瓶受到按压时发生形变

实践活动

调查生产，生活中所用弹簧的形状和使用目的．

(3) 摩擦力

观察与思考

用手握住水杯，水杯为什么没掉下来？用不太大的水平推力推课桌时，课桌为什不动？用初中学过的二力平衡知识分析一下．

演示实验

如图 1.3.16 所示，用弹簧测力计水平地拉静止在水平桌面上的木块，逐渐增大拉力，直到木块运动为止．观察在此过程中弹簧测力计的示数变化，在木块上增加砝码，重复上述实验．也可用力传感器代替弹簧秤直接在电脑屏幕上得到拉力变化图线．

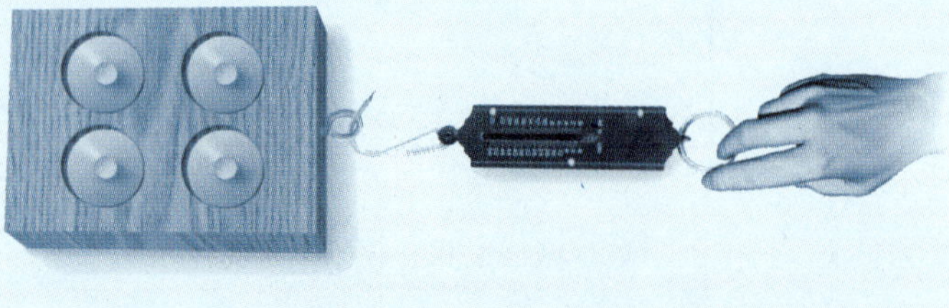

图 1.3.16　观察弹簧秤示数变化

我们生活的世界到处存在着摩擦，摩擦是一种常见的现象．我们在初中已经知道，两个相互接触的物体，当他们发生相对运动或具有相对运动的趋势时，就会在接触面上产生阻碍相对运动或相对运动趋势的力，这种力叫做**摩擦力**．

互相接触的两个物体处于相对静止时，是不是也可以发生摩擦呢？在前面的实验中，我们用不大的水平力拉木块，虽然木块有相对桌面运动的趋势，但木块并没有动，与桌面仍然保持相对静止．根据初中所学的二力平衡的知识，这时一定有一个力与拉力大小相等，方向相反．这个力就是木块和桌面之间的摩擦力．由于这时两个物体之间只有相对运动的趋势，而没有相对运动，所以这时的摩擦力叫**静摩擦力**．静摩擦力的方向总与接触面相切，并且与物体相对运动趋势的方向相反．

我们用更大的力拉木块，木块还是不动．同样根据二力平衡的知识，这时木块与桌面之间的静摩擦力还与拉力大小相等．一般静摩擦力的大小没有一个确定的值，类似上述情况，当木块不动处于平衡状态时，静摩擦力的大小随拉力大小的变化而变化，总是等于拉力的大小．静摩擦力的方向，总是沿接触面切线方向，与物体间相对滑动趋势方向相反．静摩擦力增大到某数值后就不再增大了，这时静摩擦力达到最大值，叫做**最大静摩擦力**，用 F_{max} 表示．F_{max} 在数值上等于物体刚刚开始运动时的拉力．在一般情况下，如果两个相接触的物体之间存在着静摩擦力的作用，则并不一定处于最大静摩擦状态，最大静摩擦力等于使物体将要开始运动所需的最小拉力．两物体间实际发生的静摩擦力 F 介于0与最大静摩擦力 F_{max} 之间，即 $0 < F < F_{max}$．

例3 用手握住一个油瓶（瓶始终处于竖直方向），下列说法正确的是(　　)．

A. 瓶中油越多，手必须握得越紧

B. 手握得越紧，油瓶受到的摩擦力越大

C. 不管手握得有多紧，油瓶受到的摩擦力总是一定的

D. 以上说法都正确

解析： 如果油少的时候手就握得足够紧，那么再加一点油，油瓶不见得掉落下来，所以选项 A 错误．

手握得越紧，手与瓶之间的正压力越大，最大静摩擦力值也越大；但这时油瓶受到的是静摩擦力，该力与油瓶重力平衡，可见，选项 B 错误，C 正确；显然 D 也不正确．所以正确答案是：C．

当一个物体在另一个物体表面滑动的时候，物体间产生的阻碍物体间相对滑动的作用力，叫做**滑动摩擦力**．滑动摩擦力的方向总与接触面相切，并且与物体相对运动的方向相反．

观察与思考

在桌面上垫一张硬纸，把手掌压在纸板上，然后在大小不同的压力下向前推，使纸板滑动；保持压力不变，改变接触面的材料（如塑料板、毛巾、木板、橡胶板等）．通过比较，感受滑动摩擦力的大小与哪些因素有关．

实验表明：滑动摩擦力的大小与接触面的正压力成正比，即

$$F = \mu F_{\mathrm{N}} \qquad (1.3.3)$$

式中μ是滑动摩擦因数，它的数值与两个物体接触面的材料有关，材料不同，两物体间的动摩擦因数也不同．动摩擦因数还与接触面的情况（如粗糙程度等因素）有关．需要注意的是，滑动摩擦力的方向总是与相对运动方向相反，但是要把相对运动方向与运动方向这两个概念区分开，不能混为一谈．例如在一块长木板上放一木块，用力拉木板使它加速前进，如果加速度足够大，木块可能相对于木板向后滑动，木块所受滑动摩擦力朝前，但是从静止的人看来，木块是向前运动的．

增大有益摩擦和减小有害摩擦　增大摩擦的方法是使接触面粗糙些或增大压力．摩擦力是普遍存在的，在很多场合，摩擦力是有益的．人走路时不打滑多亏了摩擦力；我们拿起一个茶杯，靠的就是手和杯子之间的摩擦力；缝纫机的大轮带动小轮转，那是皮带和轮子之间有摩擦力的缘故．很难想象，生活中一旦失去了摩擦力会变成什么样子．凡是摩擦力有益的场合，我们应该根据摩擦力的大小与压力和接触面的粗糙程度有关的道理设法增大摩擦．图 1.3.17 所示是日常生活、生产中应用有益摩擦的例子．

图 1.3.17　增大有益摩擦

减小摩擦的方法　摩擦力在有些场合是有害的，机器各个活动部件之间的摩擦不仅浪费动力，而且造成机件磨损，影响机器的寿命，或加大噪音，影响环境. 原则上讲，减小接触面的粗糙程度，减小压力，都可以减小摩擦. 但是有些场合压力不允许减小，增加接触面的光洁度，装滚动轴承，用滚动来代替滑动，加润滑油，利用压缩空气在摩擦面间形成一层气垫，使摩擦面脱离接触等等，都是减小摩擦有效的方法. 图 1.3.18 所示是应用这些方法的例子.

图 1.3.18　减小有害摩擦

例4 重为 400N 的木箱放在水平地面上，滑动摩擦因数为 0.25，如果分别用 70N 和 150N 的水平力推木箱，木箱受到的摩擦力分别为多大？（设最大静摩擦力和滑动摩擦力相等）

解析： 最大静摩擦力 $F=\mu F_N=0.25\times400N=100N$，推力为 70N 时，木箱不动，木箱受到的摩擦力为静摩擦力，大小等于 70N. 推力为 150N 时，木箱相对地面运动，木箱受到的摩擦力为滑动摩擦力，大小 $F=\mu F_N=100N$.

除滑动摩擦外，还有滚动摩擦. 滚动摩擦是一个物体在另一个物体表面上滚动时产生的摩擦. 当压力相同时，滚动摩擦比滑动摩擦小得多. 滚动轴承就是根据这一点制成的.

实践活动

请同学们到图书馆、上网或到工厂调查摩擦力的应用以及改变摩擦力的方法.

练习

1. 举例说明：

（1）力能够改变物体的运动状态或使物体产生形变；

（2）每一个力，都有一个施力物体和一个受力物体.

2. 画出下面几个物体所受重力的图示.

(1) 放在水平桌面上的质量 $m=0.05\text{kg}$ 的墨水瓶.

(2) 竖直向上飞行的质量 $m=2\times10^3\text{kg}$ 的火箭.

(3) 沿着滑梯下滑的质量 $m=20\text{kg}$ 的小孩.

(4) 抛出后在空中飞行的质量 $m=4\text{kg}$ 的铅球.

3. 关于重力的方向，下列说法中正确的是（　　）.

A. 重力的方向总是垂直向下的

B. 重力的方向总是竖直向下的

C. 重力的方向总是指向地心的

D. 重力的方向总是和重物的支持面垂直的

4. 关于弹力的说法，正确的是（　　）.

A. 看不出有形变的物体间一定没有弹力

B. 只要物体间有接触就一定有弹力产生

C. 没有接触的两物体间一定没有弹力

D. 发生形变的物体有恢复原状的趋势，对与它接触的物体会产生弹力

5. 关于滑动摩擦力，下列说法正确的是（　　）.

A. 滑动摩擦力的方向总是与物体运动的方向相反

B. 滑动摩擦力总是阻碍物体的运动

C. 滑动摩擦力的方向可以和物体运动的方向相同

D. 滑动摩擦力总是阻碍物体间的相对运动

6. 某同学在竖直悬挂的弹簧下加挂钩码，做实验研究弹力与弹簧伸长量的关系. 下表是该同学的实验数据，实验时弹簧始终未超过弹性限度.

(1) 根据实验数据在坐标系中作出弹力 F 与弹簧伸长量 x 关系的图像;

(2) 根据图像计算弹簧的劲度系数.

砝码质量 m/g	0	30	60	90	120	150
弹簧总长度 l/cm	6.0	7.2	8.3	9.5	10.6	11.8

7. 重量为 100N 的木箱放在水平地板上，至少要用 40N 的水平推力，才能使它从原地开始运动. 木箱从原地移动以后，用 30N 的水平推力，就可以使木箱继续做匀速运动. 由此可知：木箱与地板间的最大静摩擦力 $F_{max}=$________；木箱所受的滑动摩擦力 $F=$________，木箱与地板间的动摩擦因数 $\mu=$________. 如果用 20N 的水平推力推木箱，木箱所受的摩擦力是________.

相关链接

摩擦三兄弟

摩擦三兄弟就是指静摩擦、滑动摩擦和滚动摩擦，它们都是摩擦家族的成员.

说起摩擦，大家一定不陌生，因为摩擦是我们生活中司空见惯的现象，我们每时每刻都在和摩擦打交道. 走路、吃饭、洗衣服依靠摩擦；各种车辆的行驶依靠摩擦，机器运转离不开摩擦；就是建造房子也离不开摩擦.

假如没有了摩擦，世界将会变成什么样？真是不可想象. 可以说，摩擦是我们人类离不开的好朋友. 但是在很多场合，摩擦三兄弟扮演着“不受欢迎”的角色.

在现代汽车中，20%的功率要用来克服摩擦；飞机上的活塞式发动机因摩擦损耗的功率要占10%，就是最先进的涡轮喷气发动机也要为克服摩擦损耗2%的功率. 世界上有数以万计的汽车、飞机，这样每年要有多少燃料被白白浪费掉，真是可惜.

但更为严重的是，摩擦还会造成机器零部件的磨损. 据报道，英国在这方面损失每年要超过20亿美元. 摩擦除了导致磨损之外，还会使航空和航天器过度发热，这更是现代科技遇到的又一难题.

当飞机着陆的时候，闸阀和闸轮会摩擦产生红热现象，这样的高温使机闸材料变软、变质，一副价格昂贵的闸阀和闸轮，往往只使用了几次就报废了.

当宇宙飞船返回地面的时候，由于高速船体与空气之间的摩擦，会使整个船体成为一个通红的火球，为了保护飞船里的宇航员和各种仪器设备，人们不得不付出昂贵的代价，用耐高温的特种合金制造船体，并且还在外面加装了耐高温材料.

为了能驾驭摩擦，让摩擦三兄弟为人类更好地服务，人们一直进行着艰苦的研究和探索. 早在15世纪，达·芬奇就开始了对摩擦的研究. 到17、18世纪，法国形成了一股摩擦研究热，库仑根据达·芬奇的想法完成了摩擦起因的凹凸说. 到了18世纪上半叶，有人又创立了分子说. 进入20世纪后又出现了黏合说.

可以说有关摩擦起因的争论还在进行着，凹凸说、分子说和黏合说都持之有理，言之有据，究竟怎样圆满地解释摩擦的起因，还一直是一个很活跃的研究课题.

1.4 力的合成与分解

观察与思考

生活中我们经常发现，一位力气大的人用一只手就可以把一桶水从一楼提到二楼，而两个小孩也可同样把一桶水从一楼抬到二楼．同样是把水桶从一楼移动到二楼，不同的人用不同的方法达到了一个共同的目的．在提水桶这个事件上，一个力产生的作用效果和两个力的作用效果是相同的．生活中我们还会观察到很多这样的例子，例如在冰雪旅游景点有一匹马拉雪橇的运动，也有几条狗拉雪橇的运动……

1．**合力和分力**　在生活中，这样的例子很多，一个力与几个力产生了同样的效果，可以用这一个力代替那几个力．当一个物体受到几个力的共同作用时，我们常常可以求出这样一个力，这个力产生的效果与原来几个力的共同效果相同，这个力就叫做那几个力的**合力**，原来的几个力叫做**分力**．求几个力合力的过程叫做**力的合成**．

演示实验

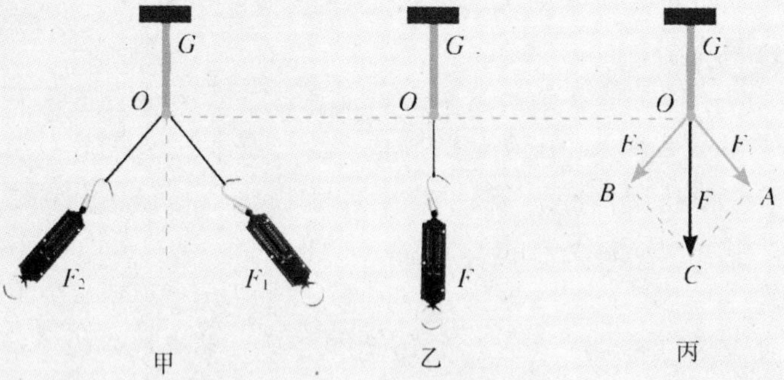

图1.4.1　探究合力与分力的关系

探究合力和分力的关系，如图1.4.1所示．

（1）在桌上平放一个方木板，在方木板上铺上一张白纸，用图钉把白纸固定好．

（2）用图钉把橡皮筋的一端固定在板上的 G 点（G 点的位置应该靠近顶端中点），在橡皮筋的另外一端拴上两条细绳，细绳的另外一端是绳套．

(3) 用弹簧秤分别钩住绳套，互成角度地拉橡皮筋，使橡皮筋伸长，结点达到某一位置 O.

(4) 用铅笔记下 O 的位置和两条细绳的方向，并分别读出两个弹簧秤的示数 F_1 和 F_2.

(5) 用铅笔和三角板在白纸上从 O 点沿着两绳的方向画直线，按照一定的标度作出两个力 F_1 和 F_2 的图示.

(6) 只用一只弹簧秤，通过细绳把橡皮筋的结点拉到相同的位置 O 点，读出弹簧秤的示数 F，记下细绳的方向，按同一标度作出这个力 F 的图示.

(7) 探究这三个力的大小及方向的关系.

注意事项：

①同一实验中的两个弹簧秤的选取方法是：将两个弹簧秤钩好后对拉，若两个弹簧秤在拉的过程中，读数相同，则可选，若不同，应另换. 使用时弹簧秤与板面平行.

②在满足合力不超过弹簧秤量程及橡皮条形变不超过弹性限度的条件下，应使拉力尽量大一些，以减小误差.

③画力的图示时，应选定恰当的标度，尽量使图画得大一些，但也不要太大而画出纸外. 要严格按力的图示要求和几何作图法作出合力.

④在同一次实验中，橡皮条拉长的结点 O 位置一定要相同.

⑤由作图法得到的 F 和实际测量得到的 F' 有一定的误差，但在误差允许范围内可认为 F 和 F' 相等.

实验表明，求两个互成角度的力的合力时，可以用表示这两个力的线段为邻边作平行四边形，该平行四边形的对角线就代表合力的大小和方向. 这个法则叫做**平行四边形法则**. 我们前边学习过的位移、速度、加速度等矢量合成都遵循平行四边形法则，如图 1.4.2 所示.

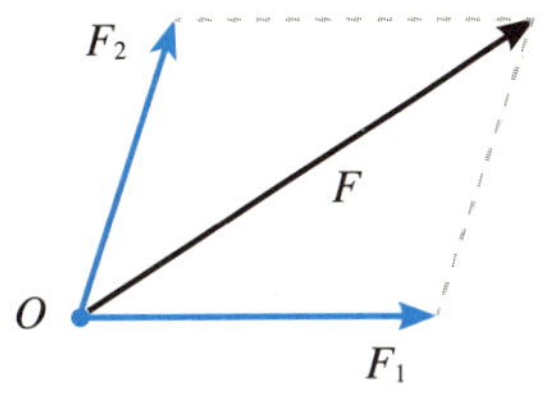

图 1.4.2　力的平行四边形定则

例1 力 $F_1=45N$，方向水平向右，力 $F_2=60N$，方向竖直向上. 求这两个力合力的大小和方向.

解析： 如图 1.4.3 所示，

(1) 选择标度，用 1cm 代表 15N；

(2) 用三角板作出两个力的图示；

(3) 作出和两个力大小相等的平行线，完成平行四边形；

(4) 连接两力之间的对角线，即表示合力；

（5）用刻度尺量出对角线的长度；

（6）通过比例关系求出合力的大小；

（7）用量角器量出合力与分力之间的夹角，得到合力的大小是75N，与45N的力的夹角是53°.

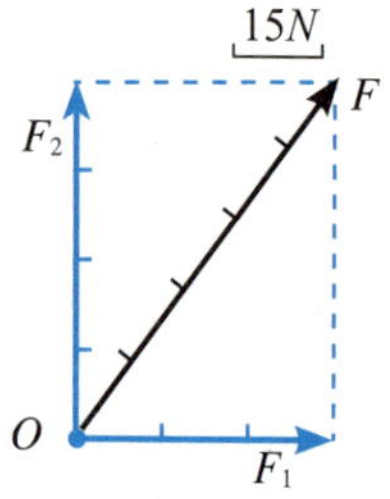

图1.4.3

观察与思考

有两个力 F_1 和 F_2，请自行设定它们的大小. 用作图法求出它们之间的夹角 $\theta=0°$，60°，90°，150°，180°时合力的大小. 根据你所做的图，研究下面的问题：(1) θ 由0°增大到180°的过程中，合力 F 的大小怎样变化? (2) 什么情况下合力最大? 最大值是多少? 什么情况下合力最小? 最小值是多少? (3) 合力 F 总是大于原来的两个分力 F_1 和 F_2 吗?

议一议

前面学习的都是两个力的合成，如果是三个力或者三个以上的力的合成，应该怎样进行处理?

如果一个物体受到两个或更多个力的作用，有些情况下这些力共同作用在同一个点上，或者虽然不是作用于同一个点上，但是他们的延长线交于一点，如图1.4.4所示，这样的一组力叫做共点力. 如图1.4.5所示的这一组力不是共点力. 力的合成的平行四边形定则，只适用于共点力.

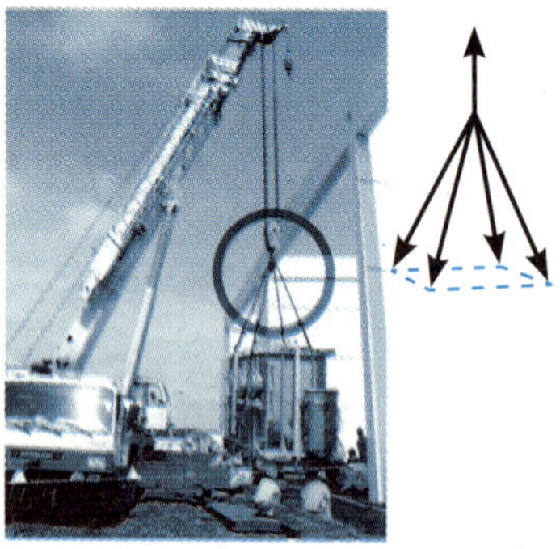

图1.4.4　钩子所受的力是共点力

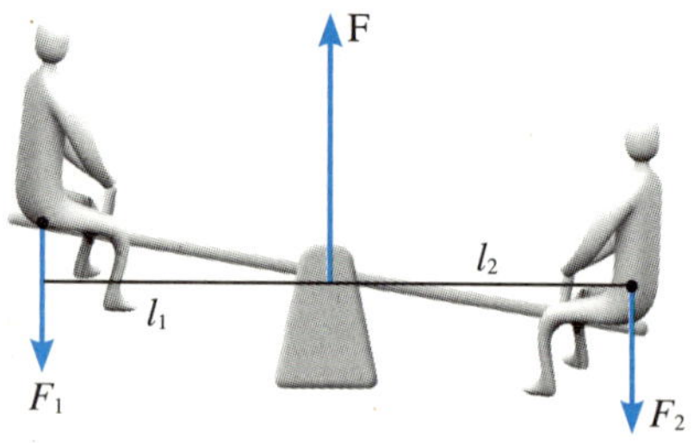

图1.4.5　杠杆所受的力不是共点力

观察与思考

用一根细线提起一个重物和用两根同样的细线同时提起这个重物，是一根细线容易断还是两根细线容易断？实验演示，当两根细线之间的夹角较大时，两根细线中的一根先断了，这是为什么呢？

2. **力的分解** 作用在物体上的一个力往往产生几个效果. 拖拉机拉着耙耙地，对耙的拉力 F 是斜向上方的，这个力产生两个效果：使耙克服泥土的阻力前进，同时把耙上提. 这两个效果相当于两个力分别产生的，如图 1.4.6 所示，一个水平的力 F_1 使耙前进，一个竖直向上的力 F_2 把耙上提. 可见力 F 可以用两个力 F_1 和 F_2 来代替，力 F_1 和 F_2 就叫做力 F 的分力. 根据力的合成的定义方法可以来定义力的分解. 求一个力分力的过程和方法叫做**力的分解**.

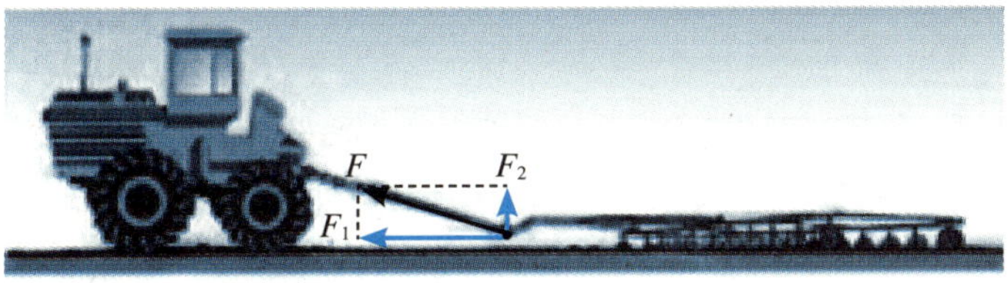

图 1.4.6 拖拉机对耙的拉力产生两个效果

因为分力的合力就是原来被分解的那个力，所以力的分解是力的合成的逆运算，同样遵守平行四边形定则. 所不同的是，已知两个分力求合力作出的平行四边形是唯一的，求出的合力也是唯一的，已知一个力 F 求它的分力，如果不加以限制的话，作出的平行四边形有无数个，也就是说有无数组解，如图 1.4.7 所示.

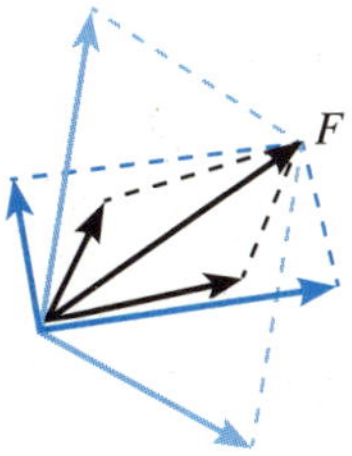

图 1.4.7 一个力可以分解为无数对分力

所以在对力进行分解时，要加上限制条件. 实际上根据一个力产生的实际作用效果来对力进行分解.

例2 放在水平面上的物体受到一个斜向上方的拉力 F，这个力与水平方向成 θ 角，如图 1.4.8 所示. 这个力产生了两个效果：水平向前的力拉物体，竖直

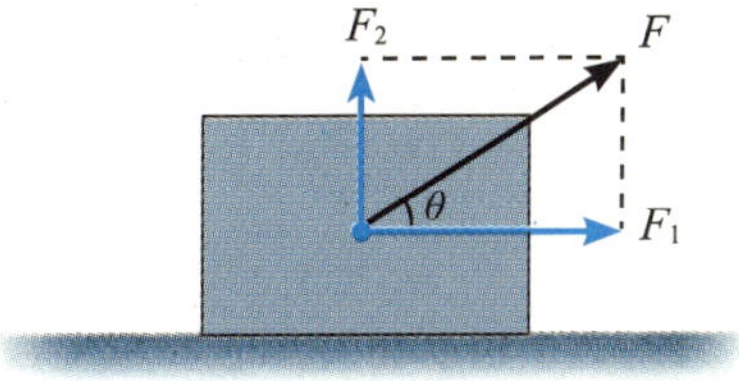

图 1.4.8

向上的力提物体，因此力 F 可以分解为沿水平方向的分力 F_1 和沿竖直方向的分力 F_2．力 F_1 和 F_2 的大小分别为

$$F_1 = F\cos\theta$$

$$F_2 = F\sin\theta$$

例3 把一个物体放在倾角为 θ 的斜面上，物体受到竖直向下的重力，但它并不能竖直下落．从力的作用效果看，应该怎样将重力分解？两个分力的大小与斜面的倾角有什么关系？

分析： 物体要沿着斜面下滑，同时会使斜面受到压力．这时重力产生两个作用效果，如图 1.4.9 所示，即平行于斜面使物体下滑的分力 F_1，垂直于斜面使物体紧压斜面的分力 F_2．

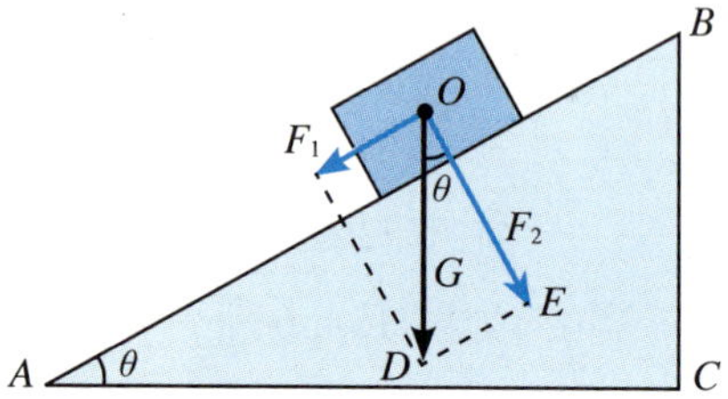

图 1.4.9

解： 由几何关系可知，$\angle DOE = \theta$，所以

$$F_1 = G\sin\theta$$

$$F_2 = G\cos\theta$$

可以看出，F_1 和 F_2 的大小都与斜面的倾角有关．斜面的倾角 θ 增大时，F_1 增大，F_2 减小．车辆上桥时，分力 F_1 阻碍车辆前进；车辆下桥时，分力 F_1 使车辆运动加快．如图 1.4.10 所示，为了行车方便安全，高大的桥要造很长的引桥，来减小桥面的坡度．

图 1.4.10　高大的桥要造很长的引桥，来减小桥面的坡度

矢量相加的法则　力是矢量，求两个力的合力时，不能简单地把两个力的大小相加，而要按平行四边形定则来确定合力的大小和方向．

我们曾经学过的位移，它也是矢量．如图 1.4.11 所示，一个人从 A 走到 B，发生的位移大小是 AB，又从 B 走到 C，发生位移是 BC．在整个运动过程中，这个人的位移是 AC，AC 是合位移．

在图 1.4.11 中，如果平行地移动矢量 *BC*，使它的始端 *B* 与第一次位移的始端 *A* 重合，于是我们看到，两次位移构成了一个平行四边形的一组邻边，而合位移正是它们所夹的对角线. 所以说矢量相加时也遵从平行四边形定则.

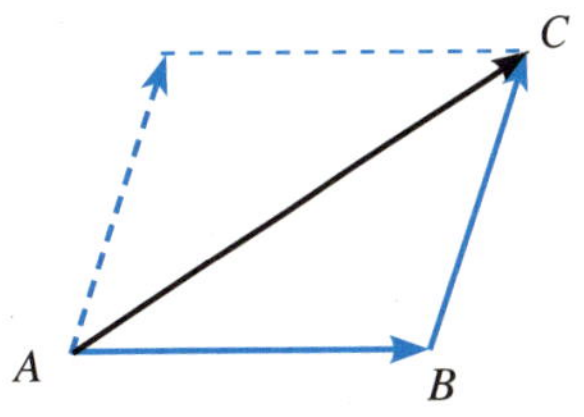

图 1.4.11　合位移要用平行四边形定则

从另一个角度看，图 1.4.11 中，*AB* 和 *BC* 两个位移与它们的合位移 *AC* 又组成了一个三角形. 像这样把两个矢量首尾相接从而求出合矢量的方法，叫做**三角形定则**. 三角形定则与平行四边形定则的实质是一样的，只不过是一种规律的不同表现形式. 矢量相加时遵从平行四边形定或三角形定则，标量相加时按照代数法则.

观察与思考

物体处于静止或匀速直线运动状态，叫做力的平衡状态. 初中学过二力平衡，作用在同一物体上的两个力大小相等，方向相反且作用在同一直线上. 那么它们的合力是多少？如图 1.4.12 所示，用三个弹簧秤验证一下三个共点力平衡的条件.

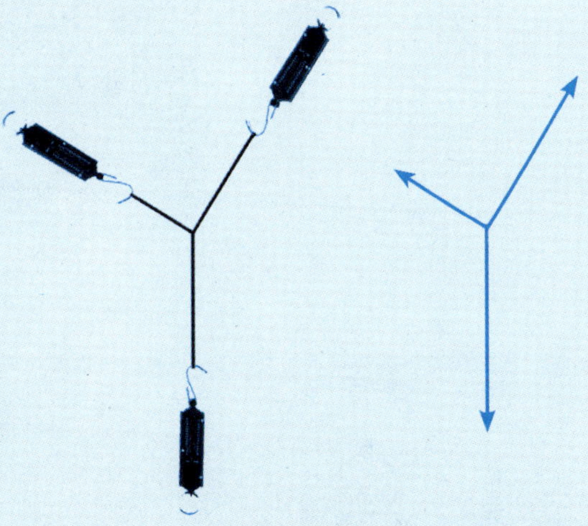
图1.4.12　三个弹簧秤验证共点力平衡的条件

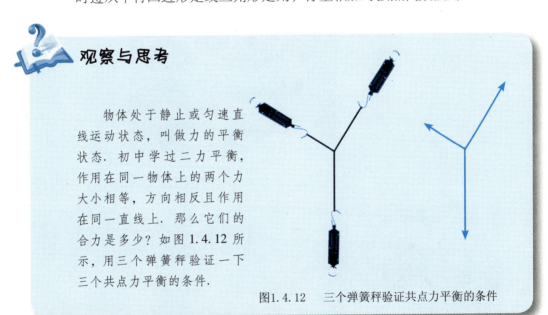

练习

1. 两位“大力士”在比力气，聪明的紫珠说，我一个人就可以拉动你们两个人，只要拿一根结实的绳子来. 请你想想看，她说的可能吗？如果能行，该怎么办？
2. 假设一座斜拉桥塔柱两侧的某一对钢索与竖直方向的夹角都是 30°，每根钢索中的拉力都是 3×10^4N，那么它们对塔柱形成的合力有多大？
3. 一物体同时受到同一平面内的三个力的作用，下列力的合力可能为零的是（　　）.

A. 5N、7N、8N　　B. 5N、2N、3N

C. 1N、5N、10N　　D. 1N、10N、10N

4. 在倾角 $\alpha=30°$ 的斜面上有一块竖直放置的挡板，在挡板和斜面之间放有一个重为 $G=20\text{N}$ 的光滑圆球，如图 1.4.13 所示．试求这个球对斜面的压力和对挡板的压力．

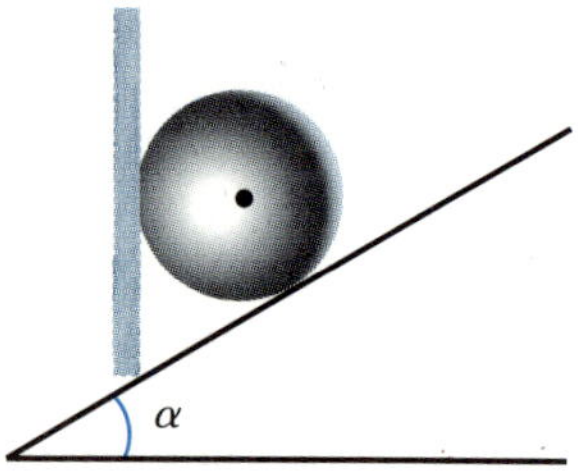

图 1.4.13

5. 一个竖直向下的 180N 的力分解为两个分力，一个分力在水平方向上并等于 240N，求另一个分力的大小和方向．

6. 举重运动中保持杠铃的平衡十分重要．如图 1.4.14 所示，若运动员举起 1800N 的杠铃后双臂保持 106°角，处于平衡状态，此时运动员两手受力各为多大？($\sin 53°\approx 0.8$，$\cos 53°\approx 0.6$)

图 1.4.14

相关链接

奇妙的拱形结构

一提到鸡蛋，人们总有一种累卵之危的联想，因为蛋壳很薄，拿着时唯恐落地被打破．孵化成熟的雏鸡能很轻易地破壳而出．然而有一种情况，可能会让你感到一个很普通的生蛋也不是脆弱的东西：把蛋壳放在两手的掌心之间，用力挤压它的两端要用很大的力气才能压碎它，这是因为它具有“拱形结构”．

另外，直径约为 10cm 的灯泡周围所承受的空气压力有 1800N 左右，为什么也压不碎呢？这也是因为它具有“拱形结构”．我国最著名的古桥——赵州桥、宙城的城门洞等古今中外许多桥梁和建筑也都建造成“拱形结构”．

图 1.4.15　赵州桥图

“拱形结构”为什么如此坚固呢？赵州桥是世界上现存的最早的大型石拱桥．拱形克服了石头不能承受拉力的缺点，使石头成为许多大桥和建筑物的栋梁．赵州桥是由 28 条并列的石条组成的，每一条石头都经过严格的加工，使每条石头之间能密切地配合成为一个整体．如果我们在石拱桥的顶上面取一楔形石块 A 进行分析，就会发现，拱桥顶上面的物体的重力 G 压在 A 上，对 A 施加向下的压力．由于石块是楔形的，所以不能向下移动，只能以分力 F_1 和 F_2 挤压在相邻的 B、C 两石块上而被两石块 B、C 的阻力抵消而平衡．依次类推，B、C 两石块又分别被挤在旁边的两石块之间．因此，拱桥上面的重力是不会把桥压塌的．蛋壳实质也相当于“拱门”，不过它是整块的，而不是由一块一块的东西拼叠成的，因此，蛋壳虽然很薄很脆，却能承受外来的较大压力．

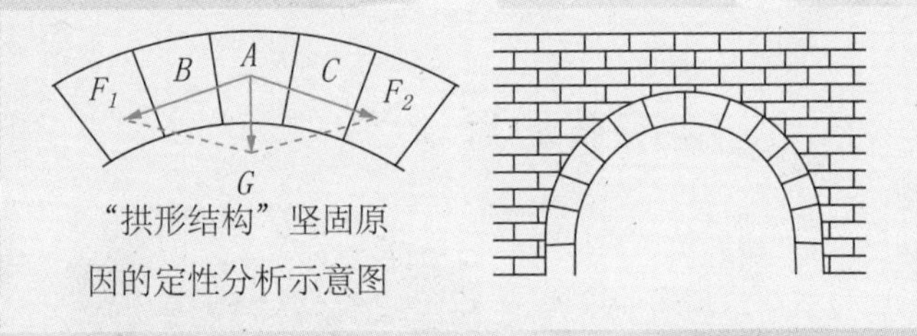

图 1.4.16

人在奔跑、跳跃、骑车，甚至走路时，都要经受各种各样的振动冲击．计算表明，从高处跳下时，腿部受到的冲击力，有时可以达到几万牛，但是人体并没有因为这些冲击发生损坏．这要归功于人体中奇妙的构造：在人体中既有减振的“弹簧”又有结实的“拱桥”．

人体像一个建在两个柱子上的大厦．上身的重力占人体的 70%，这些重力都通过脊柱而加在两条腿上．按建筑学的原理，两条腿的中间应该有一根很粗的“梁”才能承受住这么大的重力，这根“梁”必须十分结实，因为人体在运动中所产生的冲击力，有时是体重的十几倍、几十倍，甚至达到几万牛．

但是，人体内找不到一根结实、厚重的“梁”．连接人体上身和两腿的是骨盆．骨盆很轻很薄，怎么能承受这么大的力量呢？原来骨盆实际上是一个“拱门”．拱的前下方通过耻骨拉紧，上身的重力通过脊柱末端的髂骨压到两个筋骨上，再传到大腿骨上．耻骨的连接使这个拱更加稳定，不受腿部运动的影响．这个拱不仅结实而且像弹簧一样能减震．在人的两只脚上有两个拱桥，就是平时我们所说的足弓，它是由一连串的小骨头组成的．它不仅能使人站立稳固，保护着足底的神经和血管免受压迫，还能起防震作用．

1.5 牛顿运动定律

动力学知识在生产和科学研究中是很重要的．设计各种机器，控制交通工具的速度，研究天体的运动，计算人造卫星的轨道等等，都离不开动力学知识．动力学的奠基人是英国科学家牛顿．牛顿在1687年出版了他的名著《自然哲学的数学原理》．在这部著作中，牛顿提出了三条运动定律，这三条定律总称为牛顿运动定律，它是动力学的基础，本节我们开始学习牛顿运动定律．

1．牛顿第一定律

观察与思考

甲　安全带

乙　安全气囊

图1.5.1

我国公安交通部门规定，从1993年7月1日起，在各种小型车辆前排乘坐的人（包括司机）必须系好安全带，如图1.5.1所示，这是为什么呢？

牛顿（1643—1727）
英国科学家，
动力学的奠基人

用力推桌，桌子就前进；停止用力，桌子就停下来．古希腊哲学家亚里士多德在公元前4世纪就根据这类经验事实得出结论：必须有力作用在物体上，物体才运动；没有力的作用物体就要静止．在17世纪以前，人们普遍认为力是维持物体运动的原因．

但到了17世纪，意大利著名物理学家伽利略根据实验得出：在水平面上运动的物体之所以停下来是因为受到阻力的缘故．如果没有摩擦，则运动的物体将一直保持原有速度运动下去．

演示实验

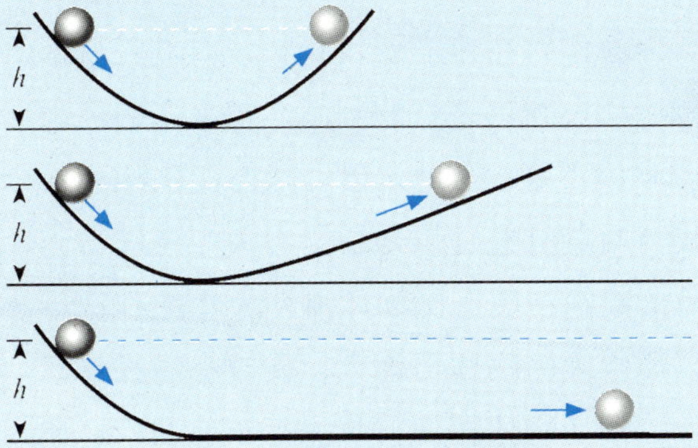

图 1.5.2

图 1.5.2 所示的是伽利略的“理想实验”. 伽利略把两个光滑的、近似斜面的曲面连接起来，静止的小球从左侧斜面滚下，并沿着右侧斜面向上运动，一直到达与原来相同的高度. 如果减小右侧斜面的倾角，小球仍可以上升到原来的高度，但小球通过的距离会长些. 他接着推论，如果把右侧斜面的倾角减小直至水平，那么小球因为了达到原来的高度，将会沿着水平面以恒定的速度一直滚下去. 因此他认为：力不是维持物体运动的原因，而是改变物体运动的原因.

与伽利略同时代的法国科学家笛卡尔补充和完善了伽利略的观点，他认为，如果物体没有受到力的作用，将保持其静止或运动状态，永远不会使自己沿曲线运动，而只保持在直线上运动.

牛顿在伽利略等人正确结论的基础上，经过大量实验，总结成动力学的一条基本定律——**牛顿第一定律**，即

一切物体都有保持匀速直线运动状态或静止状态的特性，除非作用在它上面的力迫使它改变这种状态.

牛顿第一定律正确揭示了运动和力的关系：力不是维持物体运动的原因，而是改变物体运动的原因.

牛顿第一定律表明，物体具有保持原来匀速运动状态或静止状态的性质，这个性质叫做**惯性**. 因此牛顿第一定律又称为**惯性定律**.

生活中物体具有惯性的例子很多，如图 1.5.3 所示，利用惯性使锄头套紧，汽车启动时车厢里的乘客向后倾，刹车时，乘客向前倾；百米赛跑运动员到达终点时不能立即停下也是由于惯性的原因. 足球能飞过半个球

场，是因为球被踢出时，在水平方向已经获得很大的初速度，由于惯性将继续向前运动。我们还会有这样的生活经验：载重汽车启动时，由静止到高速需要较长一段时间；百米赛跑运动员到达终点冲刺后，体重大的运动员较难停下来。因此，运动状态变化的难易程度与质量有关且只与质量有关。可以得出这样的结论：质量是物体惯性大小的唯一量度。质量大的物体惯性大，质量小的物体惯性小。一切物体在任何状态下都有惯性，惯性是物体的固有性质。

图 1.5.3　利用惯性使锄头套紧

观察与思考

在工农业生产和日常生活中，你能观察到哪些地方有增大有益惯性或减少有害惯性的例子？

议一议

2001 年 2 月 11 日，在中央电视台“实话实说”节目中，为了揭露各种歪理邪说，司马南与主持人崔永元合作表演了“铁锤砸砖”节目。崔头顶八块砖，司用一铁锤打崔头顶上的砖，结果砖被击碎，但崔安然无恙。据他讲，他做第一次试验时头顶一块砖，结果被砸昏过去。请从物理学的角度解释上述事实。

做一做

如图 1.5.4 所示，支架上放一木片，木片上放一小球，用一弹簧片把木片打飞，观察小球的运动，并解释该现象。

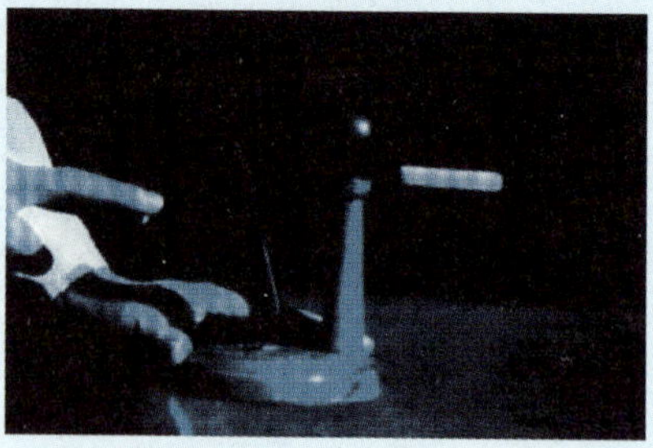

图 1.5.4

2. 牛顿第二定律　力是改变运动的原因，也就是说力是产生加速度的原因，那么加速度与力存在什么关系呢？

演示实验

如图 1.5.5 所示，取两个质量相同的小车，放在光滑的水平板上．小车的前端各系上一细绳，绳子另一端跨过定滑轮各挂一个小盘，盘里分别放着数目不同的砝码，使两个小车在不同的拉力下做匀加速运动，小车的后端也分别系上细绳，用一只夹子夹住这两根细绳，以同时控制这两辆小车，使他们同时开始运动并且同时停止运动．打开夹子后，用不同的力使两辆小车同时由静止开始运动，经过一段距离后，关上夹子，让他们同时停止运动．发现这两辆小车在这段时间内发生的位移不同，受拉力大的小车位移大．由 $x=\frac{1}{2}at^2$ 可知，在相等的时间内，$x\propto a$，又由实验知，$F\propto x$，所以 $a\propto x$．在两个盘里放相同数目的砝码，使两小车所受的拉力相同，而在一辆小车上加砝码以增大质量重做实验．发现在相同的时间里，质量小的小车位移大．测出位移和质量，可以发现，小车通过的位移与其质量成反比，这表明，小车的加速度的大小与其质量成反比，即 $a\propto\frac{1}{m}$．

图 1.5.5　研究牛顿第二定律的实验装置

研究表明，物体质量不变的情况下，加速度与其所受的外力成正比：

$$\frac{a_1}{a_2}=\frac{F_1}{F_2}\quad 或\quad a\propto F$$

在物体受力相同时，加速度和质量成反比：

$$\frac{a_1}{a_2}=\frac{m_2}{m_1}\quad 或\quad a\propto\frac{1}{m}$$

牛顿在前人大量实验的基础上，根据自己的实验观察和理论推导，对力、质量和加速度之间的关系得出下述结论：

物体加速度的大小与物体所受的合外力成正比，与物体的质量成反比，加速度的方向与合外力的方向相同．这就是**牛顿第二定律**．

数学表达式为 $a \propto \frac{F}{m}$ 或 $F = kma$

在国际单位制中 $k = 1$ 上式可简化为

$$F = ma \tag{1.5.1}$$

我们在初中已经学过，在国际单位制中，力的单位是牛顿. 其实，牛顿这个单位就是根据牛顿第二定律定义的：质量为 1kg 的物体，获得 1m/s^2的加速度时，受到的合外力为 1N，即 $1\text{N} = 1\text{kg} \cdot \text{m/s}^2$.

使用公式（1.5.1）必须注意以下几点：

（1）式中各物理量必须用国际制单位，即力的单位用 N，质量的单位用 kg，加速度的单位用 m/s^2.

（2）式中的 F 是被研究的物体所受的合外力，如果物体同时受到几个外力的作用，应当先求出合力.

（3）矢量性：加速度的方向与合外力的方向始终一致.

（4）瞬时性：加速度与合外力是瞬间的对应量，即同时产生、同时变化、同时消失.

以牛顿定律为基础的经典力学取得了巨大成就，牛顿定律与天文学结合，建立了天体力学；与工程实际结合，建立了各种应用力学，如水力学、材料力学、结构力学等等. 但是，牛顿定律和一切物理定律一样，也有它的适用范围. 牛顿定律适用于宏观低速运动物体（远小于光速），不适用于微观高速粒子.

例1 一辆速度为 4m/s 的自行车，在水平公路上匀减速地滑行 40m 后停止. 如果自行车和人的总质量是 100kg，自行车受到的阻力是多大？

解： 由 $v^2 - v_0^2 = 2ax$ 可求出自行车的加速度

$$a = \frac{v^2 - v_0^2}{2x} = \frac{0 - 4^2}{2 \times 40}\text{m/s}^2 = -0.2\text{m/s}^2$$

根据牛顿第二定律，自行车受到的阻力 $F = ma = 100 \times (-0.2)\text{N} = -20\text{N}$.

负号表示阻力方向与自行车运动方向相反.

例2 一列质量为 10^3t 的列车，机车牵引力为 3.5×10^5N，运动中所受阻力为车重的 0.01 倍. 列车由静止开始做匀加速直线运动，速度变为 180km/h 需多少时间？（$g = 10\text{m/s}^2$）

分析： 本题中涉及质量、力、速度、加速度等物理量，且各物理量不是国际单位制中的单位，我们只要把它们的单位都统一为国际单位制中的单位，计算的结果必定是国际制中的相应单位.

解：列车总质量 $m=10^3\ \text{t}=10^6\text{kg}$，总重$G=mg=10^7\text{N}$，运动中所受阻力 $F_f=0.01\ G=0.01\times10^7\text{N}=1\times10^5\text{N}$

设列车匀加速运动的加速度为 a，由牛顿第二定律 $F-F_f=ma$，则列车的加速度

$$a=\frac{F_2-F_f}{m}=\frac{3.5\times10^5-1\times10^5}{10^6}\text{m/s}^2=0.25\text{m/s}^2$$

列车由静止加速到 $v=180\text{km}/h=50\text{m/s}$ 所用时间为

$$t=\frac{v}{a}=\frac{50}{0.25}\text{s}=200\text{s}$$

用牛顿第二定律解题一般可分为两类：

（1）已知物体的受力情况求物体的运动情况

根据物体的受力情况求出物体受到的合外力，然后应用牛顿第二定律 $F=ma$ 求出物体的加速度，再根据初始条件由运动学公式就可以求出物体的速度、位移或运动时间.

（2）已知物体的运动情况求物体的受力情况

根据物体的运动情况，应用运动学公式求出物体的加速度，然后再应用牛顿第二定律求出物体所受的合外力，进而求出某些未知力.

求解以上两类动力学问题，可用如下所示的框图来表示：

第一类　　　　　　第二类

物体的受力情况 ⇌ 物体的加速度 a ⇌ 物体的运动情况

在匀变速直线运动的公式中有五个物理量，其中有四个矢量 v_0、v_1、a、s，一个标量 t. 在动力学公式中有三个物理量，其中有两个矢量 F、a，一个标量 m. 运动学和动力学中公共的物理量是加速度 a. 在处理力和运动的两类基本问题时，不论由力确定运动还是由运动确定力，关键在于加速度 a，a 是联结运动学公式和牛顿第二定律的桥梁.

例3 升降机以 0.5m/s^2 的加速度匀加速上升，站在升降机里的人的质量是 50kg，人对升降机地板的压力是多大？如果人站在升降机里的测力计上，测力计的示数是多大？

解析：人和升降机以共同的加速度上升，因而人的加速度是已知的，为了能够用牛顿第二定律，应该把人作为研究对象.

对人进行受力分析：人在升降机中受到两个力：重力 G 和地板的支持

力 F，升降机地板对人的支持力和人对升降机地板的压力是一对作用力和反作用力，据牛顿第三定律，只要求出前者就可以知道后者.

取竖直向上为正方向，则 $F_{支}$，a 均取正值，G 取负值，据牛顿第二定律，得

$$F_{支}-G=ma$$

则

$$F_{支}=G+ma=mg+ma$$

代入数值，得

$$F_{支}=50\times(9.8+0.5)=515\text{N}$$

所以

$$F_{压}=F_{支}=515\text{N}$$

议一议

上题中如果升降机是静止的或做匀速直线运动，人对升降机地板的压力又是多大？如果人随升降机一起以 2m/s^2 的加速度减速下降，求物体对升降机地板的压力大小，是大于重力还是小于重力？比较前边两种情况下人对地板的压力大小，你能得出什么结论？

当升降机加速上升或减速下降的时候，人对升降机地板的压力比人实际受到的重力大，我们把这种现象叫做**超重**. 当升降机减降上升或加速下降的时候，人对升降机地板的压力比人实际受到的重力小，我们把这种现象叫做**失重**.

观察与思考

你知道日常生活中哪些现象与超重、失重有关？物体做怎样的运动能出现超重、失重现象？

3. 牛顿第三定律 力是物体对物体的作用，只要有力，就一定要有受力物体和施力物体. 用手拉弹簧，弹簧受到手的拉力，同时弹簧发生形变，手也受到弹簧的拉力. 坐在椅子上用力推桌子，会感到桌子也在推我们，我们的身体要向后移. 在平静的水面上，在一只船上用力推另一只船，另一只也要推前一只船，两只船将同时向相反方向运动. 汽车发动机驱动车轮转动，由于轮胎与地面间的摩擦，车轮向后推地面，地面给车轮一个向前的作用力，使汽车前进. 上述例子说明，物体之间力的作用是相互的. 当甲物体有力作用在乙物体上时，乙物体同时也有力作用在甲物体上. 我们把这一对力叫做作用力和反作用力. 其中的一个力叫作用力，另

一个叫反作用力.

演示实验

把 A、B 两个弹簧测力计连接在一起，用手拉两个弹簧测力计，如图 1.5.6 所示. 可以看到两弹簧测力计指针同时移动. 这说明弹簧测力计 A 受到 B 的拉力 F'，弹簧测力计 B 受到 A 的拉力 F. F 与 F' 总是大小相等，方向相反.

图 1.5.6　探究作用力与反作用力的关系

牛顿根据大量实验事实，总结得出：

两物体之间的作用力和反作用力总是大小相等，方向相反，作用在不同物体上. 这就是**牛顿第三定律**.

对于牛顿第三定律有以下几点说明：

(1) 作用力和反作用力一定是同种性质的力.

(2) 作用力和反作用力同时产生，同时消失.

(3) 作用力和反作用力分别作用于两个物体，不能合成，不能抵消.

观察与思考

既然两个物体间的作用力和反作用力是大小相等的，为什么会出现这种情况：鸡蛋与石头相碰时，鸡蛋破碎而石头不破碎；马拉车时，车会向前走而马不后退呢？鸡蛋碰石头和石头碰鸡蛋的都是鸡蛋破碎，同样大小的力作用在两个物体上会产生不同的效果，这又是什么原因呢？

议一议

有人认为，在拔河比赛中，既然双方的作用力与反作用力大小相等，应该不可能分出胜负，实际上却总有一方获胜. 这是否违背牛顿第三定律？如果让比赛一方坐在一只船上，另一方站在岸上进行比赛，结果又会怎样？从上面的结果看，取胜的决定因素是什么？

练习

1. 跑步被绊倒时人总是向前趴着倒下，而走路滑倒时人们则大多是后仰着摔倒，试论述其原因.

2. 有人设想，乘坐气球飘在高空，由于地球的自转，一昼夜就能周游世界. 请你评价一下，这个设想可行吗?

3. 下列说法正确的是（　　）.

A. 一位同学看到某人用手推不动原来静止的小车，于是说：是因为这辆车惯性太大的缘故

B. 运动得越快的汽车越不容易停下来，是因为汽车运动得越快，惯性越大

C. 小球由于重力的作用而自由下落时，它的惯性不存在了

D. 物体的惯性仅与物体的质量有关，质量大的惯性大，质量小的惯性小

4. 由牛顿第二定律可知，无论怎样小的力都可以使物体产生加速度. 可是，我们用力提一个很重的箱子，却提不动它. 这与牛顿第二定律有没有矛盾? 应该怎样解释这个现象?

5. 一个物体受到 $F_1 = 4\text{N}$ 的力，产生 $a_1 = 2\text{m/s}^2$ 的加速度，要使它产生 $a_2 = 6\text{m/s}^2$ 的加速度，需要施加多大的力?

6. 甲、乙两辆实验小车，在相同的力的作用下，甲车产生的加速度为 1.5m/s^2，乙车产生的加速度为 4.5m/s^2，甲车的质量是乙车的几倍?

7. 某质量为 1000kg 的汽车在平直路面上试车，当达到 72km/h 的速度时关闭发动机，经过 20s 停下来，汽车受到的阻力有多大?

8. 汽车拉着拖车在平直的公路上运动，下面的说法正确的是(　　).

A. 汽车拉着拖车向前是因为汽车对拖车的拉力大于拖车拉汽车的力

B. 汽车先对拖车施加拉力，然后才产生拖车对汽车的拉力

C. 匀速前进时，汽车对拖车的拉力等于拖车向后拉汽车的力；加速前进时，汽车向前拉拖车的力大于拖车向后拉汽车的力

D. 加速前进是因为汽车对拖车的拉力大于地面对拖车的摩擦阻力；汽车加速是因为地面对汽车向前的作用力（牵引力）大于拖车对它的拉力

1.6 实验一 长度的测量

物理学是以实验为基础的科学，要学好物理就要做好实验.

1. **误差** 任何测量结果都不可能绝对准确. 测量值跟被测物理量的真实值之间总会有差异，这种差异叫做误差.

由仪器直接读出的数据叫做直接测量结果. 直接测量结果的误差来源于两方面. 一是仪器本身的缺陷，例如米尺的刻度不够准确、天平两臂不严格等长. 二是实验人操作和读数的不准确，例如用秒表计时，按下按钮的时刻总会稍有滞后或提前. 又如中学实验室中温度计的分度值为1℃，靠目测估计零点几度这位数，可能有0.2℃的误差.

通过改进仪器和谨慎操作，可以减小误差，但任何测量都不能完全消除误差.

2. **偶然误差和系统误差** 人读仪表时，眼的位置可能一次稍向左偏、一次稍向右偏，电表指针由于轴上的摩擦，停下来的位置可能一次偏大、一次偏小. 这些误差是由偶然因素造成的，叫做**偶然误差**. 偶然误差的特点是，当多次重复同一测量时，偏大和偏小的机会比较接近，可以用取平均值的方法来减小偶然误差.

系统误差是由仪器结构缺陷、实验方法不完善造成的. 例如，天平两臂不完全等长会造成系统误差. 测量重力加速度时由于没有消除空气等阻力的影响，也会引起系统误差. 系统误差的特点是多次重复测量的结果总是大于（或小于）被测量的真实值，呈现单一倾向.

测量既然有误差，测得的数值就只能是近似数. 例如，用毫米刻度尺量出书本的长度是184.2mm，最末一位数字2是估计出来的，是不可靠数字，但是仍然有意义，仍要写出来. 这种带有一位不可靠数字的近似数字，叫做**有效数字**.

在有效数字中，数2.7、2.70、2.700的含义是不同的，它们分别代表两位、三位、四位有效数字. 数2.7表示最末一位数字7是不可靠的，而数2.70和2.700则表示最末一位有效数字0是不可靠的. 因此，小数最后的零是有意义的，不能随便舍去或添加. 但是，小数的第一个非零数字前面的零都是用来表示小数点位置的，不是有效数字. 例如，0.92、0.085、

0.0063 都是两位有效数字．为了正确表示有效数字，特别大或特别小的数字都要用科学计数法，例如钨原子的半径是 1.37×10^{-10}，如 36500km，如果这五个数字不全是有效数字，就不要这样写，可以写成带有一位整数位的小数和 10 的乘方的积的形式，如果是三位有效数字，就可以写成 3.65×10^{4}km，如果是四位有效数字，就可以写成 3.650×10^{4}km.

在实验中，测量时要按照有效数字的规则来读数．在处理实验数据进行加减乘除运算时，本来也应该按照有效数字的规则来运算，但由于这些规则比较复杂，初级阶段不做要求，运算结果一般取两位或三位有效数字就可以了.

3. 刻度尺　如图 1.6.1 所示，刻度尺是测量物体长度的工具，其分度值一般为 1mm．用刻度尺测量长度是物理实验的基本技能，也是其它测量仪器正确读数的基础.

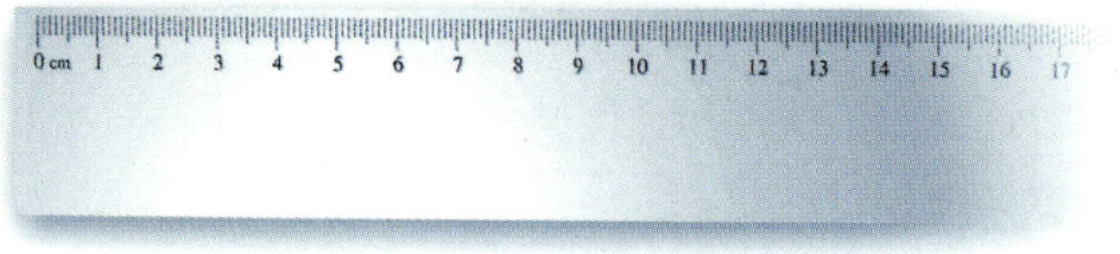

图 1.6.1　刻度尺

（1）正确使用刻度尺

①使用前，做到三看．首先，看刻度尺的零刻度是否磨损，如已磨损则应重选一个刻度值作为测量的起点.

其次，看刻度尺的测量范围（即量程）．原则上测长度要求一次测量，如果测量范围小于实际长度，就要移动刻度尺测量若干次，这样势必会产生较大的误差.

最后，看刻度尺的最小刻度值．最小刻度代表的长度值不仅反映了刻度尺不同的准确程度，而且还涉及测量结果的有效数字位数．量程和最小刻度值应从实际测量要求出发兼顾选择.

②使用时，应注意正确放置和正确观察.

正确放置的关键是尺边对齐被测对象，必须放正重合，不能歪斜；尺的刻面必须紧贴被测对象，不能"悬空".

正确观察的关键是视线在终端刻度线的正前方，视线与刻面垂直，看清大格及小格数.

（2）正确记录测量结果

一般情况下应估读到最小刻度值的下一位．如学生用三角尺最小刻度是 mm，用它测量长 2cm 的长度，若正好对准在刻度线上时，正确记录应为 2.00cm，其中 2.0cm 是尺面准确读出的数，由于无估读数，需在毫米的 10 分位上加“0”.

注意：记录测量结果时必须写上相应的单位.

4. 游标卡尺 游标卡尺的构造如图 1.6.2 所示.

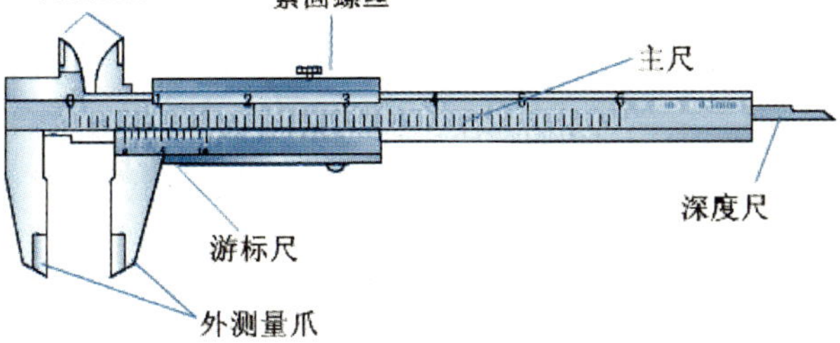

图 1.6.2 游标卡尺的构造

它的主要部分是一条主尺和一条可以沿着主尺滑动的游标尺，也称游标. 左侧量爪固定在主尺上，并与主尺垂直；右侧量爪与左侧量爪平行，固定在游标尺上，可以随同游标尺一起沿主尺滑动. 利用主尺下方的一对测量爪可以测量零件的厚度和管的外径；上方的一对测量爪可以测量孔的内径；利用固定在游标尺上的深度尺可以测量槽和筒的深度. 一般游标卡尺最多可以测量十几个厘米的长度. 如图 1.6.3 所示的游标卡尺测量长度时，可以准确到 0.1mm. 这种游标卡尺，主尺的最小分度是 1mm. 游标卡尺上有 10 个小的等分，共 11 条刻线，第一条是 0 刻线，10 个等分的总长等于 9mm，因此游标尺的每一分度与主尺的最小分度相差 0.1mm. 当左、右测量爪合在一起时，游标尺的 0 刻线与主尺的 0 对齐，此时游标尺上标“10”的那条刻线与主尺的 9mm 刻线对齐，其余的刻线都不对齐. 游标尺标“1”的刻线在主尺的 1mm 刻线左边 0.1mm 处，标“2”的刻线在主尺的 2mm 刻线左边 0.2mm 处等等.

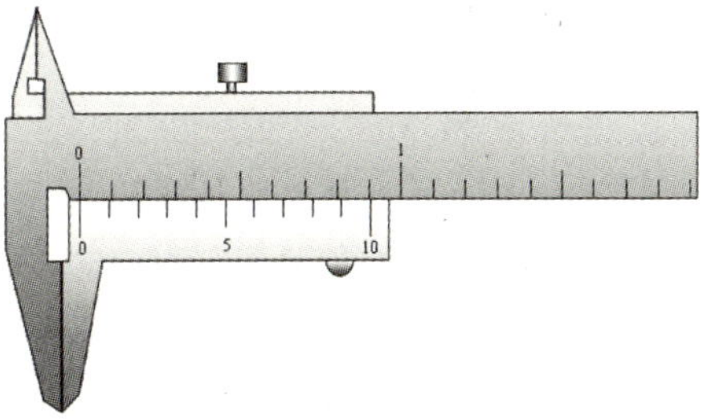

图 1.6.3 准确度 0.1mm 的游标卡尺

在两测量爪间放一厚 0.1mm 的纸片，游标尺就向右移动 0.1mm，这时它的标“1”的刻线与主尺的 1mm 刻线对齐，其余的刻线都与主尺上的刻线不对齐．同样，在两测量爪间放一张 0.5mm 的薄片，游标尺标“5”的刻线将与主尺的 5mm 刻线对齐，其余的刻线都与主尺上的刻线不对齐．所以，被测薄片的厚度不超过 1mm 时，游标尺的标“几”的刻度与主尺的某刻线对齐，就表示薄片的厚度是零点几毫米．

在测量大于 1mm 的长度时，整的毫米数由主尺上读出，十分之几毫米从游标尺上读出．这样，我们读出的十分之几毫米是直接测出的，而不是估读出的．因此，用这种游标卡尺测长度可以准确到 0.1mm．

通常用的游标卡尺，在游标尺上有 20 个小的分度，如图 1.6.4 所示．它们的总长度为 19mm，它的每一分度与主尺的最小分度 1mm 相差 0.05mm．

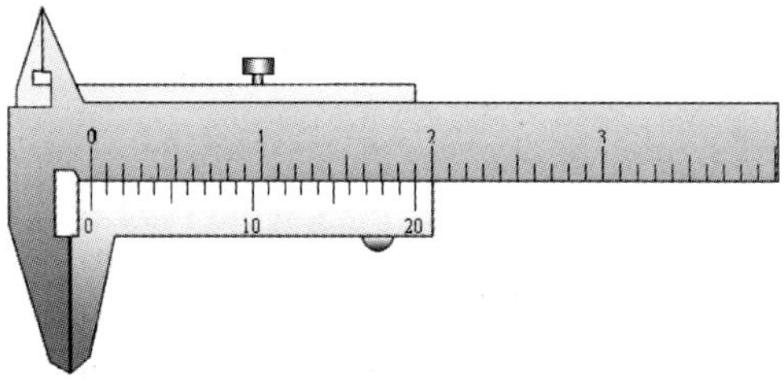

图 1.6.4　准确度 0.05mm 的游标卡尺

当左、右测量爪合在一起，游标尺的零刻线与主尺的零刻线对齐时，只有游标尺的“20”刻线与主尺的 19mm 的刻线对齐，其余的刻线都不对齐．使用时，整的毫米数由主尺上读出，再看游标尺的标几的刻线与主尺某一刻线对齐，毫米以下的长度就是 0.05mm 的几倍．例如游标尺的第 12 条刻线与主尺的某一刻线对齐，毫米以下的长度为 $0.05\times12\text{mm}=0.60\text{mm}$，毫米以下的读数就是 0.60mm．用这种游标卡尺测长度可以准确到 0.05mm．

工厂中常用 50 分度的游标卡尺，如图 1.6.5 所示．游标上相邻两个刻度间的距离为 0.98mm，比主尺上相邻两个刻度间距离小 0.02mm．这种卡尺的刻度是特殊的，游标上的刻度值，就是毫米以下的读数．这种卡尺的读数可以准确到 0.02mm．

使用游标卡尺应注意以下几点：

（1）游标卡尺是比较精密的测量工具，要轻拿轻放，不得碰撞或跌落地下．使用时不要用来测量粗糙的物体，以免损坏量爪，不用时应置于干燥处，防止锈蚀．

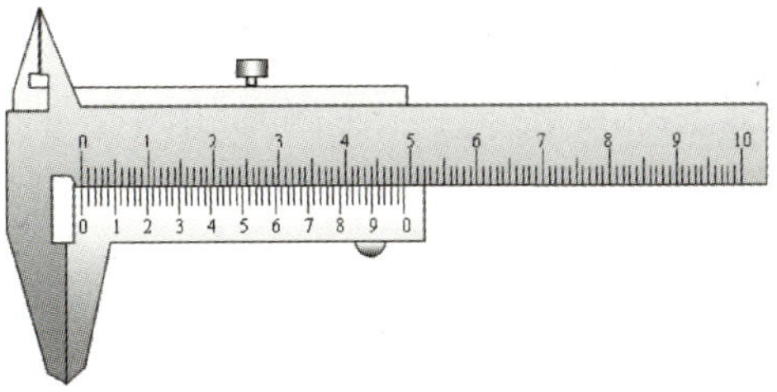

图 1.6.5　准确度 0.02mm 的游标卡尺

(2) 测量时，应先拧松紧固螺钉，移动游标不能用力过猛．两量爪与待测物的接触不宜过紧．不能使被夹紧的物体在量爪内挪动．

(3) 读数时，视线应与尺面垂直．如需固定读数，可用紧固螺钉将游标固定在尺身上，防止滑动．

(4) 实际测量时，对同一长度应多测几次，取其平均值来消除偶然误差．

(5) 游标卡尺读数通常不读到估计位．

5. 螺旋测微器　螺旋测微器又称千分尺，构造如图1.6.6所示．主要构造的名称：以下的①－⑦依次是：测砧、测微螺杆、固定刻度、可动刻度、旋钮、微调旋钮和尺架．螺旋测微器是比游标卡尺更精密的测量长度的工具，用它测长度可以准确到0.01mm，测量范围为几个厘米．

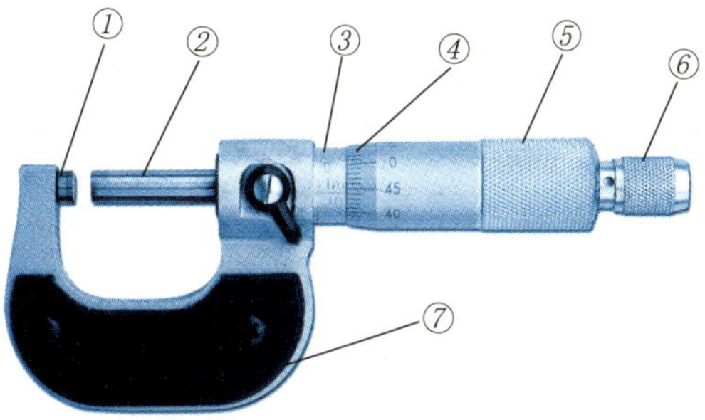

图 1.6.6　螺旋测微器

螺旋测微器原理和使用　螺旋测微器是依据螺旋放大的原理制成的，如图1.6.7所示，即螺杆在螺母中旋转一周，螺杆便沿着旋转轴线方向前进或后退一个螺距的距离．因此，沿轴线方向移动的微小距离，就能用圆周上的读数表示出来．螺旋测微器的精密螺纹的螺距是0.5mm，可动刻度有50个等分刻度，可动刻度旋转一周，测微螺杆可前进或后退0.5mm，因此旋转每个小分度，相当于测微螺杆前进或后退这0.5/50＝0.01mm．可见，可动刻度每一小分度表示0.01mm，所以螺旋测微器可准确到0.01mm．由于还能再估读一位，即可读到毫米的千分位，故又名千分尺．

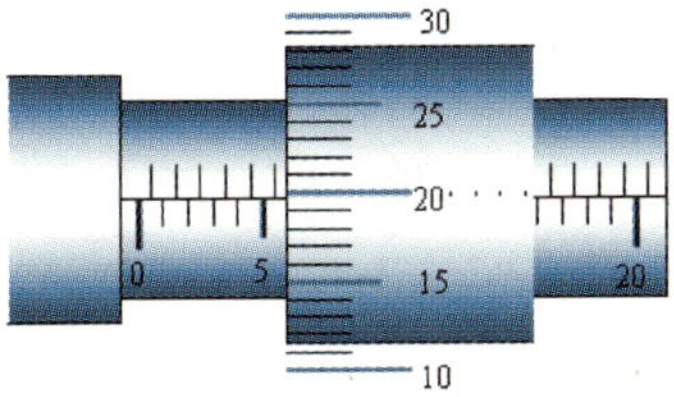

图 1.6.7　螺旋测微器读数原理

当测砧和测微螺杆并拢时，可动刻度的零点若恰好与固定刻度的零点重合，旋出测微螺杆，并使测砧和测微螺杆的面正好接触待测长度的两端，那么测微螺杆向右移动的距离就是所测的长度. 这个距离的整毫米数由固定刻度上读出，小数部分则由可动刻度读出.

使用螺旋测微器应注意以下几点：

(1) 测量时，在测微螺杆快靠近被测物体时应停止使用旋钮，而改用微调旋钮，避免产生过大的压力，这样既可使测量结果精确，又能保护螺旋测微器.

(2) 在读数时，要注意固定刻度尺上表示半毫米的刻线是否已经露出，如果已露出，可动刻度的读数还应加0. 5mm.

(3) 读数时，千分位有一位估读数字，不能随便扔掉，即使固定刻度的零点正好与可动刻度的某一刻度线对齐，千分位上也应读取为“0”.

(4) 当测砧和测微螺杆并拢时，可动刻度的零点与固定刻度的零点不相重合，将出现零误差，应加以修正，即在最后测长度的读数上去掉零误差的数值.

实验目的：

练习使用米尺、游标卡尺、螺旋测微器测量长度、内径、外径、深度.

实验原理：

米尺、游标卡尺、螺旋测微器的原理见前实验器材.

实验器材：

米尺、游标卡尺、螺旋测微器、金属管、小量筒、导线.

实验步骤：

(1) 用米尺、游标卡尺测量金属管的长度，共测量四次.

(2) 用游标卡尺测量金属管的外径和内径. 测量时先在管的一端测量相互垂直的两个方向上的外径和内径，再在管的另一端测量相互垂直的两个方向上的外径和内径，得到外径和内径的四组测量值.

(3) 用游标卡尺测量小量筒的深度，每次测量后，让小量筒绕轴转过约90°再测量下一次，共测量四次.

(4) 螺旋测微器测量金属管的外径和导线的直径.

记录下每次测量的数据，要求有效数字位数正确.

1.7 实验二

（A）测量物体运动的速度和加速度

1. 打点计时器

打点计时器是一种测量时间的工具．打点计时器常用的有两种：电磁打点计时器和电火花打点计时器．

电磁打点计时器是一种使用交流电源的计时仪器，其工作电压是4～6V，当电源的频率是50Hz时，它每隔0.02s打一次点．电磁打点计时器的构造如图1.7.1所示．通电以前，把纸带穿过限位孔，再把套在定位轴上的复写纸片压在纸带的上面．当接通电源时，在线圈和永久磁铁的作用下，振片便振动起来．位于振片一端的振针就跟着上下振动起来．这时如果纸带运动，振针就在纸带上打出一列小点．

电火花计时器是利用火花放电在纸带上打出小孔而显示出点迹的计时仪器，它的构造如图1.7.2所示．使用时，墨粉纸盘套在纸盘轴上，并夹在两条白纸带之间．当接通220V交流电源，按下脉冲输出开关时，计时器发出的脉冲电流经接正极的放电针、墨粉纸盘接负极的纸盘轴，产生火花放电，于是在运动的纸带上就打出一列点迹．当电源的频率为50Hz时，它也是每隔0.02s打一次点，电火花计时器工作时，纸带运动时受到的阻力小，实验误差小．

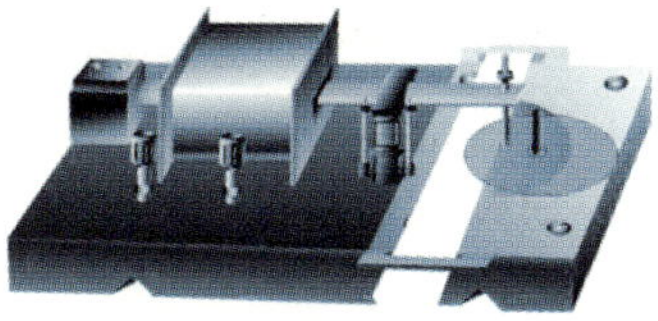

图1.7.1　电磁打点计时器

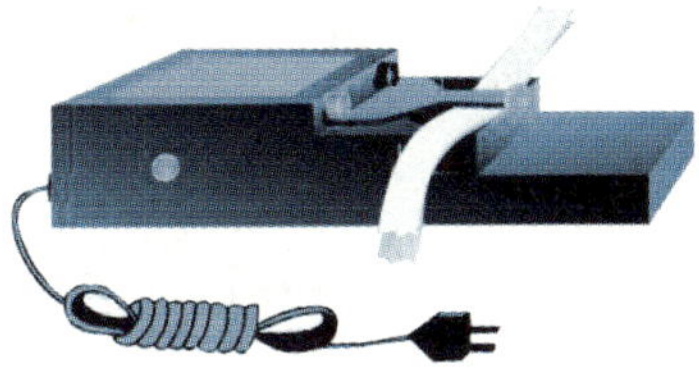

图1.7.2　电火花打点计时器

如果运动物体带动的纸带通过打点计时器，在纸带上打下的点就记录了物体运动的时间，纸带上的点也相应的表示出了运动物体在不同时刻的位置．研究纸带上的各点间的间隔，就可分析物体的运动状况．

2. 根据纸带上的点求平均速度

实验目的：

（1）练习使用电火花计时器或电磁打点计时器.

（2）利用打上点的纸带研究物体的运动情况.

实验器材：

电火花计时器或电磁打点计时器，纸带、刻度尺、导线、学生电源.

实验步骤：

（1）把电火花计时器固定在桌子上，检查墨粉纸盘是否已经正确地套在纸盘轴上，检查两条白纸带是否已经正确地穿好，黑粉纸盘是否夹在两条纸带之间.

（2）把计时器上的电源插头插在220V的交流电源上.

（3）按下脉冲输出开关，用手水平地拉动两条纸带，纸带上就打上一列小点.

（4）取下纸带，从能看得清的某个点开始，数一数纸带上共有多少个点．如果共有 n 个点，点子的间隔数则为 $(n-1)$ 个，用 $t=0.02s\times(n-1)$ 就可计算出纸带的运动时间.

（5）用刻度尺测量一下，打下这些点时，纸带通过的距离 s 有多长.

（6）利用公式 $\bar{v}=s/t$ 计算出纸带在这段时间内的平均速度，把测量和计算的结果填入表中.

表 1.7－1

点子数 n	点子间隔数 $n-1$	运动时间 t/s	位移 s/m	平均速度 $\bar{v}$/(m·s^{-1})

3. 根据纸带上的点求瞬时速度

（1）根据瞬时速度是在无限短时间内的平均速度的思想方法，用打点计时器测量瞬时速度，用某段时间内的平均速度粗略代表这段时间内所打出的某点的瞬时速度，所取的时间间隔越短，这种描述方法越准确.

如图1.7.3所示，测量出包括 E 点在内的 D、F 两点间的位移 Δx 和时间 Δt，算出纸带在这两点间的平均速度 $\bar{v}=\dfrac{\Delta x}{\Delta t}$，用这个平均速度代表纸带经过 E 点时的瞬时速度.

$\dfrac{\Delta x}{\Delta t}$可以大致表示 E 点的瞬时速度，D、F 两点离 E 点越近，算出的平

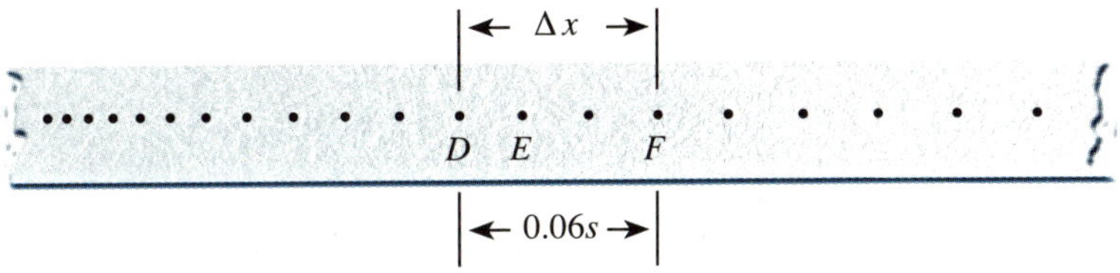

图 1.7.3

均速度越接近 E 点的瞬时速度. 然而 D、F 两点距离过小则测量误差增大，应该根据实际情况选取这两个点.

（2）如图 1.7.4 所示，若已知物体做匀变速运动，欲求打下第 n 个点时纸带的瞬时速度，由于 $(n-1)$ 点到 $(n+1)$ 点这段时间的中间时刻恰好为打下 n 点的时刻，设时间间隔为 T，则

$$v_n = v_{n-1} + aT,\quad v_{n+1} = v_n + aT$$

推出

$$v_n = \frac{v_{n-1} + v_{n+1}}{2} = \bar{v} = \frac{s_n + s_{n+1}}{2T}$$

即可用此式求出匀变速直线运动某点的瞬时速度. 实验装置如图 1.7.5.

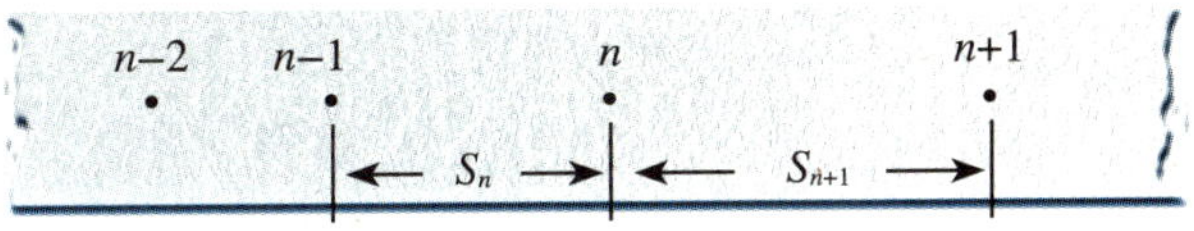

图 1.7.4

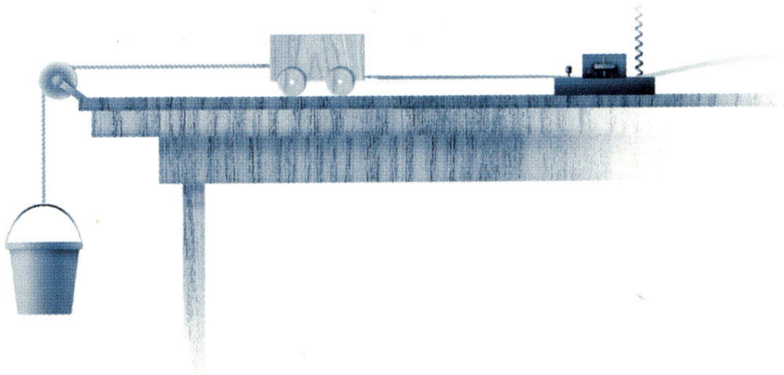

图 1.7.5

4. **根据纸带上的点求匀变速直线运动的加速度**

原理如图 1.7.6 所示，设相邻点间距分别为 s_1、s_2、$s_3\cdots$，若 $s_2-s_1=s_3-s_2=s_4-s_3=\cdots=s_n-s_{n-1}=\Delta s$，则说明物体做匀变速直线运动. 一物体以加速度 a 做匀变速直线运动，在任意两个连续相等的时间间隔（T）内的位移（s_n 和 s_{n+1}）之差 Δs 是一个常数，即

$$\Delta s = s_{n+1} - s_n = aT^2$$

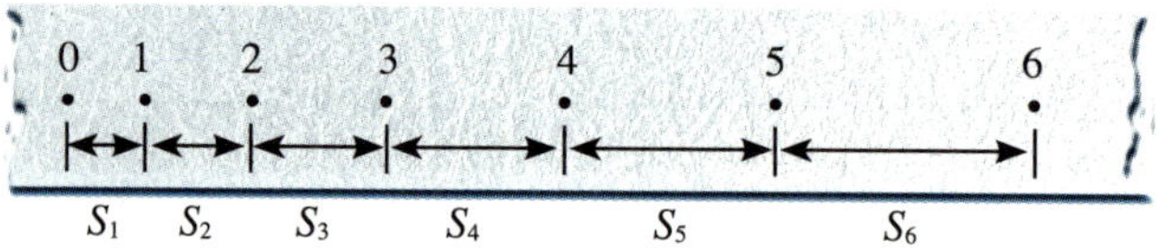

图 1.7.6

（1）测出纸带上各相邻点的间距后，可利用 $a = \dfrac{\Delta s}{T^2}$ 求解.

①“逐差法”求解

$$s_4 - s_1 = s_5 - s_2 = s_6 - s_3 = 3aT^2$$

分别求出

$$a_1 = \frac{s_4 - s_1}{3T^2}, a_2 = \frac{s_5 - s_2}{3T^2}, a_3 = \frac{s_6 - s_3}{3T^2}$$

然后取平均值，即 $\bar{a} = \dfrac{a_1 + a_2 + a_3}{3}$ 为物体运动的加速度.

②$v - t$ 图像法求解

如图 1.7.7 所示，先根据 $v_n = \dfrac{s_n + s_{n+1}}{2T}$ 求出打 n 个点时的瞬时速度，作出$v - t$图像，图像的斜率即为物体运动的加速度.

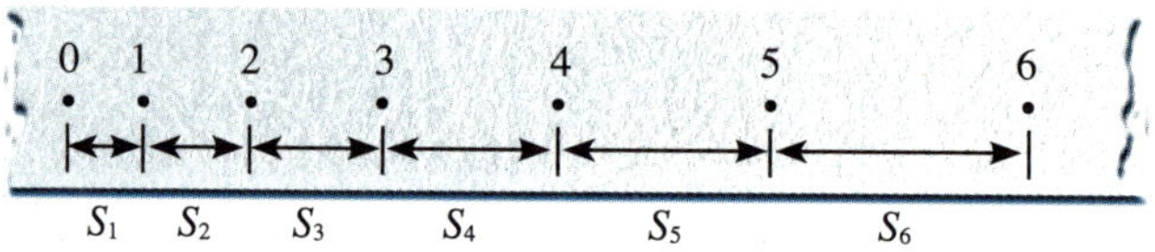

图 1.7.7

具体来说就是先求出：

$$v_1 = \frac{s_1 + s_2}{2T}, v_2 = \frac{s_2 + s_3}{2T}, v_3 = \frac{s_3 + s_4}{2T}, v_4 = \frac{s_4 + s_5}{2T}, v_5 = \frac{s_5 + s_6}{2T}$$

然后作出 $v - t$ 图像，如图 1.7.8 所示.

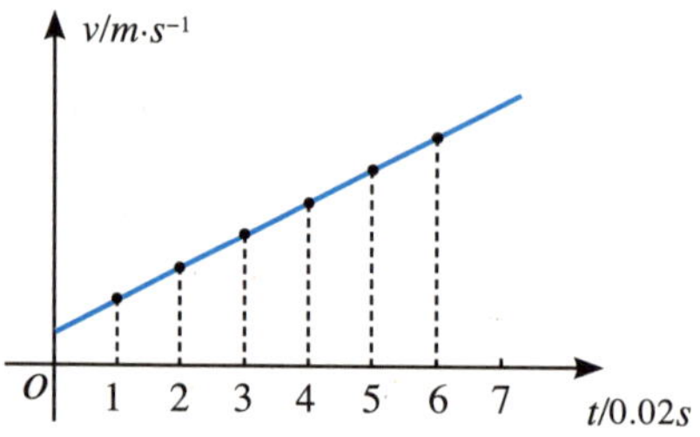

图 1.7.8

最后图中的斜率即为物体的加速度，即 $a = \frac{\Delta v}{\Delta T}$.

[**注意事项**]

(1) 打点计时器使用的电源必须是交流电源，且电压是4～6V.

(2) 打点计时器在纸带上应打出轻重合适的小圆点，如遇到打出的是小横线，应调整振针距复写纸片的高度，使之大一点.

(3) 使用打点计时器，应先接通电源，待打点计时器稳定后再放开纸带.

(4) 使用电火花计时器时，应注意把两条白纸带正确穿好，墨粉纸盘夹在两纸带之间；使用打点计时器时，应让纸带通过限位孔，压在复写纸下面.

(5) 复写纸不要装反，每打完一条纸带，应调整一下复写纸的位置，若还不够清晰，考虑更换复写纸.

(6) 处理纸带时，密集点的位移差值测量起来误差大，故应舍去.

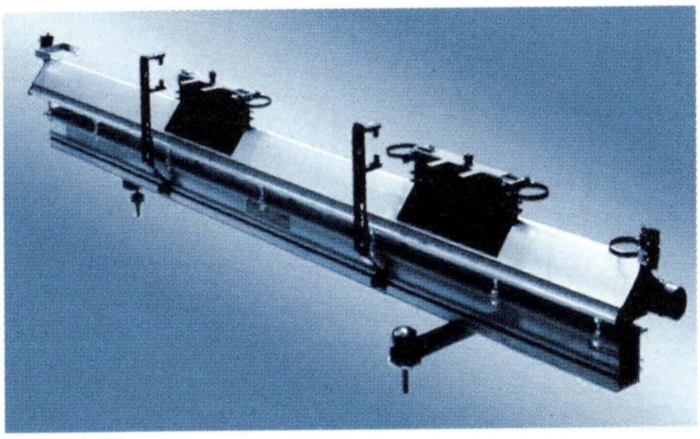

图 1.7.9

气垫导轨是一种现代化的力学实验仪器，如图 1.7.9 所示. 它利用小型气源将压缩空气送入导轨内腔. 空气再由导轨表面上的小孔中喷出，在导轨表面与滑行器内表面之间形成很薄的气垫层. 滑行器就浮在气垫层上，与轨面脱离接触，因而能在轨面上做近似无阻力的直线运动，极大地减小了以往在力学实验中由于摩擦力引起的误差. 使实验结果接近理论值. 配用数字计时器或高压电火花计时器记录滑行器在气轨上运动的时间，可以对多种力学物理量进行测定，对力学定律进行验证. 气垫导轨实验中的运动物体为滑行器（又称滑块），测量需要光电门和电子计时器（也叫毫秒计）. 滑行器上部有五条“T”形槽，可用螺钉和螺帽方便地在槽上固定各种附件. 下面的两条“T”形槽的中心正好通过滑行器的质心，在这两条槽的两端安装碰撞器或挂钩，可使滑行器在运动过程中所受外力通过质心. 在这两条槽的中部加装配重块后滑行器的质心不会改变高度.

当气轨水平放置时，自由漂浮的滑块所受的合外力为零，因此，滑块在气轨上可以静止，或以一定的速度作匀速直线运动. 在滑块上装一与滑块运动方向严格平行、宽度为 ΔL 的挡光板，当滑块经过设在某位置上的光电门时，挡光板将遮住照在光敏管上的光束，因为挡光板宽度一定，遮光时间的长短与滑块通过光电门的速度成反比，测出挡光板的宽度 ΔL 和遮光时间 Δt，则滑块通过光电门的平均速度为：

$$v = \frac{\Delta L}{\Delta t}$$

若 ΔL 很小，则在 ΔL 范围内滑块的速度变化也很小，故可以把平均速度看成是滑块经过光电门的瞬时速度. ΔL 越小，则平均速度越准确地反映该位置上滑块的瞬时速度，显然，如果滑块作匀速直线运动，则滑块通过设在气轨任何位置的光电门时瞬时速度都相等，毫秒计上显示的时间相同，在此情形下，滑块速度的测量值与 ΔL 的大小无关.

若滑块在水平方向受一恒力作用，滑块将作匀加速直线运动，分别测出滑块通过相距 S 的 2 个光电门的始末速度 v_1 和 v_2，则滑块的加速度：

$$a = \frac{v_2^2 - v_1^2}{2S}$$

练习

1. 电磁打点计时器是一种使用______电源的______仪器，它的工作电压是______V. 当电源电压是 50Hz 时，它每隔______s 打一次点.
2. 使用打点计时器时，纸带应穿过______，复写纸片应套在______上，并要放在纸带的______面；打点时应______接通电源，______释放纸带.
3. 一学生在练习使用打点计时器时，纸带上打出的不是圆点，而是一些短线，这可能是因为（　　）.

   A. 打点计时器错接在直流电源上　　B. 电源电压不足

   C. 打点计时器使用的电压过高　　D. 振针到复写纸片的距离太小
4. 某同学在用打点计时器测定匀变速直线运动的加速度时，得到如图所示的纸带，他舍弃密集点后，从 O 点开始，如图所示. 选取计数点，则每两个计数点的时间间隔为______秒，测得 $OA = 3.20\text{cm}$，$DE = 9.72\text{cm}$，则物体运动的加速度为______m/s^2.

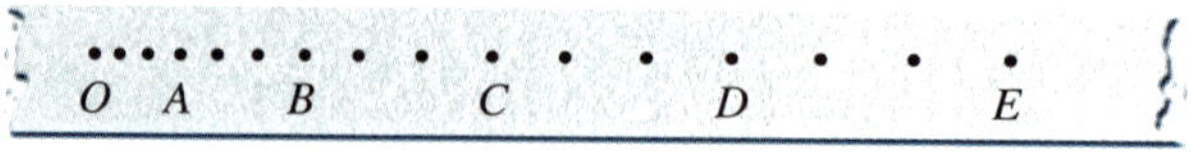

图 1.7.10

(B) 牛顿第二定律的研究

1. 用打点计时器研究牛顿第二定律

实验目的：

验证牛顿第二定律，即质量一定时，加速度与作用力成正比；作用力一定时，加速度与质量成反比.

实验原理：

我们利用图 1.7.11 所示的装置粗略地验证牛顿第二定律. 研究的对象是小车. 首先，在保持小车质量不变的前提下，改变拉力的大小（即改变小桶内砂的质量），测出小车在不同牵引力下的加速度，从而验证加速度与力的正比关系，并做出加速度 a 与力 F 的关系图像. 其次，在保持拉力不变的情况下，改变小车的质量（即增减小车中的砝码），测出小车的加速度，从而验证加速度与质量的反比关系，并做加速度 a 与质量的倒数 $\frac{1}{m}$ 的关系图像.

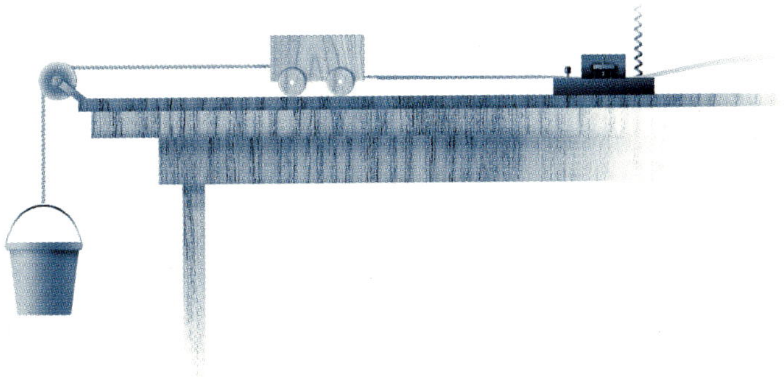

图 1.7.11

实验器材：

打点计时器、纸带及复写纸片、小车、砝码、附有定滑轮的长木板、小桶、细绳、砂、低压交流电源、两根导线、学生天平（有配套砝码）、刻度尺.

实验步骤：

(1) 用天平测出小车的质量 m 和小桶的质量 M'，把数据记入表中.

(2) 按图 1.7.11 把实验器材安装好，只是不把挂小桶用的细绳系在车上，即不给小车牵引力.

（3）平衡摩擦力：在长木板的不带定滑轮的一端下面垫一块木板，反复移动木板的位置，直至小车在斜面上运动可视为匀速运动，这时，可从纸带上打出的点来分析，即各点间距相等.

（4）把细绳系在小车上，并绕过滑轮悬挂小桶，接通电源，放开小车，打点计时器在纸带上打出一系列的点，取下纸带，在纸带上标出编号.

（5）保持小车的质量不变，改变砂的质量，即改变对小车的牵引力，按上面的做法，再做几次实验，在实验中一定要使砂和小桶的质量远小于小车和砝码的质量和.

（6）在每条纸带上都选取一段比较理想的部分，标明计数点，测量计数点间的距离，算出每条纸带对应的加速度的值.

（7）把各次实验中的数据填入表内，作用力大小等于小桶和砂受的重力$(M'+m')g$. 用纵坐标表示加速度 a，横坐标表示作用力 F，根据实验结果在坐标平面上画出相应的点，如果这些点在一条直线上，便证明了加速度与作用力成正比.

表 1.7－2

纸带编号	小桶质量 M'（g）	砂质量 m'（g）	作用力 F（N）	位移 s（m）	位移差 (s')（m）	加速度 $a\,(m/s^2)$	加速度平均值 a'（m/s^2）

（8）保持砂和小桶的质量不变，在小车上加放砝码，重复上面的实验. 把各次实验的数据填入表内，用纵坐标表示加速度 a，横坐标表示质量的倒数，即 $\frac{1}{M+m}$，在坐标平面上根据实验结果画出相应的点，如果这些点是在一条直线上，就证明了加速度与质量成反比.

表 1.7－3

纸带编号	小车质量 M（g）	砝码质量 m（g）	位移 s（m）	位移差 s'（m）	加速度 $a\,(m/s^2)$	加速度平均值 a'（m/s^2）

实验记录与整理：

小车的质量 $M=$ ______g，砝码质量 $m=$ ______g，$M+m=$ ______g，$T=$ ______s，小桶质量 $M'=$ ______g，砂质量 $m'=$ ______g，力 $F=(M'+m')g=$ ______N，$T=$ ______s.

[注意事项]

（1）在实验中一定要保持砂和桶的总质量远小于砝码和车的总质量，因为只有这样才能保持实验结论的准确性. 可简单证明如下（图1.7.12）：设砂和桶的质量为 m，砝码和小车的总质量为 M，则分别对它们进行受力分析，列出牛顿第一定律的表达式：

图 1.7.12

$$\begin{cases} mg - T = ma \\ T = Ma \end{cases}$$

解得 $T=\frac{M}{M+m}mg$，这说明对小车的拉力 T 并不严格等于砂和小桶的重力，而我们是使用砂和桶的重力代替拉力来进行计算的，这里的误差就在 $T=\frac{M}{M+m}mg$ 中的 $\frac{M}{M+m}$，经过简单变形得 $\frac{M}{M+m}=\frac{1}{1+m/M}$，很明显只有当 m 远远小于 M 时，$\frac{1}{1+m/M}\approx 1$，即 T 和 mg 相接近；若取 $m=\frac{1}{2}M$，则有 $T=0.67mg$；若取 $m=\frac{1}{3}M$，则有 $T=0.75$mg，可见误差之大. 我们在实验时取多大的比例为好呢？考虑其他各方面因素的影响，我们取 $m=\frac{M}{10}$ 也就可以了，这时 $T=0.9$mg.

（2）有关平衡摩擦力问题　由于实际中摩擦力不可避免，故小车与长木板之间的摩擦力不能忽略，而我们在做实验时又没有把摩擦力考虑在内，所以必须事先进行平衡摩擦力的工作，平衡摩擦力是这样进行的：如图1.7.13，在长板的右端垫上适当的木板，拴着细线的砂桶不要系在小车上，但小车后应连着纸带，打点计时器也应接通电源，接着让小车动起来，拖着纸带做匀速直线运动，这可从纸带上打点间距是否相等来判断，若不是匀速运动，则可通过改变所垫木板的厚度来进行调节，直到小车做匀速运动为止.

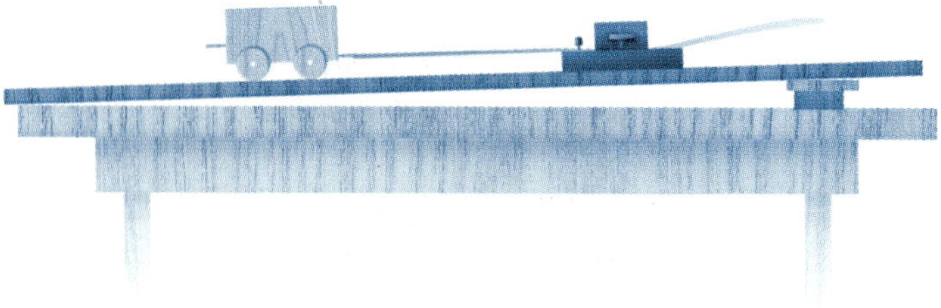

图 1.7.13

（3）在做本实验时特别要注意每条纸带所对应的状态，即所对应的小车的质量或拉力大小，因此必须给每条纸带编号，有必要时还可在纸带上标出此时小车的质量和拉力的大小.

（4）本实验作图时要先作出 a 与 F 的正比关系. 这里有一个计算 M 的倒数问题，要求计算精确度要高，描点也要准确，否则很难得出 a 与$\frac{1}{M}$的正比关系.

2. 用气垫导轨和光电门研究牛顿第二定律

（1）保持系统总质量不变，研究外力与加速度的关系，如图 1.7.14 所示.

①启动气源向气轨送气，用清洁的棉纱沾酒精擦拭导轨表面及滑块内表面.

②在装有与滑块运动方向严格平行的 U 型挡光板的滑块上，放 4 ~ 5 个砝码（每个 5.00g），将滑块放在导轨上轻轻推一下，使之来回运动，用数字毫秒计测量滑块通过相距 50.00mm 的 2 个光电门的时间，仔细调节导轨底脚螺丝（应调节单脚螺丝），使导轨持水平状态.

③将质量为 5.00g 的砝码盘用细绳绕过定滑轮系到滑块上，将滑块置于远离滑轮的另一端的某一个固定位置，待砝码盘不动后释放滑块，使其由静止开始作匀加速运动，分别记下滑块经过 2 个光电门的时间 Δt_1 和 Δt_2，测量重复 3 次.

④从滑块上取下一个砝码放在砝码盘中（这样既改变了力的大小，又

保证了系统总质量不变，即此时 $m=10.00$g）．由同一个固定位置释放，测出滑块经过 2 个光电门的时间 Δt_1 和 Δt_2．同样重复 3 次．

重复上述步骤，每次从滑块上取下一个砝码放入砝码盘中，直至 $m=25.00$g，记录数据．

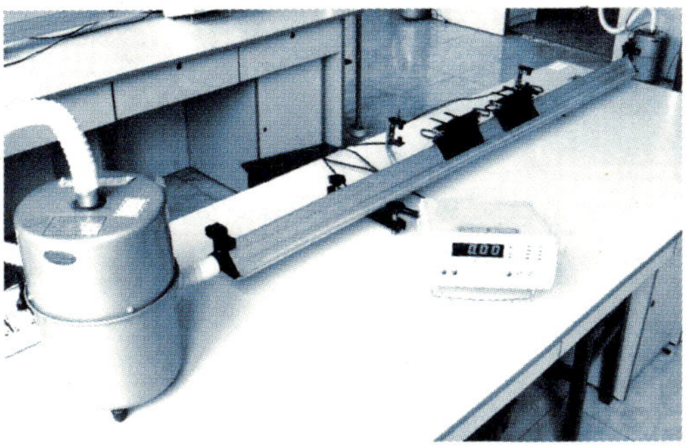

图 1.7.14

（2）保持外力不变，研究系统质量与加速度的关系．

①在滑块上放置 3 块铁块，重新检查导轨，使之为水平状态．

②将装有砝码的砝码盘（即 $m=15$g），绕过定滑轮系到滑块上，用实验内容 1 的方法测出滑块通过 2 个光电门的时间，重复 3 次．

③每次从滑块上取走一块铁块，测量滑块经过 2 个光电门的时间，各重复 3 次，记录数据．

思考题

1. 验证牛顿第二定律，要验证几个关系？各要求什么保证条件？怎样实现这些保证条件？
2. 验证牛顿第二定律为什么必须平衡摩擦力？怎样平衡摩擦力？在什么情况下才是正确地平衡了摩擦力？如果木板一端被支得过高对实验有什么影响？$a-F$ 图像会怎样？如果木板一端支得不够高，对实验又有什么影响？$a-F$ 图像又会怎么样？
3. 实验中线的拉力怎样计算？在什么条件下，这种计算误差才较小？如果不符合这个条件，由实验数据作出的 $a-(1/M)$ 图像是什么样的？

章末小结

一　物体的运动

1. 质点的概念　当物体的大小、形状对所研究的问题的影响可以忽略时，物体可视为质点.

2. 参考系和坐标系　描述物体的运动时，选择用来作参考的物体称为参考系；为了定量地描述物体的位置及位置的变化，通常需要在参照系上建立坐标系. 参照系不同，对物体运动状态的描述也不同.

3. 时间和时刻　区分时间和时刻两个不同概念.

4. 路程和位移　路程是质点运动轨迹的长度，是标量，位移可以用从初位置指向末位置的有向线段表示，是描述物体位置变化的物理量，是矢量.

5. 速度　描述运动快慢的物理量，是位移的时间变化率，速度是矢量.

6. 加速度　描述速度变化快慢的物理量，是速度的时间的变化率，加速度是矢量.

7. 注意匀速直线运动和匀变速直线运动的区别.

8. 匀变速直线运动的公式

$$v_t = v_0 + at \qquad s = v_0 t + \frac{1}{2}at^2 \qquad v_t^2 - v_0^2 = 2as \qquad s = \frac{v_0 + v_t}{2}t$$

9. 自由落体运动是加速度 $a = g$，$v_0 = 0$ 的运动.

二　相互作用

1. 力　力是物体之间的相互作用；力的单位是牛顿，简称为牛，符号为 N. 力的三要素：大小、方向和作用点. 力的图示可用有向线段表示.

2. 力学中常见的三种力

(1) 重力　物体由于地球的吸引作用而受到的力，起源于万有引力.

(2) 弹力　产生弹力的条件：物体直接接触而且发生弹性形变. 对于弹簧而言，弹簧的弹力 f 可用胡克定律 $f = kx$ 表示.

(3) 摩擦力　分为静摩擦力和滑动摩擦力.

①静摩擦力　静摩擦力随着外加动力的增大而增大，但存在一个最大值，即最大静摩擦力. 静摩擦力的大小由力的平衡条件求出.

②滑动摩擦力　滑动摩擦力的计算公式为 $f = \mu N$，μ 为动摩擦因数，它与接触面的材料和粗糙程度有关，与接触面积无关.

3. 物体受力分析

力是使物体运动状态发生改变的原因，所以研究物体的运动必须进行受力分析. 正确分析物体的受力情况是研究力学问题的关键.

4. 力的合成与分解

力的合成　求几个已知力的合力. 力的合成用平行四边形（或三角形）

法则.

力的分解　力的合成的逆运算. 力的分解同样遵循平行四边形法则.

三　牛顿定律

1. 牛顿第一定律　也叫惯性定律，反映了物体不受外力时的运动状态. 牛顿第一定律说明一切物体都有惯性. 物体保持原来的匀速直线运动状态或静止状态的性质叫做惯性. 质量是惯性大小的量度.

2. 牛顿第二定律

物体的加速度 a 与物体所受的合外力 F 成正比,与物体的质量 m 成反比,加速度的方向与合外力的方向相同,公式为 $F_{合} = ma$.

3. 牛顿第三定律　两个物体之间的作用力和反作用力总是大小相等、沿同一直线且方向相反，作用在不同物体上，不能相互抵消. 作用力和反作用力必定是同种性质的力，它们总是同时产生、同时消失.

四　牛顿运动定律的适用范围

适用于低速（与光速相比）和宏观物体的运动，高速运动要用相对论，微观粒子的运动要用量子力学.

习　题

1. 撑杆跳高是一项非常刺激的体育运动项目，一般来说可以把撑杆跳高运动分为如下几个阶段：助跑、撑杆起跳、越过横杆. 讨论并思考后回答，在下列几种情况下运动员能否被看做质点，从中体会质点模型的建立过程.

(1) 教练员针对训练录像纠正运动员的错误时，能否将运动员看成质点？

(2) 分析运动员的助跑速度时，能否将其看成质点？

(3) 测量其所跳高度（判断其是否打破纪录）时，能否将其看成质点？

2.《敦煌曲子词集》中有这样的诗句："满眼风波多闪灼，看山恰似走来迎，仔细看山山不动，是船行." 其中"看山恰似走来迎"和"是船行"所选的参照系分别是什么？

3. 学习了时间与时刻，蓝仔、红孩、紫珠和黑柱发表了如下一些说法，正确的是（　　）.

A. 蓝仔说，下午 2 点上课，2 点是我们上课的时刻

B. 红孩说，下午 2 点上课，2 点是我们上课的时间

C. 紫珠说，下午 2 点上课，2 点 45 分下课，上课的时刻是 45 分钟

D. 黑柱说，2 点 45 分下课，2 点 45 分是我们下课的时间

4. 小宇在遥控一玩具小汽车，他让小汽车沿一条东西方向的笔直路线运动，开始时在某一标记点东 2m 处，第 1s 末到达该标记点西 3m 处，第 2s 末又处在该标记点西 1m 处. 分别求出第 1s 内和第 2s 内小车位移的大小和方向.

5. 大白鲨在水中的游速约为 43km/h，某运动员在男子 50m 自由泳比赛中的成绩是 21.81s，试比较谁的速度快？

6. 以一定初速度沿竖直方向抛出一质点，得到它的 $v-t$ 图像如图所示. 试求出它在前 2s 和前 4s 内的位移.

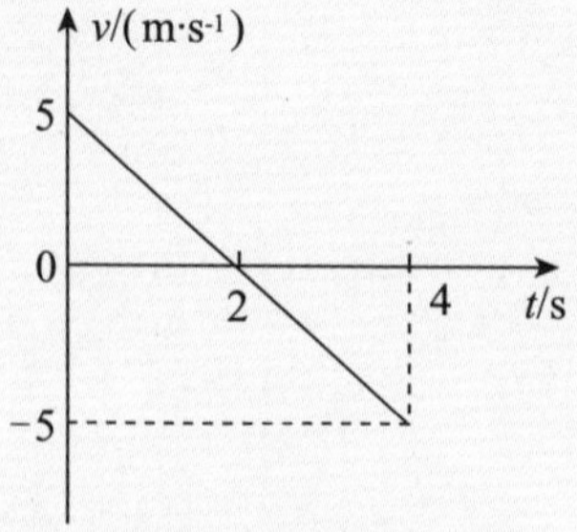

（第 6 题）

7. 以 36km/h 速度行驶的列车开始下坡，在坡路上的加速度等于 0.2m/s^2，经过 30s 到达坡底，求坡路的长度和列车到达坡底时的速度.

8. 某人摇动苹果树，从同一高度一个苹果和一片树叶同时从静止直接落向地面，苹果先着地，下面说法中正确的是（　　）.

A. 苹果和树叶做的都是自由落体运动

B. 苹果和树叶的运动都不能看成自由落体运动

C. 苹果的运动可看成自由落体运动，树叶的运动不能看成自由落体运动

D. 假如地球上没有空气，则苹果和树叶会同时落地

9. 如图，足球挂在墙上，绳与墙的夹角为 θ，绳对球的拉力 F 产生什么样的效果，可以分解为哪两个方向的力来代替 F？

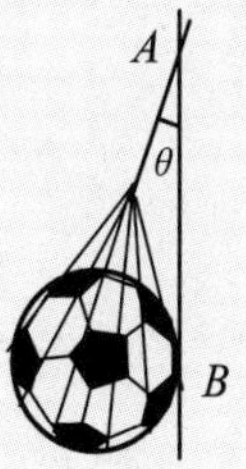

（第 9 题）

10. 在水平路面上，一个大人推一辆重车，一个小孩推一辆轻车，各自做匀加速运动（阻力不计）. 甲、乙两同学在一起议论，甲同学说：大人推力大，小孩推力小，因此重车的加速度大. 乙同学说，重车质量大，轻车质量小，因此轻车的加速度大. 你认为他们的说法是否正确？请简述理由.

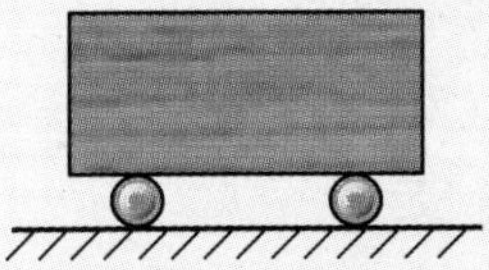
（第 11 题）

11. 作用力和反作用力总是成对出现的. 现把木箱放在地面上，如果我们所研究的物体只有木箱和地球，涉及木箱和地球的作用力和反作用力有哪几对？木箱所受的力是这几对中的哪几个？地球所受的力是其中哪几个？

12. 一个物体静止地放在台式弹簧秤上，试证明物体对弹簧秤的压力等于物体所受的重力（证明时在图上标出所涉及的力）.

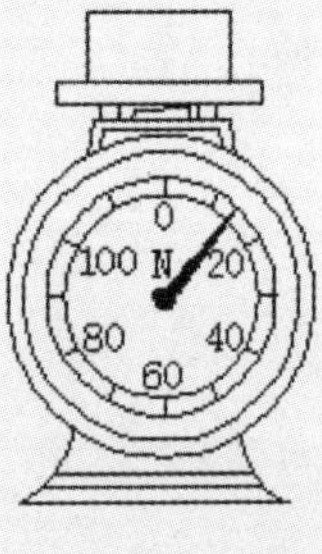

（第 12 题）

13. 倘若你处在遥远的太空，面前有一个与你相对静止的巨石. 你轻轻地推它一下. 试描述这块巨石和你自己在推石时与推石后的运动情况. 如果巨石静止地放在地面上，结果会一样吗？为什么？

14. 水平路面上质量是 30kg 的手推车，在受到 60N 的水平推力时做加速度为 1.5m/s^2 的匀加速运动. 如果撤去推力，车的加速度是多少？

第二章
功　机械能

任何人类活动都离不开能量，能量与我们的生活息息相关，万物生长需要太阳能，发电需要风能、水能、核能、潮汐能；取暖需要热能、电能等. 能量在自然界中无处不在，无处不有，其形式多种多样——机械能、电能、化学能、核能等. 通过做功，各种不同形式的能量之间可以相互转化. 正是自然界丰富的能量，给现代文明社会带来了繁荣昌盛.

本章将以牛顿运动定律为基础，探讨功和能之间的关系，能量转化、守恒、转移的规律，以及能源的开发利用，也为解决力学问题开辟一条新途径.

2.1 功和功率

工具箱

做功二要素是力和在力的方向上发生的位移.

功的公式：$W=Fs$，单位：焦耳（J）.

功率：功与完成这些功所用时间的比值，功率公式：$P=\frac{W}{t}$，单位：瓦特（W）.

1. 功 在初中我们就知道如果一个物体受到力的作用，并且在力的方向上发生一段位移，这个力就对物体做了功. 人拉车前进时，车在人的拉力作用下发生了一段位移，我们说拉力对车做了功，如图 2.1.1 甲所示. 起重机提起货物，货物在起重机钢绳的拉力作用下发生一段位移，拉力对货物做了功，如图 2.1.1 乙所示. 列车在机车的牵引力作用下发生一段位移，牵引力对列车做了功，如图 2.1.1 丙所示. 因此我们说力和在力的方向上发生位移是做功的两个不可缺少的因素.

甲　　　　乙　　　　丙

图 2.1.1

观察与思考

人提水桶平地行走时人对水桶是否做功？人提水桶沿楼梯上楼时人对水桶是否做功？在光滑水平地面上滚动的小球，重力是否做功？

如果力的方向和物体位移的方向相同，功就等于力和位移大小的乘积，如图 2.1.2 所示.

如果用 F 表示力的大小，s 表示位移的大小，W 表示力所做的功，则有

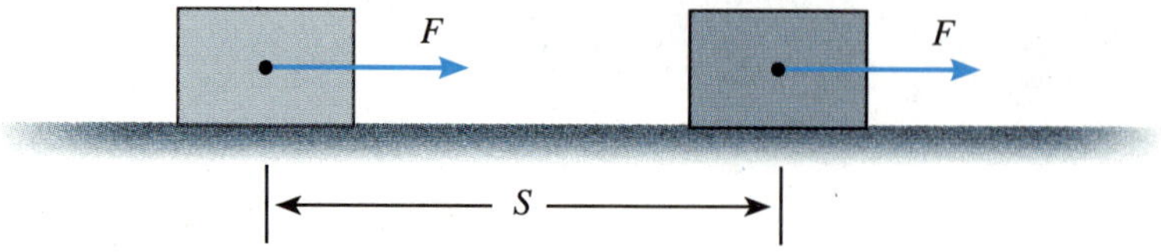

图 2.1.2　力与位移方向相同

$$W = Fs$$

功是一个标量，在国际单位制中，功的单位是焦耳，简称焦．符号是 J． 1J 等于 1N 的力使物体在力的方向上发生 1 m 的位移时所做的功，即

$$1\text{J} = 1\text{N} \times 1\text{m}$$

有时力 F 的方向与运动方向成某一角度，如图 2.1.3 所示，当物体在此恒力 F 的作用下运动的位移为 s 时，我们怎样求解力 F 对物体所做的功呢？

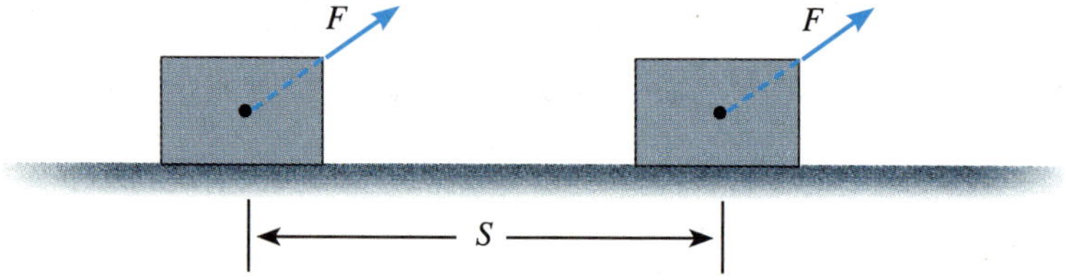

图 2.1.3　力 F 的方向与运动方向成一角度

分析力 F 产生的效果，这个力产生两个效果：向右拉物体和向上提物体．根据力 F 产生的效果对 F 进行分解，如图 2.1.4 所示：

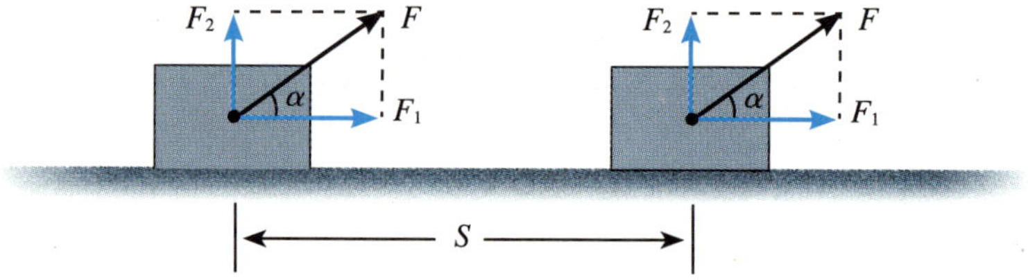

图 2.1.4　力 F 分解成 F_1 和 F_2

分力 F_1所做的功等于 F_1s，分力 F_2的方向与位移的方向垂直，物体在 F_2的方向上没有发生位移，F_2做的功等于零．

因此，力 F 对物体所做的功 W 等于 F_1s，而 $F_1 = F\cos\alpha$．所以，

$$W = Fs\cos\alpha \qquad (2.1.1)$$

公式表明，力对物体所做的功等于力的大小、位移的大小、力和位移的夹角的余弦这三者的乘积．式中的 α 指的是力 F 和位移 s 间的夹角．

正功与负功　下面我们根据功的公式 $W = Fs\cos\alpha$ 讨论一下力对物体做功情况．

(1) 当 $\alpha=\frac{\pi}{2}$时，$\cos\alpha=0$，$W=0$，这表示力 F 的方向与位移 s 的方向垂直时，力 F 不做功. 如图 2.1.5 甲所示，物体在水平面上运动时，重力 G 和支持力 F 都与位移方向垂直，这两个力都不做功.

(2) 当 $\alpha<\frac{\pi}{2}$时，$\cos\alpha>0$，$W>0$，这表示力 F 对物体做正功. 如图 2.1.5 乙所示，人用力拉车前进时，人的拉力 F 对小车做正功.

(3) 当$\frac{\pi}{2}<\alpha\leqslant\pi$ 时，$\cos\alpha<0$，$W<0$. 这表示力对物体做负功. 如图 2.1.5 丙所示，人用力阻碍车前进时，力对物体做负功，往往说成物体克服这个力做了正功（取绝对值）. 这两种说法的意义是等同的. 如竖直向上抛出的球，在向上运动的过程中，若重力对球做了 -6J 的功，可以说成球克服重力做了 6J 的功.

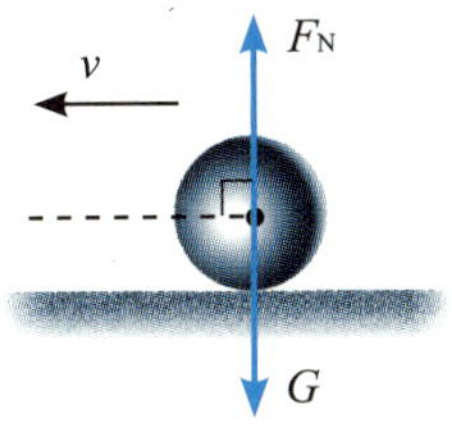

甲　力对物体不做功

乙　力对物体做正功

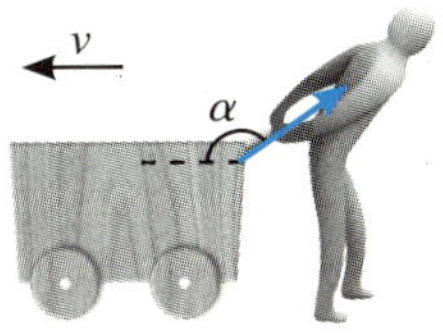

丙　力对物体做负功

图 2.1.5　力对物体做功的情况

功是标量，只有大小，没有方向. 正、负代表谁对谁做功，其运算法则遵循代数运算法则.

例1 用起重机把重量为 2.0×10^4N 的重物匀速地提高 5m，钢绳的拉力做多少功？重力做多少功？重物克服重力做多少功？

解： 因为重物被匀速提起，所以拉力等于重力，即 $F_{拉}=mg$

所以 $$W_{拉}=F_{拉}h=mgh=2\times10^4\times5=10^5\text{J}$$

$$W_G=-Gh=-2\times10^4\times5=-10^5\text{J}$$

重物克服重力做了 10^5J 的功.

例2 如图 2.1.6 所示，一个小孩在冰面上用与水平方向成 37°角斜向上的拉力 $F_1=10$N，拉一个质量 $m=2$kg 的冰车，冰车在水平地面上移动的距离 $s=2$m，冰车与冰面间的滑动摩擦力 $F_2=4.2$N，求外力对物体所做的总功.

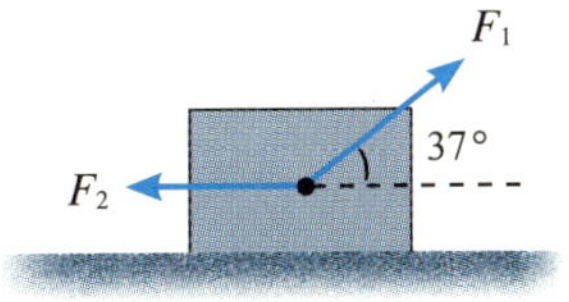

图 2.1.6

$(\cos 37° \approx \frac{4}{5})$

分析： 判断力对物体是否做功，应从两个方面入手：一是在力的作用下物体运动的过程中某种形式的能量是否发生变化；二是看力对物体做功的两个要素是否同时具备.

解法一：

拉力 F_1 对物体所做的功为：

$$W_1 = F_1 s\cos 37° = 10 \times 2 \times \frac{4}{5} = 16\text{J}$$

摩擦力 F_2 对物体所做的功为：

$$W_2 = F_2 s\cos 180° = -8.4\text{J}$$

外力对物体所做的总功 W 等于 W_1 和 W_2 的代数和，即

$$W = W_1 + W_2 = 7.6\text{J}$$

解法二：

物体受到的合力 $F_{合}$ 为：

$$F_{合} = F_1\cos 37° - F_2 = 10 \times \frac{4}{5}\text{N} - 4.2\text{N} = 3.8\text{N}$$

所以
$$W = F_{合} s = 3.8 \times 2\text{J} = 7.6\text{J}$$

求功的计算步骤如下：

(1) 在研究的过程中对物体进行受力分析，明确哪些力做功，哪些力不做功，哪些力做正功，哪些力做负功；

(2) 结合过程明确各力做功的位移和位移与力的夹角 θ；

(3) 代入功的公式计算.

当物体同时受到几个力作用时，计算合外力的功有两种方法.

一是结合所要研究的物理过程求出物体所受的各个分力的功 W_1、W_2、$\cdots W_n$，然后求各分力功的代数和，即 $W_{合} = W_1 + W_2 + \cdots + W_n$.

二是物体同时受到几个力 F_1、$F_2 \cdots F_n$ 作用时，还可以先求出几个力的合力 $F_{合}$，然后代入功的计算公式计算合功，即 $W_{合} = F_{合} s\cos\theta$.

特别注意的是：各分力功中的位移必须是对于同一个惯性参照系的位移，否则就会出错.

观察与思考

请同学们举例说明当力做功时是否伴随能量发生变化？人们通过长期的探索，建立起了一个广泛适用于各个领域的概念—能量，那为什么还要建立功的概念呢？

2. 功率 力是一个物体对另一个物体的作用，所以当我们说某力对物体做功时，实际上是指一个物体对另一个物体做功. 一台起重机在1分钟内把1吨的货物匀速提到预定的高度，另一台起重机在30秒内把1吨的货物匀速提到相同的高度. 在这两个过程中，起重机都对物体做了功，且做的功是相同的，但是它们完成这些功所用的时间不同，第一台起重机做功所用时间长，我们说它做功慢；第二台起重机做同样的功，所用的时间短，我们说它做功快. 日常生活和生产中的大量实例表明，对机械而言，不仅要知道它能做多少功，还需要了解它做功的快慢.

在物理学中，做功的快慢用**功率**表示. 功 W 与完成这些功所用时间 t 的比值叫做功率. 用 P 表示功率，则有

$$P = \frac{W}{t} \qquad (2.1.2)$$

在国际制单位中，功率的单位是瓦特，符号是 W. 常用单位是千瓦，符号是 kW. 即

$$1\,\mathrm{W} = 1\,\mathrm{J/s} \qquad 1\,\mathrm{kW} = 1000\,\mathrm{W}$$

功率是标量，只有大小，没有方向，其运算法则遵循代数运算法则.

功率也可以用力和速度表示. 在作用力方向和位移方向相同的情况下，$W = Fs$，将此式代入功率的公式，得

$$P = \frac{Fs}{t},$$

而 $v = \frac{s}{t}$，所以得到功率的另一公式

$$P = Fv \qquad (2.1.3)$$

即力 F 的功率等于力 F 和物体运动速度 v 的乘积. 由于 $v = \frac{s}{t}$ 求出的是物体在时间 t 内的平均速度，因此用 $P = Fv$ 求出的是 F 在时间 t 内的平均功率.

如果 t 取得足够小，则 v 就可以为某一时刻的瞬时速度. 据 $P = Fv$ 求出的就是 F 在该时刻的瞬时功率.

议一议

由公式 $P=\frac{W}{t}$ 得出的功率是平均功率还是瞬时功率呢？如果力 F 与速度 v 之间的夹角为 θ，那么该功率 P 与 F、v、θ 之间的关系应如何表达？

额定功率和实际功率 额定功率指机器正常工作时的最大输出功率，也就是机器铭牌上的标称值．实际功率指机器工作中实际输出的功率．

机器不一定都在额定功率下工作．实际功率一般总是小于或等于额定功率．实际功率如果大于额定功率，就容易将机器损坏．

根据公式 $P=Fv$ 可知，当汽车保持以额定功率（即油门最大）从静止起动时，由于刚开始速度 v 很小，所以牵引力 F 很大，汽车加速，随着速度 v 的增大，牵引力 F 减小，汽车的加速度减小，但仍然加速，当牵引力 F 减小到与阻力 f 相等时，汽车开始匀速，即达到最大速度．

议一议

汽车爬坡时为什么要用低速挡？为什么火车、轮船、飞机要用大功率发动机？

例3 质量 $m=3$ kg 的物体，在水平力 $F=6$N 的作用下，在光滑的水平面上从静止开始运动，运动时间 $t=3$s，求：

（1）力 F 在 $t=3$s 内对物体所做的功；

（2）力 F 在 $t=3$s 内的平均功率；

（3）在 3s 末力 F 的瞬时功率．

解： 物体在水平力 F 的作用下，在光滑水平面上做初速度为零的匀加速直线运动，根据牛顿第二定律可求出加速度

$$a=\frac{F}{m}=2\text{m/s}^2$$

物体在 3s 末的速度

$$v=at=6\text{m/s}$$

物体在 3s 内的位移

$$s=\frac{1}{2}at^2=9\text{m}$$

（1）力 F 做的功　　$W = Fs = 6 \times 9\text{J} = 54\text{J}$

（2）力 F 在 3s 内的平均功率

$$P = \frac{W}{t} = \frac{54}{3}\text{W} = 18\text{W}$$

或　　$$P = F\bar{v} = F \cdot \frac{0+v}{2} = 6 \times \frac{6}{2}\text{W} = 18\text{W}$$

或先求出 $\bar{v} = \frac{s}{t}$ 代入

$$P = F \cdot \frac{s}{t} = 6 \times \frac{9}{3} = 18\text{W}$$

（3）将 3s 末的速度 $v_t = 6\text{m/s}$ 代入公式 $P = Fv_t$，得

$$P' = Fv_t = 6 \times 6\text{W} = 36\text{W}$$

答： 力 F 在 3 秒内对物体所做的功为 54J，3 秒内的平均功率为 18W，3 秒末的瞬时功率为 36W.

例4 汽车发动机的额定功率为 60 kW，汽车质量为 5t，汽车在水平路面上行驶时，阻力是车重的 0.1 倍，取 $g = 10\text{m/s}^2$. 问：汽车保持额定功率从静止起动后能达到的最大速度是多少？

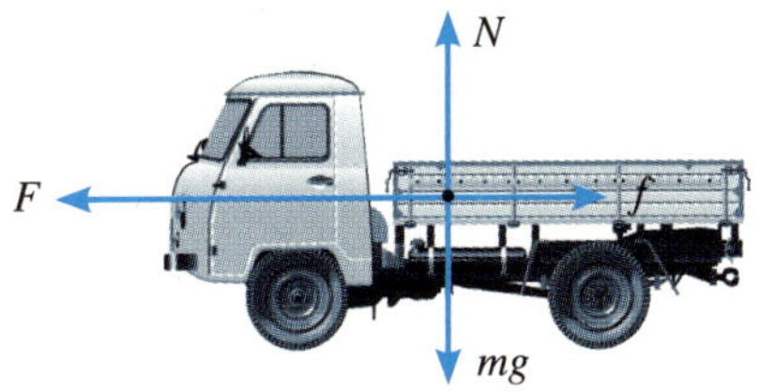

图 2.1.7

解析： 汽车受力情况如图 2.1.7 所示，据上述分析可知：当牵引力 F 大小等于阻力 f 时，汽车的加速度 $a = 0$，速度达到最大值 v_m，根据公式 $P = Fv$，可求出汽车最大速度 v_m.

$$P_{额} = fv_m$$

$$v_m = \frac{P_{额}}{f} = \frac{60 \times 10^3}{0.1 \times 5 \times 10^3 \times 10}\text{m/s} = 12\text{m/s}$$

所以，汽车所能达到的最大速度是 12m/s.

分析机动车辆在恒定功率下的运动情况，应从以下三点入手：

（1）分析机动车辆的受力情况，由牛顿第二定律求出机车的加速度；

（2）结合机动车辆的牵引力、运行速度和功率的制约关系 $P = F_{引}v$，分析机动车加速度的变化情况，确定机动车的运动情况；

（3）分析机动车运动的收尾状态，利用这一状态的特点解决问题.

练习

1. 如图2.1.8所示，物体在力F作用下在水平面上发生了一段位移s，分别

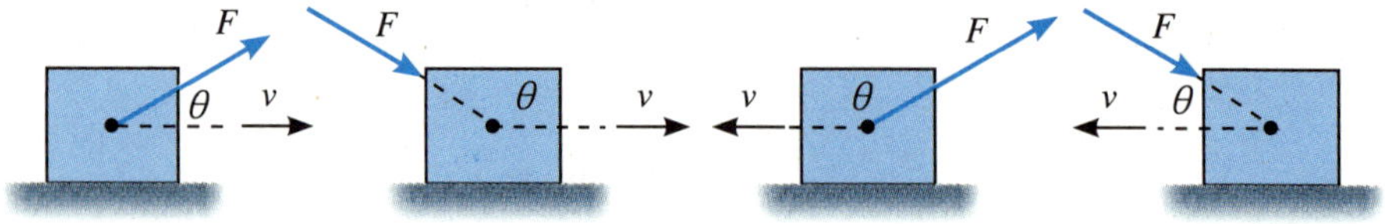

甲：$\theta=30°$　　乙：$\theta=150°$　　丙：$\theta=150°$　　丁：$\theta=30°$

图2.1.8

计算下列四种情况下力F对物体所做的功．已知：$F=10\text{N}$，$s=2\text{m}$．θ角的大小如图．

2. 想一想前面学过的描述运动的物理量主要有哪些？这些概念都是如何建立起来的？

3. 有下列几种运动情况

(1) 用水平推力F推一质量为m的物体在光滑水平面上前进，位移s；

(2) 用水平推力F推一质量为$2m$的物体在粗糙水平面上前进，位移s；

(3) 用与水平方向成60°的角斜向上的拉力F拉一质量为m的物体在光滑水平地面上前进，位移$2s$；

(4) 用与斜面平行的力F拉一质量为$3m$的物体在光滑斜面上前进，位移s.

上述四种情况下拉力F做功多少的判断正确的是（　　）．

A. 情况（2）做功最多　　B. 情况（1）做功最多

C. 情况（4）做功最少　　D. 四种情况做功一样多

4. 某力对物体做功需要一个过程，在这一过程中力做功的平均功率是$\overline{P}=\frac{W}{t}$，这是一个不难理解的概念，人们还定义：力对物体做功时，某一时刻的功率叫瞬时功率．你认为在某一时刻存在功率吗？试说明你的理由．

5. 一个质量是5kg的物体从45m高的楼上坠落，求物体下落过程中的平均功率和落地时的瞬时功率．（重力加速度g取10m/s^2）

2.2 动能 动能定理

> **工具箱**
>
> 物体由于运动而具有的能，叫做动能. 质量相同的物体，速度越大动能越大；速度相同的物体，质量越大动能越大.

在初中，我们已经学过关于能的初步知识，我们已知道，机械能、热能、电能、化学能等各种能量之间可以相互转化，转化过程中遵循能量守恒定律. 做功是能量转化的一种方式，做了多少功，就有多少能量发生转化. 在机械运动中，功是能量转化的量度. 知道功和能的关系，就可以通过做功的多少，定量地研究能量及其转化的问题了.

流动的河水能冲走竹排，如图 2.2.1 所示，飞行的子弹能穿过木板，自由下落的重物能在地上砸一个坑，这些物体的共同特点是都在运动，这就是说，运动的物体具有做功的本领.

甲 流水推动竹排　　乙 柯受良飞跃黄河

图 2.2.1 运动的物体具有动能

1. 动能 物体由于运动而具有的能量叫做动能. 如流动的河水具有一定的速度，它的动能可以将石块冲走.

演示实验

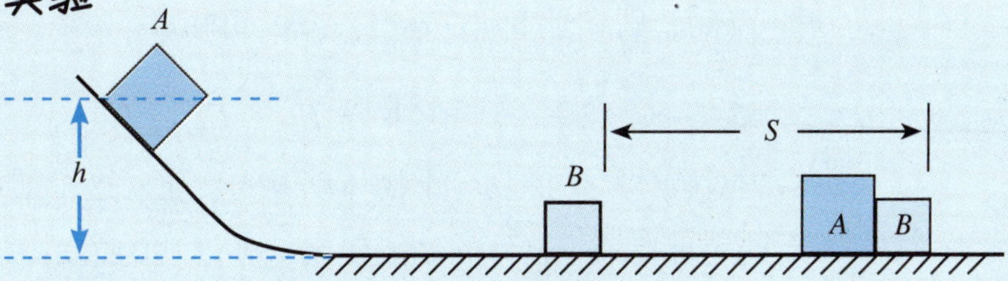

图 2.2.2 物体动能与质量和速度有关

如图 2.2.2 所示，让滑块 A 从光滑的导轨上滑下，与木块 B 相碰，推动木块做功. 让同一滑块从不同的高度滑下，可以看到，高度大时滑块到达水平面时的速度大，把木块推得远，对木块做的功多. 让质量不同的滑块从同一高度滑下，可以看到，质量大的滑块把木块推得远，对木块做的功多.

从功能关系定性分析得到：物体的质量越大，速度越大，它的动能就越大．那么动能与物体的质量和速度之间有什么定量关系呢？

一个物体的质量为 m，初速度为 v_1，在与运动方向相同的恒力 F 的作用下发生一段位移 s，速度增大到 v_2，则在这一过程中力 F 对物体所做的功为 $W=Fs$，结合牛顿第二定律 $F=ma$ 和匀加速物体运动的公式 $v_2^2-v_1^2=2as$，得到

$$W=Fs=ma\times\frac{v_2^2-v_1^2}{2a}$$

由此可得

$$W=\frac{1}{2}mv_2^2-\frac{1}{2}mv_1^2$$

合力 F 所做的功等于 $\frac{1}{2}mv^2$ 这个物理量的变化；又根据功能关系和物体动能的定义，F 所做的功等于物体动能的变化，所以在物理学中就用 $\frac{1}{2}mv^2$ 这个量表示物体的动能．

动能的大小等于物体的质量与速度平方的乘积的一半，用符号 E_k 表示，即

$$E_k=\frac{1}{2}mv^2 \tag{2.2.1}$$

动能是标量，在国际制单位中，动能的单位与功的单位一样，都是焦耳（J）．这是因为 $1\text{kg}\cdot\text{m}^2/\text{s}^2=1\text{N}\cdot\text{m}=1\text{J}$.

2．**动能定理**　如果用 E_{k2} 表示物体的末动能 $\frac{1}{2}mv_2^2$，用 E_{k1} 表示物体的初动能 $\frac{1}{2}mv_1^2$，则式子 $W=\frac{1}{2}mv_2^2-\frac{1}{2}mv_1^2$ 可写成

$$W=E_{k2}-E_{k1} \tag{2.2.2}$$

合力对物体所做的功等于物体动能的变化．这个结论叫做**动能定理**.

动能定理揭示了物体的动能变化与外力功的关系，当合力对物体做正功时，末动能大于初动能，动能增加；当合力对物体做负功时，末动能小于初动能，动能减少；当合外力的功等于零时，初、末状态的动能相等．动能定理给出了力的空间累积的结果，它既适合于恒力做功，也适合于变力做功；既适用于直线运动，也适用于曲线运动．如果物体受到几个力的共同作用，则式中的 W 表示各个力做功的代数和，即合力所做的功.

例1 如图2.2.3所示，一架喷气式飞机，质量 $m=5\times10^3$kg，起飞过程中从静止开始滑跑的路程为 $s=5.3\times10^2$ m 时，达到起飞速度 $v=60$m/s，在此过程中飞机受到的平均阻力是飞机重量的0.02倍（$k=0.02$），求飞机受到的牵引力.

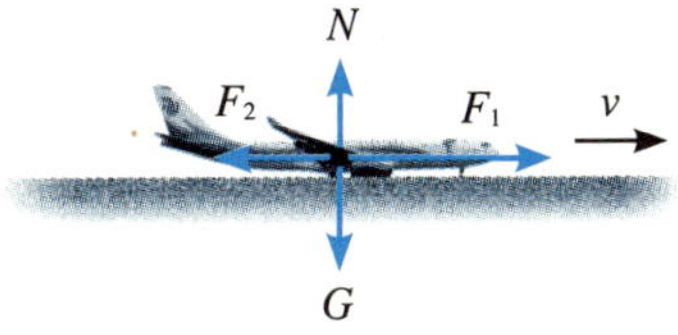

图2.2.3　飞机起飞

解析： 以飞机为研究对象，它受到重力 G、支持力 N、牵引力 F_1 和阻力 F_2 作用，这四个力做的功分别为 $W_G=0$，$W_N=0$，$W_{F1}=F_1s$，$W_{F2}=-kmgs$.

由动能定理，得

$$F_1s-kmgs=\frac{1}{2}mv^2-0$$

代入数据，解得

$$F_1=\frac{mv^2}{2s}+kmg=\frac{5\times10^3\times60^2}{2\times5.3\times10^2}+0.02\times5\times10^3\times9.8=1.8\times10^4\text{N}$$

利用动能定理解题的方法和步骤：

（1）确定研究对象；

（2）分析物体的受力情况，明确各个力是否做功，做正功还是做负功，进而明确合外力的功；

（3）明确物体在始末状态的动能；

（4）根据动能定理列方程求解.

例2 一辆质量为 m、速度为 v_0 的汽车在关闭发动机后，在水平地面前进了距离 l 后停下，如图2.2.4所示. 设此过程中汽车受到的阻力不变，试求阻力的大小.

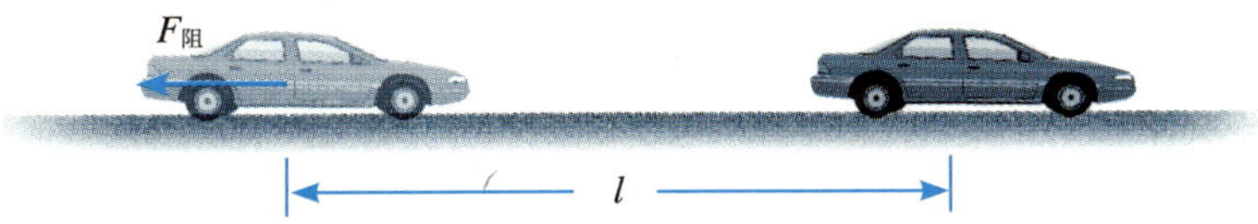

图2.2.4　计算汽车受到的阻力

分析： 我们讨论的是汽车从关闭发动机到静止的运动过程. 这个过程的初动能、末动能都可求出，因而应用动能定理可以知道阻力做的功，进而可以求出汽车受到的阻力.

解： 汽车的初动能、末动能分别为 $\frac{1}{2}mv_0^2$ 和0，阻力 $F_阻$ 做的功为 $-F_阻l$.

应用动能定理，有

$$-F_{阻}l = 0 - \frac{1}{2}mv_0{}^2$$

由此解出

$$F_{阻} = \frac{mv_0^2}{2l}$$

议一议

在上面的例题中，阻力做功，汽车的动能到哪里去了？

练习

1. 汽车甲的质量是汽车乙质量的2倍，汽车乙速度为 v 时，动能为 E_k，则在下列情况下，相应的汽车动能各是多少？

（1）汽车甲速度为 $2v$；

（2）汽车乙速度为 $2v$；

（3）汽车甲速度为 v；

（4）汽车乙速度为 $3v$.

2. 质量为10g、以0.8m/s的速度飞行的子弹，质量为60kg、以10m/s的速度奔跑的运动员，比较二者，哪个动能更大？

3. 牵引力使一辆汽车的速度从10km/h加速到20km/h，或者从50km/h加速到60km/h，速度的增加量相同，哪种情况牵引力做的功比较多？说明理由.

4. 质量是2g的子弹，以300m/s的速度水平射入厚度是5cm的木板，如图2.2.5所示，射穿后的速度是100m/s. 子弹在射穿木板的过程中所受的平均阻力是多大.

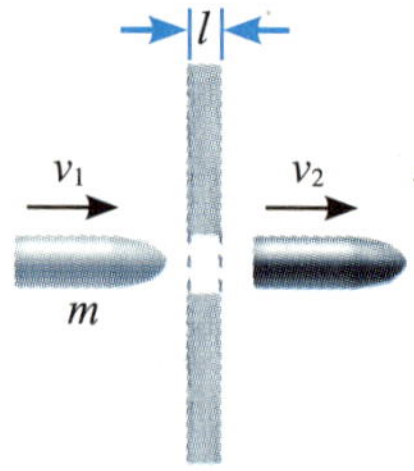

图2.2.5　子弹射穿木块

5. 运动员从高为 h 处水平抛出一个质量为 m 的铅球，落地点与抛出点水平距离为 s，求抛球时人对铅球所做的功.

2.3 势能 机械能守恒定律

观察与思考

如图 2.3.1 所示，滑雪运动员从高山上滑下，动能越来越大．说明运动员在上到高处时储存了能量；打桩机的重锤从高处落下时，可以把水泥桩打进地里，是因为高处的重锤具有能量．

图 2.3.1 滑雪运动员从高山上滑下

1. **重力势能** 物体由于被举高而具有的能量叫做重力势能．

演示实验

在一个透明的玻璃容器内装上沙子，用一个铁球从不同高度释放，观察铁球落在沙子中的深度；再拿一个体积与铁球相同铅球，让两球从同一高度释放，观察两球落在沙子中的深度．

从实验结果中，我们可以观察到铁球的释放高度越高，落在沙子中的深度越大；铁球与铅球相比，质量大的球落在沙子中的深度也大．

由此，我们可以定性得到：重力势能与物体的质量和高度都有关系，物体的质量越大，高度越大，重力势能就越大．重力势能的大小与物体的重力和被举起的高度有关．

设一个质量为 m 的物体，从高度为 h_1 的位置竖直向下运动到高度为 h_2 的位置，如图 2.3.2，这个过程中重力做的功是

$$W_G = mgh = mgh_1 - mgh_2$$

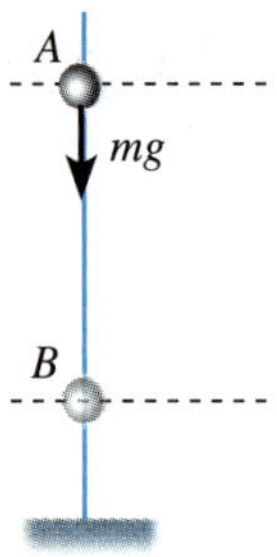

图 2.3.2　物体从高 h_1 下降到 h_2

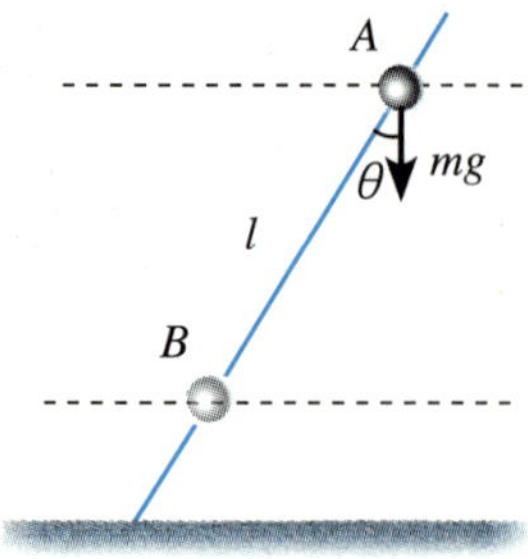

图 2.3.3　物体沿斜面从高 h_1 下滑到 h_2

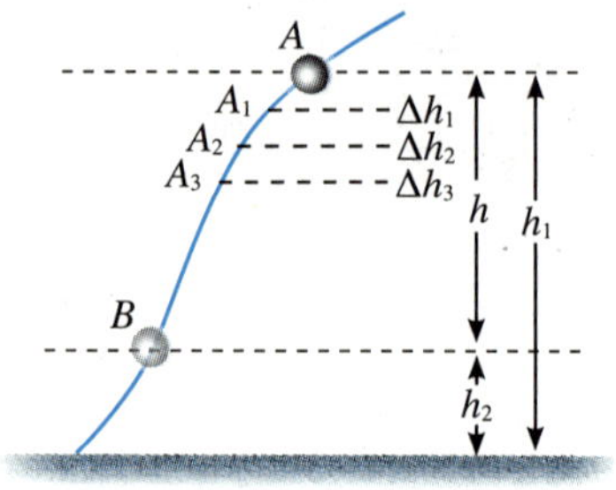

图 2.3.4　物体沿任意路径从高 h_1 下滑到 h_2

再看另一种情况，质量为 m 的物体仍然从上向下运动，高度由 h_1降为 h_2，但这次不是沿竖直方向，而是沿着倾斜的直线向下运动，如图 2.3.3 所示.

物体沿倾斜直线运动的距离是 l，在这一过程中重力所做的功是

$$W_G = mg\,l\cos\theta = mgh = mgh_1 - mgh_2$$

上述两种情况尽管物体运动的路径不同，但高度的变化是一样的，而重力所做的功也是一样的.

假设这个物体沿任一路径由高度为 h_1的起点 A，运动到高度为 h_2的终点 B，如图 2.3.4 所示.

我们把整个路径分成许多很短的间隔

$$AA_1、A_1A_2、A_2A_3\cdots$$

由于每一段都很小很小，它们都可以近似地看做一段倾斜的直线. 设每段小斜线的高度差分别是

$$\Delta h_1、\Delta h_2、\Delta h_3\cdots$$

则物体通过每段小斜线时重力所做的功分别为

$$mg\,\Delta h_1、mg\,\Delta h_2、mg\Delta h_3\cdots$$

物体通过整个路径时重力所做的功，等于重力在每小段上所做的功的代数和，即

$$\begin{aligned}W_G &= mg\Delta h_1 + mg\Delta h_2 + mg\Delta h_3 + \cdots\\ &= mg(\Delta h_1 + \Delta h_2 + \Delta h_3 + \cdots)\\ &= mgh\\ &= mgh_1 - mgh_2\end{aligned}$$

分析表明，物体运动时，重力对它做的功只与它的起点和终点的位置有关，而与物体运动的路径无关，功的大小等于物重与起点高度的乘积

mgh_1 与物重与终点高度的乘积 mgh_2 两者之差.

由此可见，物体所受的重力 mg 与它所处位置的高度 h 的乘积“mgh”是一个具有特殊意义的物理量. 另一方面，它随着高度的变化而变化，恰与势能的基本特征一致. 因此我们把物理量 mgh 叫做物体的**重力势能**. 用 E_p 表示.

$$E_P = mgh \qquad (2.3.1)$$

即物体的重力势能等于物体所受重力 mg 和所在高度 h 的乘积. 单位与功的单位相同，为焦耳（J）.

重力势能是标量，是状态量. 我们常说物体的重力势能是多少，但严格地说，重力势能应当是物体和地球组成的系统共有的，而不是物体单独具有的. 重力势能的具体数值，与势能零点（即高度的起算点）有关，如图 2.3.5 所示，如果规定二楼地面为零势能面，那么三楼物体 A 的重力势能为正，一楼物体 B 的重力势能为负. 只有规定了势能零点之后，重力势能才有确定的值. 不管势能零点如何选择，物体在空间任意两点间的势能差总是相同的. 由于具体的物理过程总是涉及势能差，因此势能零点的选择有任意性，零点选得好，计算起来就简单.

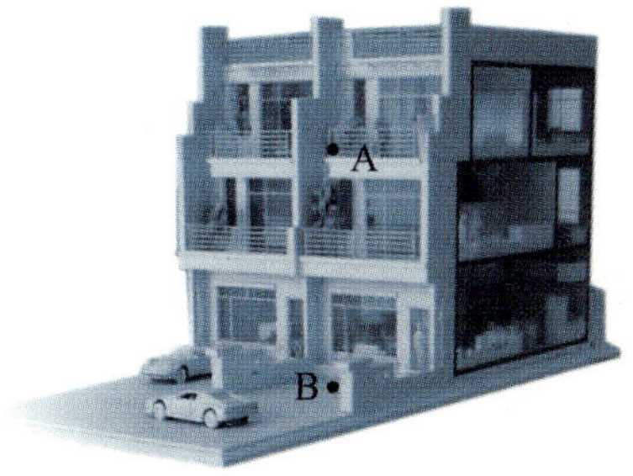

图 2.3.5　势能值与势能零点选择有关

有了重力势能的表达式，重力做的功与重力势能的关系可以写为

$$W_G = E_{p1} - E_{p2} \qquad (2.3.2)$$

其中 $E_{p1} = mgh_1$ 表示物体在初位置的重力势能，$E_{p2} = mgh_2$ 表示物体在末位置的重力势能.

当物体由高处运动到低处时，重力做正功，重力势能减少，也就是 $W_G > 0$，$E_{p1} > E_{p2}$. 这时，重力势能减少的数量等于重力所做的功.

当物体由低处运动到高处时，重力做负功（物体克服重力做功），重力势能增加，也就是 $W_G < 0$，$E_{p1} < E_{p2}$. 这时，重力势能增加的数量等于物体克服重力所做的功.

在重力势能的计算过程中应规定零势能面，明确物体的重心位置以及重心到零势面的高度，代入公式 $E_p = mgh$ 即可求得. 但要注意 h 的正负.

2. 弹性势能

演示实验

如图 2.3.6 所示，将一弹簧压缩不同程度，观察现象. 再分别取一个硬弹簧，一个软弹簧，分别把它们压缩相同程度，观察现象.

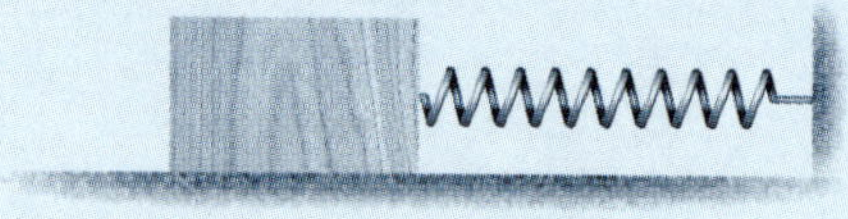

图2.3.6　木块压缩弹簧

我们发现，当弹簧压缩程度越大时，弹簧把木块推得越远；两根等长的软、硬弹簧，压缩相同程度时，硬弹簧把木块弹出得更远.

在上述实验中，弹簧被压缩时，要发生形变，在恢复原状时能够对木块做功，我们说弹簧具有能，这种能叫**弹性势能**.

发生形变的物体，在恢复原状时能够对外做功，因而也具有弹性势能.

生活中物体具有弹性势能的例子有很多，如卷紧的发条，被拉伸或压缩的弹簧，拉弯的弓，如图 2.3.7 所示. 分析这些物体的弹性势能和形变程度之间的关系，我们发现形变程度越大，弹性势能也越大.

图 2.3.7　具有弹性势能的物体的例子

至此，我们已经学习了两种势能：重力势能和弹性势能.

对于重力势能，其大小由物体的质量和物体相对于地面的位置决定；对于弹性势能，其大小由物体的软硬和物体的形变程度决定. 由于发生形变时，物体各部分的相对位置会发生变化，因此势能也称做位能.

3. 机械能守恒定律

做一做

在如图 2.3.8 所示的装置中，将摆球拉到一边，由静止开始释放摆球，摆球会摆到另一边，用水平长尺标记其高度，用一根针多次改变摆线的折转点，重复实验．这个实验被称为“伽利略针和单摆实验”．在当时的测量条件下，伽利略得出的结论是：摆球能上升到原来的高度．请同学们分析一下摆球运动过程中的能量转化．

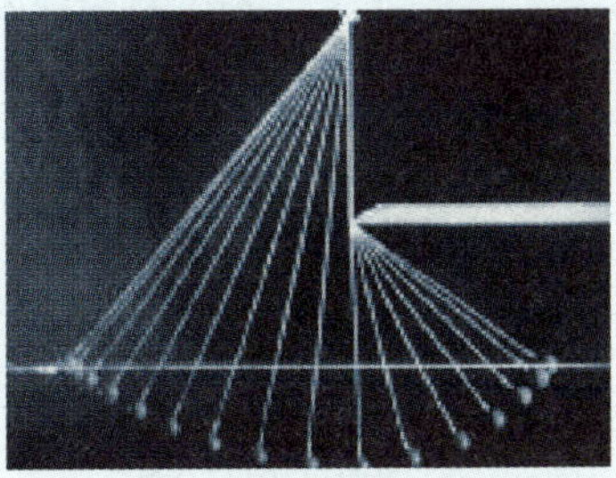
图 2.3.8　伽利略针和单摆实验

动能、重力势能、弹性势能属于力学范畴，统称为**机械能**．

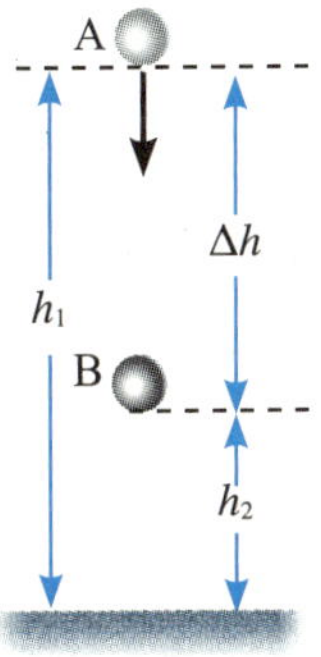

图 2.3.9　物体自由下落

运动员投出铅球，铅球在上升过程中，动能转化为重力势能；铅球在下落过程中，重力势能又转化为动能．由此我们看到，机械能可以从一种形式转化成另一种形式，那么在动能和势能的转化过程中，动能和势能的和有什么变化呢？

如图 2.3.9 所示，一个质量为 m 的物体自由下落，经过高度为 h_1 的 A 点时速度为 v_1，下落到高度为 h_2 的 B 点时速度为 v_2，试写出物体在 A 点时的机械能和在 B 点时的机械能，并找到这两个机械能之间的数量关系．

物体在 A 点时的重力势能为 mgh_1，动能为 $\frac{1}{2}mv_1^2$，所以 A 点时的机械能为 $mgh_1+\frac{1}{2}mv_1^2$，物体在 B 点时的机械能为 $mgh_2+\frac{1}{2}mv_2^2$．

由于物体做自由落体运动，只受重力作用，且重力做正功，根据动能定理，得

$$W_G=\frac{1}{2}mv_2^2-\frac{1}{2}mv_1^2$$

又根据重力做功和重力势能改变之间的关系，得

$$W_G=mgh_1-mgh_2$$

所以
$$\frac{1}{2}mv_2^2 - \frac{1}{2}mv_1^2 = mgh_1 - mgh_2 \tag{2.3.3}$$

$$\frac{1}{2}mv_2^2 + mgh_2 = \frac{1}{2}mv_1^2 + mgh_1 \tag{2.3.4}$$

在表达式（2.3.3）中，等号左边是物体动能的增加量，等号右边是物体重力势能的减少量．该表达式说明，物体在下落过程中，重力做了多少正功，物体的重力势能就减小多少，同时物体的动能就增加多少．

对于表达式（2.3.4），等号左边是物体在末位置时的机械能，等号右边是物体在初位置时的机械能．该表达式说明，动能和势能之和即总的机械能保持不变．

我们分别用 E_{k1} 和 E_{k2} 表示物体的初动能和末动能，用 E_{P1} 和 E_{P2} 分别表示物体在初位置的重力势能和末位置的重力势能，则

$$E_{k1} + E_{P1} = E_{k2} + E_{P2} \tag{2.3.5}$$

也就是初位置的机械能等于末位置的机械能，即机械能是守恒的．

在只有重力做功的情况下，物体的动能和重力势能可以相互转化，转化的过程中总的机械能保持不变．这一规律称为**机械能守恒定律**．

所谓的只有重力做功，与物体只受重力是不同的．只有重力做功，包括两种情况：物体只受重力，不受其他的力，或物体除重力外还受其他的力，但其他力不做功．

在中学阶段主要定量计算重力势能和动能之间相互转化时的机械能守恒，因而课本中只强调只有重力做功这个条件．

从能量的角度来表述机械能守恒的条件：对某一物体系统，如果没有摩擦和介质阻力，只发生动能和势能的相互转换，无机械能和非机械能的转换，则物体系统的机械能保持不变．

解决某些力学问题，从能量的观点来分析，应用机械能守恒定律求解，往往比较方便．应用机械能守恒定律解决力学问题，要分析物体的受力情况．在动能和势能的相互转化中，如果只有重力或弹力做功，就可以应用机械能守恒定律求解．

例 把一个小球用细线悬挂起来，就成为一个摆，如图 2.3.10．摆长为 L，最大偏角为 θ．小球运动到最低位置时的速度是多大？

解析： 这个问题无法直接用牛顿第二定律和运动学公式来处理，现用机械能守恒定律来求解．

小球受重力和悬线拉力，拉力始终垂直于小球的运动方向，不做功．

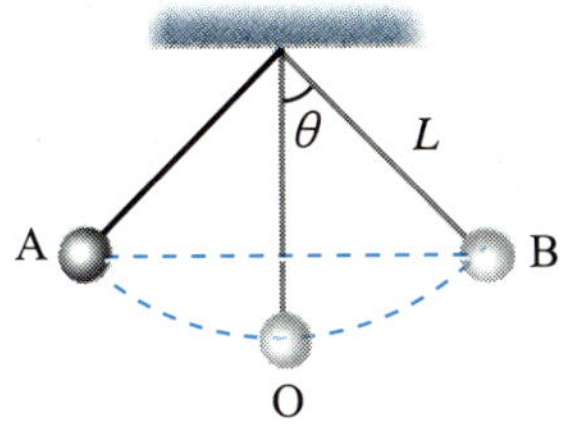

图 2.3.10

小球在摆动过程中，只有重力做功，所以机械能守恒.

选择小球的最低位置为势能零点，小球在最高点时的机械能为

$$E_1 = E_{p1} + E_{k1} = mgL(1 - \cos\theta)$$

小球在最低位置时的机械能为

$$E_2 = E_{p2} + E_{k2} = \frac{1}{2}mv^2$$

根据机械能守恒定律有

$$\frac{1}{2}mv^2 = mgL(1 - \cos\theta)$$

所以

$$v = \sqrt{2gL(1 - \cos\theta)}$$

说明：由本题的求解过程可以看出，在应用机械能守恒定律解题时，势能零点的选择是任意的，与解题结果无关. 在具体解题时应视解题方便来选择势能零点.

练习

1. 下列关于重力势能的说法正确的是（　　）.

A. 重力势能是地球和物体共同具有的，而不是物体单独具有的

B. 重力势能的大小是相对的

C. 重力势能等于零的物体，不可能对别的物体做功

D. 在地面上的物体，它的重力势能一定等于零

2. 一个小球在真空中自由下落，另一个同样的小球在黏滞性较大的液体中由静止开始下落. 它们都由高度为 h_1 的地方下落到高度为 h_2 的地方. 在这两种情况下，重力所做的功相等吗？重力势能的变化相等吗？动能的变化相等吗？重力势能各转化成什么形式的能？

3. 如图 2.3.11 所示，从离水平地面高为 h 的 A 点以速度 v_0 斜向上抛出一个质量为 m 的石块，已知 v_0 与水平方向的夹角为 θ，不计空气阻力，求：

（1）石块所能达到的最大高度；

（2）石块落地时的速度.

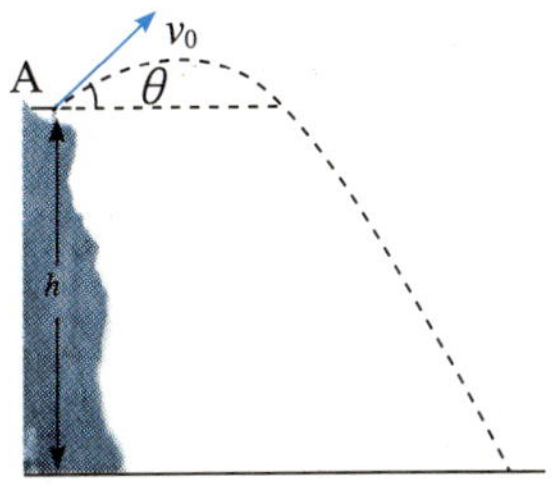

图 2.3.11

4. 一个人站在阳台上，以相同的速率 v_0 分别把

三个球竖直向上抛出、竖直向下抛出、水平抛出，不计空气阻力，则三球落地时的速率（　　）.

A. 上抛球最大　　　　B. 下抛球最大

C. 平抛球最大　　　　D. 三球一样大

相关链接

用不完的能源

在日常生活和生产中所用的燃料，绝大部分是矿物燃料，如石油、煤和天然气等. 地球上的矿物燃料资源不能说是贫乏的，但是将来总有那么一天，这些燃料都用完了，该怎么办呢？也许你会说，除了矿物燃料以外，还有水力、风力、太阳能、潮汐能等可利用. 可是对它们的利用，目前还都受到一定的科学技术和自然条件的限制.

上个世纪人类在科学技术上取得了一个重大的成就——原子能的和平利用. 因为某些重元素（如铀或钍等）的原子核在裂变时，能释放出巨大的能量，1 千克 ^{235}U 所含的能量，相当于 2500～3000 吨的优质煤或 2000 吨石油燃烧时所释放的能量. 虽然铀和钍的能量很大，如果全世界所有的动力装置都采用铀和钍来作燃料，按照目前动力发展的速度来计算，大约可用几百年，因此利用重元素的核裂变来取得能量，也不是取之不尽，用之不竭的.

就目前情况看来，最有希望的能源是轻元素的核聚变反应. 自然界中最轻的元素是氢，氢有两种同位素——氘和氚，人们可以从海水中提取到氘. 氢、氘和氚都是轻元素. 人们经过研究，知道轻元素的原子核离得足够近时，就会发生聚变反应，释放出巨大的能量. 氘是氢的同位素，即重氢，氧化氘就是重水. 一克氘核聚变成氦核时，将产生 10 万千瓦时的能量. 每吨水中含有 140 克重水，如果折合成石油，一桶水中所含的重水能量相当于 400 桶优质石油. 地球上的海水有 137 万万亿吨，在世界海洋中，拥有 20 万亿吨的氘. 如果我们把海水中所有氘的能量通过聚变反应都释放出来，那么，它们所产生的能量足以供我们使用数亿年之久. 所以，仅利用核燃料氘的聚变反应，就可以提供我们几乎是无穷尽的能源. 因此我们可以说，用轻元素的原子核的聚变反应，是人类取之不尽、用之不竭的新能源.

这一方面的开发和利用还有待于进一步地研究. 同学们，努力吧！

章末小结

一　功和功率

1. 功　功是力的空间积累效应. 在力 F 是常力，力和位移方向的夹角 θ 不变的情况下，功 W 的计算公式为

$$W = Fs\cos\theta$$

功是标量，但有正负. 当 $0 \leqslant \theta < \frac{\pi}{2}$ 时，F 做正功；当 $\theta = \frac{\pi}{2}$ 时，F 不做功；当 $\frac{\pi}{2} < \theta \leqslant \pi$ 时，F 做负功.

2. 功率　功率是描述做功快慢的物理量. 若做功快慢均匀，则功率

$$P = \frac{W}{t}$$

否则所求出的功率是时间 t 内的平均功率.

瞬时功率的计算式：

$$P = Fv\cos\theta$$

二　动能　动能定理

1. 动能　物体因运动而具有的能量叫动能，动能与物体的质量成正比，与速度的平方成正比，即

$$E_k = \frac{1}{2}mv^2$$

2. 动能定理的表述　合外力做的功等于物体动能的变化. 表达式为

$$W = \Delta E_k$$

由于功是标量，因此式中的 W 可以用各个分力做功的代数和求得，不一定先求合力. 求代数和一般比求矢量和方便. 另外，ΔE_k表示末动能与初动能之差，只涉及初末状态，与中间过程无关，因此，应用动能定理不仅能求常力的功，也可求变力的功.

三　势能　机械能守恒定律

1. 势能　势能一定属于一个系统，例如重力势能属于物体和地球构成的系统，重力势能由物体相对于地球的位置确定. 势能的数值除了与位置有关外，还与势能零点的选择有关，但物体在两个位置的势能差与势能零点的选择无关.

2. 机械能　在力学中，动能与势能之和叫机械能．这里所说的势能除重力势能外，还包括我们没有深入讨论的弹性势能．

3. 机械能守恒定律

在只有重力和弹力做功的情形下，物体的动能和势能相互转化，但机械能保持不变．

4. 机械能守恒定律的意义

（1）与动能定理一样，机械能守恒定律只涉及初末状态，而与中间过程无关，因此只要满足机械能守恒的条件，用该定律计算时往往可以避开一些复杂的中间过程而很方便地得出结果，例如滑雪运动员从起伏的雪道上滑下的问题．

（2）机械能守恒定律是普遍的能量守恒定律的一个特例，也是最简单的例子．机械能守恒定律的建立，对人类认识的发展有奠基作用．

习 题

1. 足球运动员飞起一脚用 60 N 的力将足球踢出，足球沿草地运动了 40 m 后停止运动，关于足球运动员对足球做功的情况，下列说法正确的是(　　).

A. 运动员对足球做的功是 2400 J

B. 运动员对足球没有做功

C. 运动员对足球做了功但不能确定其大小

D. 以上说法都不对

2. 一个质量 $m = 150$ kg 的雪橇，受到与水平方向成 $\theta = 37°$ 角斜向上方的拉力 $F = 500$ N，在水平地面上移动的距离 $l = 5$ m（如图）. 物体与地面间的滑动摩擦力 $F_{阻} = 100$ N. 求力对物体所做的总功.（$\cos37° \approx 0.8$）

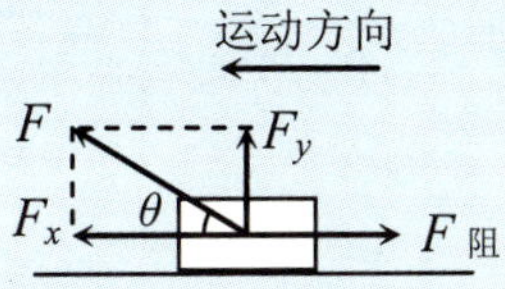

（第 2 题）

3. 关于功率，以下说法中正确的是（　　）.

A. 根据 $P = \frac{W}{t}$ 可知，机器做功越多，其功率就越大

B. 根据 $P = Fv$ 可知，汽车的牵引力一定与速度成反比

C. 根据 $P = \frac{W}{t}$ 可知，只要知道时间 t 内机器做的功，就可以求得这段时间内任意时刻机器做功的功率

D. 据 $P = Fv$ 可知，发动机的功率一定时，交通工具的牵引力与运动速率成反比

4. 某型号汽车发动机的额定功率为 60 kW，在水平路面上行驶时受到的阻力是 1800 N，求发动机在额定功率下汽车匀速行驶的速度. 在同样的阻力下，如果行驶速度只有 54 km/h，发动机输出的实际功率是多少？

5. 质量为 10 t 的汽车，额定功率为 5.88×10^4 W，在水平路面上行驶的最大速度为 15 m/s，则汽车所受的最大阻力是多少？当车速为 10 m/s 时，汽车的加速度是多大？

6. 下列关于功和能的说法中正确的是（　　）.

A. 功就是能，能就是功

B. 功是能量的量度

C. 功可以变为能，能可以变为功

D. 功是能量转化的量度，它们具有相同的单位

7. 物体自距地面高 H 处开始自由下落，当它的动能与势能相等时，物体距地面有多高？

8. 如图所示，轻弹簧下端挂一质量为 m 的物体，另一端悬挂于 O 点，现将物体拉到与悬点等高的位置并保持弹簧处于原长状态，放手后物体向下运动．在运动到悬点 O 正下方的过程中，下列说法正确的是（　　）．

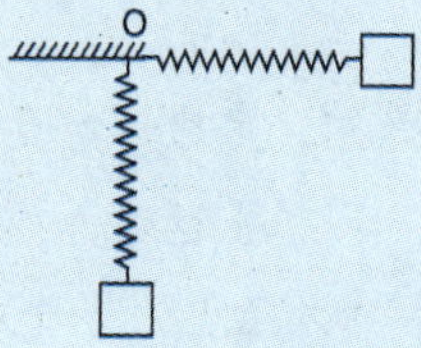

（第 8 题）

A．物体和地球组成的系统机械能守恒

B．物体和地球组成的系统机械能在减少

C．物体、地球和弹簧三者组成的系统机械能守恒

D．全过程的初、末状态相比，重力势能和弹性势能之和增加了

第三章
热现象及其应用

在史前时代人类已能钻木取火，由于火的广泛应用，人们就逐渐认识了许多热现象.但直到18世纪前，人类对热现象仅有粗略的了解.十八世纪到十九世纪，由于生产上需要动力，因而产生了利用热来获得机械功的愿望.瓦特改进并制成了往复式蒸汽机.随着蒸汽机在生产上的广泛应用，提高热机效率的问题便成了一个迫切需要解决的问题，这不仅加强了有关蒸汽机技术的研究，而且促使人们对热的本质进行深入的研究.十九世纪中期，德国医生迈尔主张热是一种能量，可以与机械能互相转化，提出了能量守恒的学说.在迈尔之后的二十多年的时间里，焦耳进行了许多次实验，测定了热功当量，焦耳的实验最后确定了能量守恒与转化定律，即热力学第一定律.热力学的基本定律都是从研究热机和机械功的相互转化问题中总结出来的.然而，热力学理论的应用与发展却远远超出了这一范围.分子动理论的飞速发展使人们对于热的本质的认识不断完善，同时也促进了经典统计物理学的形成，最后发展到量子统计物理学.

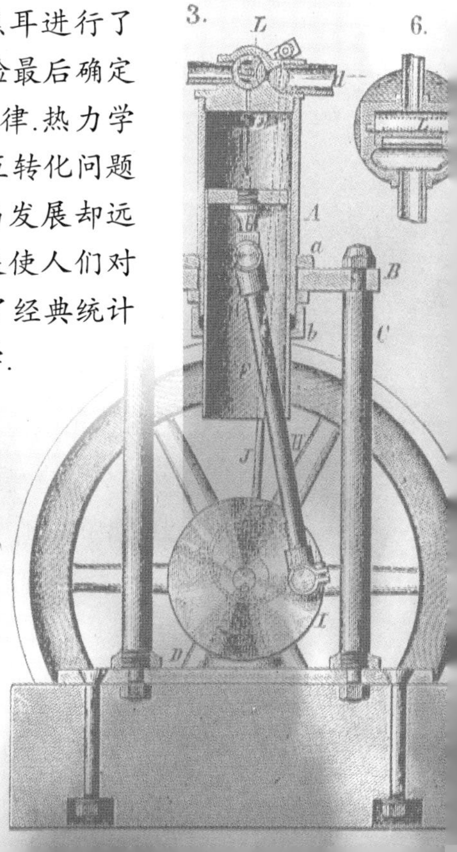

3.1 分子动理论

工具箱

初中阶段我们学过物体是由大量分子组成的，分子永不停息地做无规则运动，分子之间存在着相互作用力．大量分子的无规则运动叫做分子的热运动．分子的热运动和分子之间的相互作用决定了物体的热学性质．

1. 物体是由大量分子组成的 自古以来，人们就不断地探索物质组成的秘密．两千多年以前，古希腊的著名思想家德谟克利特说过，万物都是由极小的微粒构成的，并把这种微粒叫做原子．这种古代的原子学说虽然没有实验根据，却包含着原子理论的萌芽．

科学技术发展到今天，原子的存在早已不是猜想，而已为实验所证实．原子也不是不可再分的．原子能够结合成分子，分子是具有各种物质化学性质的最小粒子．实际上，构成物质的单元是多种多样的，或是原子（如金属），或是离子（如盐类），或是分子（如有机物）．在热学中，这些微粒做热运动时遵从相同的规律．

组成物质的分子是很小的，不但用肉眼不能直接看到它们，就是用光学显微镜也看不到它们．现在有了能放大几亿倍的扫描隧道显微镜，用它能观察到物质表面的分子．

怎样才能知道分子的大小呢？

一种粗略测定分子大小的方法是油膜法．把一滴油酸滴到水面上，油酸在水面上散开形成单分子油膜．如果把分子看成球形，单分子油膜的厚度就可以认为等于油酸分子的直径．如图 3.1.1 所示，事先测出油酸滴的体积，再测出油膜的面积，就可以算出油酸分子的直径．测量结果表明，油酸分子直径的数量级是 10^{-10} m.

物理学中测定分子大小的方法有许多种．用不同方法测出的分子大小并不完全相同，但数量级是一致的（数量级是一个数学名词，一些数据太大，或太小，为了书写方便，习惯上用科学记数法写成 10 的幂次，如 3×10^{-10} m. 我们把 10 的幂次叫做数量级，那么 1×10^{-10} m 和 9×10^{-10} m 的

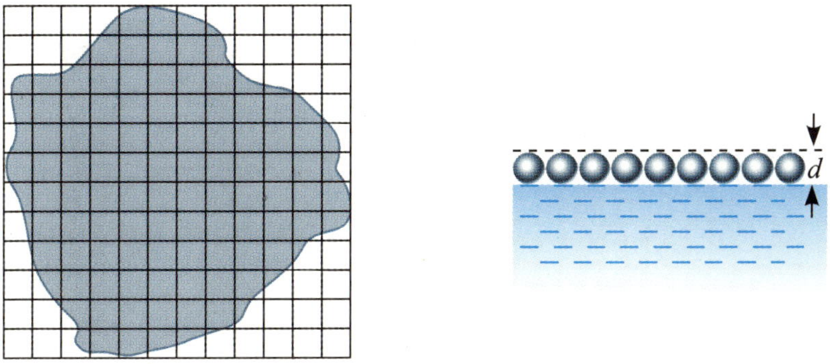

图 3.1.1　单分子油膜示意图

数量级均为 10^{-10}m.）．测定结果表明，除了一些有机物质是大分子外，一般分子直径的数量级为 10^{-10}m．例如水分子直径约为 4×10^{-10}m，氢分子的直径约为 2.3×10^{-10}m.

阿伏加德罗常数　我们在化学课中学过，1mol 的任何物质都含有相同的粒子数，并用阿伏加德罗常数来表示．知道分子的大小，不难粗略算出阿伏加德罗常数．例如水的摩尔体积是 $1.8\times10^{-5}\,\mathrm{m^3/mol}$，每个水分子的直径是 4.0×10^{-10}m，体积约为 $3.0\times10^{-29}\,\mathrm{m^3}$．设想水分子是一个挨一个排列的，可以算出 1 mol 水中所含的水分子数

$$N=\frac{1.8\times10^{-5}\,\mathrm{m^3/mol}}{3.0\times10^{-29}\,\mathrm{m^3}}=6.0\times10^{23}/\ \mathrm{mol^{-1}}$$

早期测定阿伏加德罗常数的一种方法，就是利用油膜法测出分子直径，得出这个常数的．阿伏加德罗常数是一个基本常数，科学工作者不断地用各种方法测量它，以期得到更精确的数值．1986 年用 X 射线法测得的数值是 $N_A=6.0221367\times10^{23}\,\mathrm{mol^{-1}}$．通常可取 $N_A=6.02\times10^{23}\,\mathrm{mol^{-1}}$．在粗略的计算中可取 $N_A=6.0\times10^{23}\,\mathrm{mol^{-1}}$.

阿伏加德罗常数是个十分巨大的数字．因此，一般物体中的分子数目都是大得惊人的．例如，$1\mathrm{cm^3}$水中含有的分子数约为 3.3×10^{22}个．假如全世界 45 亿人不分男女老少都来数这些分子，每人每秒数一个，也需要将近 23 万年的时间才能数完．把 1g 酒精倒入容积为 100 亿立方米的水库中，酒精分子均匀分布在水中后，每 $1\mathrm{cm^3}$水中的酒精分子数，仍然在 100 万个以上.

分子不但有大小，而且还有质量．根据阿伏加德罗常数，很容易算出分子的质量．例如，水的摩尔质量是 1.8×10^{-2} kg/mol，1 mol 水中含有 6.0×10^{23}个分子，所以水分子的质量是

$$M_{水} = \frac{1.8 \times 10^{-2}\text{kg} \cdot \text{mol}^{-1}}{6.0 \times 10^{23}\ \text{mol}^{-1}} = 3.0 \times 10^{-26}\text{kg}$$

可见水分子质量是很小的. 除了包含几千个原子的有机物大分子外，一般分子的质量都是很小的. 用同样的方法可以算出氧分子的质量是 5.3×10^{-26}kg，氢分子的质量是 3.35×10^{-27}kg.

2. 分子永无休止地做无规则运动

观察与思考

路过饭店我们能闻到炒菜的香味，进入公园我们闻到花香，将红墨水用滴管滴入水中，我们看到红墨水散开. 如图 3.1.2 所示，把熟鸡蛋在酱油中泡一会再切开，看看有什么现象发生. 这些现象都说明了什么？

图 3.1.2

在初中学过的扩散现象表明，分子在不停地运动. 现在再了解一种现象，它可以更明显地证实分子的无规则运动，这种现象叫做布朗运动.

布朗运动 1827 年，英国植物学家布朗用显微镜观察悬浮在水中的花粉，发现花粉颗粒不停地做无规则的运动. 这种运动后来被称做布朗运动. 不只是花粉，对于液体中各种不同的悬浮微粒，都可以观察到布朗运动. 取一滴稀释了的墨汁放在显微镜下观察，如图 3.1.3 所示，可以看到小炭粒在做无规则的布朗运动. 如图 3.1.4 是在观察中记录的做布朗运动的微粒的运动路线. 这个图只画出了每隔 30s 观察到的微粒的位置，用直线把它们依次连接起来. 实际上，就是在短短的 30s 内，小颗粒的运动也是极不规则的.

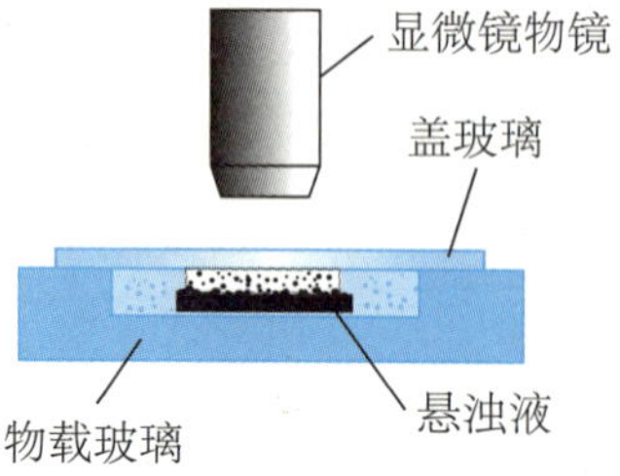

甲 实验装置

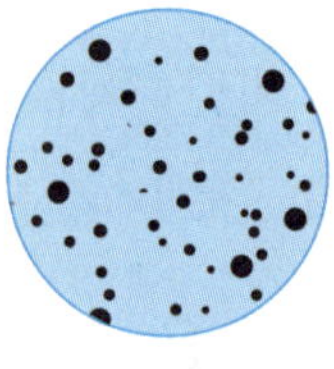

乙 显微镜下看到的微粒

图 3.1.3 在显微镜下观察稀释了的墨汁

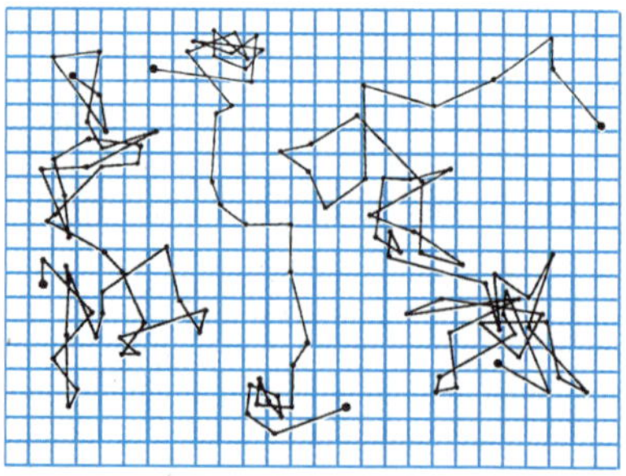

图 3.1.4 布朗运动的微粒位置连线

布朗运动是怎样产生的呢？起初，人们认为是由于外界的影响，如震动、液体的对流等引起的. 但实际表明，在尽量排除外界影响的情况下，布朗运动仍然存在. 只要微粒足够小，在任何液体中都可以观察到布朗运动. 布朗运动绝不会停止，可以连续观察许多天甚至几个月，也看不到这种运动会停下来. 可见布朗运动的原因不在外界，而在液体内部.

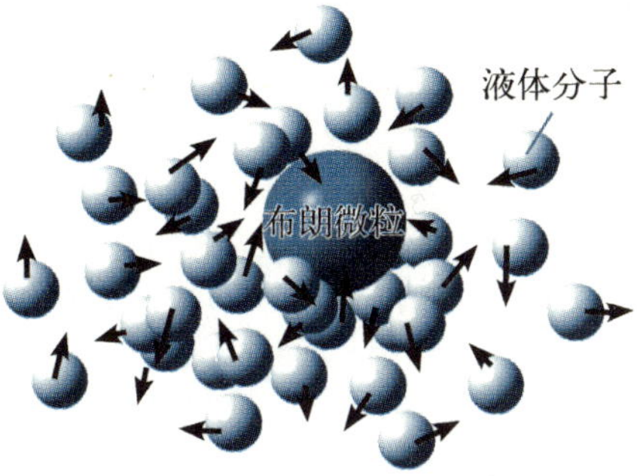

图 3.1.5　分子对微粒撞击不平衡

在显微镜下看起来是连成一片的液体，实际上是由许许多多做不规则运动的分子组成的. 悬浮在液体中的微粒不断地受到液体分子的撞击，图 3.1.5 描绘了一个微粒受到液体分子撞击的情景. 当微粒足够小时，它受到的来自各个方向的液体分子的撞击作用是不平衡的. 在某一瞬间，微粒在某个方向受到的撞击作用强，致使微粒发生运动. 在下一瞬间，微粒在另一方向受到的撞击作用强，致使微粒又在别的方向发生运动. 这样，就引起了微粒无规则的布朗运动.

悬浮在液体中的颗粒越大，在某一瞬间跟它相撞的分子数越多，撞击作用的不平衡性就表现得越不明显，以致可以认为撞击作用相互平衡，因而布朗运动越不明显，以致观察不到.

悬浮在液体中的颗粒越小，在某一瞬间与它相撞的分子数越少，撞击作用的不平衡性就表现得越明显，因而布朗运动越明显.

可见，液体分子永不停息的无规则运动是产生布朗运动的原因. 分子的运动我们是看不见的. 做布朗运动的微粒是由成千上万个分子组成的，微粒的布朗运动并不是分子的运动，布朗运动的无规则性，却反映了液体内部分子运动的无规则性. 虽然我们看不见分子，但我们的想象力却不受限制. 设想布朗颗粒足够小，小到与分子大小相同，甚至就是分子本身，那么它们的无规则运动一定很剧烈. 因此，我们看到了布朗颗粒的无规则运动，就相当于间接地“看到了”分子的无规则运动.

热运动　实验表明，布朗运动随着温度的升高而愈加剧烈. 在扩散现象中，温度越高，扩散进行得越快. 这表示分子的无规则运动与温度有关，温度越高，分子的无规则运动越剧烈. 正因为分子的无规则运动与温度有关，所以通常把分子的这种运动叫做热运动.

3. 分子间的相互作用力 布朗运动和扩散现象不但说明分子不停地做无规则运动，同时也说明分子间是有空隙的，否则分子便不能运动了. 气体容易被压缩，水和酒精混合后的体积小于两者原来体积之和，说明气体分子之间、液体分子之间都有空隙，有人曾用两万标准大气压的压强压缩钢筒中的油，发现油可以透过筒壁溢出，说明钢的分子之间也有空隙. 前面讲述分子的大小时，认为固体分子和液体分子是一个挨一个排列的，那只是为估算分子直径的数量级而作的设想.

观察与思考

如图3.1.6所示，将两个铅块压在一起，可挂住砝码，这说明了什么？

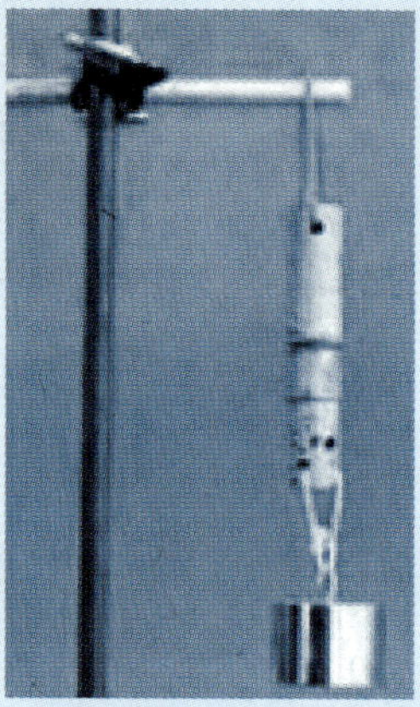

图3.1.6 把两个铅块压在一起

分子间虽然有空隙，大量分子却能聚集在一起形成固体或液体，说明分子之间存在着引力. 用力拉伸物体，物体内要产生反抗拉伸的弹力，就是因为分子间存在着引力. 把两块纯净的铅压紧，由于分子间的引力，两块铅就合在一起，甚至下面吊一个重物也不能把它们拉开. 把两块光学玻璃的表面磨得很光滑又相吻合，把表面处理干净，施加一定的压力，可以把它们黏合在一起，这也是利用了分子间的引力.

分子间有引力，而分子间又有空隙，没有紧紧吸在一起，这说明分子间还存在着斥力. 用力压缩物体，物体内要产生反抗压缩的弹力，就是分子间的斥力的表现.

研究表明，两个分子的各部分之间同时存在着引力和斥力，它们的大小都与分子间的距离有关. 如图3.1.7所示，两条虚线分别表示引力和斥力随距离变化的情形，实线表示引力和斥力的合力，即实际表现出来的两

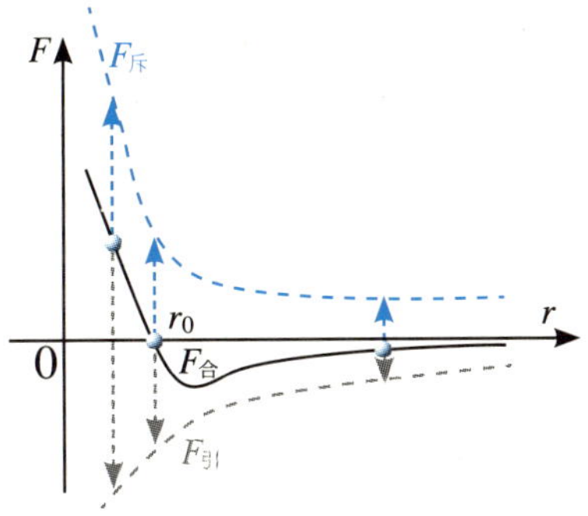

图 3.1.7 分子引力和斥力随距离变化

个分子间作用力随距离变化的情形.

我们看到，引力和斥力的大小都随着距离的增大而减小. 当两分子间的距离等于 r_0时，分子间的引力和斥力相互平衡，分子间的作用力为零. r_0的数量级约为 10^{-10} m. 相当于距离为 r_0的位置叫做平衡位置，如图3.1.8甲所示.

当分子间的距离小于 r_0时，引力和斥力虽然都随着距离的减小而增大，但是斥力增大得更快，因而分子间的作用力表现为斥力，如图3.1.8乙所示.

当分子间的距离大于 r_0时，引力和斥力虽然都随着距离的增大而减小，但是斥力减小得更快，因而分子间的作用力表现为引力，如图3.1.8丙. 当分子间的距离的数量级大于 10^{-9} m 时，引力已经变得十分微弱，可以忽略不计了.

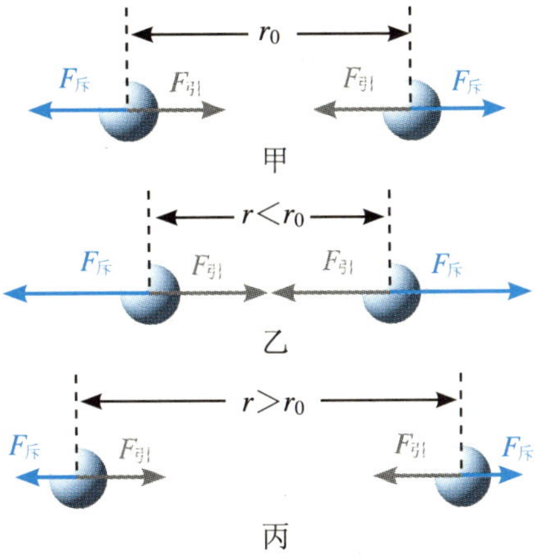

图 3.1.8 分子间作用力随距离变化

议一议

分子间的作用力可以用如图 3.1.9 所示弹簧类比，同学们想一想应该如何类比.

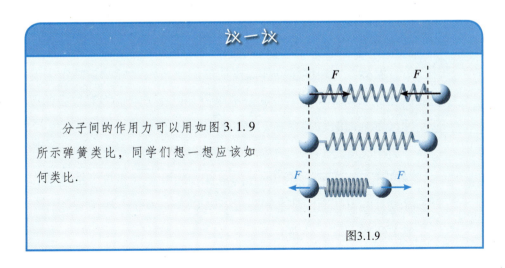

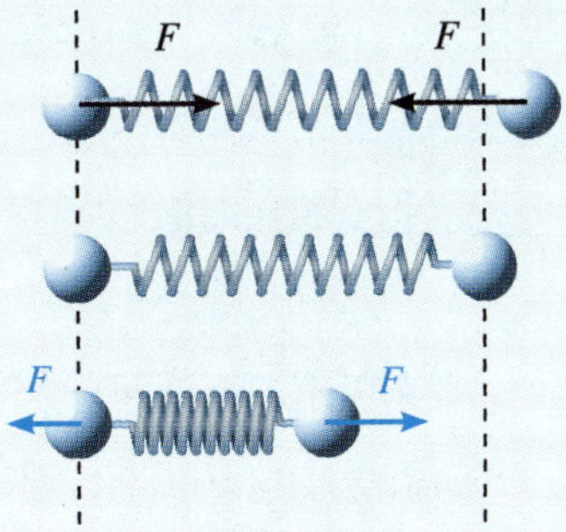

图3.1.9

分子是由原子组成的，原子内部有带正电的原子核和带负电的电子．分子间这样复杂的作用力就是由这些带电粒子的相互作用引起的．

分子不停地做无规则运动，它们之间又存在相互作用力．分子力的作用使分子聚集在一起，分子的无规则运动将使它们分散开来．由大量分子组成的物体可以处于气、液、固三种不同的物质状态，正是由这两种相反的因素决定的．

在固态时，分子力的作用比较强大，绝大多数分子被束缚在平衡位置附近做微小的振动．温度升高，分子的无规则运动加剧，加剧到一定限度，分子力的作用已经不能把分子束缚在固定的平衡位置附近，但分子还不能分散远离，于是物体表现为液体状态．温度再升高，分子的无规则运动更加剧，到一定限度，分子分散远离，分子力的作用很微弱，分子可以到处移动，物体就表现为气体状态．

4. 温度　在初中我们学过，温度是表示物体冷热程度的物理量．但物体的冷热程度与我们的主观感觉有关，在北方冬季寒冷的室外，我们用一只手摸铁，另一只手摸木头，会感觉铁比木头冷，其实两者的温度是相同的．所以要准确描述温度，还必须有更科学的定义．从分子运动论观点看，**温度是物体分子热运动剧烈程度的反应，温度是物体分子平均动能的标志**．这里所说的“分子平均动能”，是指同一时刻所有分子平动动能的统计平均值．温度是物体内分子平均动能的一种表现形式．分子运动愈快，物体愈热，即温度愈高；分子运动愈慢，物体愈冷，即温度愈低．值得注意的是，少数几个分子甚至是一个分子构成的系统，由于缺乏统计的数量要求，是没有温度的意义的．

温标　用来度量物体温度数值的仪表叫温标．它规定了温度的读数起点（零点）和测量温度的基本单位．目前国际上用得较多的温标有华氏温标（℉）、摄氏温标（℃）和热力学温标（K）．

华氏度是1714年德国人华伦海特以水银为测温介质，制成玻璃水银温度计，选取氯化铵和冰水的混合物的温度为温度计的零度，人体温度为温度计的100度，把水银温度计从0度到100度按水银的体积膨胀距离分成100份，每一份为1华氏度，记做“1 ℉”．

摄氏度是1742年瑞典人摄尔修斯提出的，其规定为：在标准大气压下，把水的冰点规定为0度，水的沸点规定为100度．根据水这两个固定温度点来对玻璃水银温度计进行分度．两点间作100等分，每一份称为1

摄氏度，记做1℃. 在日常生活中我们均采用摄氏度测温.

绝对温标　1848年，英国科学家开尔文建立了一种新的温度标度，称为绝对温标，它的量度单位称为开尔文（K）. 这种标度的分度距离同摄氏温标的分度距离相同. 它的零度相当于摄氏 -273.15℃，称为绝对零度，是温度的最低极限，从理论上讲，当达到这一温度时，所有的原子和分子热运动都将停止.

常用的测温工具是**温度计**.

水银温度计工作原理　水银温度计的工作原理其实就是利用了物体的热胀冷缩原理. 当温度上升时，水银的体积变大，所以它会在玻璃管中上升；温度下降则反之，大部分温度计都类似利用这个原理，如图3.1.10所示.

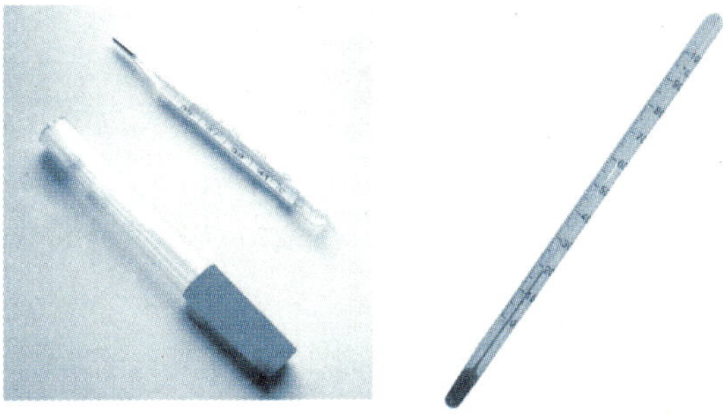

图3.1.10

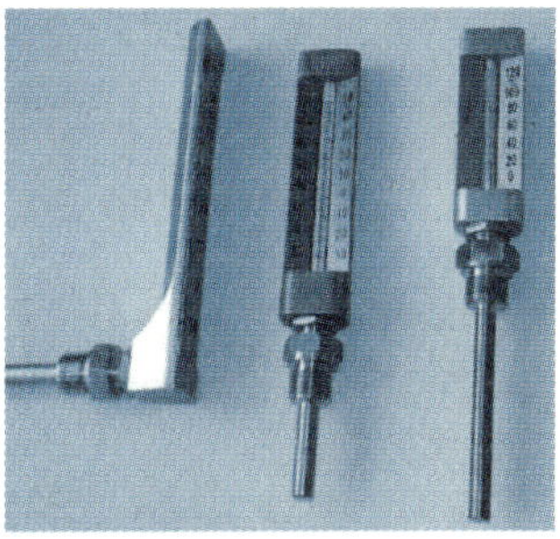

图3.1.11

工业温度计原理

压力式温度计　压力式温度计的原理是依据液体膨胀定律制成的. 一定质量的液体，在体积不变的条件下，压力与温度呈线性关系. 气体、蒸汽的压力与温度也有类似的关系，因此压力式温度计的标尺是均匀等分的，如图3.1.11所示.

红外线测温计　红外线测温计由光学系统，光电探测器，信号放大器及信号处理、显示输出等部分组成. 光学系统汇聚其视场内的目标红外辐射能量，红外能量聚焦在光电探测器上并转变为相应的电信号，该信号再经换算转变为被测目标的温度值.

热电偶温度计　热电偶温度计的原理是将电流计 - 铜线 - 铁线 - 铜线串联成一个回路，此时铁线的两端和铜线连接处，会形成两个“接合处”，如果这两个接合处的温度不同，它们之间就会产生电压，用微安培计可测量出流经铁线和铜线上的微弱电流. 要将热电偶用作温度计，必须先作下面的校准. 把一个接合处放入冰水中，另一个接合处放入沸水中，记下这时的电流强度，这便是温差100℃时的电流值. 对两种已知的金属导线来说，电流值与两接合处的温度差成正比. 这种温度计测量范围很大，可由-200℃到1700℃，而且灵敏度很高.

5. 气体的压强

（1）气体的状态和状态参量

研究物理学问题，经常要用一些物理量来描述研究对象. 问题不同，所用的物理量也不同. 在力学中用位移、速度等物理量来描述物体的运动. 现在研究气体的热学性质，要用体积、压强、温度等物理量来描述气体的状态. 描述气体状态的这几个物理量叫做**气体的状态参量**.

（2）温度　从宏观看，温度表示物体的冷热程度. 从微观看，温度标志物体内分子热运动的剧烈程度，是物体大量分子平均动能的标志. 数值表示法：

①摄氏温标 t：单位℃，在1个标准大气压下，水的冰点作为0℃，沸点作为100℃.

②热力学温度 T：单位K，把-273.15℃作为0K，每K的间隔等同于摄氏温标.

两种温度之间的关系：$\begin{cases} T = t + 273.15\text{K} \\ \Delta T = \Delta t \end{cases}$

（3）体积　气体分子可以自由移动，因而气体总要充满整个容器. 气体的体积就是指气体所充满的容器的容积. 在国际单位制中，体积的单位有m^3、dm^3、cm^3等. 日常生产和生活中还常用升作单位，升的符号是L. $1\text{L} = 10^{-3}\text{m}^3 = 1\text{dm}^3$.

（4）压强　气体对器壁有压力，这是气体分子频繁地碰撞器壁而产生的. 用打气筒把空气打到自行车的车胎去，会把车胎胀得很硬，就是因为空气对车胎有压力而造成的. **气体作用在器壁单位面积上的压力叫做气体的压强**. 在国际单位制中，压强的单位是帕斯卡，简称帕，符号是Pa. $1\text{Pa} = 1\text{N/m}^2$.

工业上常用大气压作为压强单位：1标准大气压 $= 1.01 \times 10^5\text{Pa} = 76$ 厘米汞柱.

① 一定质量的气体，它的温度、体积和压强这三个量的变化是互相关联的. 把一定质量的气体压缩到钢筒里，气体的体积缩小，同时压强增大，温度上升. 燃气在气缸里瞬间点燃后，体积膨胀，压强减小，温度降低. 对于一定质量的气体来说，如果温度、体积和压强这三个量都不改

变，我们就说气体处于一定的状态中，这种状态称做**平衡态**. 如果三个量中有任何一个量发生了变化，我们就说气体的状态发生了变化.

② 气体压强的微观意义　我们知道，雨滴打在雨伞上使伞面受到冲力，单个雨滴对伞面的冲力是短暂的，但是大量密集的雨滴接连不断地打在伞面上，对伞面就形成一个持续的均匀的压力. 雨滴的质量和速度越大，雨滴越密集，产生的压力就越大. 同样，单个分子碰撞器壁的冲力是短暂的，但是大量分子频繁地碰撞器壁，就对器壁产生持续、均匀的压力. 所以从分子动理论的观点来看，气体的压强就是大量气体分子作用在器壁单位面积上的平均作用力. 经计算可知，在标准状况下，1cm^3气体中含有 2.7×10^{19} 个分子. 由此不难想象，每秒钟撞击单位面积器壁的分子是相当多的. 大量的分子不断地撞击器壁，对器壁能产生持续的压力，就不足为奇了.

做一做

将小滚珠作为空气分子模型可以用来模拟气体压强的产生. 把装有滚珠的杯子拿到秤盘上方 5cm 处，把 1 粒滚珠倒在秤盘上，秤的指针会摆动一下. 再在相同的高处把 100 粒或者更多的滚珠持续快速地倒在秤盘上，如图 3.1.12 所示，秤的指针会在一个位置附近摆动. 这说明大量滚珠撞击秤盘，对秤盘产生了持续的、均匀的压力. 在一定的时间内，碰撞的滚珠越多，对秤盘产生的压力越大. 如果使这些滚珠从更高的位置倒在秤盘上，可以观察到秤的指针指示的压力更大. 这表明，滚珠的速度越大，对秤盘产生的压力越大.

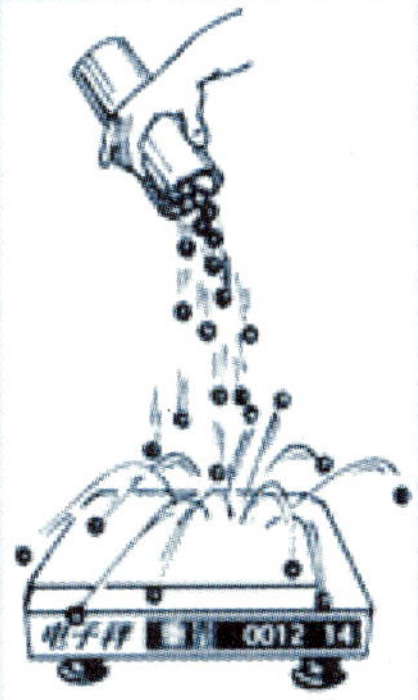

图 3.1.12

由上述实验可知，从微观角度来看，气体压强的大小与两个因素有关：一个是气体分子的质量和速度，一个是分子的密集程度.

气体分子的质量和速度越大，分子撞击器壁时对器壁产生的作用力越大，气体的压强就越大. 而温度是分子平均速度的标志，可见气体的压强与温度有关.

一定质量的气体，体积越小，分子越密集. 气体分子越密集，每秒撞击器壁单位面积的分子越多，气体的压强就越大. 可见气体的压强与体积有关.

6. 热力学能

分子势能　分子间存在相互作用力，分子间具有由它们的相对位置决定的势能，这就是分子势能.

物体的体积发生变化时，分子间的距离发生变化，分子势能随之发生变化. 可见分子势能与物体的体积有关系.

物体的内能（热力学能） 物体中所有分子的热运动的动能和分子势能的总和，叫做物体的内能. 一切物体都是由不停地做无规则热运动并且相互作用着的分子组成的，因此，任何物体都具有内能.

由于分子热运动的平均动能跟温度有关系，分子势能与体积有关系，因此物体的内能与物体的温度和体积有关系. 温度升高时，分子的动能增加，因而物体的内能增加；体积变化时，分子势能发生变化，因而物体的内能发生变化.

改变内能的两种方式 在热学研究中所涉及的总是内能的变化，那么什么物理过程可以改变物体的内能呢？

做功可以改变物体的内能. 用锯条锯木头，我们需要克服摩擦力做功，锯条和木头的温度升高，内能增加. 这类所谓摩擦生热的现象，是大家知道的. 子弹射进木块中，子弹克服摩擦力做功，子弹和木块的温度升高，内能增加. 用搅拌器在水中搅拌做功，可以使水的温度升高，内能增加.

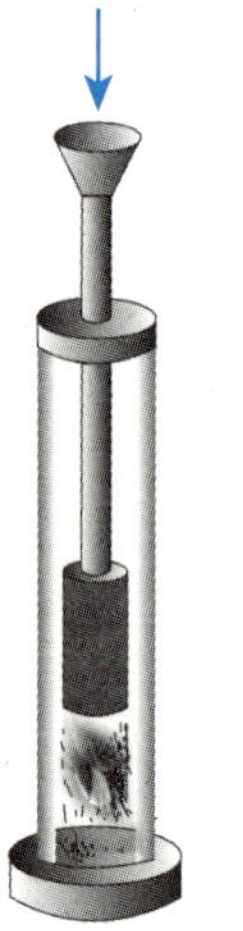
图 3.1.13

气体被压缩或膨胀时做功，气体的内能就发生变化. 在一个厚壁玻璃筒里放一块棉花，迅速压下活塞，对筒内空气做功，空气的内能增加，温度升高，可以使棉花燃烧起来，如图 3.1.13. 柴油机就是利用这个道理来点火，使喷入汽缸内的雾状柴油燃烧的. 热机气缸内高温高压的气体膨胀时对外做功，气体的温度降低，内能减少. 热机就是利用这个道理做功的.

做功并不是改变物体内能的唯一方式. 例如，灼热的火炉会使它上面和周围的物体温度升高，从而使这些物体的内能增加；放在室内的一杯热水不断散热，温度降低，内能减少. 在这样的过程中，物体的内能改变了，但是并没有做功. 这种改变物体内能的物理方式叫做热传递.

可见，能够改变物体内能的物理过程有两种：**做功和热传递**.

做功使物体的内能发生变化的时候，内能的变化就用功的数值来量度. 外界对物体做多少功，物体的内能就增加多少；物体对外界做多少功，物体的内能就减少多少.

热传递使物体的内能发生变化的时候，内能的变化是用热量来量度的．外界传递给物体多少热量，或者说物体吸收了多少热量，物体的内能就增加多少；物体传递给外界多少热量，或者说物体放出了多少热量，物体的内能就减少多少．

可以用热传递的方式传给一杯水一定的热量，使它从某一温度升高到另一温度，也可以用做功的方式，比如用搅拌器在水中搅拌，使它升高同样的温度．两种方式不同，但是得到的结果却相同．除非事先知道，我们将无法区别是哪种方式使这杯水的内能增加的．可见，做功和热传递对改变物体的内能是等效的．

练习

1. 分子直径的数量级为________m，我们介绍的测量方法叫做________法．把油滴滴到水面上，油在水面上散开，形成单分子油膜，事先测出油滴的体积 V，再测出油膜的面积 S，就可以算出油分子的直径 $D=$________．

2. 物质是由大量分子组成的．分子数目极多，用阿伏加德罗常数表示 $N_A=$________mol^{-1}，估算时取________________mol^{-1}．阿伏加德罗常数是联系微观物理量和宏观物理量的桥梁．

3. 分子在永不停息地做无规则运动，实验依据：________运动和________运动．

4. 分子力的特点是分子力同时存在引力和斥力，且引力和斥力都与分子间距离有关．

（1）当 $r=r_0$ 时，$f_{引}$________$f_{斥}$，分子力 $f=0$；

（2）当 $r<r_0$ 时，$f_{引}$________$f_{斥}$，分子力 f 表现为________力；

（3）当 $r>r_0$ 时，$f_{引}$________$f_{斥}$，分子力 f 表现为________力．

5. 体积是 $10^{-4}cm^3$ 的油滴滴于水中，若展开成一单分子油膜，则油膜面积的数量级是（　　）．

A. 10^2cm^2　　B. 10^4cm^2　　C. 10^6cm^2　　D. 10^8cm^2

6. 下面证明分子间存在引力和斥力的实验哪个是错误的（　　）．

A. 两块铅压紧以后能连成一块，说明存在引力

B. 一般固体、液体很难被压缩，说明存在着相互排斥力

C. 碎玻璃不能拼在一起，是由于分子间存在斥力

D. 拉断一根绳子需要一定大小的拉力，说明分子间存在相互引力

3.2 热力学第一定律

1. 热学的发展 热现象是人类生活中最早接触到的现象之一. 在史前人类已能钻木取火. 由于火的广泛应用，人们逐渐认识了许多热现象. 但是，在古代，社会生产力很低，人们在生产和生活中对热的利用还只限于取暖和煮熟食物.

1768 年，英国技工瓦特发明了蒸汽机，随着蒸汽机的广泛使用，提高热机效率的问题便成了一个迫切需要解决的问题，对于这个问题的深入研究，不仅促使人们对热的本质的认识有了根本转变，而且直接导致了热力学第一定律的建立.

瓦特

图 3.2.1 瓦特发明的蒸汽机

热质说的终结 历史上，人们曾认为热是一种物质，即“热质”. 代表人物是付里叶、卡诺. 他们认为，热量从高温物体传到低温物体，是因为“热质”的流动.

几乎同时，还有另一种观点，即热是物质分子运动的体现. 代表人物是笛卡尔、胡克、罗蒙诺索夫. 他们认为，热量的传递只是分子在交换动能.

在对提高蒸汽机效率问题的研究中，人们认识到，热传导过程并没有改变高温物体和低温物体的质量，而且高温蒸气做功后，温度也会降低，此过程中蒸气的质量也没有变化，这是热质说无法解释的，而用分子运动的观点却可以很自然地进行解释. 到 18 世纪末，热质说就被彻底否定了.

热力学定律建立过程的简单回顾

热力学定律是所有自然科学定律中适用范围最广泛的规律，它们的建立是众多科学家共同研究的成果.

德国的迈尔（1814－1878）是提出能量守恒概念的第一人，他是一位医生，在对人在热带地区和在温带地区血的颜色不同的原因的研究中，逐渐认识到，食物中含有的化学能，可转化为热能，而且在转化过程中能量是不灭的.

亥姆霍兹是德国科学家，他于1847年发表著名论文《力的守恒》，把能量守恒的概念从机械运动推广到普遍的能量守恒.

迈尔像

亥姆霍兹像

焦耳是英国著名的实验物理学家，他一生的主要工作是研究热和功之间是否存在一个恒定的比值.

焦耳为测定机械功和热之间的转换关系，设计了“热功当量实验仪”，如图3.2.2所示. 他用了三十多年时间，进行了400多次实验，付出了大量辛勤的劳动，最后在1845年得到了较为准确的数值，即423.85千克·米/千卡，从而使能量的转化和守恒定律有了定量研究的实验基础.

焦耳像

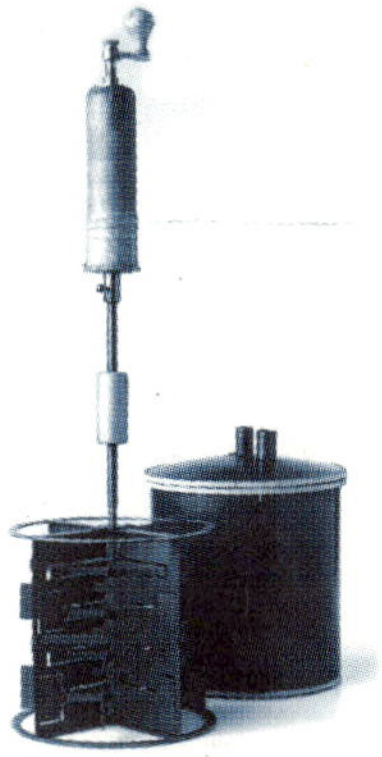

图3.2.2　热功当量实验仪

在实际情况中，并不是所有满足热力学第一定律的过程都能实现，比如热不会自动地由低温传向高温，过程具有方向性. 这就导致了热力学第二定律的建立. 克劳修斯、开尔文、玻耳兹曼等科学家为此做了重要贡献. 1917 年，能斯特进一步提出“绝对零度是不可能达到的”，这就是热力学第三定律. 在本课程中，我们将主要介绍热力学第一定律.

2. 热力学第一定律 现在我们来研究功、热量与内能的改变之间的关系.

一个物体，如果它与外界不发生热交换，也就是说它既没有吸收热量，也没有放出热量，那么，外界对它做多少功，它的内能就增加多少. 设外界对物体所做的功为 W，内能的增加为 ΔU，那么，$W = \Delta U$. 在物体对外界做功的情况下，上式同样适用. 这时 W 为负值，内能的增加 ΔU 也是负值，表示内能减少.

如果外界既没有对物体做功，物体也没有对外界做功，那么物体吸收了多少热量，它的内能就增加多少. 设物体吸收的热量为 Q，内能的增加为 ΔU，那么 $Q = \Delta U$. 在物体放出热量的情况下，上式同样适用. 这时 Q 为负值，内能的增加 ΔU 也是负值，表示内能减少.

在一般情况下，如果物体与外界同时发生做功和热传递的过程，那么，外界对物体所做的功加上物体从外界吸收的热量 Q，等于物体内能的增加 ΔU，即

$$\Delta U = Q + W$$

上式所表示的功、热量与内能改变之间的定量关系，在物理学中叫做**热力学第一定律**.

例 气体膨胀对外做功 100J，同时从外界吸收了 120J 的热量，它的内能的变化可能是多少？

解析： 研究对象为气体. 依符号规则，对外做功 $W = -100\text{J}$，吸收热量 $Q = +120\text{J}$. 由热力学第一定律有

$$\Delta U = W + Q = -100\text{J} + 120\text{J} = 20\text{J}$$

$\Delta U > 0$，说明气体的内能增加.

由此，我们在应用热力学第一定律进行计算时，首先要明确研究的对象是哪个物体或者说是哪个热力学系统；其次要依照符号规则代入数据. 对结果的正、负，也同样依照符号规则来解释其意义.

3. 能量守恒定律 我们知道，功是能量转化的量度. 做功使内能发生

变化时，其他形式的能量与内能发生相互转化. 在摩擦生热现象中，克服摩擦力做多少功，就有多少机械能转化成等量的内能. 在压缩气体做功的过程中，外界做多少功，就有多少机械能转化成等量的内能. 气体膨胀做功的过程中，气体做多少功，就有多少内能转化成等量的机械能. 热传递使内能发生变化时，内能在物体之间发生转移，一个物体从外界吸收了多少热量，就有多少内能从外界转移给这个物体. 热力学第一定律表示，做功和热传递提供给一个物体多少能量，物体的内能就增加多少，能量在转化或转移中守恒.

不但机械能，其他形式的能也可以与内能相互转化. 通过电流的导线变热，电能转化成内能. 燃料燃烧生热，化学能转化成内能. 炽热的灯丝发光，内能转化成光能. 实验证明，在这些转化过程中，能量都是守恒的.

大量的事实证明，各种形式的能都可以相互转化，并且在转化过程中守恒.

能量既不会产生，也不会消失，它只能从一种形式转化为另一种的形式，或者从一个物体转移到另一个物体，在转化或转移的过程中其总量不变. 这就是能量守恒定律.

能量守恒定律自从建立以来，就是人们认识自然、改造自然的有力武器. 这个定律把广泛的自然科学技术领域联系起来，使不同领域的科学工作者具有共同语言，并取得了许多重大成就. 现在，能量守恒定律仍然是我们研究自然科学的强有力武器之一.

能源是人类得以生存和发展的必要条件. 人类社会已经经历了三个主要的能源时期，这就是柴薪时期、煤炭时期和石油时期. 以柴草作为主要能源在人类历史上经历了大约有一万八千年的漫长时期，在这一时期，人类社会发展极为缓慢，生产力水平相当低下. 到 18 世纪，煤炭成了主要能源，并为人类迎来了第一次工业革命，使社会生产力有了大幅度的增长. 本世纪 50 年代以来，煤炭的地位逐渐被石油所取代，不少国家以石油为能源实现了现代化. 与此同时，世界各国都十分重视新能源的研究、开发和利用，太阳能、地热能、生物能、水能、风能、海洋能、原子能等一系列新能源，被看成是新技术革命的一大支柱. 所有这些能源都来自于太阳的辐射和地球的远古贮藏.

永动机不可能实现　历史上有不少人希望设计一种机器，这种机器不

图 3.2.3　永动机的设计方案

消耗任何能量，却可以源源不断地对外做功，这种机器被称为永动机. 历史上，人们提出了很多种永动机的设计方案，如图 3.2.3 所示，就是一种永动机的设计方案. 虽然人们经过多次尝试，作了各种努力，但永动机无一例外地归于失败. 人们把这种设想中的不消耗能量的机器叫做第一类永动机. 能量守恒定律的发现使人们进一步认识到：任何一部机器，只能使能量从一种形式转化为另一种形式，而不能无中生有地制造能量，因此第一类永动机是不可能造成的. 人类利用自然，必须遵循自然规律，而不是去研究永远无法实现的永动机.

实践活动

讨论能源的开发利用带来的实际问题，讨论永动机为什么不能实现.

练习

1. 热力学第一定律的内容是什么？其数学表达式是什么？表达式中各量正、负号是怎样规定的？

2. 能量转化和守恒定律：能量既不能凭空________，也不能凭空________，它只能从一种形式________另一种形式，或者从一个物体________到另一个物体，且在________和________的过程中能的总量保持不变，这就是能量转化和守恒定律. 它是自然界最普遍的规律.

3. 一个物体，如果外界既没有对物体做功，物体也没有对外界做功，那么

(1) 如果物体吸收热量 Q，它的内能如何变化？变化了多少？

(2) 如果放出热量 Q，它的内能如何变化？变化了多少？

4. 说明下列能量的转化过程：

(1) 发电；(2) 机车牵引列车前进；(3) 水泵抽水；(4) 发射人造地球卫星.

3.3 实验三　气体压强测量

实验目的：

（1）了解 U 形管测压强的原理

（2）会使用大气压强计

（3）会用 U 形管和大气压强计测量容器中的压强

实验原理：U 形管压强测量计如图 3.3.1 所示，玻璃管 A 和 B 中间用胶皮管相连，用水银漏斗倒入水银后（倒入水或酒精均可），把 A 管用胶管与容器相连，记下 A 管中液面的高度，打开容器的阀门，玻璃管中的水银就移动，升降玻璃管 B，使玻璃管 A 中的液柱回到未连接容器时的高度，读出 A、B 两管中的液面高度差 h，则可应用压强公式：$p=p_0\pm\rho gh$ 计算容器内气体压强．式中的 p 为容器内气体压强，p_0 为大气压强（可由大气压强计读出），ρ 为倒入液体的密度，g 为重力加速度，h 为 A 与 B 两管液面高度差．

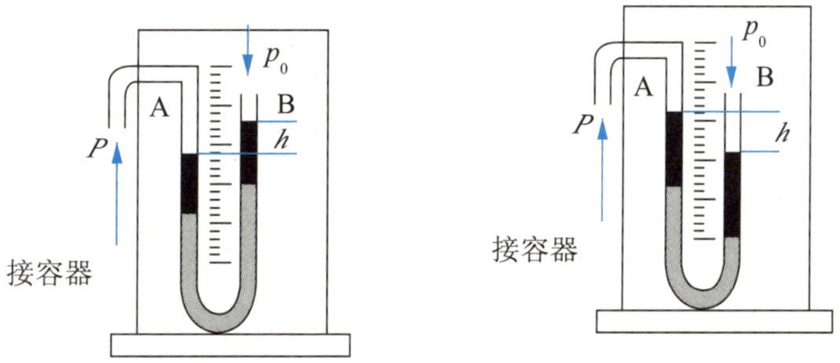

图 3.3.1

实验器材：U 形管压强测量计（带底座和标尺）、水银（水或酒精）、漏斗、容器、抽气筒或抽气机、连接胶管．

实验步骤：

（1）用大气压强计读取当时大气压值 p_0．

（2）把 U 形管压强测量计竖直放置到实验桌上，用漏斗把适量水银（水或酒精）注入 U 形管，记下水银到达的位置．如图 3.3.2 甲所示．

（3）把玻璃管 A 上接口用胶管与容器相连，打开容器的阀门，升降玻璃管 B，使玻璃管 A 中的液柱回到初始高度，读取 A 与 B 两管液面高度差 h，如图 3.3.2 乙或丙所示．

（4）利用公式 $p = p_0 \pm \rho gh$，就可计算容器中气体的压强.

（5）用打气筒或抽气机改变容器内气体压强，重复测量容器中气体压强.

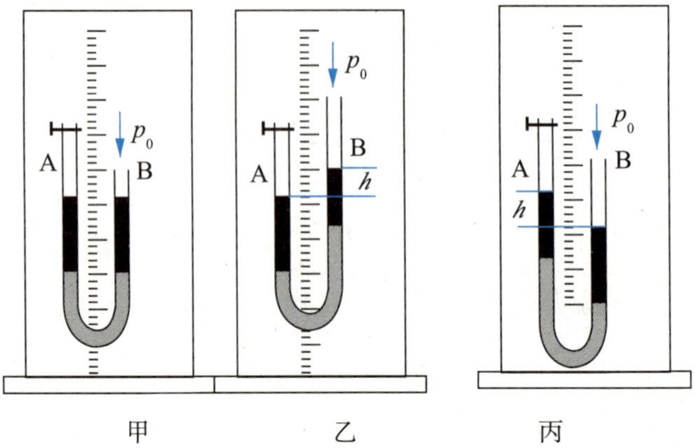

图 3.3.2

观察与思考

测量容器中气体压强实验的误差主要来源是什么？如何改进才能减小误差？

练习

1. 什么叫气体压强？举出气体对器壁有压力的几个实例.
2. 在用图 3.3.1 所示的压强计测压强时，为什么要把 B 管上提或下降到 A 管中的液面与原来等高后再读 h？打开容器阀门后直接读 h 不是更方便吗？

章末小结

一　分子动理论

1. 分子动理论的基本内容

(1) 物质是由大量分子组成的.

① 固体、液体分子是紧密排列的，每个分子的体积之和就是物体的总体积.

② 气体分子间距大，气体分子的总体积和气体的体积是两个不同的概念.

③ 阿伏加德罗常数表示每摩尔物质中包含的物质最小单元数，其数值为

$$N_A = 6.02 \times 10^{23}\,\text{mol}^{-1}$$

(2) 分子永不停息地做无规则热运动

扩散现象和布朗运动证明分子热运动的存在.

2. 分子间的相互作用力

(1) 分子力的本质是电场力. 每个分子都是由正负电荷组成的中性体，两个分子中的同号电荷排斥，异号电荷吸引，两者的矢量和就是这两个分子间的作用力.

(2) 上述斥力和引力都随距离的增大而减小，斥力比引力减小得更快. 因此分子间距较大时，分子力表现为引力，间距较小时表现为斥力.

(3) 存在一个平衡距离 r_0，分子间距离 $r = r_0$ 时分子力为 0，当 $r < r_0$ 时，分子间作用力表现为斥力，当 $r > r_0$ 时，分子间作用力表现为引力. 固体和液体的分子间距就是 r_0，因此很难压缩或拉伸. 气体分子的平均距离远大于 r_0，分子力表现为微弱的引力，一般可忽略. 完全忽略分子力的气体是一种理想化的物理模型.

3. 物体的内能

(1) 分子热运动的平均动能　同一时刻，各分子的动能各不相同，所有分子动能的统计平均值叫做分子的平均动能. 温度是物体分子热运动平均动能的标志. 温度越高，分子的平均动能就越大.

(2) 分子势能　由分子间和分子各部分间的相对位置决定的势能叫分子势能. 分子势能属于电势能. 气体分子之间的势能接近于 0.

(3) 物体中所有分子热运动的动能与分子势能的总和叫做物体的内能. 物体的内能与物体的温度和体积都有关系.

(4) 改变物体内能的两种方式：做功和热传递.

二 热力学第一定律

1. 热力学第一定律的表述 从外界吸收的热量与外界做功之和，等于物体内能的增加. 数学表示为

$$\Delta U = Q + W$$

其中功 W 和热量 Q 都可正可负.

2. 热力学第一定律的意义 热力学第一定律是包括热能在内的能量守恒定律，是更普遍的能量守恒定律的一种特殊形式. 前者的建立为后者的建立奠定了基础，也结束了制造永动机的梦想.

三 气体的状态参量

1. 温度 温度在宏观上表示物体的冷热程度；在微观上是分子平均动能的标志.

热力学温度是国际单位制中的基本量之一，符号 T，单位 K（开尔文）；摄氏度符号 t，单位℃. 两种温度间的关系可以表示为：$T = t + 273.15\text{K}$ 和 $\Delta T = \Delta t$.

0K 是低温的极限，它表示所有分子都停止了热运动. 可以无限接近，但永远不能达到.

2. 体积 气体的体积总是等于盛装气体的容器的容积.

3. 压强 气体的压强是由于气体分子频繁碰撞器壁而产生的.

(1) 压强的国际单位是帕斯卡，符号 Pa，常用的单位还有标准大气压 (atm) 和毫米汞柱 (mmHg). 它们间的关系是：$1\ \text{atm} = 1.013 \times 10^5\ \text{Pa} = 760\ \text{mmHg}$；$1\ \text{mmHg} = 133.3\text{Pa}$.

(2) 压强的微观意义 气体的压强是大量分子频繁碰撞器壁产生的. 压强的大小决定于气体分子的质量、平均速度以及分子的密集程度.

习题

1. 物质是由大量分子组成的，分子直径的数量级为______ m，测量方法是______法，分子质量的数量级______ kg. 阿伏加德罗常数 N_A = ______ mol^{-1}，估算时取______ mol^{-1}. 阿伏加德罗常数是联系微观物理量和宏观物理量的桥梁. 分子的直径的数量级为（球形模型）______.

2. 已知水的密度 $\rho = 1.0 \times 10^3 kg/m^3$，水的摩尔质量 $M = 1.8 \times 10^2 kg/mol$，求 $1cm^3$ 的水中有多少个水分子?

3. 分子在永不停息地做无规则运动，实验依据：______运动和______运动. 布朗运动不是______的运动，而是______无规则运动的反映，颗粒越小，布朗运动越______；温度越高，布朗运动越______.

4. 有时我们在较暗的房间里. 观察到阳光射入的光柱中有悬浮在空气里的颗粒在飞舞着，这可以说是布朗运动吗？为什么？

5. 分子的平均动能：物体内________的统计平均值，叫分子的平均动能. 分子平均动能大小的标志：________. 分子的势能：分子间存在相互作用力，由分子间________所决定的势能，叫做分子势能. 分子势能的大小与________有关. 物体的内能：物体里所有的分子做无规则热运动的________和________的总和.

6. ________和________在改变物体的内能上是等效的，但它们的本质不同，做功是其他形式的能和内能之间的转化. 热传递是物体间内能的转移.

7. 热力学第一定律：外界对物体做的功 W 加上物体从外界吸收的热量 Q 等于物体内能的变化量 ΔU. 表达式：________.

8. 气体压强的微观解释；从分子动理论的观点看，气体压强是________________________产生的. 单个分子对器壁的碰撞是短暂且不连续的，但大量分子对器壁产生的是持续、均匀的压力，气体的平均速率越大，气体分子越密，对单位面积产生的压力越大，气体压强就越大.

第四章
直流电路

当我们悠闲地欣赏着MP4中悦耳音乐的时候，当我们坐在电视机前观赏着NBA精彩比赛的时候，当我们踏着铃声走进明亮教室的时候，当我们在未来某一天走进机器轰鸣的工厂的时候，同学们，你是否想到我们已经进入了一个处处都离不开电的时代.

接下来，我们要在初中所学的基础上进一步研究电学的有关知识.学好本章不仅能帮助我们学好专业知识，而且对我们日常生活也是十分有用的.

4.1 电阻定律

工具箱

欧姆定律：一段导体中的电流与其两端电压成正比，与导体的电阻成反比，即 $I=\frac{U}{R}$. 这是学习本章的理论基础.

1. 电流 电荷的定向移动形成电流，在金属导体中能做定向运动的自由电荷是带负电的自由电子，在电解液中能做定向运动的自由电荷是大量的阴、阳离子. 当导体接通电源时，导体两端就有了电势差. 导体中的自由电荷就源源不断地通过导体流向电源的正、负极，形成电流. 人们规定正电荷定向运动的方向为电流方向.

所以导体中产生电流的条件是：导体两端有电势差，即电压.

干电池、蓄电池、发电机等都是电源，它们的作用就是保持导体两端电压，使导体中有持续的电流.

表示电流大小的物理量叫做**电流强度**，简称电流，假设 t 时间内流过导体某一横截面的电荷量为 q，我们就将通过导体横截面的电荷量 q 与所用时间 t 的比值称为电流强度，用 I 表示，即

$$I=\frac{q}{t} \tag{4.1.1}$$

在国际单位制中，电流的单位为**安培**，简称安，用符号 A 表示，是国际单位制中基本单位之一. 如果在 1s 内通过导体横截面的电荷量为 1C，导体中的电流就是 1A. 电流的常用单位还有毫安（mA）和微安（μA）：

$$1\text{mA}=10^{-3}\text{A}$$

$$1\mu\text{A}=10^{-6}\text{A}$$

方向不随时间而改变的电流叫做直流电，方向和强弱都不随时间而改变的电流叫恒定电流. 通常所说的直流电常常是指恒定电流. 表 4.1－1 是一些常用电器正常工作时电流的大小：

表 4.1－1

用电器	电　流
电子手表	约 2μA
收音机	约 40mA
电视机	约 500mA
家用电脑	约 1A
洗衣机	约 1～2A

2. 电阻 自由电荷在导体中做定向运动时，要受到导体的阻碍作用，我们称之为电阻. 从微观的角度来看，导体的电阻是由于自由电子（或正负离子）在导体中做定向移动过程中受到分子及原子的散射作用形成的，电阻大小跟导体中分子、原子的热运动剧烈程度有关. 当分子、原子热运动加剧的时候，它们对电荷定向移动的阻碍就会变大，这就是一般导体电阻率会随温度升高而变大的原因.

电阻的存在会影响导体中自由电荷定向移动的速度，但不会影响导体中电流传播的速度. 也就是说，当接通电路时，离电源远的导线和近的导线中的自由电荷几乎是同时运动起来的. 电流的传播速度与光速相同，与导体的电阻无关.

确定导体电阻大小的规律称为电阻定律，表述为：一段均匀导体电阻的大小与其长度成正比，与其横截面积成反比，即

$$R=\rho\frac{l}{S} \tag{4.1.2}$$

在国际单位制中，电阻的单位为欧姆，用符号 Ω 表示，常用的单位还有 kΩ（千欧）和 MΩ（兆欧）：

$$1\text{k}\Omega=10^3\Omega$$

$$1\text{M}\Omega=10^6\Omega$$

（4.1.2）式中的比例常量 ρ 与导体的材料有关，是一个反映材料导电性能的物理量，称为材料的电阻率，横截面积和长度都相同的不同材料的导体，ρ 值越大，电阻越大. 当导体长 $l=1\text{m}$，面积 $S=1\text{m}^2$ 时，该导体的电阻值 R 等于其电阻率 ρ. 可见，材料的电阻率在数值上等于这种材料制成的长为 1m，横截面积为 1m^2 的导体的电阻. 式中 R 的单位为 Ω，l 的单位为 m，S 的单位为 m^2，所以 ρ 的单位为 Ω · m（欧姆米）

表 4.1－2 一些常见材料在 20℃时的电阻率

材料名称	电阻率（Ω · m）	材料名称	电阻率（Ω · m）
银	1.65×10^{-8}	锰铜	$4.2\sim4.8\times10^{-7}$
铜	1.75×10^{-8}	康铜	$4.8\sim5.2\times10^{-7}$
铝	2.8×10^{-8}	镍铬合金	$1.0\sim1.2\times10^{-6}$
镍	7.3×10^{-8}	电木	$10^{10}\sim10^{14}$
铁	9.8×10^{-8}	玻璃	$10^{10}\sim10^{14}$
锡	1.14×10^{-7}	云母	$10^{11}\sim10^{15}$
铂	1.05×10^{-7}	橡胶	$10^{15}\sim10^{16}$

从上表中可以看出，纯金属的电阻率小，合金的电阻率较大，而一些非金属的电阻率很大，这样就将物质根据导电性能分成导体和绝缘体. 连接电路用的导线一般用电阻率小的铝或铜来制作，电线外皮、电炉底盘等元件只能用绝缘体来制作.

议一议

找一个普通灯泡，它发光时的电阻和闲置时的电阻值相同吗？为什么？

练习

1. 试说明电流是怎样形成的？形成电流的条件是什么？
2. 决定导体的电阻值的因素有哪些？
3. 一卷铝导线，长为 100m，导线的横截面积为 $1mm^2$，这卷导线的电阻是多大？

相关链接

超导现象

1911 年，荷兰物理学家昂尼斯（1853. 9. 21 - 1926. 2. 21）利用液氦冷却水银，当温度降至 -269℃时，发现水银的电阻突然减小到零，这种电阻为零的性质称为**超导电性**. 具有超导电性质的材料称为**超导材料**. 使超导体电阻变为零的温度称为**临界温度**. 1933 年，德国物理学家迈斯纳等人在实验中发现，只要超导材料的温度低于临界温度而进入超导态以后，该超导材料与磁体之间就会产生相互排斥现象，即超导体具有**抗磁性**.

超导材料的临界温度很低，例如，汞的临界温度约为 -269℃，铅的临界温度约为 -266℃，铌的临界温度约为 -264℃. 要维持这么低的温度，技术上是很难的. 因此，高温超导材料的研究就成为非常迫切的任务. 20 世纪 80 年代中期，高温超导材料的研究取得了突飞猛进的发展. 1989 年，我国科学家发现了临界温度为 -138℃的超导材料，对高温超导材料的研究做出了巨大贡献．随着高温超导材料的不断发现，超导材料逐步从实验研究走向商用．

高温超导材料的用途非常广泛，在远距离输电中，由于电线电阻的存在，大量的电能被输电线发热浪费了．如果换成超导输电线，就能减少电能在输电线上的浪费．在大功率的电磁铁和电机中，由于流过线圈的电流很大，线圈发热，电能浪费非常大．如果采用超导线圈，电能的浪费不仅可以减少，还可以加大线圈中的电流，从而制造出功率更强大的超导电磁体和超导电机．由于超导体的抗磁性，将永磁体放到超导体的上方，磁体和超导体间会产生排斥，会使永磁体悬浮于超导体的上方．利用这种磁悬浮效应，可以制造出磁悬浮列车，如图 4.1.1 所示．

图 4.1.1

4.2 电阻的串联和并联

1. **串联电路** 将电阻流进电流的一端称为首端，流出电流的一端称为尾端，当若干个电阻的首端和尾端依次相连而成一条电路，我们称之为串联电路. 如图 4.2.1，是三个电阻组成的串联电路.

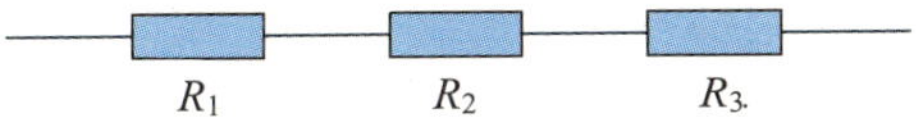

图 4.2.1 三个电阻的串联电路

串联电路的规律：

(1) 串联电路中的电流处处相等，即

$$I=I_1=I_2=I_3 \tag{4.2.1}$$

(2) 串联电路两端的总电压等于各部分电路两端电压之和，即

$$U=U_1+U_2+U_3 \tag{4.2.2}$$

(3) 串联电路的总电阻等于各个电阻之和，即

$$R_{总}=R_1+R_2+R_3 \tag{4.2.3}$$

(4) 串联电路的电压分配

因为
$$I=I_1=I_2=I_3 \tag{4.2.4}$$

但
$$I=\frac{U}{R},\ I_1=\frac{U_1}{R_1},\ I_2=\frac{U_2}{R_2},\ I_3=\frac{U_3}{R_3}$$

所以
$$\frac{U}{R}=\frac{U_1}{R_1}=\frac{U_2}{R_2}=\frac{U_3}{R_3} \tag{4.2.5}$$

这表明，串联电路中各个电阻两端的电压与它的阻值成正比.

日常生活中，我们使用的收音机的音量就是靠用如图 4.2.2 所示的滑动变阻器构成的分压电路来调节的. 滑动变阻器的两个固定端 A、B 作为输入端接在电压为 U 的电源上，它的滑动触点 P 与一个固定端 B 作为输出端，连在工作电路上或用电器上.

议一议

两个灯泡 L_1（220V，40W），L_2（220V，20W）串联时为什么 L_2 比 L_1 还要亮？试根据初中所学的知识计算 L_1，L_2 两灯的电阻值，再根据串联电路中电压分配规律，确定 L_1，L_2 两灯分得的电压和实际消耗的功率谁大谁小.

根据串联分压规律 $\frac{U}{R}=\frac{U_{PB}}{R_{PB}}$，可得

$$U_{PB}=\frac{R_{PB}}{R}U$$

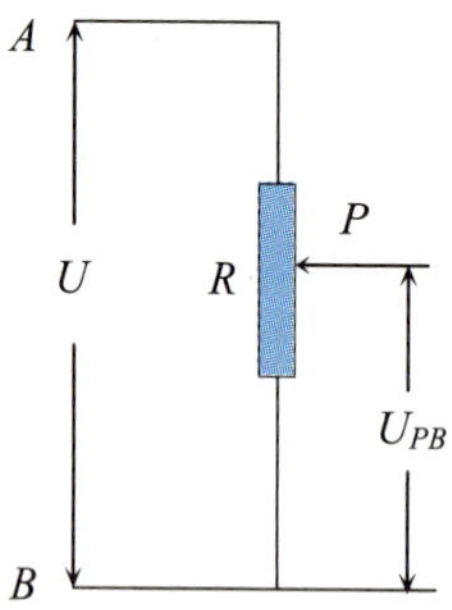

图 4.2.2　分压器

当滑动触点 P 上下滑动时，输出电压 U_{PB} 就在 U 到 0 之间连续变化.

例 1 有一个电流表 G，内阻 $R_g=10\Omega$，满偏电流为 $I_g=3\text{mA}$，要把它改装成量程为 3V 的电压表，要串联多大的电阻？改装后电压表的内阻是多大？

解： 电压表 V 由表头 G 和电阻串联而成，如图 4.2.3 所示，电压表的量程为 3V，是指电压表 V 两端电压为 3V 时，表头的指针指在最大刻度，即通过电流表 G 的电流等于 I_g.

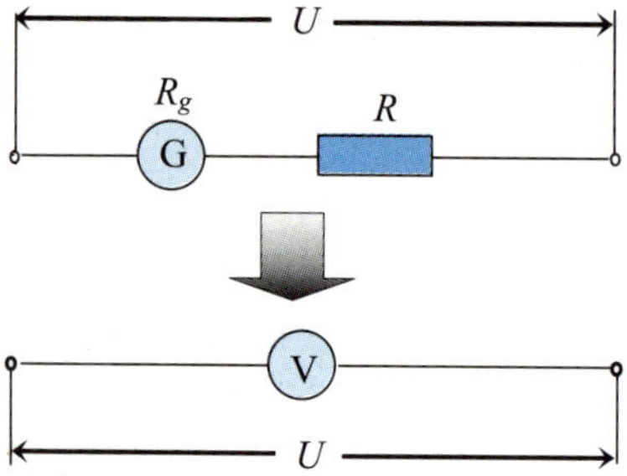

图 4.2.3　把电流表 G 改装成电压表 V

此时表头 G 两端得到的是满偏电压 $U_g=I_gR_g=0.03\text{V}$. 电阻 R 分得电压为 $U_R=U-U_g=2.97\text{V}$.

由欧姆定律可求出分压电阻

$$R=\frac{U_R}{I_g}=\frac{2.97}{0.03}\Omega=990\Omega$$

电压表 V 的内阻等于 R_g 与 R 串联时的总电阻，即

$$R_v=R_g+R=1000\Omega$$

也可以选择电压表为研究对象，根据欧姆定律由 $R_v=\dfrac{U}{I_g}$ 求得电压表的内阻.

2. 并联电路 将若干个电阻首端连接在一起，尾端连接在一起，并列连接起来的连接方式叫并联电路. 并联电路中的任意一条电路叫支路. 如图 4.2.4，是三个电阻组成的并联电路.

并联电路的规律：

（1）并联电路中的总电流等于各支路的电流之和，即

$$I_{总}=I_1+I_2+I_3 \tag{4.2.6}$$

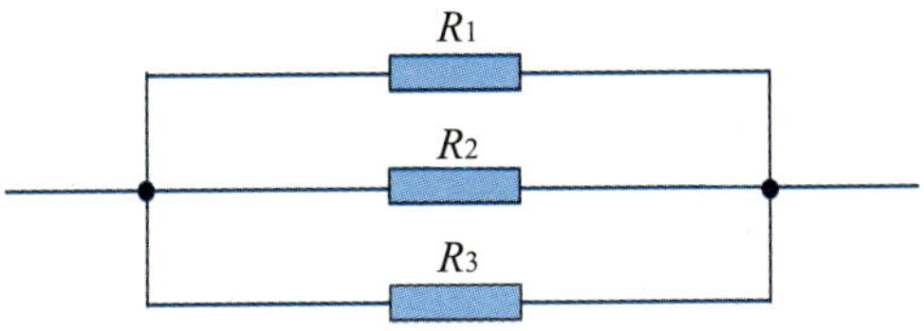

图 4.2.4　三个电阻的并联

（2）并联电路中的总电压与各支路的电压相等，即

$$U_{总}=U_1=U_2=U_3 \tag{4.2.7}$$

（3）并联电路的总电阻的倒数等于各支路电阻的倒数之和，即

$$\frac{1}{R_{总}}=\frac{1}{R_1}+\frac{1}{R_2}+\frac{1}{R_3} \tag{4.2.8}$$

（4）并联电路的电流分配

因为

$$U_{总}=U_1=U_2=U_3$$

$$U_{总}=I_{总}R_{总},\ U_1=I_1R_1,\ U_2=I_2R_2,\ U_3=I_3R_3$$

所以

$$I_{总}R_{总}=I_1R_1=I_2R_2=I_3R_3 \tag{4.2.9}$$

这表明，并联电路中通过各支路的电流与它们的阻值成反比.

在并联电路中，总电流被分配给各个支路的电阻，电阻大的分得的电流少，电阻小的分得的电流多，并联电阻这种作用称为分流作用，起这种作用的电阻叫做分流电阻，并联电路的这种分流作用也有着广泛的用途.

例2 有一个电流表 G，内阻 $R_g=30\Omega$，满偏电流为 $I_g=1\text{mA}$，要把它改装成量程为 0.6A 的电流表，要并联多大的电阻？改装后电流表的内阻是多大？

解： 电流表 A 由表头 G 和电阻 R 并联组成，如图 4.2.5 所示．电流表量程为 0.6A，是指通过电流表 A 的电流为 0.6A 时，表头的指针指在最大刻度，即通过电流表 G 的电流等于 I_g.

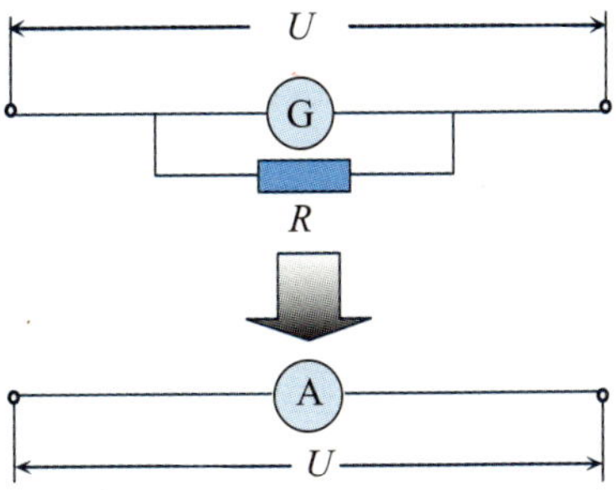

图 4.2.5　把电流表 G 改装成电流表

此时通过电阻 R 的电流　$I_R=I-I_g=(0.6-0.001)\text{A}=0.599\text{A}$

由欧姆定律可以求出分流电阻

$$R=\frac{U}{I_g}=\frac{I_gR_g}{I_g}=\frac{1\times10^{-3}\times30}{0.599}\Omega=0.050\Omega$$

电流表内阻 R_A 等于 R_g 与 R 的并联值，由

$$\frac{1}{R_A}=\frac{1}{R}+\frac{1}{R_g}$$

可以解出 R_A，然后代入数据，得

$$R_A=\frac{R_gR}{R+R_g}=\frac{30\times0.050}{30+0.050}\Omega=0.050\Omega$$

也可以选择整个电流表为研究对象，根据欧姆定律由 $R_A=\frac{U}{I}$ 求得电流表的内阻.

议一议

两个灯泡 L_1（220V，40W），L_2（220V，20W）并联时为什么灯 L_1 比灯 L_2 亮？

通常情况下，额定电压相同的用电器都是并联接入电路的，以使每个用电器得到相同的额定电压.

并联电路中某一支路的用电器损坏造成该支路断开时，一般不会影响其他支路用电器的正常工作.

3. 简单的混联电路 在实际电路中，只有串联或只有并联的电路是很少的，实际电路通常同时存在着串联部分和并联部分，我们将既有串联又有并联的电路称之为混联电路.

做一做

找三个小灯泡或三个电阻及一些导线，连成混联电路，看一看有几种连法？并做电路分析.

练习

1. 两个电阻组成串联电路，两端电压为200V，其中一个电阻的阻值为160Ω，它两端的电压为40V，求另一个电阻的阻值.
2. 两个电阻 R_1、R_2 组成并联电路，通过电路的总电流为1A，其中 R_1 的阻值为200Ω，流过 R_1 电流为200mA，则另一个电阻的阻值为多少？
3. 三个阻值为600Ω的电阻，请你将它们进行不同的连接，能获得几种阻值的电阻？阻值各是多少？

相关链接

滑动变阻器的使用

一　滑动变阻器

滑动变阻器是一个可以连续改变电阻值的可变电阻，用它可以调节电路中电流的大小及两点间的电压．滑动变阻器的结构如图4.2.6所示，表面涂有氧化绝缘层的电阻丝AB密绕在瓷管上，滑动触点P与电阻丝紧密接触（接触部分的氧化层已刮掉），且能在滑杆CD上左右滑动．根据$R=\rho\dfrac{l}{S}$，对于粗细均匀的电阻丝，电阻的大小与长度成正比．随着滑动触点位置的变化，变阻器连入电路的电阻值也相应发生变化．

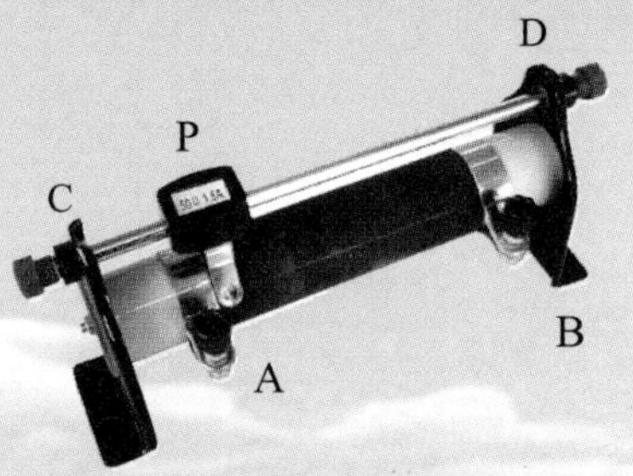

图4.2.6　滑动变阻器

中学实验室内常用滑动变阻器有以下几种规格：0～10Ω，2A；0～50Ω，1.5A；0～200Ω，1.5A；0～1750Ω，0.3A．

二　滑动变阻器的两种基本连接方法

1．限流式接法　滑动变阻器作为限流器使用，可调节电路中的电流强度，如图4.2.7所示．电键S闭合前，应把变阻器的阻值调到最大值，以防电流过大损坏用电器．当电源内阻不计时，用电器R_L上电压调节范围为

$$\frac{R_L E}{R_L+R}\sim E$$

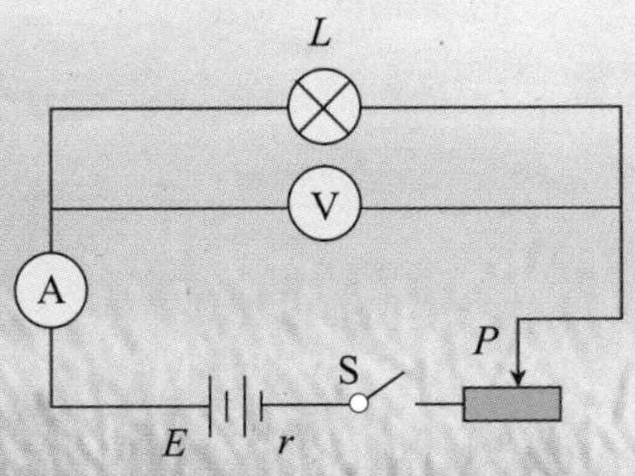

图4.2.7　滑动变阻器的限流接法

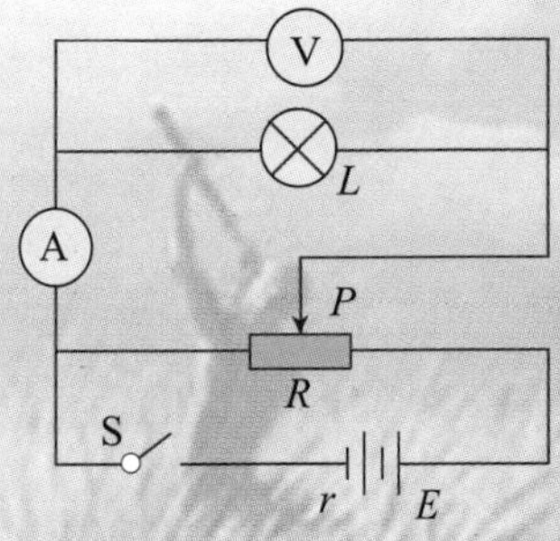

图4.2.8　滑动变阻器的分压接法

2. 分压式接法　滑动变阻器作为分压器使用，可调节电路中任意两点间的电压，如图4.2.8所示. 改变滑动触点P的位置，就可以改变用电器两端的电压. 电键S未闭合时，应将滑动触点调到最左端，使用电器两端电压为零，S闭合后，滑动触点向右滑动，用电器两端电压增大，到右端时电压最大. 当电源内阻不计时，用电器R_L上的电压调节范围为$0 \sim E$.

三　使用滑动变阻器的注意事项

1. 通过滑动变阻器的电流强度不得超过它的额定值.

2. 用限流式接法时，合上开关前应使接入电路中的电阻值最大；用分压式接法时，应使被分压部分电路的电压值最小，一般为零. 选用滑动变阻器时，在满足条件的情况下，选择阻值小的滑动变阻器.

4.3 电功　电功率

在日常生活和工作中，我们使用了大量的用电器．它们不仅满足了人们众多的需求，而且也给生活和工作带来了极大的方便．试想，当电流通过白炽灯、电炉丝、扬声器、电动机时，在用电器中能量是怎样发生转化的？本节我们就来讨论这个问题．

1. 电功　电流通过灯丝时，电能转化为光能；电流通过电炉时，电能转化为热能；电流通过扬声器时，电能转化为声能；电流通过电动机时，电能转化为机械能．我们已经知道功是能量转化的量度，电能转化为其他形式能量的过程就是通过电流做功来实现的，电流做功的多少等于电能转化为其他形式能量的数量．

所谓电流做功，实质上是导体中的恒定电场对自由电荷的静电力在做功．自由电荷在静电力作用下沿着静电力的方向做定向移动，结果电荷的势能减小，其他形式的能量增加．电流做多少功，就有多少电能转化为其他形式的能量．

实验表明，电流在一段电路上所做的功 W，等于这段电路两端的电压 U、电路中的电流 I 和通电时间 t 三者的乘积，即

$$W = UIt \qquad (4.3.1)$$

在国际电位制中，电功的单位是 J（焦耳），日常生活中还常用kW · h（千瓦 · 时），1 千瓦 · 时就是我们常说的 1 度电．$1\text{kW}\cdot\text{h} = 3.6\times10^6\text{J}$.

如果电路只含有电阻（如电炉丝、白炽灯等），这种电路称为纯电阻电路．在纯电阻电路中，电功还表示为

$$W = \frac{U^2}{R}t \qquad (4.3.2)$$

$$W = I^2Rt \qquad (4.3.3)$$

2. 电功率　电功率是反映电流做功快慢的物理量，用一秒内电流所做功来定义，用 P 表示，即

$$P = \frac{W}{t} = UI \qquad (4.3.4)$$

上式表示，电流在一段电路上所做功的功率 P 等于电流 I 与这段电路两端电压 U 的乘积．

在国际电位制中，电功率的单位是 W（瓦），1W = 1J/s = 1VA，常用的单位还有 kW（千瓦），$1\text{kW} = 10^3\text{W}$.

在纯电阻电路中，电功率还可以表示为

$$P = \frac{U^2}{R} \tag{4.3.5}$$

$$P = I^2R \tag{4.3.6}$$

在用电器的标牌上，一般都标有该用电器的额定电压和额定功率，如果实际给用电器加的电压等于额定电压，它的实际功率就等于额定功率，这时用电器正常工作. 如果实际给用电器加的电压小于额定电压，它的实际功率将小于额定功率. 如果给用电器所加电压大于额定电压，则它的实际功率大于额定功率，用电器工作不正常，将影响用电器的寿命，甚至烧坏用电器. 因此，在使用用电器前，一定要注意使实际电压与用电器的额定电压相符.

议一议

在纯电阻电路中，试根据串、并联电路的电流、电压特点讨论以下论断：

(1) 串联电路各个电阻消耗的电功率与它们的电阻成正比；

(2) 并联电路各个电阻消耗的电功率与它们的电阻成反比；

(3) 串联电路上消耗的总功率 $P = IU$ 等于各个电阻上消耗的功率之和；

(4) 并联电路上消耗的总功率 $P = IU$ 等于各个电阻上消耗的功率之和.

做一做

(1) 在 5 欧电阻上涂一层蜡后，把它接到 6 伏电源上，会看到什么现象？用手摸摸电阻，它是不是在发热？这说明电流通过导体会产生什么效应.

(2) 在两只电阻上涂厚薄相同的蜡，并接在 6 伏电源上，观察哪个电阻上的蜡熔化得快，是电阻大的还是电阻小的？哪个电阻的电流大？电流产生的热量多少与电流大小有什么关系？

(3) 将 10 欧电阻涂上一层厚蜡，接在 6 伏电源上，通电后蜡开始熔化，随着时间的增加，蜡熔化得越来越多，最后全部熔化. 这说明电流产生的热量多少与通电时间长短有什么关系？

3. 焦耳定律 英国物理学家焦耳（1818—1889）做了大量的实验，研究了电流通过导体时，产生的热量与哪些因素有关，得出了电流发热具有下述规律：电流通过导体产生的热量，与电流的二次方、导体的电阻、通电时间成正比. 这个规律叫做焦耳定律.

如果用 Q 表示热量，用 I 表示电流，用 R 表示电阻，t 表示通电时间，焦耳定律可用下式表示

$$Q = I^2Rt \tag{4.3.7}$$

在这个公式里，I、R、t 的单位分别为安培、欧姆、秒，热量 Q 的单位为焦耳. 由焦耳定律知道，只要有电阻存在，电路中就会产生热量，由于电阻的大小不同，电路中的电流的大小不同，相同时间内电路中产生的热量也就不一样.

根据电流的热效应，人们制成各种电热器，如电热水器、电熨斗、电热毯等. 安装在电路中的保险丝，也是根据电流热效应设计的，它在电流过大时会因发热而熔断，起到保护电路的作用.

我们知道，电热器使用的时间越长，产生的热越多，消耗的电能也越多. 在物理学中，把电热器在单位时间消耗的电能叫热功率. 如果一个电热器在时间 t 内产生的能量为 Q，那么，它的热功率

$$P = \frac{Q}{t} = I^2R \tag{4.3.8}$$

各种电热器上都有铭牌，上面标明的额定功率就是它正常工作时的热功率.

在国际单位中，热功率的单位是瓦特，简称瓦，符号是 W.

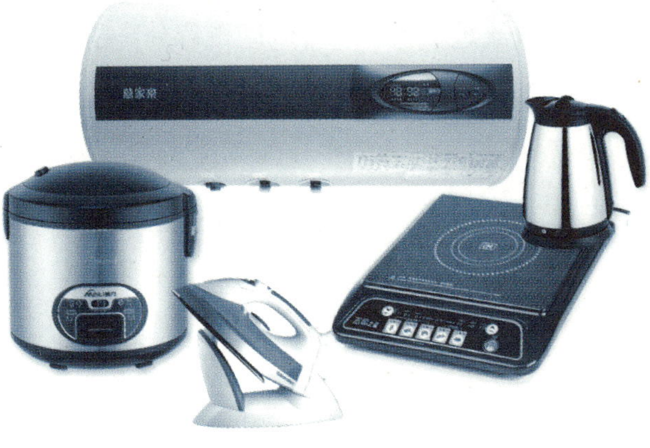

图 4.3.1　几种常见的电热器

例1 一只规格为“220V，2kW”的电炉，求在正常工作时的电阻？若电网电压为200V时，求电炉的实际功率？在220V的电压下，如果平均每天使用电炉2小时，求此电炉一个月要消耗多少度电？（不考虑温度对电阻的影响）

解： 正常工作是指所加电压为220V，电功率即为热功率

由
$$P=I^2R \quad ①$$

而
$$I=\frac{U}{R} \quad ②$$

将此式代入①式，得

$$P=\frac{U^2}{R}$$

所以
$$R=\frac{U^2}{P}=\frac{220^2}{2000}\Omega=24.2\Omega$$

当电压为200V时，电炉的实际功率为

$$P'=\frac{U'^2}{R}=\frac{200^2}{24.2}\text{W}=1653\text{W}$$

在220V的电压下，一个月消耗的电能（按30天计）

$$W=Pt=2\times30\times2\text{kW}\cdot\text{h}=120\text{kW}\cdot\text{h}$$

电动机、电灯泡的铭牌上都标有额定功率．当电流通过电动机时，电能主要转化为机械能，只有一部分转化为热能，这时电功率大于热功率．而当电流通过白炽灯泡时，电能的一小部分转化为光能，其余几乎全部转化为热能，这时电功率近似等于热功率．

例2 一台电动机，线圈电阻是0.4Ω，当电动机两端加220V电压时，通过电动机的电流是50A．这台电动机每分钟所做的机械功有多少？

解： 本题涉及三个不同概念的功率：电动机消耗的电功率$P_{电}$、电动机的发热功率$P_{热}$、转化为机械能的功率$P_{机}$．三者之间遵从能量守恒定律，即

$$P_{电}=P_{热}+P_{机}$$

由焦耳定律，电动机的热功率为

$$P_{热}=I^2R$$

电动机消耗的功率，即电流所做的功率

$$P_{电}=IU$$

因此可得电能转化为机械能的功率，即电动机所做的机械功率

$$P_{机} = P_{电} - P_{热} = IU - I^2R$$

根据功率与做功的关系，电动机每分钟所做的机械功为

$$\begin{aligned} W &= P_{机}t = (IU - I^2R)t \\ &= (50 \times 220 - 50^2 \times 0.4) \times 60\text{J} \\ &= 6 \times 10^5\text{J} \end{aligned}$$

议一议

当电阻为 R 的电动机两端所加电压为 U 时，某同学用公式 $P = \frac{U^2}{R}$ 计算它所消耗的电功率，根据这个公式的推导过程和意义，你能指出这位同学错在哪里吗？

实践活动

留意一下你家有哪些电热器（如电热水器、电熨斗、电饭锅等）它们使用多高的电压？它们的额定功率各是多少？根据你家使用情况，估算它们每月的耗电量，用电能表查看家用电器的耗能情况，想一想在哪些方面还可以节省能源？

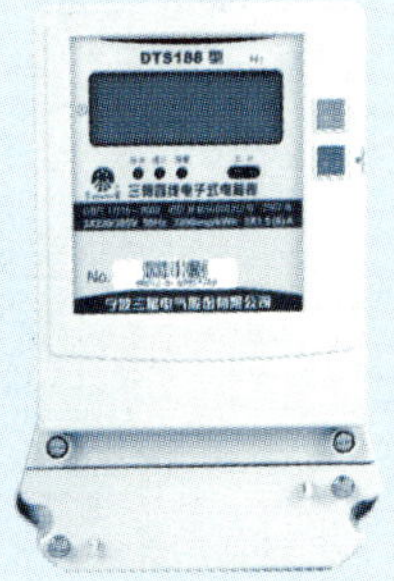

图 4.3.2　电能表

练习

1. 焦耳定律的适用条件是什么？
2. 电饭锅工作时有两种状态：一种是锅内的水烧干之前的加热状态，另一种是水烧干后的保温状态，图 4.3.3 是电饭锅的电路图，R_1 是定值电阻，R_2 是加热用电阻丝，请说明开关 S 接通和断开时，电饭锅分别处于哪种状态？

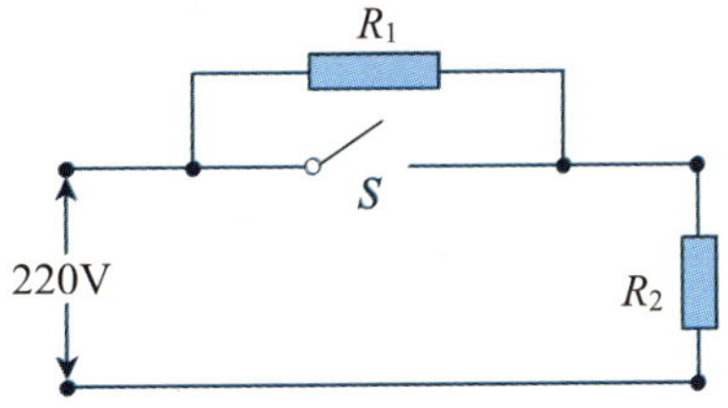

图 4.3.3

3. 某家庭的电器总功率为 2200W，如果所有用电器平均每天工作 5 小时，一个月（按 30 天计）将消耗多少度电？

4.4 闭合电路的欧姆定律

议一议

一个完整的电路，由电源、用电器及开关等元件组成．电源在电路中的作用是保持用电器两端的电压，电源将其他形式的能量转化为电能，供用电器使用；而用电器是将电能转化为其他形式的能量，供用户使用．那么电源是怎样保持用电器两端电压稳定的呢？

1．闭合电路 各种电器元件（发电机、电池、电动机、电炉、电灯、电视机）按一定的要求和用途连接起来组成的完整电路叫做闭合电路．

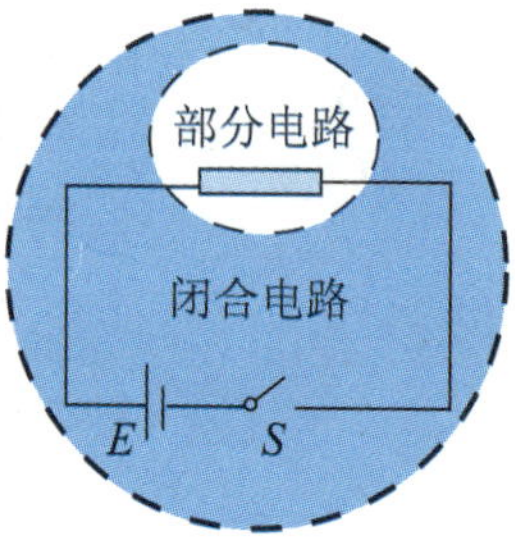

图 4.4.1 闭合电路

在闭合电路中，用电器部分被称为负载，负载部分组成的电路称为外电路，它的作用是能量转化，如照明、工厂用电等；电源部分组成的电路称为内电路．外电路中电阻的总和即负载的总电阻称为外电阻，一般用 R 表示；电源本身也有电阻，称为内电阻，一般用 r 表示．电流流过负载电阻形成的电压降称为外电压，也叫电源的路端电压，电流流过内电阻形成的电压降称为内电压．

2．电源的电动势

议一议

干电池、蓄电池、手机电池等都标有 1.5V、2.0V、4.2V 等字样，你知道它们的含义吗？

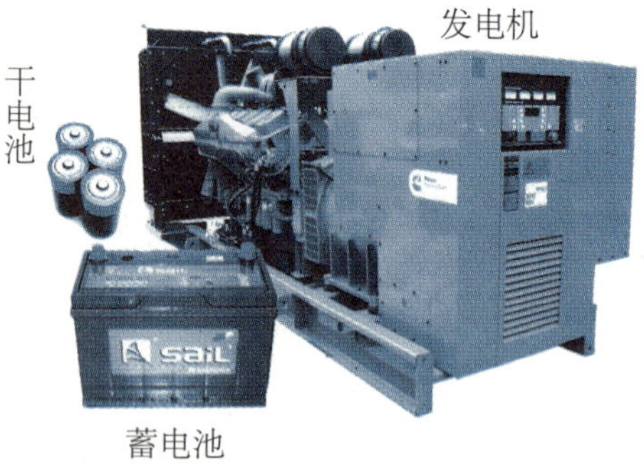

图 4.4.2 几种常用电源

闭合电路中电源工作时，正电荷将源源不断地从电源正极通过负载流向电源负极，如果电源正极电荷得不到正电荷的补充，电源就不能长时间保持两端稳定的电压．其实，在电源内部，正电荷与电源正极存在相互排斥的静电力，那么要想将正电荷源源不断地补充到电源正极，就必须存在非静电力来克服静电力做功，把正电荷从电源负极搬运到电源正极，以补充正电荷的减少，保持电源两端稳定的电压．电源内部的非静电力来源于电源内部不同能量之间的转化过程．不同性质的电源，非静电力的来源不同，一般是将电源中化学能、机械能、热能、光能等转化为电能．电源的**电动势**就等于把单位正电荷从负极搬运到正极非静电力所做的功．不同的电源电动势不同，上述几种电池所标 1.5V、2.0V、4.2V 即为它们各自的电动势．电源的电动势用符号 E 表示，它的单位与电压的单位相同，也为伏特（V）．

电源电动势在数值上等于电源没有接入电路时两极间的电压．

议一议

当用相同的若干节电池（E，r）首尾相连组成串联电池组时，此电池组的电动势和内阻各为多少？

3．全电路的欧姆定律　设图 4.4.3 乙电路中电源为一节干电池，电流在流经此电路时电压高低变化就如图甲所比喻．图中儿童滑梯两端的高度差相当于内、外电阻两端的电压，电源就像升降机，升降机举高的高度相当于电源的电动势．

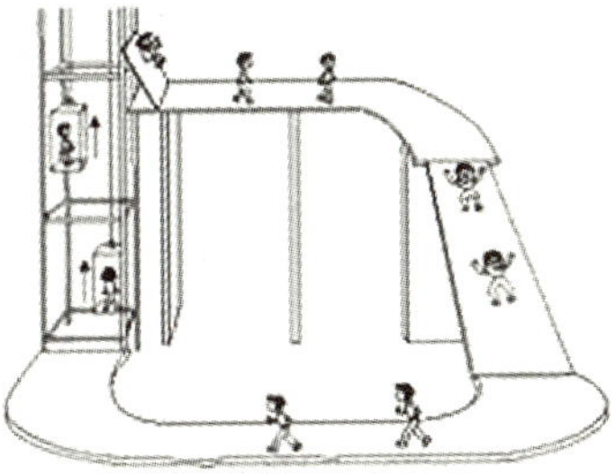

甲

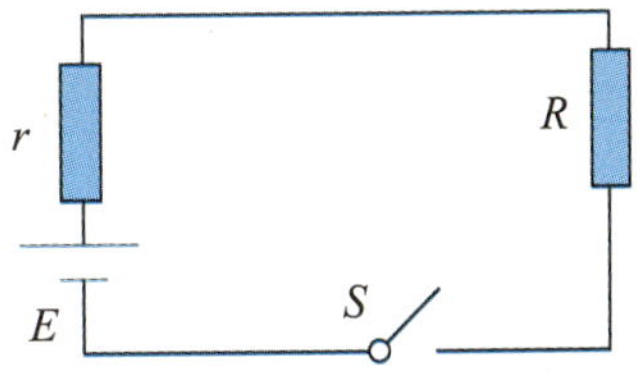

乙

图 4.4.3　电源的作用类似于升降机

由图示可得电源电动势 E 等于 $U_{外}$ 和 $U_{内}$ 之和

$$E = U_{外} + U_{内} \tag{4.4.1}$$

电源电动势数值上等于电源接入电路时内、外电路电压降之和．

设闭合电路中的电流为 I，外电阻为 R，电源内阻为 r，由欧姆定律可知

$$U_{外} = IR，U_{内} = Ir$$

代入（4.4.1）式中，得

$$E = IR + Ir$$

上式可改写成

$$I = \frac{E}{R + r} \tag{4.4.2}$$

该式表明，闭合电路中的电流与电源的电动势成正比，与内、外电路的电阻之和成反比，这个结论叫做**全电路的欧姆定律**.

对于一个固定的电源，其电动势和内电阻是一个常数，因此，闭合回路中电流的大小由负载电阻的大小决定，内、外电路的电压降的分配也由负载电阻的大小决定. 但人们重点研究的是外电路上的路端电压，因为它直接决定用电器的工作情况.

演示实验

按图 4.4.4 所示连接电路，闭合开关，改变滑动变阻器 R 的阻值，观察路端电压怎样随着负载电阻的变化而变化.

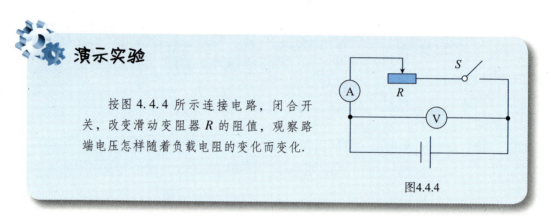

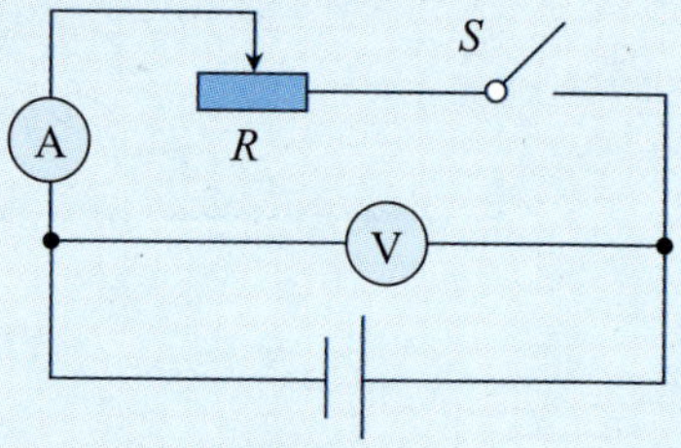

图4.4.4

事实上，当电阻 R 增加时，路端电压增大，当电阻 R 减少时，路端电压减少. 我们用闭合电路的欧姆定律对此做定量解释.

由 $E = U_{外} + Ir$ 可得

$$U_{外} = E - Ir = E - \frac{E}{R + r}r \tag{4.4.3}$$

(4.4.3) 式表明，在闭合电路中，负载电阻越大，则电流越小，内电压越小，路端电压就越大；负载电阻越小，则电流越大，内电压越大，路端电压就越小.

两种特例：

(1) 当负载电阻增大到无穷大时，电路可视为开路，电流为零，此时电源的路端电压等于电源的电动势，即

$$U_{外} = E \tag{4.4.4}$$

(2) 当负载电阻减小到零时，可视为短路，电流最大，$I_{短} = \frac{E}{r}$，此时路端电压为零，电源的功率都消耗在电源内部，电源迅速发热并烧毁，因此，电路中发生短路是非常危险的，也是应绝对避免的.

应用广泛的各类保险丝就是利用电流的热效应来保护电路的元件，一旦电路中的电流超过额定电流时，保险丝很快就会发热熔断，切断电路以避免电路的电器烧坏或发生火灾.

4. 闭合电路中功率和能量

将（4.4.1）式两端均乘以电流 I，得到

$$EI = U_{外} I + U_{内} I \qquad (4.4.5)$$

式中的 $U_{外} I$ 是外电路消耗的电功率，也称为电源的输出功率；$U_{内} I$ 是内电路上消耗的电功率，也称为电源的发热功率；EI 表示电源提供的电功率，也称为电源的总功率.

在（4.4.5）式两端乘以时间 t，得

$$EIt = U_{外} It + U_{内} It$$

式中的 $U_{外} It$ 是外电路消耗的电能；$U_{内} It$ 是内电路消耗的电能；EIt 是电源将其他形式的能量转化成的电能.

例1 在图 4.4.5 所示的电路中，电源的电动势为 1.5V，电源内阻为 0.12Ω，外电阻为 1.38Ω，求电路中的路端电压.

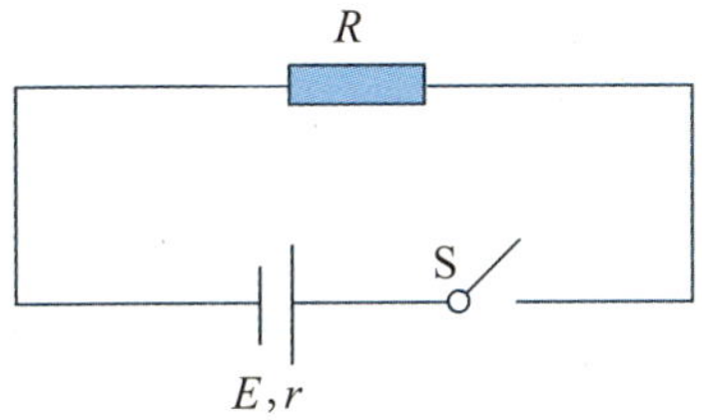

图 4.4.5

解： 由闭合电路的欧姆定律可以求出电流 I

$$I = \frac{E}{R+r} = \frac{1.5}{1.38+0.12}\text{A} = 1\text{A}$$

路端电压为 $U = IR = 1.38\text{V}$.

可见，在电路导通时，路端电压小于电源的电动势. 在初中处理这类问题时，我们忽略了电源的内阻，路端电压等于电源的电动势.

例2 在图 4.4.6 中，$R_1 = 14\Omega$，$R_2 = 9\Omega$. 当开关 S 切换到 1 位置时，电流表的示数为 $I_1 = 0.2\text{A}$；当开关 S 切换到位置 2 时，电流表的示数为 $I_2 = 0.3\text{A}$. 求电源的电动势和内阻.

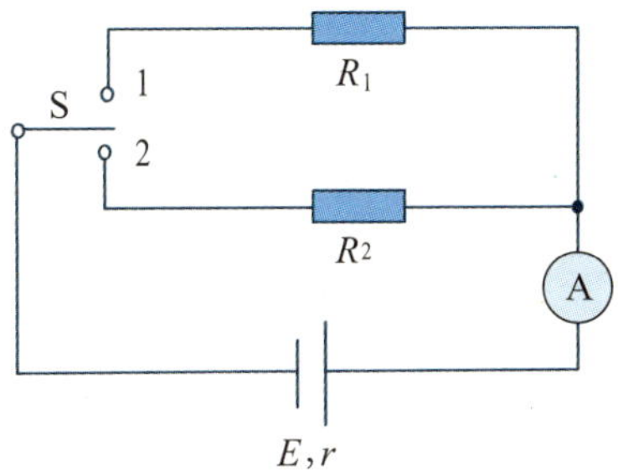

图 4.4.6

解： 当开关切换到 1 位置时，根据闭合电路的欧姆定律，可列方程

$$E = I_1 R_1 + I_1 r$$

同理，当开关切换到 2 位置时有

$$E = I_2R_2 + I_2r$$

消去 E，解出 r，得

$$r = \frac{I_1R_1 - I_2R_2}{I_2 - I_1}$$

代入数值，得 $r = 1\Omega$

将 r 值代入 $E = I_1R_1 + I_1r$，得

$$E = 3\text{V}$$

例3 如图 4.4.7 所示，电阻 $R_2 = 15\Omega$，$R_3 = 10\Omega$，电源的电动势为 $E = 10\text{V}$，内电阻 $r = 1\Omega$，安培计的读数为 $I = 0.75\text{A}$，求电阻 R_1 的阻值及其消耗的功率.

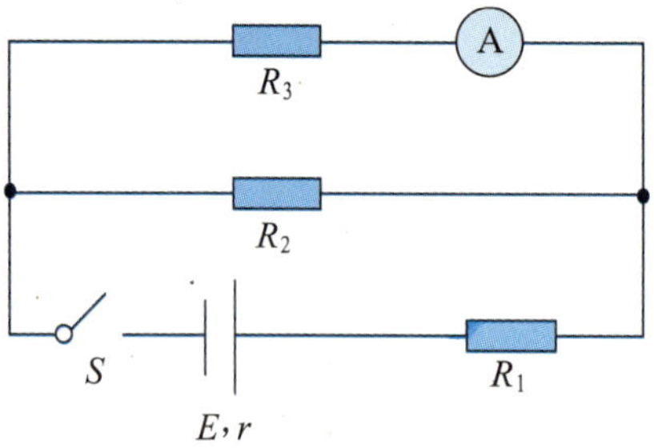

图 4.4.7

解： 本电路为 R_2 和 R_3 并联后再与 R_1 串联，组成一个简单的混联电路，R_2 和 R_3 的电流之和是通过电阻 R_1 的电流，也是通过电池的总电流.

由 R_3 的已知条件，得

$$U_3 = I_3R_3 = 0.75 \times 10\text{V} = 7.5\text{V}$$

由于 R_2 和 R_3 并联

$$U_2 = U_3 = 7.5\text{V}$$

$$I_2 = \frac{U_2}{R_2} = \frac{7.5}{15}\text{A} = 0.5\text{A}$$

$$I_1 = I_2 + I_3 = (0.75 + 0.5)\text{A} = 1.25\text{A}$$

并联部分的电阻为

$$R_{并} = \frac{R_2R_3}{R_2 + R_3} = \frac{15 \times 10}{15 + 10}\Omega = 6\Omega$$

电源内阻所消耗的电压为

$$U_{内} = I_{总}\,r = I_1r = 1.25\text{V}$$

所以 R_1 的电压为

$$U_1 = E - U_2 - U_{内} = (10 - 7.5 - 1.25) \times 1\text{V} = 1.25\text{V}$$

$$R_1 = \frac{U_1}{I_1} = \frac{1.25}{1.25} = 1\Omega$$

R_1 消耗的功率为

$$P_1 = I_1{}^2R_1 = (1.25^2 \times 1)\text{W} = 1.56\text{W}$$

练习

1. 电源是将____________能转化为____________能的装置，电源电动势的大小由____________决定，与外电路____________.
2. 有一电源的电动势为3V，内阻为0.5Ω，给 R 为5.5Ω的电阻供电，求通过该电阻的电流和路端电压.
3. 简述电源的输出电压与负载电阻大小变化的关系.
4. 如图4.4.8所示，蓄电池的电动势为12V，内阻为 $r=1\Omega$，闭合开关后，计算电路的总电流和2Ω及4Ω电阻上的电功率.

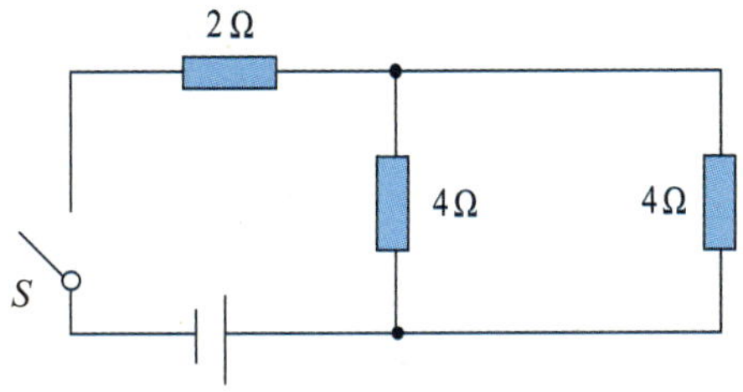

图4.4.8

5. 电源的电动势为4.5V，内阻为0.5Ω，外电路的电阻为4Ω，此时路端电压多大？如果在外电路上并联一个阻值为6Ω的电阻，路端电压又是多大？如果6Ω的电阻不是并联，而是串联在外电路中，路端电压又是多大？

4.5 安全用电

议一议

人类用电的历史已有100多年了，100多年来电能给人类带来的技术进步和物质文明是人类历史上任何一个时期都不能比拟的，但同时也伴随着危机和隐患．北美大停电、衡阳特大火灾坍塌等电器伤害事故屡屡发生，给人们的生命财产造成了难以估量的损失！你知道电会给人造成哪些伤害吗？

1. 安全用电常识

人体是导体，对电流非常敏感，当人体触及带电体而使电流通过人体时，会对人体造成不同程度的伤害．常见的触电现象有单相触电和两相触电及跨步电压．人体的一部分接触相线，另一部分接触地面或零线，电流经带电体和人体到大地或零线形成回路，这种触电称为单相触电；人体的不同部位同时触及两根相线所引起的触电称为两相触电，此时，两根相线间的电压是380V，危险性更大．跨步电压也是一种两相触电．

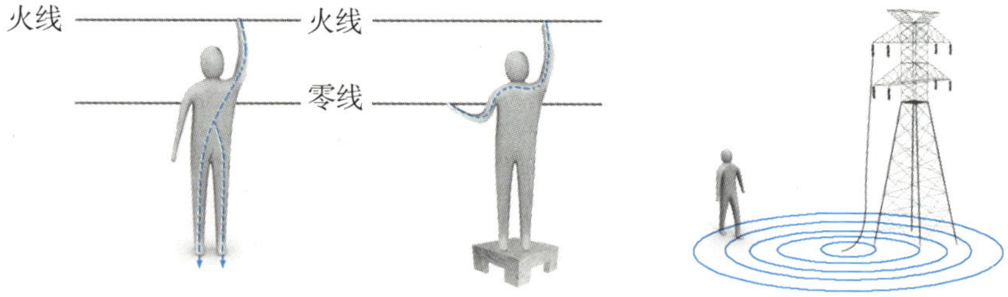

图4.5.1　触电示意图

触电时电流对人体的伤害程度，与通过人体的电流大小、频率、通电时间、电流在人体中通过的路径及人体的状况有关．实践表明，40－60Hz的交流电最危险，通过人体的电流超过50mA时，会昏迷、心室颤动．电流达到数百毫安时，很短时间就会导致心脏停止跳动．

流过人体电流的大小由接触的电压和人体的电阻所决定．电压越高、人体电阻越小，电流对人体的伤害越大．人体电阻一般在2kΩ，皮肤电阻在10－20kΩ，当人体皮肤有损伤、潮湿、多汗、带导电粉尘时，人体电阻就会减小．当电阻是1kΩ的人加上36V的电压时，流过人体的电流约为36mA，低于50mA．36V及以下电压称为安全电压．

在实际中，触电现象的发生多是违反操作规程、导线绝缘部分或设备绝缘部分的破损导致漏电造成的．

要预防漏电事故的发生，首先是按安全操作规程去工作；其次是做好绝缘、屏护和间距措施：用绝缘物封闭带电体、用护罩护栏隔离带电体、用间距措施保证远离带电体；第三是做好用电设备的保护接地或保护接零措施．保护接地就是将设备的金属外壳用导线和埋在地下的金属板相连，保护接零就是将设备的金属外壳用导线和零线相连．当因漏电使金属外壳带电时，与地或零线发生短路，短路电流会使电路中的熔断器迅速熔断而切断电源，从而消除触电危险．

2. 居民用电安全常识

（1）家庭使用的用电设备总电流不能超过电源线的最大额定电流．

（2）不能在同一个插座上同时使用多个大功率用电器，以免电流过大引起火灾．

（3）在使用家用电器时，应先插入电源插座，再闭合用电器开关；用完后，应先关闭用电器开关，再拔出电源插头．在插、拔插头时，要用手握住插头的绝缘部分，不要拉住导线使劲拔．

（4）在不明原因引起的保险丝熔断或空气开关跳开时，不要用铜、铝线代替保险丝或强行推合空气开关．一定要请专业人员检修．

（5）带金属外壳的用电器，应使用三芯塑料护套线和三相插座，以及三插孔插座．插座内务必安装接地线．决不能随意将三相插座改成两相，否则会失去接地保护．

（6）家庭用电一定要在自家进线处安装漏电保护器，以便在家电设备出现漏电、短路、供电电压过高或过低时自动跳闸，切断电源，保护人身和用电设备的安全．

（7）家庭用的各种导线、开关、多组插孔的插座一定要选用正规厂家生产的产品．

（8）不能用湿抹布擦拭带电设备，湿手不要触碰带电设备．不要随便私拉电线，更不能将湿衣物挂在电线上或电扇、电热器上．

（9）使用电热设备（如电熨斗、电烙铁等）时，要远离易燃物品，用后立即拔下插头，以免工作时间过长引起过热而发生火灾．

（10）遇到电器设备工作不正常，一时无法判断原因时，不要用手去拔插头或拉开关，应该先用绝缘物拨开插头或开关以断开电源，然后再进行适当处置.

3. 人体触电的现场急救

（1）如果发现有人触电，要根据事故现场情况，尽快使触电者脱离电源. 具体方法：

①如果开关或插头就在附近，应立即拉开闸刀开关或拔去电源插头.

②无法关电源时，可使用绝缘线或干燥的木棒、木板等不导电物体使触电者脱离带电体，如图4.5.2所示. 不要直接用手去拉触电者.

（2）在触电者脱离电源后，首先要对其进行现场施救.

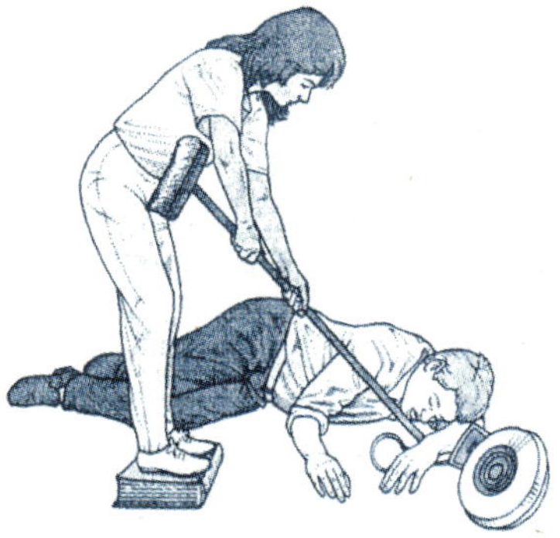

图4.5.2　使触电者脱离电源

①将脱离电源的触电者迅速移至比较通风干燥的地方，使其仰卧，将上衣和裤带放松.

②观察触电者意识是否清醒、是否有知觉？轻拍患者的肩部（或面部），并在其耳边大声呼唤以试其反应.

③观察触电者是否有呼吸；摸一摸颈部的颈动脉有没有搏动，以作为有否心跳的依据.

④看一看触电者瞳孔是否放大，当处于假死状态时，大脑细胞严重缺氧，处于死亡边缘，瞳孔也就自行放大.

（3）根据诊断结果，采取相应急救措施：

对于“有心跳而呼吸停止”的触电者，应采用“口对口人工呼吸法”进行抢救.

对于“有呼吸而心脏停跳”的触电者，应采用“胸外心脏按压法”进行抢救.

对于“呼吸和心跳都已停止”的触电者，应同时采用“口对口人工呼吸法”和“胸外心脏按压法”进行抢救.

一旦出现上述现象，如不及时抢救，则人体大脑细胞由于严重缺氧会造成死亡事故，所以一方面向医院告急求救，另一方面必须对触电者立即进行现场抢救，抢救者还要有耐心，有些触电者，须要进行数小时，甚至数十小时的抢救，方能苏醒. 同时，注意对触电者千万不要采用泼冷水的方式.

现场应用的主要救护方法是口对口人工呼吸法和胸外心脏按压法.

①口对口（或鼻）人工呼吸法

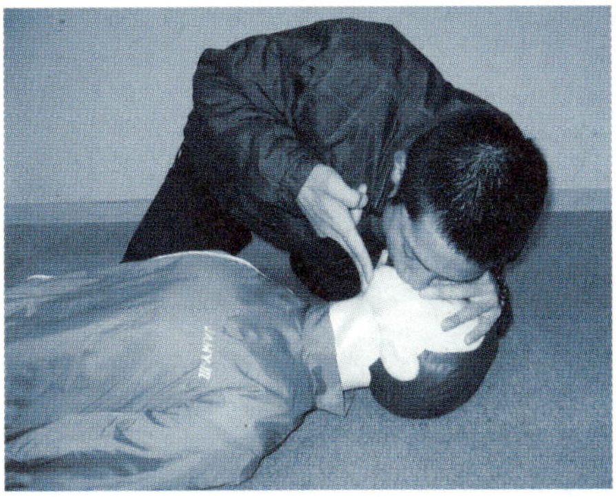

图 4.5.3　口对口人工呼吸

此种方法适用于“有心跳而呼吸停止”的触电者，其方法是：

a. 将触电者仰卧，解开衣领和裤带；

b. 然后将触电者的头偏向一侧，张开其嘴，用手指清除口腔中的假牙、痰液、血块等异物，使呼吸道畅通.

c. 抢救者在病人一边，一手捏紧触电者的鼻子，另一只手托在病人颈后，将颈部上抬，然后深吸一口气，将嘴紧贴病人的嘴，大口吹气，为时约 2 秒；

d. 吹气完毕，立即离开患者的口（或鼻），并放松捏鼻子的手，让气体从患者肺部排出，为时约 3 秒. 如此反复进行，以 5 秒钟吹气一次，坚持连续进行，不可间断，直到患者苏醒为止.

如是儿童，只可小口吹气，以免肺泡破裂，如发现患者胃部充气膨胀，可一面用手轻轻加压于其上腹部，一面继续吹气和换气. 如果无法使患者把嘴张开，可改用口对鼻人工呼吸法.

②胸外心脏按压法

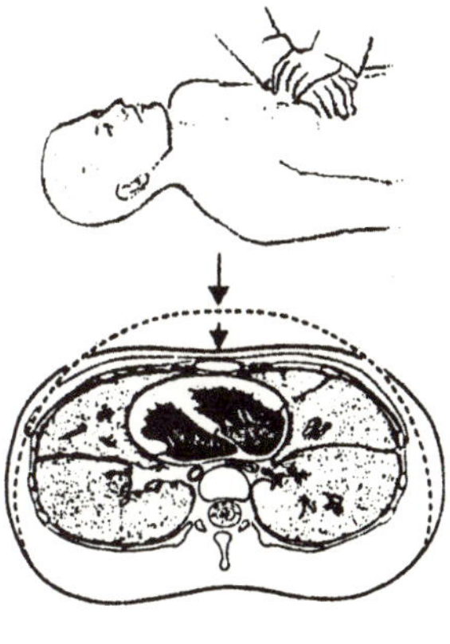

图 4.5.4　胸外按压解剖示意图（横截面）

胸外心脏按压法是患者有呼吸而心脏跳动停止的急救方法. 其方法是：

a. 使患者仰卧在硬板上或比较坚实的地方，颈部枕垫软物使头部稍后仰，松开衣服和裤带.

b. 救护人跪跨在患者臀部位置，左手掌根部放在患者心窝稍高一点，即两乳头间略下一点，胸骨下三分之一处，中指指尖对准其颈部凹陷的下缘，右手掌复压在左手背上，如图 4.5.5.

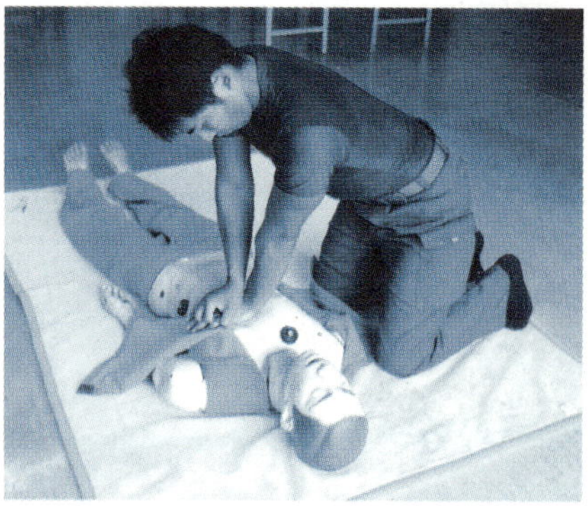

图 4.5.5　心脏按压法

c. 掌根用力向上（脊背方向）按压，压出心脏里的血液，按压必须坚持连续进行，不可中断，直到患者苏醒为止．按压时要有节奏，每秒钟一次为宜，若患者系儿童，可以只用一只手按压，用力要轻，以免损伤胸骨，且 2 秒钟按压 3 次为宜．用力按压后掌根迅速全部放松，让患者胸廓自动复原，血液充满心脏．放松时掌根不必要完全离开胸廓．

应当指出，心脏的跳动和呼吸是互相联系的，心脏跳动停止了，呼吸也很快会停止；呼吸停止了，心脏也维持不了多久．一旦呼吸和心跳都停止了，则应当同时进行口对口（鼻）人工呼吸和胸外心脏按压．如果现场仅有一个人抢救，则两种方法交替：每吹气换气 2 – 3 次，再按压 10 – 15 次．如果是两人合作抢救，一人吹气，一人按压，吹气时应保持患者胸部放松，只可在换气时进行按压．

实施人工呼吸和胸外心脏按压抢救要坚持不断，切不可轻率中止．运输途中也不能中止抢救．抢救过程中，如发现患者嘴唇稍有开合，或眼皮活动，或喉咙有咽东西的动作，则应注意其是否有自动心脏跳动和自动呼吸．患者能自己开始呼吸时，即可停止人工呼吸，如果人工呼吸停止后，患者仍不能自己呼吸，则应立即再作人工呼吸．急救过程中，如果患者身上出现尸斑或身体僵冷，经医生作出诊断后方可停止抢救．

练 习

1. 常见的触电方式主要有哪两种？
2. 安全电压是多少？
3. 对人体造成伤害的是电压还是电流？
4. 找一找家庭用电中可能存在的安全隐患？
5. 使触电者脱离带电体的方法有哪几种？

相关链接

一起不该发生的人身伤亡事故

2002 年 5 月 17 日，某厂检修班职工刁某带领张某检修 380V 直流焊机．电焊机修后进行通电试验良好，并将电焊机开关断开．刁某安排工作组成员张某拆除电焊机二次线，自己拆除电焊机一次线．约 17 点 15 分，刁某蹲着身子拆除电焊机电源线中间接头，在拆完一相后，拆除第二相的过程中意外触电，经抢救无效死亡．

原因分析：

(1) 刁某已参加工作 10 余年，一直从事电气作业并获得高级维修电工资格证书；在本次作业中刁某安全意识淡薄，工作前未进行安全风险分析，在拆除电焊机电源线中间接头时，未检查确认电焊机电源是否已断开，在电源线带电又无绝缘防护的情况下作业，导致触电．刁某低级违章作业是此次事故的直接原因．

(2) 工作组成员张某虽为工作班成员，在工作中未有效地进行安全监督、提醒，未及时制止刁某的违章行为，是此次事故的原因之一．

(3) 该公司于 2001 年制订并下发了《电动、气动工器具使用规定》，包括了电气设备接线和 15 种设备的使用规定．《规定》下发后组织学习并进行了考试．但刁某在工作中不执行规章制度，疏忽大意，凭经验、凭资历违章作业．

(4) 该公司领导对“安全第一，预防为主”的安全生产方针认识不足，存在轻安全重经营的思想，负有直接管理责任．

防范措施：

(1) 采取有力措施，加强对现场工作人员执行规章制度的监督、落实，杜绝违章行为的发生．工作班成员要互相监督，严格执行《安规》和企业的规章制度．

(2) 所有工作必须执行安全风险分析制度，并填写安全分析卡，安全分析卡保存 3 个月．

(3) 完善设备停送电制度，制订设备停送电检查卡．

(4) 加强职工的技术培训和安全知识培训，提高职工的业务素质和安全意识，让职工切实从思想上认识作业性违章的危害性．

(5) 完善车间、班组“安全生产五同时制度”，建立个人安全生产档案，对不具备本职岗位所需安全素质的人员，进行培训或转岗；安排工作时，要及时了解职工的安全思想状态，以便对每个人的工作进行周密、妥善的安排，并严格执行工作票制度，确保工作人员的安全可控与在控.

(6) 各级领导要确实提高对电力多经企业安全生产形势的认识，加大对电力多经企业的安全资金投入力度，加强多经企业人员的技术、安全知识培训，调整人员结构，完善职工劳动保护，加强现场安全管理，确保人员、设备安全，切实转变企业被动的安全生产局面.

4.6 实验四　多用电表的使用

1. **多用电表**　我们知道，测量电阻两端的电压要用电压表，测量电路中的电流要用电流表，粗测电阻时可用欧姆表．实际应用中为了方便，常将这三种表组合在一起，构成常用的多用电表，俗称万用表．

图 4.6.1　指针式多用电表

图 4.6.2　数字式多用电表

多用电表的上半部分为表盘，指针式多用电表的表盘上有电阻、电压、电流等各种量程的刻度，数字式多用电表的表盘为液晶显示屏，测量值直接显示；下半部分为选择开关，它的周围标有测量功能的区域及量程．将多用电表的选择开关旋转到电流挡，多用电表内的电流表就被接通；将多用电表的选择开关旋转到电阻挡时，多用电表内的欧姆表即被接通．需要注意的是电流只有直流挡，电压分为直流和交流，不要弄错．

2. **多用电表的操作规程**

（1）使用多用电表的电流和电压挡时，测量前应先检查表针是否停在左端的“0”位置，如果没有，应该用小螺丝刀轻轻转动表盘中间部位的调零螺丝，使表针归零．使用欧姆挡时，要先将红表笔和黑表笔短接，看表针是否指向右端的“0”位置，应转动调零旋钮使指针指向零位置．

（2）测量时，应将选择开关旋转到相应的挡位和量程上，读数时要看跟选择开关的挡位相应的刻度．

（3）测量电流时，跟电流表一样，应将多用电表串联在被测电路中，对于直流电，还必须使电流从红表笔流进多用电表，从黑表笔流出来．

（4）测量电压时，跟电压表一样，应将多用电表并联在被测元件上，对于直流电，必须用红表笔接电势较高的点，用黑表笔接电势较低的点.

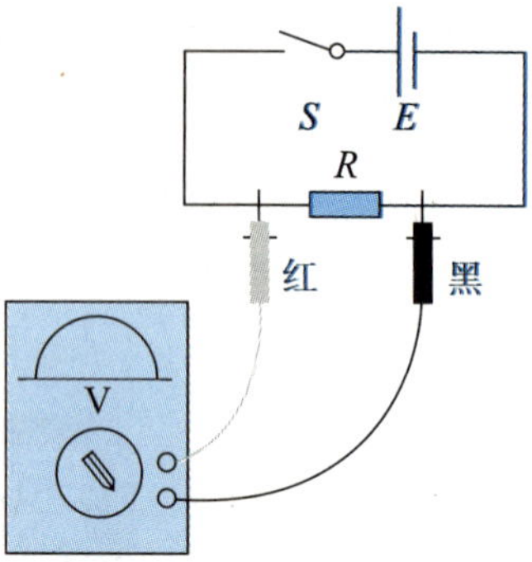

甲　测电压时两枝表笔分别接触电路中的两点

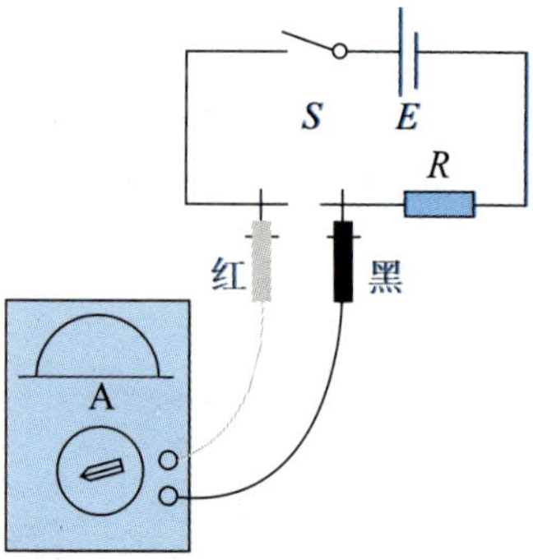

乙　测电流时要把电路断开，把电表接入

图 4.6.3　用多用表测量电流、电压示意图

（5）测量电阻时，在选择好挡位后，要先将两根表笔相接触，调整欧姆挡的调零旋钮，使指针指在电阻刻度的零位置上，然后再将两根表笔分别与待测电阻的两端相接触，进行测量；如果换用欧姆挡的另一量程时，需要重新调整欧姆挡的调零旋钮，才能进行测量.

（6）测量时手不要触碰到表笔的金属触针，以保证安全和测量的准确；使用后要将表笔从测试笔插孔中拔出，将选择开关旋转到 OFF 或交流电压的最高量程上.

> **议一议**
>
> 测量电阻时，要将待测电阻与别的元件和电源断开，为什么？

3. 实验内容

（1）用多用电表测量小灯泡两端的电压

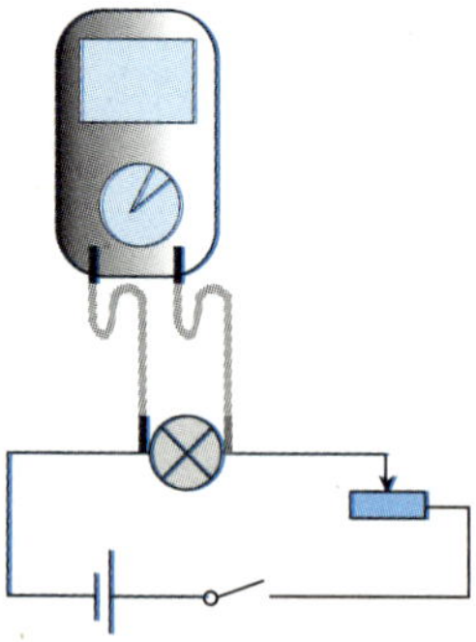

图 4.6.4　用多用电表测量小灯泡两端的电压

如图 4.6.4 所示，用交流电源对小灯泡供电．将多用电表的选择开关旋转至交流电压挡，其量程应略大于小灯泡两端电压的估计值.

用两表笔分别接触灯泡两端的接线柱，根据表盘上相关量程的交流电压刻度读数，就是小灯泡两端的电压．改变滑动变阻器的阻值进行多次测量.

表 4.6-1　用多用电表测量电压

测量次数	第一次	第二次	第三次	第四次
测量结果				

每次测量都要改变滑动变阻器的阻值.

(2) 用多用电表测量通过小灯泡的电流

如图 4.6.5 所示，在直流电源对小灯泡供电的情况下，断开电路开关，把小灯泡的一个接线柱的导线卸开，将多用电表的选择开关旋至直流电流挡，其量程应大于通过小灯泡电流的估计值，但也不宜太大，应使指针有较大偏转. 把多用电表串联在刚才卸开的电路中，注意电流应从红表笔流入电表，此时绝不能将多用电表并联在电路中.

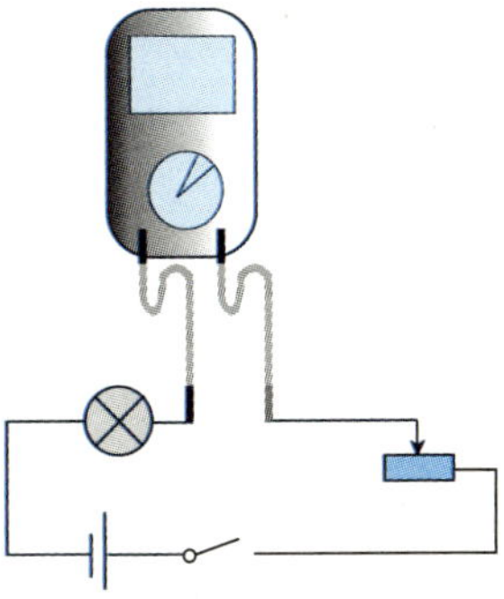

图 4.6.5　用多用电表测量小灯泡的电流

闭合开关，根据表盘上相应的量程的直流刻度读数，就是通过小灯泡的电流. 改变滑动变阻器的阻值，进行多次测量.

表 4.6-2　用多用电表测量小灯泡的电流

测量次数	第一次	第二次	第三次	第四次
测量结果				

每次测量都要改变滑动变阻器的阻值.

(3) 用多用电表测量可变电阻器的几个不同位置的电阻

在确保可变电阻器与其他元件断开的情况下，将多用电表选择开关旋至电阻挡，量程的选择应使测量时指针指在表盘的中间位置附近为佳. 如果指针过于偏向右侧零刻度，说明倍率选择得过大，应减小量程；如果指针偏转很小，过度靠近左端的最大刻度处，说明量程选择过小，应增大量程. 值得注意的是：每改变一次量程，就要重新进行一次表笔短接并调零. 每次测量都要改变滑动变阻器的阻值并注意是否需改变量程.

表 4.6-3　用多用电表测量可变电阻器的阻值

测量次数	第一次	第二次	第三次	第四次
测量结果				

练习

1. 用多用表进行了两次测量，指针的位置分别如图 4.6.6 中的 a 和 b 所示，若多用表的选择开关处在下表所指的挡位，a 和 b 的相应读数是多少？

所选择的挡位	指针读数	
	a	b
直流电压 2.5V		
直流电流 100mA		
电阻 ×10		

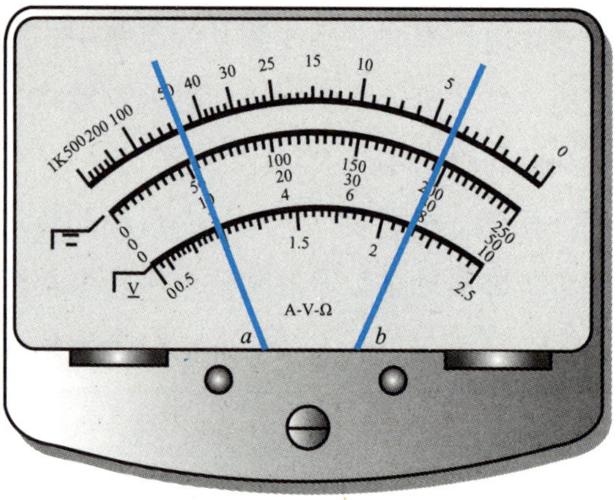

图 4.6.6

2. 请回答下列问题：

(1) 用多用电表测量直流电流时，红表笔和黑表笔哪个电势较高？

(2) 用多用电表测量直流电压时，红表笔和黑表笔哪个电势较高？

(3) 用多用电表测量电阻时，红表笔和黑表笔哪个电势较高？

4.7 实验五　测量电源的电动势和内阻

电源的电动势和内阻是电源两个最重要的参数，在学过闭合电路的欧姆定律后，相信同学们就能想出多种办法测量电源电动势和内阻．那么你想出的办法是什么样的呢？下面编者提供几个测量电源的电动势的参考案例，供同学们选择、参考．

［**案例** 1］

根据电源的电动势在数值上等于电路没有接通时电源两端的电压的原理，同学们可将电压表直接连在电源两端，如图 4.7.1 所示．此时由于电压表的内阻很大，外电路接近开路，所以电压表测量的结果接近电源的电动势．此方法适用于粗测电动势，但不能测量内阻．

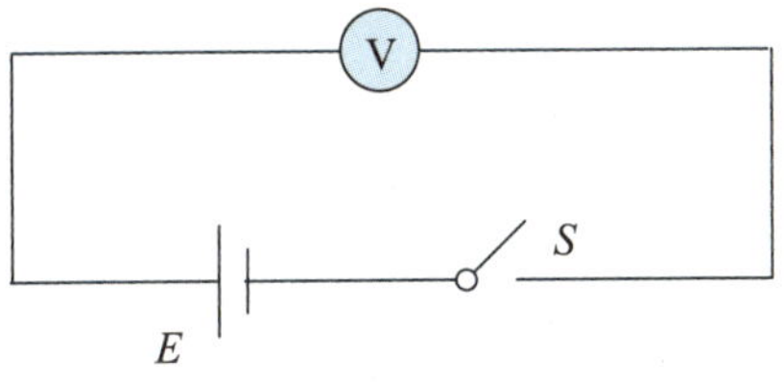

图 4.7.1

［**案例** 2］

如图 4.7.2 所示，R 为电阻箱，电压表并联在电阻箱两端，此时电压表测量的结果是电源的路端电压，由闭合电路的欧姆定律，得

$$E = U + Ir$$

而

$$I = \frac{U}{R}$$

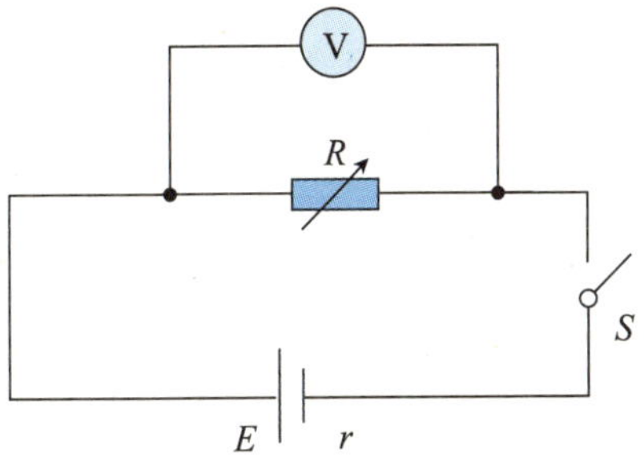

图 4.7.2

所以
$$E = U + \frac{U}{R}r \qquad (4.7.1)$$

如果能测出关于 U、R 的两组数据，就可以得到关于 E、r 的两个方程，通过解方程组求出电源电动势和内阻．即

$$\begin{cases} E = U_1 + \dfrac{U_1}{R_1}r \\ E = U_2 + \dfrac{U_2}{R_2}r \end{cases}$$

其中 U_1、U_2 从电压表上读出；R_1、R_2 从电阻箱上读出．此方法也可将电阻箱换成两定值电阻.

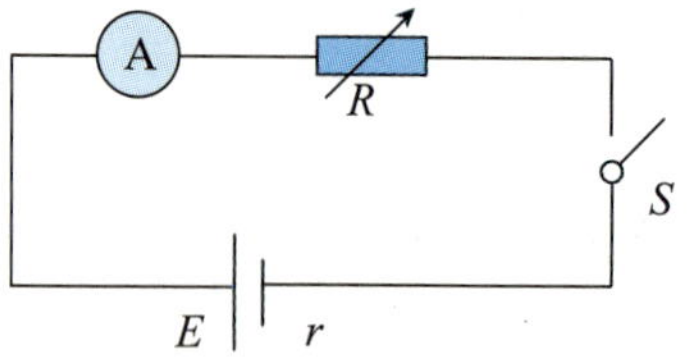

图 4.7.3

［案例 3］

如图 4.7.3 所示，R 为电阻箱，电流表与电阻箱串联构成闭合电路，此时电流表测量的结果为干路中的总电流，由闭合电路的欧姆定律，得

$$E=U_{外}+U_{内}$$

所以
$$E=IR+Ir \tag{4.7.2}$$

如果能测出 I、R 两组数据，也可以得到关于 E、r 的两个方程，即

$$\begin{cases}E=I_1R_1+I_1r\\E=I_2R_2+I_2r\end{cases}$$

从而求出电源电动势和内阻．其中 I_1、I_2 从电流表中读出；R_1、R_2 从电阻箱上读出．此方法也可将电阻箱换成两个定值电阻.

［案例 4］

如图 4.7.4 所示，R 为滑动变阻器，不需具体值，电流表与滑动变阻器串联，电压表接在电源端．电流表测量的是干路的总电流，电压表测量的路端电压，由闭合电路的欧姆定律，得

$$E=U+Ir \tag{4.7.3}$$

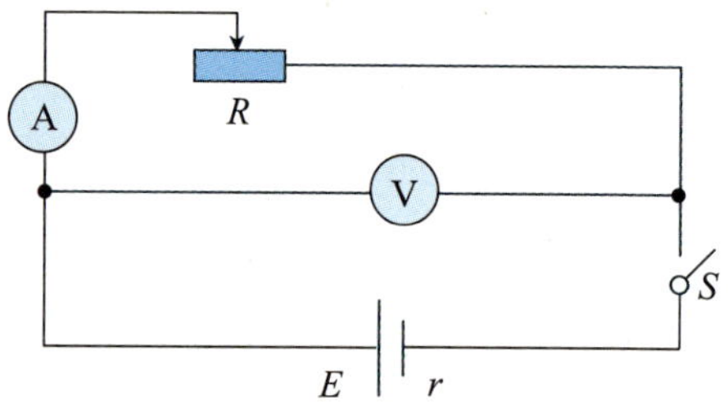

图 4.7.4

如果能测出 U、I 两组数据，就可以列出两个关于 E、r 的方程，即

$$\begin{cases}E=U_1+I_1r\\E=U_2+I_2r\end{cases}$$

从中解出 E 和 r．其中 U_1、U_2 从电压表上读出；I_1、I_2 从电流表上读出.

事实上，利用案例 4 我们可以进行较正规准确的测量．做法如下：

把滑动变阻器 R 设在某一较大值，闭合开关后用直流电压挡测出电阻两端的电压，用电流挡测出通过电阻的电流，把电压值和电流值作为第一组数据记录在如下表格中.

表 4.7－1

	1	2	3	4	5	6
U						
I						

减少电阻，通过它的电流随之增大，这样就获得电压和电流的另一组数据．与此类似，可以得到多组电压、电流值，然后用以下处理数据的方法求得电源电动势 E 和内阻 r.

(4.7.3) 式可以改写成

$$U = -Ir + E \qquad (4.7.4)$$

其中 r、E 分别是电源的内阻和电动势，对于一个电源来说是常量，而对不同的几次测量来说，U、I 各不相同，是变量，所以 (4.7.4) 式可以看做一个一次函数的表达式，它的 U—I 图像是一条直线.

以 I 为横坐标，U 为纵坐标建立直角坐标系，根据几组 U、I 的测量数据在坐标纸上描点．此时可以大致看出这些点呈直线分布．如果发现个别明显错误的数据，应该把它删除掉．用直尺画一条直线，使尽量多的点落在这条直线上，不在直线上的点大致均衡地分布在直线的两侧．这条直线就能很好地代表 U 和 I 的关系．这条直线与 U 坐标轴的交点表示 $I=0$，属于断路的情况，这时的电压 U 等于电源的电动势．这条直线与 I 坐标轴的交点表示 $U=0$，属于短路的情况．根据短路电流 $I_{短}$ 跟电源内阻 r，电动势 E 的关系 $r=\dfrac{E}{I_{短}}$，可以求出电源的内阻.

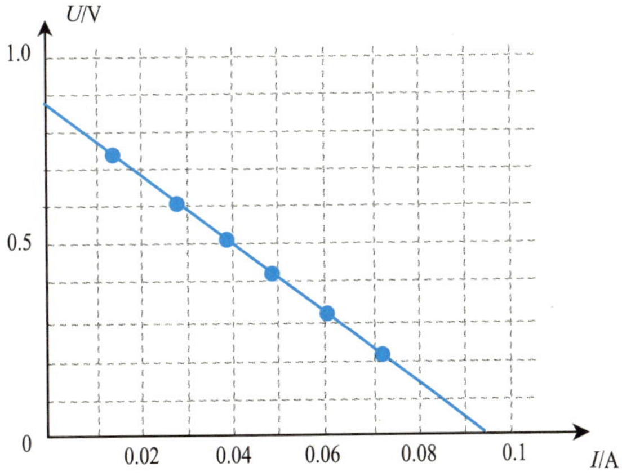

图 4.7.5 是根据所做实验数据画出的图像

本案例中需要注意的是，滑动变阻器的阻值不能调得太小，更不能调成 0，否则流过电源的电流过大，容易损坏电源.

练习

1. 请说出本实验案例 4 的实验原理是什么？
2. 对于本实验案例 4 所得的多组数据，是否可以多列几组方程组，分别求解后再求平均值？
3. 为什么说案例 1 测得的电动势是粗略的？这样测得的值比电源实际的电动势是大还是小？

章末小结

一　电阻　电阻定律

1. 电流　电流方向规定为正电荷定向运动的方向．电流产生的条件是导体两端加上持续存在的电压．

2. 欧姆定律　欧姆定律是本章的基础．它的内容是：导体中的电流与导体两端的电压成正比，与导体的电阻成反比，即 $I=\frac{U}{R}$．

3. 电阻定律

$$R=\rho\frac{l}{S}$$

ρ 为材料的电阻率，与材料本身的性质有关，随温度略有变化．

4. 电阻的串联和并联是导体两种基本连接方式，必须掌握电阻串联和并联的等效电阻、电压、电流分配规律．

二　电功　电功率

1. 电功、电功率的概念

（1）电流的功

$$W=I^2Rt$$

（2）电功率

$$P=UI=I^2R=\frac{U^2}{R}$$

（3）焦耳定律

$$Q=I^2Rt$$

2. 闭合电路的欧姆定律　闭合电路中的电流与电源的电动势成正比，与内、外电阻之和成反比．

$$I=\frac{E}{R+r}$$

3. 电源的电动势和路端电压　电源的电动势等于电源内部非静电力从负极到正极搬运单位正电荷所做的功；路端电压是电路闭合时电源两端的电压，它随外电路电阻的增大而增大，随外电阻的减少而减少．

三　多用电表是日常生活和生产实践中常用的测量工具，应从功能的选择、量程的选取、测量读数三方面学会使用多用电表．

四　安全用电是关系到人们生命财产安全的重要内容，要掌握安全用电的基本常识，一定按用电的操作规程进行操作．

思考题

1. 导体中形成电流条件是什么？写出电流的定义式.
2. 电阻定律的内容是什么？写出电阻定律的表达式. 指出电阻率的含义.
3. 什么是电功？什么是电功率？什么是焦耳定律？写出它们的计算公式.
4. 闭合电路的欧姆定律的内容是什么？写出它的表达式.
5. 什么是路端电压？决定路端电压的因素是什么？
6. 什么是电源的电动势？电源的电动势和路端电压有什么关系？
7. 使用多用电表的注意事项有哪些？

习 题

1. 下列叙述正确的是（　　）.

   A. 从欧姆定律 $I=U/R$ 导出 $R=U/I$，说明导体电阻与其两端电压成正比，与通过的电流成反比

   B. 对确定的电阻，其电压与电流的比值等于它的电阻值

   C. 金属导体内电流增加时，导体内单位体积的自由电子数增多

   D. 电荷的运动速度就是电流的传导速度

2. 一节干电池，电动势为 1.5V，内电阻为 0.5Ω，当外电路电阻分别为 7Ω 及 2.5Ω 时，路端电压分别为（　　）.

   A. 1.5V　1.5V　　　B. 1.4V　1.25V

   C. 0.1V　0.25V　　　D. 0.7V　0.25V

3. 把电压表与电源的两极直接相连，则电压表的示数（　　）.

   A. 近似等于电源的电动势，但比电源电动势略小

   B. 近似等于电源的电动势，但比电源电动势略大

   C. 等于电源的电动势

   D. 不允许这样连接

4. 一只“220V，100W”的灯泡工作时电阻为 484Ω，拿一只这种灯泡来测量它不工作时的电阻应是（　　）.

   A. 等于 484Ω　　　B. 大于 484Ω

   C. 小于 484Ω　　　D. 无法确定

5. 一只普通的家用照明白炽灯正常发光时，通过它的电流强度值接近于（　　）.

   A. 20 安　　B. 2 安　　C. 0.2 安　　D. 0.02 安

6. 电源短路时，外电阻为________，路端电压为________；电路断路时，外电阻为________，路端电压为________.

7. 在电源电动势为 E 的闭合电路中，当外电路的电压减小时，电源的电动势________，当外电路电压增大时，内电路电压________.

8. 导线中的电流为 10A，20s 内有多少电荷通过导线的某一横截面？

9. 一个电阻元件两端电压是 1.5V 时，通过它的电流是 4.5mA，如果这个电阻元件两端加的电压为 24V 时，电流是多大？

10. 如图所示电路，两电表的示数分别为 1.0A 及 5V，调节滑动变阻器的滑动头，两电表的示数分别变为 0.5A 及 3.75V，则电源电动势为______V，内电阻为______Ω.

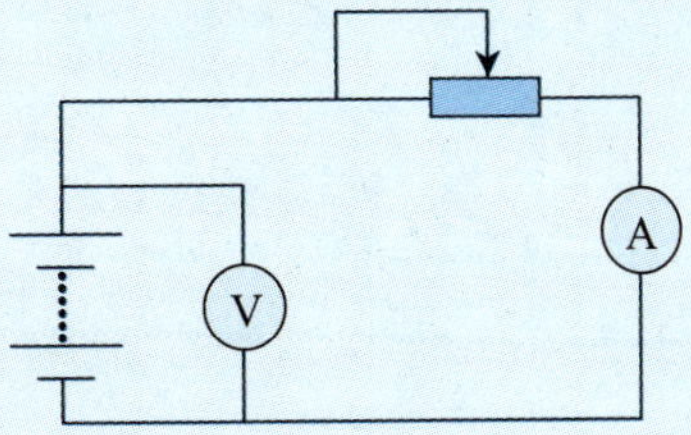

（第 10 题）

第五章
电场　磁场　电磁感应

牛顿曾经说过："我认为自己不过像在海滩上玩耍的男孩，不时地寻找着光滑的鹅卵石和漂亮的贝壳，以此乐为. 而我前面，则是一片尚待发现的真理的大海."是的，牛顿并没有发现值得我们发现的每一样东西，其中包括电现象和磁现象.

其实，人们对电的认识已经有几千年的历史. 古书上有"顿牟拾芥"的记载，是说摩擦过的琥珀能吸引轻小的物体. 不仅是琥珀，如橡胶、玻璃等物质，经过摩擦都可以带电. 无论你走到什么地方，只要有指南针你就不会迷失方向. 这些神奇的现象将把我们带入有趣的电和磁的世界.

5.1 库仑定律 电场

> **做一做**
>
> 在干燥的天气里，当我们用塑料梳子梳理干净的头发时，头发会被梳子吸起来，将梳子靠近碎纸屑，纸屑也会被吸起来，你能说明其原因吗？

1. 两种电荷　元电荷　经过大量的实验，人们发现，许多电的不良导体在摩擦后都可以带电，但是自然界带电的种类却只有两种，一种是与丝绸摩擦过的玻璃棒上的电荷，另一种是与毛发摩擦过的硬橡胶棒上的电荷．我们把玻璃棒上的电荷叫做**正电荷**，把硬橡胶棒上的电荷叫做**负电荷**．摩擦带电的实质是电子的转移，是由于物体相互摩擦时一些束缚得不紧的电子从一个物体转移到另一个物体上，于是原来呈电中性的物体得到电子而带负电，失去电子的则带正电．电荷的基本单位称为**元电荷**，即一个电子所带的电荷．物体带电的多少叫**电荷量**，简称电量，单位为**库仑**，简称“库”，用符号“C”表示．从这个意义上说，物体所带的电荷量一定是元电荷电量的整数倍．元电荷用符号 e 表示，

图 5.1.1　静电使人的头发竖起

$$1e = 1.6\times10^{-19}\mathrm{C}$$

2. 点电荷　库仑定律　我们知道同种电荷互相排斥，异种电荷互相吸引．无论排斥还是吸引，都是电荷之间的相互作用．电荷之间的相互作用是怎样的呢？作用力的大小与什么有关系呢？研究发现两个带电体之间相互作用与带电体的大小、形状、电荷量多少以及它们之间的距离都有关系．

库仑

> **演示实验**
>
> O 是一个带正电的物体，把系在丝线上的带正电的小球先后挂在图 5.1.2 中的 P_1、P_2、P_3 等位置，比较小球在不同位置所受带电体的作用力的大小．这个力的大小可以通过丝线偏离竖直方向的角度显示出来．使小球处在同一位置，

增大或减少小球所带的电荷量，比较小球所受作用力大小的变化．哪些因素会影响电荷间的相互作用力？这些因素对作用力的大小有什么影响？

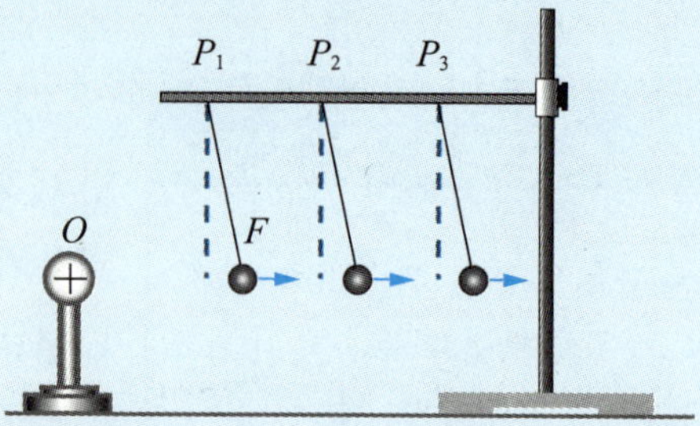

图 5.1.2　影响电荷间相互作用力的因素

为了突出主要矛盾，我们可以做一个简化：当两个带电体之间足够远时，带电体自身的大小、形状及电荷的分布可以忽略，被看做两个带电的点，叫做**点电荷**．法国物理学家库仑曾做过一个著名的扭秤实验，证明两个点电荷之间作用力的大小与两个点电荷的电荷量的乘积成正比，与两个点电荷距离的平方成反比．

为了纪念他在电学上的巨大贡献，上述关系被称为**库仑定律**，电荷之间的电力被称为**库仑力**．

库仑是在空气中做的实验，也就是说两个点电荷之间是空气．后来在真空中做了更加精确的实验，证明了库仑定律的正确性．但是如果两个点电荷之间是其它介质，如煤油、云母、石蜡，情况就大不相同了，在这些介质中同样的电荷、同样的距离，库仑力会减小．

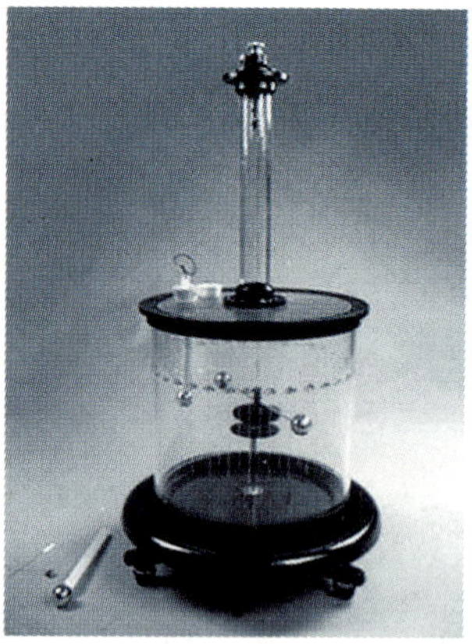

图 5.1.3　库仑扭秤

从以上讨论中我们知道，电荷之间的作用力还与它们之间的介质有关．但即使在真空中，也可以发生相互作用，这种作用的形式和关系与我们熟知的万有引力十分相似．问题是万有引力是在引力场中发生作用的，库仑力又是怎样作用的呢？库仑力是在电场中作用的，所以也叫做电场力或静电力．

3. 电场　电荷周围存在着一种特殊物质，电荷间的作用就是通过这种物质传递的，这种物质称为电场．这是人们经过长期的科学研究认识到的客观事实.

电荷周围存在电场. 电场的基本性质是它对放入其中的电荷有力的作用，这种力叫做**电场力**. 电荷 A 和 B 是通过电场发生作用的，电荷 A 对电荷 B 的作用，实际上是电荷 A 的电场对电荷 B 作用；电荷 B 对电荷 A 的作用，实际上是电荷 B 的电场对电荷 A 的作用，如图 5.1.4 所示.

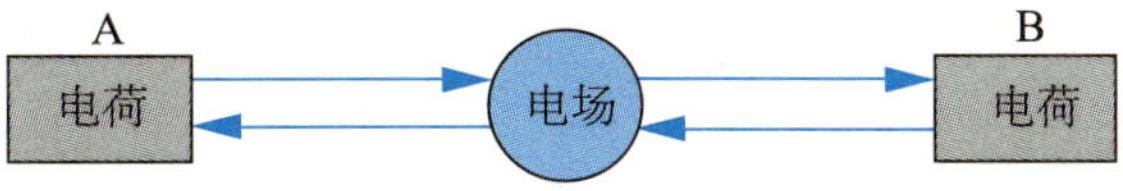

图 5.1.4　电荷之间通过电场相互作用

引入场的概念，是对物理学的重要贡献. 除了电场，我们在初中还学过磁场. 现在人们已经认识到，电场和磁场虽然与由分子、原子组成的物质不同，但他们是客观存在的一种物质形态.

4. 电场强度　电场是由电荷产生的，为了研究电场，必须在电场中放入试探电荷，试探电荷的电荷量应当充分小，放入之后，不影响原来产生电场的那些电荷的分布. 体积也要充分小，便于用来研究电场中各点的情况.

如图 5.1.5 所示，把试探电荷 q 放在电荷 Q 产生的电场中，试探电荷 q 在电场中不同的点受到的电场力大小和方向一般是不同的，这表示各点的电场强弱和方向不同. 电荷 q 在距 Q 较近的 A 点，受到的电场力大，表示这点的电场强；在距 Q 较远的 B 点，受到的电场力小，表示这点的电场弱. 但是，我们不能直接用电场力的大小表示电场的强弱，因为不同的试探电荷 q 在电场的同一点所受的电场力 F 是不同的. 实验表明，在电场中的同一点，比值 F/q 是恒定的；在电场中的不同点，比值 F/q 一般是不同的. 这个比值由 q 在电场中的位置所决定，与试探电荷的电荷量 q 无关，是反映电场性质的物理量. 在物理学中，就用比值 F/q 表示电场的强弱.

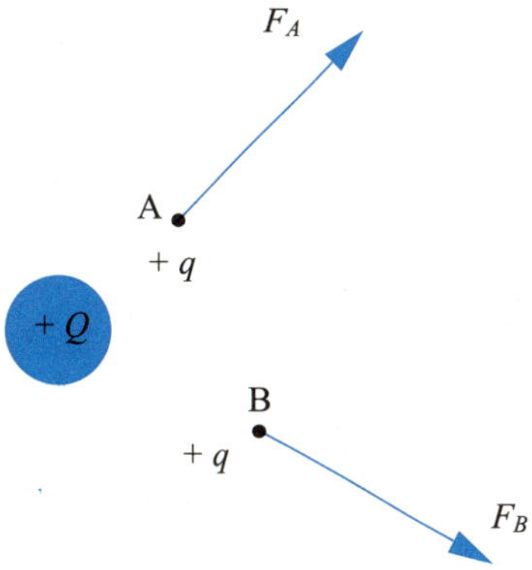

5.1.5　B 点场强应明显小于 A 点场强

放入电场中的某点的试探电荷所受的电场力 F 与它的电荷量 q 的比值，叫做该点的**电场强度**，简称**场强**. 用 E 表示电场强度，则有

$$E = \frac{F}{q} \tag{5.1.1}$$

另外，力是矢量，在空间不同点，即使电场的强弱相同，受力的方向还可以不同，而且正的试探电荷和负的试探电荷受力的方向正好相反．因此我们规定：电场强度的方向与正试探电荷受力的方向相同．电场强度的方向也叫电场的方向.

电场强度的单位是**牛顿每库仑**，也叫**伏（特）每米**，符号是 N/C 或 V/m，1N/C = 1V/m. 如果 1C 的电荷在电场中的某点受到的电场力是 1N，这一点的电场强度就是 1N/C.

按照场强方向的上述规定，负电荷在电场中某点所受的电场力的方向与该点的场强的方向相反.

如果已知电场中某点的电场强度，由（5.1.1）式可以求出已知点电荷在该点所受的电场力的大小

$$F = qE \qquad (5.1.2)$$

例1 正电荷 $q = 1.6\times10^{-8}$C 放在电场中某点，受到的电场力为 3.2×10^{-6} N，该点的电场强度？

解： 由电场强度的定义式 $E = \dfrac{F}{q}$ 代入数据，得

$$E = \frac{3.2\times10^{-6}}{1.6\times10^{-8}}\text{N/C} = 2.0\times10^{2}\text{N/C}$$

5. 电场线 我们也可以用电场线形象地描述电场中各点电场强度的大小和方向．法拉第是采用这种简洁方法的第一人.

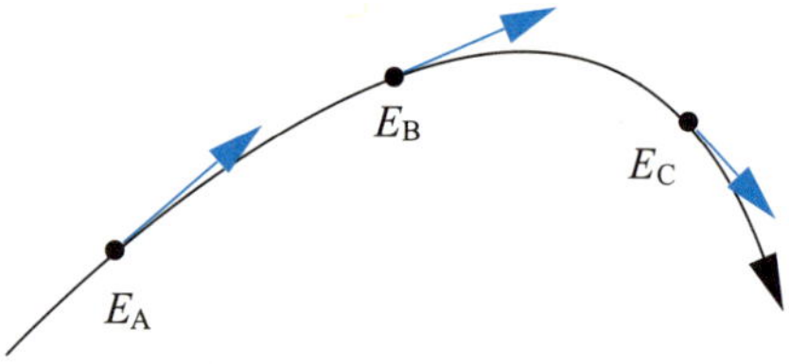

图 5.1.6

电场线是画在电场中的一条条有方向的曲线，曲线上的每一点的切线方向表示该点电场强度方向，如图 5.1.6 所示.

对于电场线的疏密，还有一项规定：空间某点单位垂直面积上穿过的电场线条数，等于该点场强的大小．如图 5.1.7 中 B 点电场线比 A 点和 C 点密，表示 B 点的电场比 A 点和 C 点电场强.

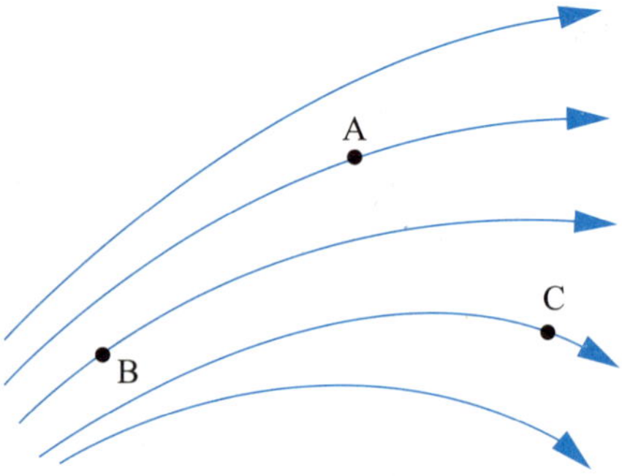

图 5.1.7

电场线有如下特点：

(1) 电场线从正电荷或无穷远处出发，终止于无穷远或负电荷；

(2) 电场线在电场中不相交，因为在同一点电场不能有两个方向.

如图 5.1.8，左图是正电荷形成的电场的电场线，呈放射状；右图是负电荷形成的电场的电场线，呈收缩状.

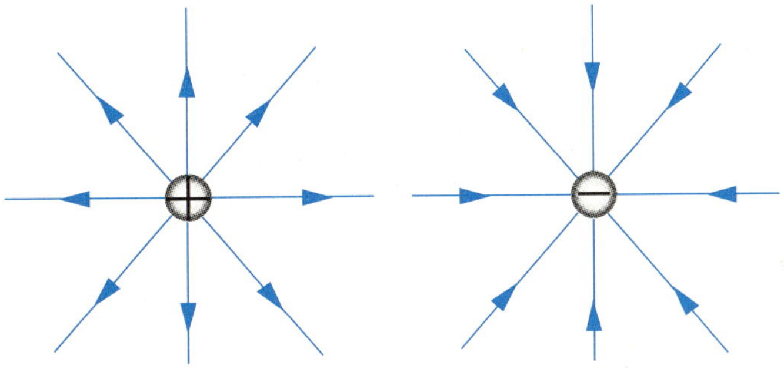

图 5.1.8

如图 5.1.9，左图是相邻的两个等量同种电荷形成的电场的电场线；右图是相邻的两个等量异种电荷形成的电场的电场线.

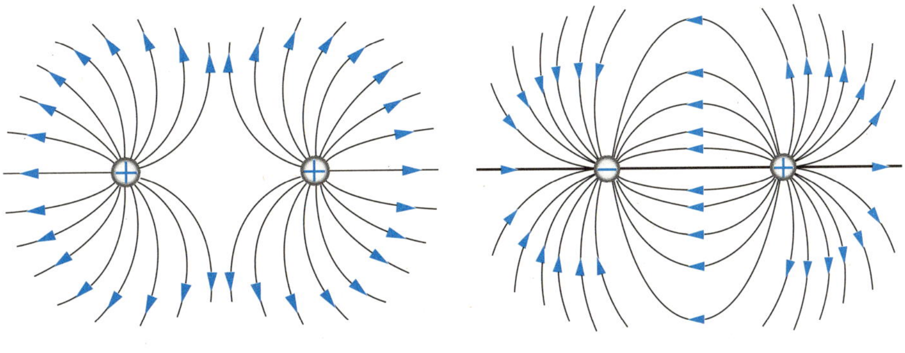

图 5.1.9

6. 匀强电场 如果电场中各点电场强度的大小相等，方向相同，这个电场就叫匀强电场. 由于方向相同，匀强电场的电场线应是平行的；又由于电场强度大小处处相等，电场线的密度应该是均匀的. 所以匀强电场的电场线是间隔相等的平行线.

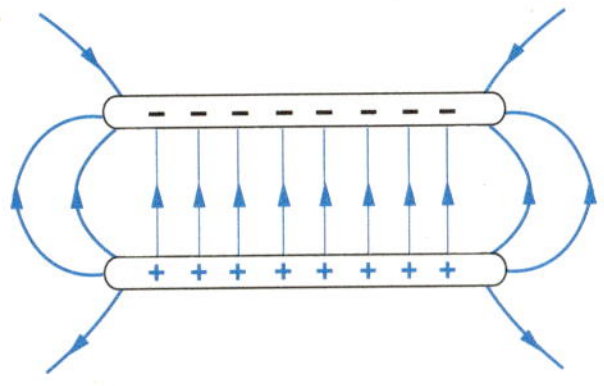

图 5.1.10

带有等量异号电荷的一对平行板，如两板相距较近，它们之间的电场除边缘外，可看做匀强电场，如图 5.1.10 所示.

练习

1. 在电场中的某点放入电荷量为 5×10^{-9}C 的点电荷，受到的电场力为 3×10^{-4}N，这一点的电场强度为多大？
2. 电场中某点的电场强度是 4×10^{4}N/C，电荷量为 $+5\times10^{-8}$C 的点电荷在该点受到的电场力多大？电场力的方向与场强的方向是相同还是相反？电荷量为 -5×10^{-8}C 的点电荷在该点受到的电场力多大？电场力的方向与场强的方向相同还是相反？
3. 有的同学认为电场线一定是带电粒子在电场中的运动轨迹．这种说法对吗？说明理由．

5.2 电势能 电势 电势差

议一议

我们已经建立起电场的概念，知道电场的基本性质就是对放入其中的电荷有力的作用，倘若将一个静止的试探电荷放入电场中，它将在静电力的作用下作加速运动，经过一段时间后获得一定的速度，试探电荷的动能增加了，那么这增加的动能是什么能量转化而来的呢？

1. 电场力做功的特点　电势能　在重力场中，重力对物体所做的功只与物体在这两点之间的高度差有关，而与物体实际运动的路径无关，从而使重力势能的概念具有实际意义. 理论和实践都同样证明，在电场中，电场力对电荷所做的功只与初、末位置有关，而与电荷的移动的路径无关，因此在研究电场力做功和能量转化过程中也可以引入势能的概念，即**电势能**. 用 E_P 表示.

我们知道，物体向下运动时，重力对物体做正功，重力势能减少，物体向上运动时，重力做负功，重力势能增加，并且重力做功在数值上等于重力势能的改变量.

$$W_G = \Delta E_P \qquad (5.2.1)$$

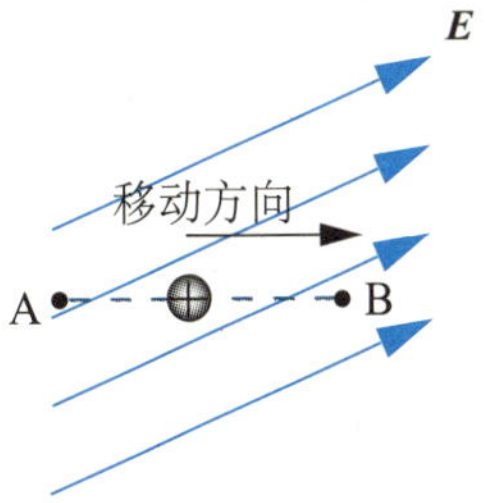

图 5.2.1　静电力对电荷做功时电势能减少

与此相似，当正电荷在电场中从 A 点移动到 B 点时，电场力做正功（图 5.2.1），电荷的电势能减少；当电荷从 B 点移到 A 点时，电场力做负功（图 5.2.2），即电荷克服电场力做功，电荷的电势能增加. 并且同样有电场力做的功在数值上等于电势能的改变，即

$$W_{电} = \Delta E_P \qquad (5.2.2)$$

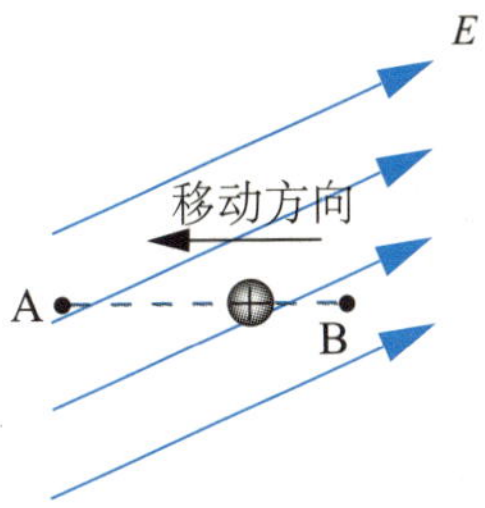

图 5.2.2　电荷克服静电力做功时电势能增加

由上式可知，静电力做的功只能决定电势能的变化量，而不能决定电荷在电场中某点的电势能的数值. 那么电荷在某一点的电势能如何确定呢？

2. 电势 同学们一定很熟悉我们常用地势的高低来反映地面的起伏不平，比较公认的就是选择海平面作为地势的基准（零点），俗称海拔高度．比海平面高的地势用正值来表示，比海平面低的地势用负值来表示．例如，珠穆朗玛峰的高度为海拔 8844.43m，四川盆地的海拔高度为 －146m. 地势的高低反映物体在该点重力势能的多少，也就是将物体从该点移至海平面高度的过程中重力所做的功．同样，在电场中移动电荷时，电场力做功，也有能量的转化，为了反映电场中静电力和能量的转化，在电场中用电势的高低来反映静电力做功和能量的转化．我们也可以选择一个零电势点，理论上把无穷远点作为零电势点，这样正电荷形成的电场中各点的电势均为正值，负电荷形成的电场中各点的电势为均负值.

实际上，我们一般可以选择大地或电器外壳为零电势点，高于零点的电势为正值，低于零点的电势为负值．在国际单位制（SI）中，电势的单位为伏特，简称“伏”，用符号 V 表示，例如 A 点的电势为 50V，记为 $U_A=50V$，表示 A 点的电势比零点高 50V，而 B 点的电势为 －30V，应记为 $U_B=-30V$，表示 B 点电势比零点低 30V. 需注意的是：某点电势的高低具有相对性，它随着电势零点的选择不同而改变．一旦电势零点变动，电场中各点的电势都会发生变化.

有了电势的概念，我们才可以确定电荷在电场中的电势能．这就要先将电场中某点的电势规定为零，电荷在其它点的电势能等于电荷量与该点电势的乘积，也等于把电荷从该点移到电势为零的点电场力所做的功．写成公式为：

$$W_P = qU \qquad (5.2.3)$$

3. 电势差 在地面上，用不同位置作为测量高度的起点，同一地点高度的数值就不相同，但某两点高度差却保持不变．同样的道理，在电场中选择不同的位置作为电势的零点，电场中各点电势的数值也会改变，但电场中某两点间的电势的差值却保持不变．正是因为这个缘故，有时电势的差值比电势更重要.

电场中两点间电势的差值叫做**电势差**，也叫**电压**，设电场中 A 点电势为 U_A，B 点的电势为 U_B，则电势差的公式可写为

$$U_{AB} = U_A - U_B \qquad (5.2.4)$$

如果 A 点的电势为 50V，B 点的电势为 －30V，那么 A. B 两点之间的电势差为

$$U_{AB} = U_A - U_B = [50 - (-30)]V = 80V$$

注意，U_{AB}表示的是 A 点与 B 点之间的电势差．电场中某点的电势等与该点和零电势之间的电势差.

电势差可以是正值，也可以为负值．如当 A 点的电势高于 B 点的电势时，U_{AB}为正值，当 B 点的电势高于 A 点的电势时，U_{AB}为负值.

电荷 q 在电场中从 A 点移动到 B 点时，电场力做功为 W_{AB}，由(5.2.2)、(5.2.3) 式，得

$$W_{AB} = E_{PA} - E_{PB} = qU_A - qU_B$$
$$= q(U_A - U_B) = qU_{AB}$$

即

$$W_{AB} = qU_{AB} \tag{5.2.5}$$

可见，在电场中 A、B 两点间移动电荷时，电场力所做的功等于电荷量和 A、B 两点间电势差的乘积，与移动路径无关.

例1 电场中 A 点的电势为 50V，B 点的电势为 -40V，将电量为 1.6×10^{-9}C的正电荷从 A 点移到 B 点的过程中，电场力所做的功是多少？在这个过程中电势能改变多少？

解： 由电场力做功的公式（5.2.5）式可知，要想求出电场力做功 W_{AB}，必先求出 U_{AB}，而

$$U_{AB} = U_A - U_B = [50 - (-40)]V = 90V$$

将此结果代入（5.2.5）式，得

$$W_{AB} = qU_{AB} = (1.6\times10^{-9}\times90)C\cdot V = 1.44\times10^{-7}J$$

由于电势能的改变等于电场力所做的功，所以

$$\Delta E_P = 1.44\times10^{-7}J$$

议一议

电势和电势差的联系和区别.

4. 匀强电场中电场强度和电势差的关系

电场强度从力的角度描述电场，电势、电势差从做功和能量角度描述电场．既然电场强度和电势都是描述电场的物理量，它们之间有什么联系呢？下面我们以匀强电场为例讨论它们的关系.

如图 5.2.3 所示，匀强电场的电场强度为 E，电荷 q 从 A 点移动到 B 点，则静电力做功 W 与 A、B 两点间的电势差 U_{AB}的关系为

$$W = qU_{AB}$$

我们也可以用静电力及其做功的公式来求出静电力所做的功．因为

$$F = qE,\ W = Fd$$

所以 $W = qEd$

比较功的两个计算结果，得

$$U_{AB} = Ed \qquad (5.2.6)$$

即匀强电场中两点间的电势差，等于电场强度与这两点沿电场方向的距离的乘积.

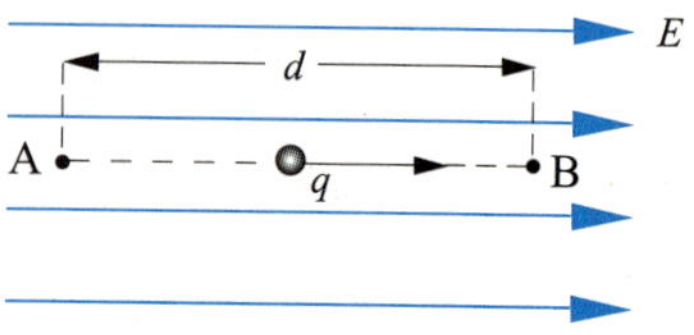

图 5.2.3　电势差与电场强度的关系

电场强度与电势差的关系也可以写成

$$E = \frac{U_{AB}}{d} \qquad (5.2.7)$$

即匀强电场的电场强度大小等于两点间的电势差与两点沿电场强度方向距离的比值. 或者说，电场强度在数值上等于沿电场方向每单位距离上降低的电势.

5. 等势面　在地理课中常用等高线来描述地势高度相同的区域，在天气预报中常用等压线来表示气压的分布，与此相似，在电场中也常用等势面来表示电势的高低.

在电场中电势相同的点构成的面叫**等势面**. 如图 5.2.4 所示给出了几种电场的等势面，为了能看出等势面与电场线的关系，图中同时也给出了电场线的分布.

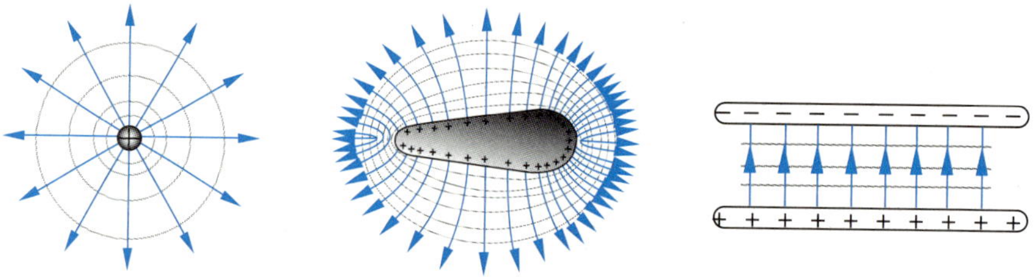

甲　点电荷的等势面　　乙　带电体的等势面　　丙　匀强电场的等势面

图 5.2.4　几种电场的等势面

等势面具有如下特征：

（1）在同一等势面上任意两点之间的电势差为零，所以在同一等势面上移动电荷时电场力不做功；

（2）两个不同电势的等势面不能相交；

（3）电场线与等势面相交时一定相互垂直，并且由电势高的等势面指向电势低的等势面. 即电场线总是指向电势降低的方向.

例2 带等量异号电荷、相距 10cm 的平行金属板 A、B 之间有一个匀强电场，其中 B 板接地，如图 5.2.5 所示，电场强度为 $E = 2 \times 10^4$ V/m，方向向下，电场中 C 点距 B 板 3cm，D 点距 B 板 8cm，F 点距 B 板 2cm，求 C、

D、F 三点电势各是多少？

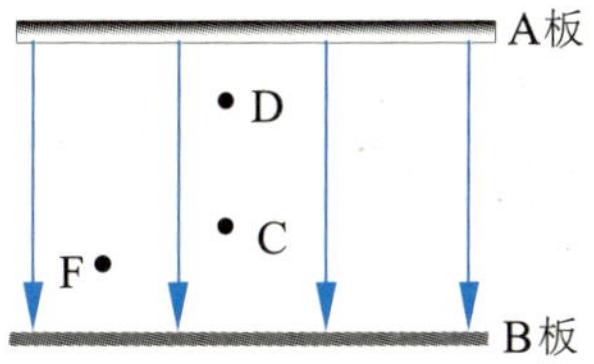

图 5.2.5

解： 电场中某点的电势等于该点和零电势点之间的电势差，所以求 C、D、F 各点的电势只有求出它们各自和零电势点之间的电势差即可.

由匀强电场中电场强度和电势差的关系 $U_{AF}=Ed$，得

$$U_C = Ed_{CB} = 2\times10^4\times3\times10^{-2} = 6\times10^2\text{V}$$

$$U_D = Ed_{DB} = 2\times10^4\times8\times10^{-2} = 1.6\times10^3\text{V}$$

$$U_F = Ed_{FB} = 2\times10^4\times2\times10^{-2} = 4\times10^2\text{V}$$

议一议

本例中可否求出任意两点之间的电势差？以 D、C 两点为例，试求它们之间的电势差. 如果 A 板接地，D、C 两点之间的电势差是否变化？

练习

1. 在下列情况下，电场力对电荷 q 做正功还是负功？电荷 q 的电势能是增加还是减少？

   A. 正电荷 q 顺着电场线移动；

   B. 正电荷 q 逆着电场线移动；

   C. 负电荷 q 顺着电场线移动；

   D. 负电荷 q 逆着电场线移动.

2. 一个电量为 $q=2\times10^{-8}$C 的电荷从电势为 100V 的 A 点移动到电势为 50V 的 B 点，求 A、B 两点的电势差为多少？电场力做功为多少？

3. 在一条电场线上如何判断两点电势的高低？电场线的方向和等势面之间有什么联系？

4. 把 $q_1=4\times10^{-9}$C 的试探电荷放在 A 点，具有的电势能为 6×10^{-8}J，求 A 点的电势. 若将 $q_2=2\times10^{-10}$C 的试探电荷放在 A 点，A 点的电势又是多少？q_2 具有的电势能为多少？

5.3 磁场 磁感应强度

议一议

轮船在浩瀚的大海航行时，是靠什么来辨别方向的？信鸽和长途迁徙的候鸟以及海龟为什么能准确找到栖息地？

1. 磁现象 人们对磁现象的发现和认识已有几千年的历史，我国汉代古籍上曾有“慈石招子”、“慈石引铁，引瓦则难”的记载．东汉学者王充在《论衡》一书中描述的“司南”，被公认为最早的磁性指南工具．指南针是我国古代四大发明之一，这项发明极大地促进了人类的远足探险和海上贸易，为人类社会的发展和进步做出了巨大贡献．

图 5.3.1 中国古代的司南

人们最早发现的天然磁石的主要成分是 Fe_3O_4，现在使用的磁铁，多是用铁、镍、钴等金属或用某些氧化物制成．天然磁石和人造磁铁都叫永磁体，磁体的各个部分的磁性强弱不同，任何磁体总有两个磁性最强的区域，叫磁极．条形磁铁折成两段，每一段仍有两个磁极．到目前为止还没有发现单个磁极存在．能够自由转动的小磁针静止时指南的磁极称为南极或 S 极，指北的磁极称为北极或 N 极．同名磁极相互排斥，异名磁极相互吸引．

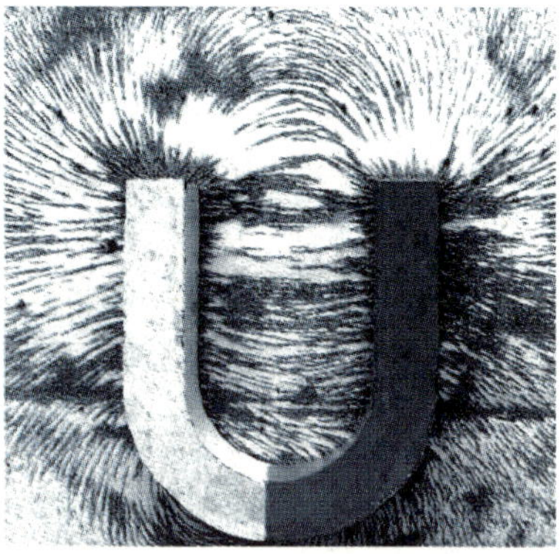

图 5.3.2 蹄形磁体的磁极

电荷之间是通过电场发生相互作用的，同样，磁极之间是通过磁场发生相互作用的．磁场是磁体周围存在的一种特殊物质，磁体通过它自己的磁场对其它磁体施加力的作用．和电场一样，磁场也有方向．

磁场的方向规定为：小磁针在磁场中 N 极所指的方向就是该点磁场的方向．

2. 电流的磁效应 1731 年，一名英国商人发现，雷电过后，他的一箱刀叉竟具有了磁性；1751 年，弗兰克林发现莱顿瓶放电可使缝衣针磁化．

丹麦物理学家奥斯特

但是，由于历史的原因，直到 19 世纪初，库仑和安培等科学家都坚持认为电学和磁学是两个互不相干的学科．18 世纪和 19 世纪之交，自然界各种运动形式之间存在着相互联系并相互转化的思想逐渐在科学界形成，丹麦物理学家奥斯特坚信，电和磁之间应该存在着联系．1820 年 4 月，终于迎来了电磁学的春天．奥斯特在一次讲演中，偶然地把导线南北方向放置在一个带玻璃罩的指南针上方，通电时指南针转动了．在场的许多学生都看到了这个现象，但只有奥斯特知道这个现象的全部意义．学生们当时并不知道，他们正是一项伟大发现的见证人．在随后几个月的时间里，奥斯特连续进行了大量的实验研究．1820 年 7 月发表论文，宣布发现了电流的磁效应，首次揭示了电和磁的联系．

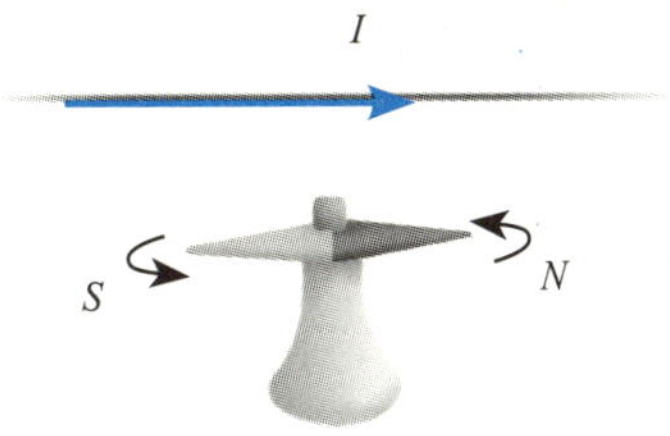

图 5.3.3 奥斯特发现电流使磁针偏转

关于这一伟大发现，安培写道：奥斯特先生已经永远将他的名字和一个新纪元联系在一起了．

奥斯特的发现使人们认识到磁场的来源不只是磁体，电流也在其周围产生磁场．

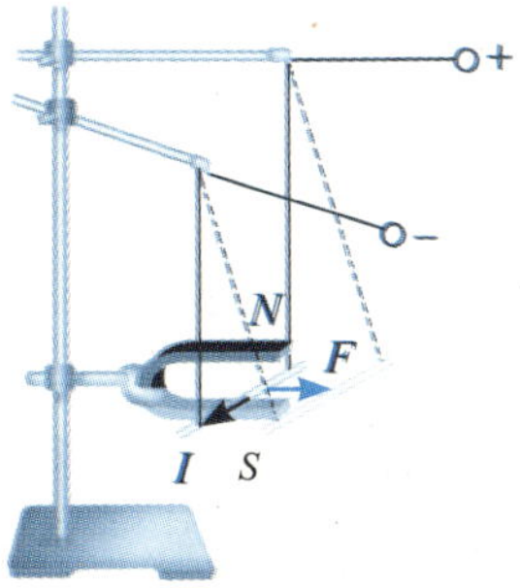

图 5.3.4 磁场对电流的作用力

奥斯特的发现也引起很多人的注意，其中取得重大研究成果的是安培．他通过大量的实验发现，不仅通电导线对磁体有力的作用，磁体对通电导线也有力的作用，任意两条通电导线之间也有力的作用．并于同年的 12 月揭示了磁场对电流作用力的规律，即安培定律．

3. 磁感应强度 在相当长的时间里，人们苦于找不到单独的 N 极或 S 极，所以没有办法检验磁场的强弱．安培的发现使人们想到了一个检验磁场强弱的有效办法．

取一小段长度为 L 的通电直导线，设其中电流为 I，物理学中将 IL 的乘积叫电流元．将电流元放置在磁场中的确定位置，使电流元的方向与磁场的方向垂直，无论怎样改变电流元中的电流 I 和导线长度 L，电流元受到的磁场力 F 与电流元 IL 的比值 $\frac{F}{IL}$ 始终是一个不变量．而在磁场的不同位置上，这个比值一般是不同的．这个比值的含义是：长度为 1m，电流为 1A 的电流元垂直于磁场放置时所受的磁场力．这个值越大，说明该点的磁场就越强，反之就越弱．因此我们用比值 $\frac{F}{IL}$ 来表示磁场中该点的强弱，叫**磁感应强度**，用 B 表示，即

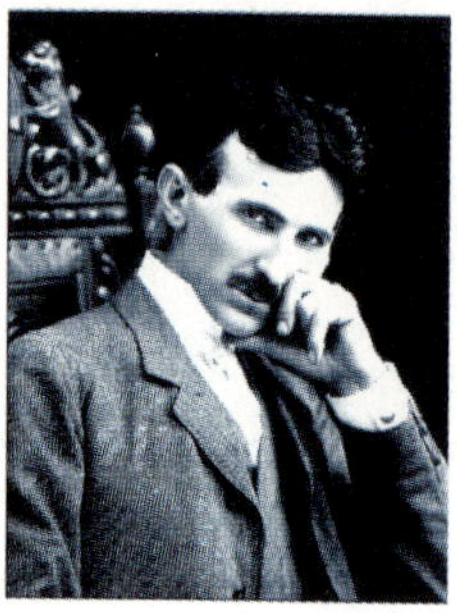

特斯拉　美国电气工程师　交流电进入实际领域的主要推动者

$$B = \frac{F}{IL} \qquad (5.3.1)$$

磁感应强度 B 的单位由 F、I、L 的单位决定，在国际单位中，磁感应强度的单位是**特斯拉**，简称**特**，用符号 T 表示．

$$1\text{T} = 1\text{N/Am}$$

一些磁场的磁感应强度/T

人体器官内的磁场	$10^{-30} - 10^{-9}$
地磁场在地面附近的平均值	5×10^{-5}
我国研制的作为 α 磁谱仪核心部件的大型永磁体中心磁场	0.1346
电动机或变压器铁芯中的磁场	0.8 ~ 1.7
电视机偏转线圈内的磁场	约 0.1
实验室使用的最强磁场	瞬时 10^3 恒定 37
中子表面的磁场	10^6 ~ 10^8
原子核表面的磁场	约 10^{12}

4. 磁感线 像电场一样，我们可以用一簇假想的曲线来形象地描述磁场，曲线上各点的切线方向就是该点磁场的方向，这样的曲线叫做磁感线．

关于磁感线的疏密，有一项规定：使垂直于磁场方向的单位面积上穿过的磁感线的条数，等于该处磁感应强度的数值．这样，磁感线的疏密就表示该点磁场的强弱．

在实验室中我们常用磁体周围的铁屑分布来模拟磁感线的形状.

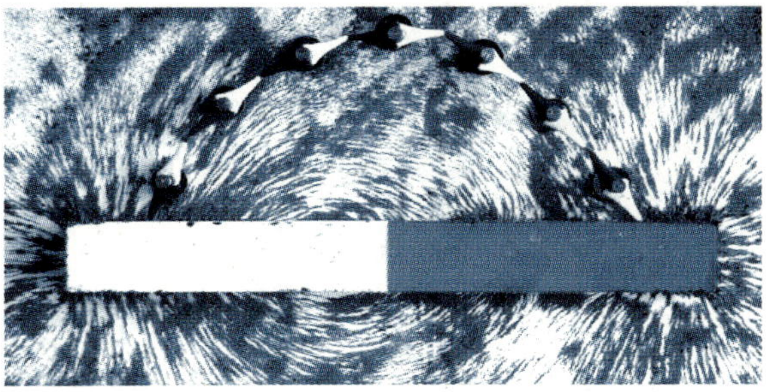

图 5.3.5　用铁屑模拟磁感线

几种常见磁体周围的磁感线，如下图所示.

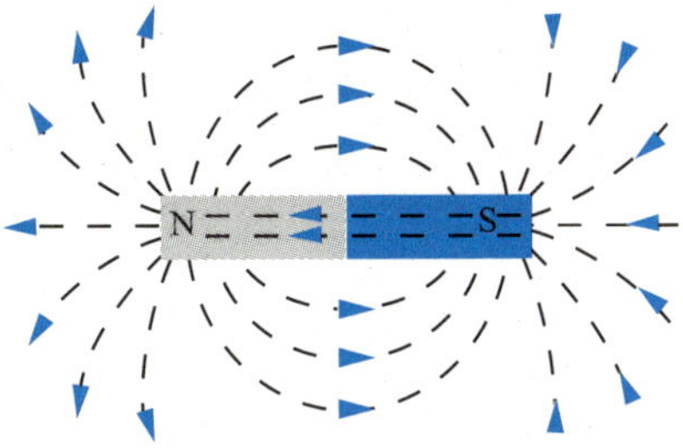

图 5.3.6　条形磁铁周围的磁感线

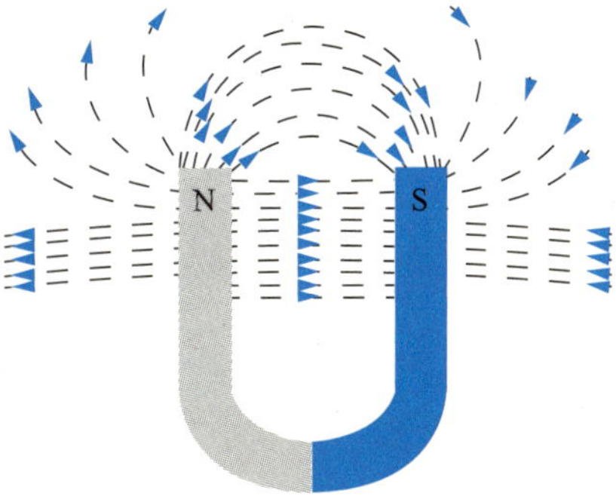

图 5.3.7　蹄形磁铁周围的磁感线

值得注意的是，与电场线不同，磁感线是闭合曲线，在磁体外部，磁感线从 N 极到 S 极，在磁体内部，磁感线从 S 极到 N 极.

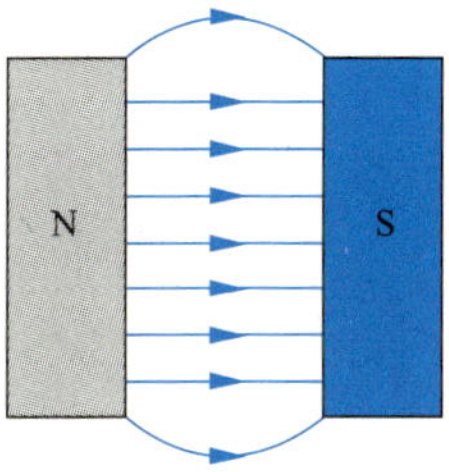

图 5.3.8　两个磁极间的匀强磁场

5. 匀强磁场　在磁场中的某一区域，如果各点的磁感应强度的大小和方向都相同，这个区域的磁场就称为匀强磁场.

匀强磁场的磁感线为一簇等距平行直线.

一般来说，距离很近的两个异名磁极之间的磁场，除边缘外，就可以看成是匀强磁场.

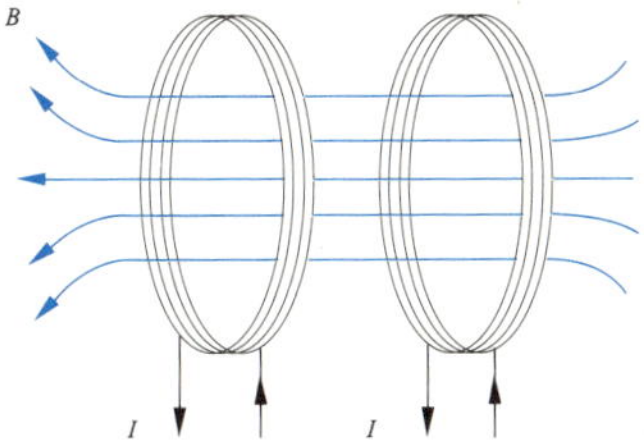

图 5.3.9　平行通电线圈间的匀强磁场

相隔一定距离的两个平行放置的线圈通电时，其中间区域的磁场也近似为匀强磁场.

例　在匀强磁场中有一条长为 5cm 的通电直导线，其中电流为 2A，电流方向与磁场方向垂直，测得导线受的磁场力为 0.1N，求此匀强磁场的磁感应强度大小为多少？

解：已知 $L=5\text{cm}=5\times10^{-2}\text{m}$，$I=2\text{A}$，$F=0.1\text{N}$，

由磁感应强度的定义式 $B=\dfrac{F}{IL}$，得

$$B=\frac{0.1}{2\times5\times10^{-2}}\text{T}=1\text{T}$$

6. 地球的磁场 发现磁针能够指向南北，这实际上是发现了地球的磁场．指南针的广泛使用，又促进了人们对地球磁场的认识．

地球的地理两极与地磁两极并不重合，因此，磁针并非准确地指南或指北，其间有一个交角，这就是地磁偏角，简称磁偏角．磁偏角的数值在地球上不同地点是不同的．不仅如此，由于地球磁极的缓慢移动，磁偏角也在缓慢变化．磁偏角的发现对于科学的发展和指南针在航海中的应用都很重要．

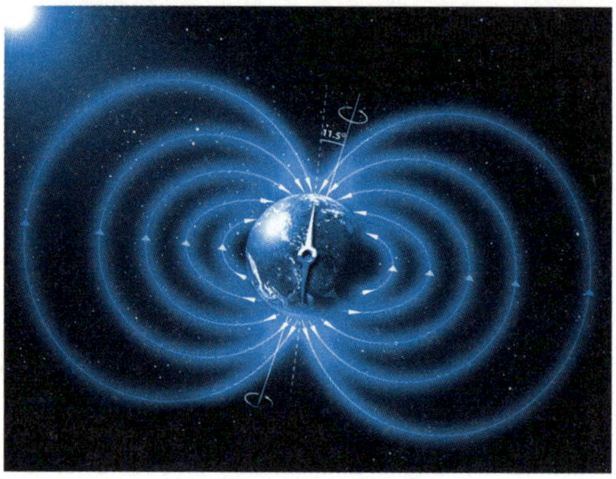

图 5.3.10 地球周围的磁场

地球有磁场，宇宙中的许多天体都有磁场．太阳表面的黑子、耀斑和太阳风等活动都与太阳磁场有关．

月亮也有磁场，阿波罗登月的重要科研活动之一，就是观测月球磁场和月岩磁性，并由此推断出，月球内部全部为固态物质．这是用其它天文方法不能做到的．对火星磁场的观测显示，火星不像地球那样有一个全球性的磁场，因此指南针不能在火星上工作．

练习

1. 生活中的许多器具都是利用磁体的磁性，如音箱、电话、磁卡等，请你观察你的生活中是否有利用磁体磁性的例子，它们是怎样工作的？
2. 有人根据 $B=\dfrac{F}{IL}$ 提出：磁场中某点的磁感应强度 B 与电流所受的力成正比，与 IL 的乘积成反比，这种说法对吗？说明理由．
3. 在匀强磁场中，有一长为 0.4m 的通电导线，导线中的电流为 20A，这条导线与磁场方向垂直时，所受的磁场力为 0.015N，求磁感应强度的大小．
4. 什么是磁感线？磁感线和电场线有什么不同？

相关链接

古地质学的惊人发现

——地球磁场的反转

同学们都知道，地球是一个大磁体，地磁的S极就在地球的地理北极附近，地磁的N极就在地理南极附近，指南针正是在地磁场的作用下，才忠实地指着南北方向．可是，在70多万年前，地球磁场的方向却与此相反，地球的N极正在地理北极附近．那时候，小磁针的N极不是指北，而是指南，科学家们又是怎样推断出几十万年前地球磁场方向的呢？

一枚缝衣针在磁铁附近被磁化时，其磁极方向就记录了当时磁场的方向，所以从缝衣针磁化后的磁场方向就可以推断磁化的那个磁铁当时的磁场方向或磁极方位．同样道理，地壳的岩浆在冷却形成岩石的过程中，也会受到地球磁场的磁化，而且会保持一些磁性（岩石的剩磁），通过对不同地质时期形成的岩石的磁性分析，就可以推断出岩石形成那个年代的地球磁场情况．古岩石就像记录着地球磁场变化的计算机磁盘．

科学家们在对同一地区古岩石的大量分析中发现，有的岩石剩磁和现在的地磁场方向相同，有的剩磁方向与现在的地磁场方向相反，不仅陆地上的岩石有这种地磁异常，各大洋的洋底岩石也大量存在着地磁异常．

从岩石层磁性的这些变化，科学家推断出地球磁场的方向曾经与现在相反，而且这种地磁反转在最近500万年里曾经发生过10次之多．

科学家在对古岩层的磁性进行观测时还注意到，不仅不同地质时期的岩石磁化方向不同，分布在不同大陆上的同一地质时期的古岩石的剩磁方向也不相同，难道同一时期地球有多个南北磁极？经过多方面的研究，科学家们才认识到这种地磁异常是由于大陆在漫长的地质历史过程中有漂移运动．不同大陆的漂移方向不同，因此大陆现在的位置和方向已经不是岩石磁化时的位置和方向了．这也是对大陆漂移学说的一个支持．

科学研究还发现，地球磁场正在逐渐减弱，如果这种趋势保持下去，再过两千年地球磁场就会消失，而地磁的消失会对地球生物圈造成毁灭性的打击，而且科学家目前还不知道这种减弱趋势会不会逆转．

5.4 磁场对电流的作用力

议一议

奥斯特实验之后，安培等人又做了很多实验研究.

他们发现，不仅通电导线对磁体有力的作用，磁体对通电导线也有力的作用. 正像电荷之间的力是通过电场传递的一样，磁体与磁体之间、磁体与通电导线之间以及通电导线与通电导线之间的相互作用都是通过它们的磁场传递的. 那么通电导线周围的磁场和磁场对电流的作用力有什么规律呢?

法国物理学家安培

1. 电流的磁场 把小磁针放到通电直导线附近，根据磁针的指向，可以看出周围磁场的分布，如图 5.4.1 所示. 直线电流的磁场方向可以用**安培定则**方便地表示：右手握住导线，让伸直的拇指所指的方向与电流方向一致，弯曲的四指所指的方向就是磁感线环绕的方向. 这个规律也叫**右手螺旋定则**，如图 5.4.2 所示.

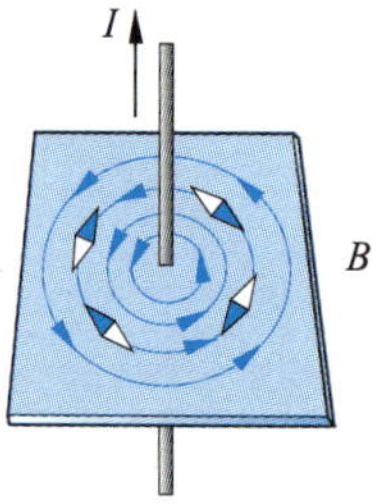

图 5.4.1 通电直导线磁感线的分布

图 5.4.2 安培定则

环形电流的磁场方向也可以用小磁针来显示，如图 5.4.3 所示并且还可以用另一种形式的安培定则来判断：让右手弯曲的四指与环形电流的方向一致，伸直的拇指所指的方向就是环形导线轴线上磁感应强度的方向，如图 5.4.4 所示.

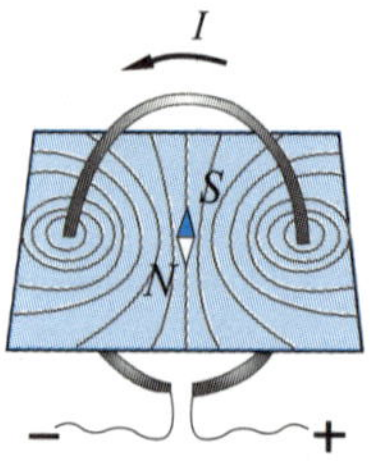

图 5.4.3 环形电流磁感线的分布

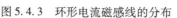

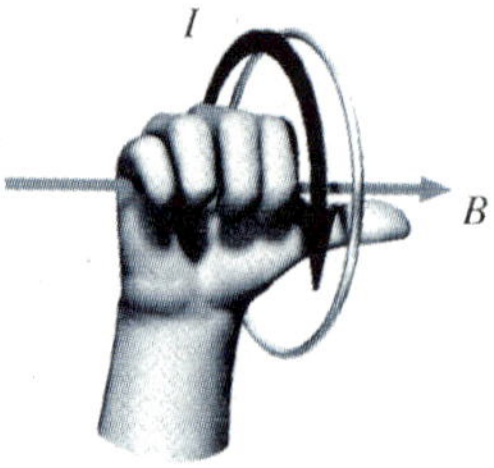

图 5.4.4 安培定则

做一做

给图 5.4.5 所示的线圈通以不同方向的电流，观察小磁针的旋转方向，判断出磁场的方向，再根据安培定则判断出磁场的方向，看一看结果是否相同？因为线圈的电阻很小，可能使电源过载，所以通电电压应选较小为宜.

图 5.4.5　用小磁针指示磁场方向

环形电流其实就是只有一匝的通电螺线管，通电螺线管则是许多匝环形电流串联而成的. 因此，通电螺线管的磁场也就是这些环形电流的磁场的叠加. 所以，环形电流的安培定则也可以用来判定通电螺线管的磁场，这时，拇指所指的方向是螺线管内部的磁场的方向. 从外部看，通电螺线管的磁场相当于一个条形磁铁的磁场，所以用安培定则时，拇指所指的是它的 N 极的方向，如图 5.4.6 所示.

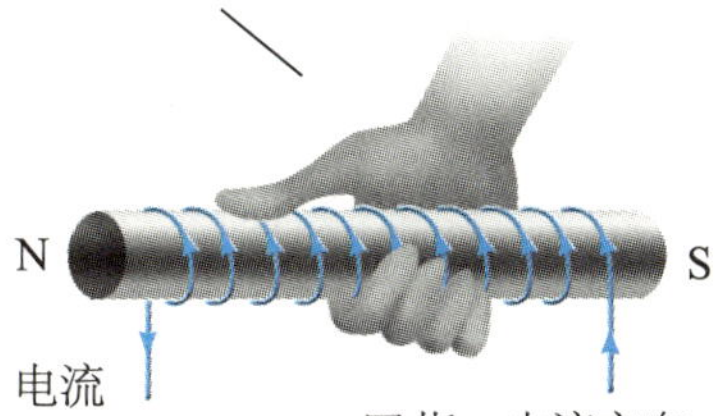

图 5.4.6　右手安培定则

安培在研究磁场与电流的相互作用方面做出了杰出的贡献，为了纪念他，人们把通电导线在磁场中受到的力称为**安培力**.

2. **安培力**　我们首先研究安培力的方向与哪些因素有关.

演示实验

如图 5.4.7 所示，三块相同的蹄形磁铁并列放置，可以认为磁极间的磁场是均匀的. 将一根直导线水平悬挂在磁铁的两极间，导线的方向与磁感线的方向垂直.

改变导线中的电流方向，观察导线所受安培力方向是否改变.

上下交换磁极的位置以改变磁场的方向，观察受力方向是否改变.

总结这两种情况，试着找出电流方向、磁场方向、安培力方向之间的关系.

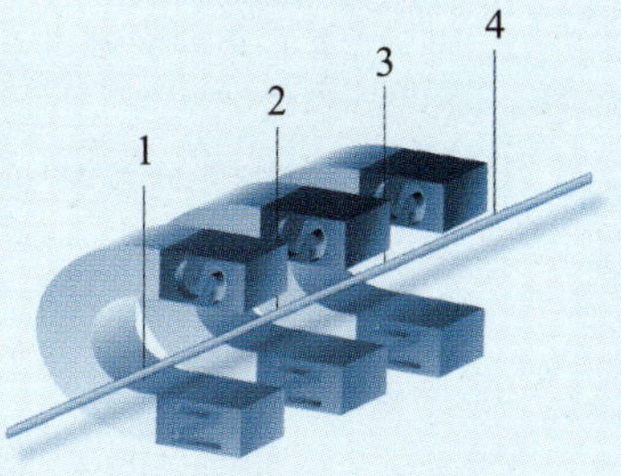

图 5.4.7　演示影响通电导线受力的因素

通电导线在磁场中所受安培力的方向，与电流、磁感应强度的方向都垂直，它的指向可以用以下方法判定：伸开左手，使拇指与其余四指垂直，并且都与手掌在同一个平面内．让磁感线从掌心进入，并使四指指向电流的方向，这时拇指所指的方向就是通电导线在磁场中所受安培力的方向．这就是判断通电导线在磁场中受力方向的**左手定则**.

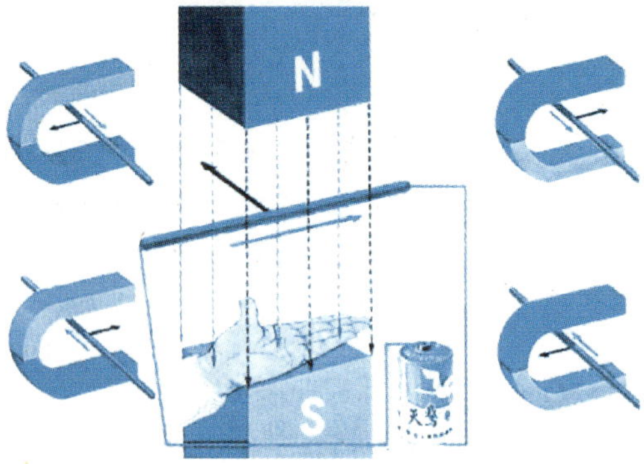

图 5.4.8　安培力的指向用左手定则判定

磁场、安培力的问题，在许多方面都与电场、库仑力的问题相似．然而，安培力要比库仑力复杂得多.

研究库仑力时，用来检验电场的是点电荷，检验电荷受力的方向与电场的方向相同或相反．但研究安培力时，与电场中试验电荷作用相当的是一个有方向的电流元，电流元受力的方向与磁场的方向、电流元的方向三者不在同一条直线上，而且不在一个平面里．因此，研究安培力的问题要涉及三维空间．

观察与思考

如图 5.4.9 所示，两根靠近的长直导线相互平行，当通以电流时会通过磁场发生相互作用，每根导线都处于对方所产生的磁场中，请同学们用所学过的知识讨论并预测在什么情况下两条导线相互吸引？什么情况下两条导线相互排斥？然后用实验检验.

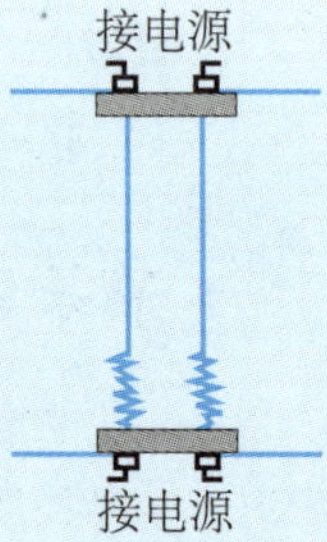

图 5.4.9　两根平行导线

现在我们利用图 5.4.7 的实验装置来研究安培力的大小与哪些因素有关.

先保持导线通电部分的长度不变，改变电流的大小，观察通电导线摆动的角度，根据角度的大小我们可以判断出安培力的大小，摆动角度越大，说明安培力越大，反之越小.

再保持电流不变，改变导线通电部分的长度，观察通电导线摆动的角度是否变化．注意导线长了，重量也大了，若角度不变，说明安培力也大了．

实验表明：通电导线与磁场垂直时，它受到的安培力的大小与导线的长度成正比，又与导线中的电流成正比，写成公式：

$$F = ILB \tag{4.5.1}$$

此公式只能计算 I 与 B 垂直时的安培力的大小，当磁感应强度 B 的方向与导线电流方向成 θ 角时（图 5.4.10），安培力的公式变为

$$F = ILB\sin\theta \tag{4.5.2}$$

可见当 $\theta = 90°$ 时，即电流与磁场垂直时，安培力有最大值 $F = ILB$. 当 $\theta = 0°$ 或 $\theta = 180°$ 时，即电流与磁场平行时，安培力为零.

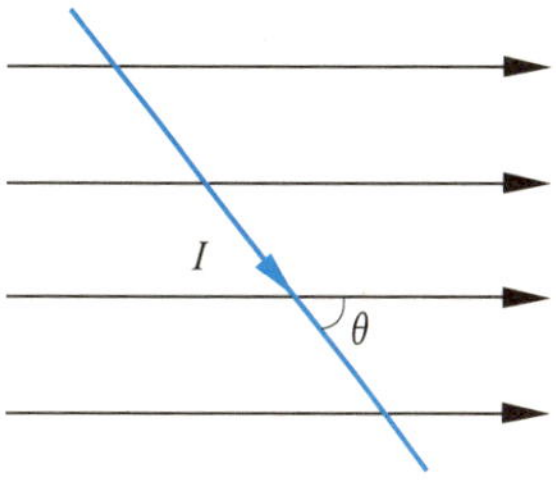

图 5.4.10　电流与磁场不垂直时安培力的计算

3. 电磁仪表及电动机原理　如图 5.4.11 所示，电磁仪表和电动机的最基本组成部分是磁铁和放在磁铁两极之间的线圈，当电流通过线圈时，两侧导线受到安培力的作用，方向可用左手定则判定．由于线圈两侧安培力的方向相反，于是线圈就在磁场中转动．这就是电磁仪表和电动机的工作原理.

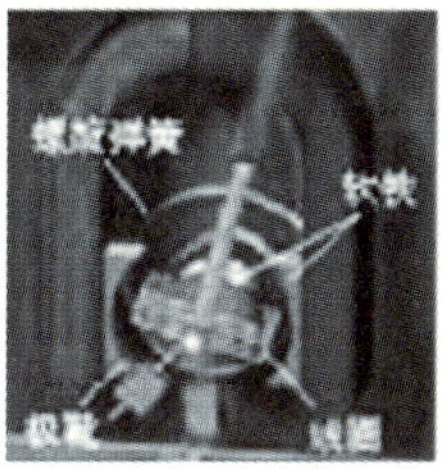

图 5.4.11　电磁仪表的内部结构

例　在磁感应强度为 $B = 1\times10^{-2}$T 的匀强磁场中，有一条与磁场方向垂直、长为 8cm 的通电直导线，通电电流的大小为 1A，如图 5.4.12 所示，通电导线所受的安培力的方向垂直纸面向外，求导线所受安培力的大小和判断电流的方向？

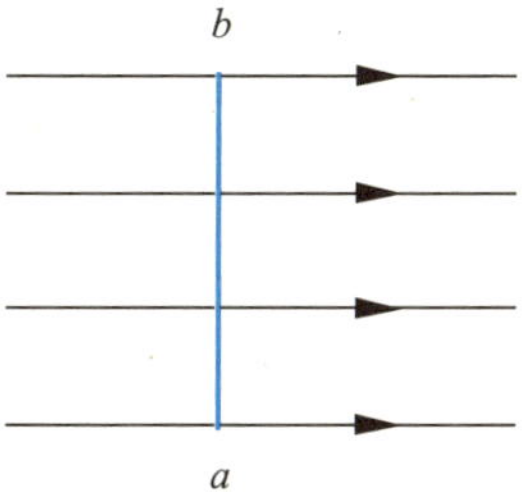

图 5.4.12

解：根据电流与磁场垂直时安培力的计算公式

$$F = ILB$$

得

$$F = 1\times8\times10^{-2}\times1\times10^{-2}\text{N}$$
$$= 8\times10^{-4}\text{N}$$

由左手定则可判定出电流方向由 b 到 a.

做一做

将一白炽灯泡接在交流电源上使其正常发光，用一个蹄形磁铁慢慢接近灯泡，如图 5.4.13 所示会发现灯丝颤动起来，想一想是什么道理？

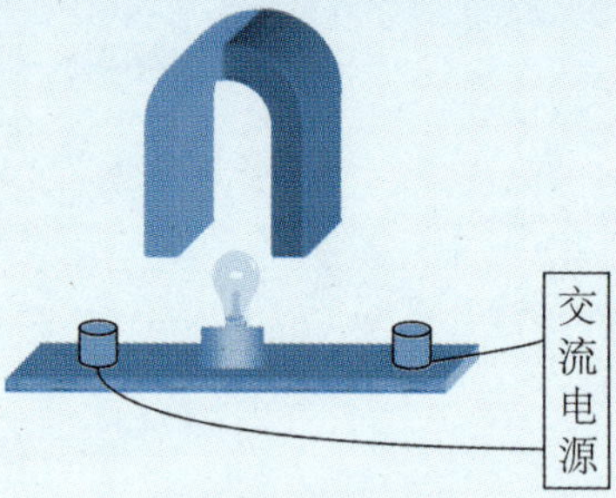

图5.4.13

练习

1. 通电直导线放在匀强磁场中，磁感应强度的方向和电流方向如图 5.4.14 所示，请在图中标出安培力的方向.

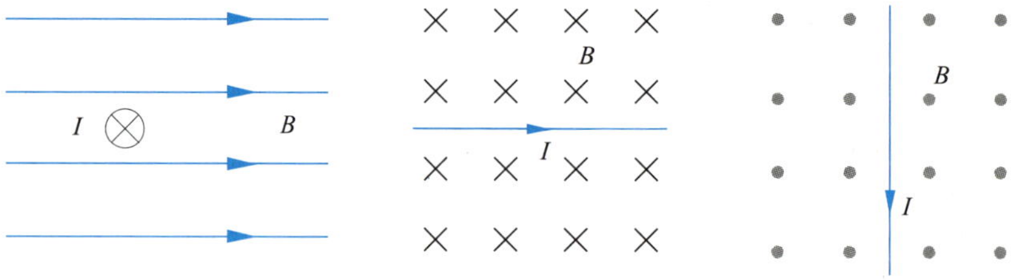

图 5.4.14

2. 简述电场力的方向和磁场力的方向在判断方法上有什么不同.

3. 电流为 3A 的通电直导线有 0.2m 长度处在磁感应强度为 2T 的匀强磁场中，当电流方向与磁场方向成 90° 角时，导线所受的安培力为多大？当电流方向与磁场方向平行时，所受的安培力为多大？

5.5 电磁感应

议一议

奥斯特的实验证明了电可以生磁，指出了电和磁的内在联系．当时引起很多人的关注，但坚持10年不懈研究的只有法拉第，他在1831年完成了磁生电的试验，造出世界上第一台发电机，为人类最终进入电气化时代作出决定性贡献．法拉第怎么做的实验？在什么情况下磁能生电？磁生电遵循什么规律？

1. 划时代的发现 法拉第认为，很强的磁铁或很强的电流可能会在附近的闭合导线中感应出电流．他做了许多尝试，经历了一次次失败，都没有预想的结果．但是，法拉第坚信，电与磁有联系，电流能产生磁场，磁场也就一定能产生电流．在这种信念的支持下，1831年他终于发现了电磁感应现象：把两个线圈绕在一个铁环上，一个线圈接电源，另一个线圈接"电流表"，当给一个线圈通电或断电的瞬间，在另一个线圈中出现了电流．他在1831年8月29日的日记中写下了首次成功的记录．

英国物理学家法拉第

法拉第在奥斯特之后进一步揭示了电现象与磁现象之间的密切联系．

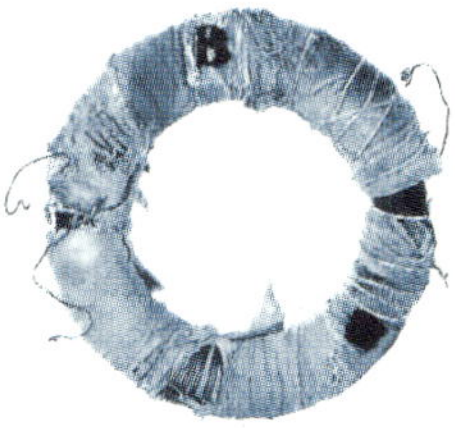

图 5.5.1 法拉第用过的线圈

2. 电磁感应现象 我们在初中学过，闭合电路的一部分在磁场中做切割磁感线的运动时，导体中就产生电流．物理学中把这类现象叫做**电磁感应**，由电磁感应产生的电流叫做**感应电流**．

电磁感应现象的发现为完整的电磁学理论奠定了基础，拉开了电气化时代的序幕．我们今天正在享受着电磁感应给人类带来的各种恩惠．

在什么条件下能产生电磁感应？

让我们先做三个简单的实验，看看什么是电磁感应．

实验一：导体切割磁感线

如图 5.5.2 所示，导体 AB 与电流计连成一个闭合回路．导体 AB 在磁场中做切割磁感线的运动时，电流计即发生偏转，说明回路中有电流产生，切割方向相反时，电流也反向．这里磁场的情况没有变化，但是由于导体的切割运动，使得回路所包围的面积发生了变化，从而产生了电流.

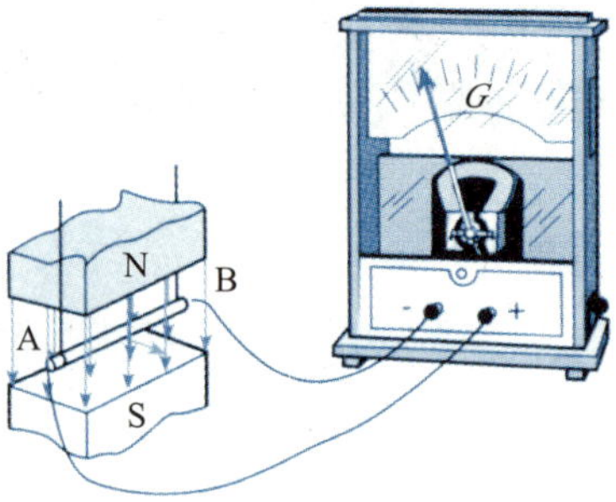

图 5.5.2　导体切割磁感线

实验二：在线圈中插拔磁铁

如图 5.5.3 所示，用一个空心螺线管连接电流计组成一个闭合电路．在线圈中插拔磁铁时，电流计的指针发生偏转，说明线圈中产生了电流．磁铁插入或拔出时，电流计指针偏转方向相反；插拔时改变磁极的方向也会使电流的方向相反．但是磁铁与线圈相对静止时，电流计指零，线圈中无电流．

图 5.5.3　磁铁插入、抽出或停在线圈中时，电流表示数如何变化？

实验三：在一个螺线管中插拔另一个螺线管

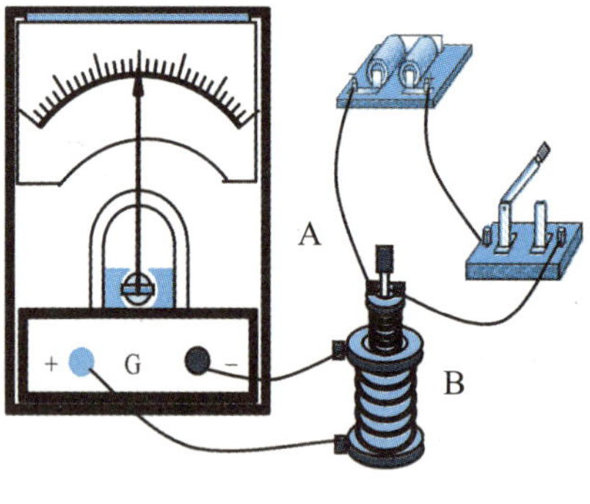

图 5.5.4　通电线圈代替磁铁

如图 5.5.4 所示，把螺线管 A 套在螺线管 B 的外面，螺线管 B 的两端接到灵敏电流表上．给螺线管 A 通电时，电流表的指针发生偏转，螺线管 B 中产生了电流；当 A 中的电流达到稳定时，B 中的电流消失，断开开关使螺线管 A 断电时，B 中也有感应电流产生.

可见，产生感应电流的条件一定是与某个物理量的变化联系在一起的.

为了说清上述三个实验中产生电流的条件，我们要引入一个新的物理量——**磁通量**．设在磁感应强度为 B 的匀强磁场中，有一个与磁场方向垂直的平面，面积为 S，我们把 B 与 S 的乘积叫穿过这个面的磁通量，也可以形象地理解为穿过这个面的磁感线的数目．用字母 ϕ 表示，则

$$\phi = BS \tag{5.5.1}$$

在国际单位制中，磁通量的单位为**韦伯**，简称**韦**，用符号 Wb 表示.

上面的实验说明，当穿过闭合回路的磁通量发生变化时，回路中就会产生电流，这个现象叫做电磁感应，产生的电流叫做**感应电流**.

观察与思考

(1) 摇绳能发电

把大约 10m 长的导线的两端连在一个灵敏电流计的两个接线柱上，形成闭合电路．两个同学迅速摇动这条导线，可以看到灵敏电流计的发生偏转，请同学们解释.

图 5.5.5

(2) 再现法拉第当年所做的发现电磁感应的实验，铁心上绕有 M、N 两个线圈，当 M 线圈中的开关接通和断开的瞬间，灵敏电流计显示 N 线圈中有电流产生，请用电磁感应的条件说明.

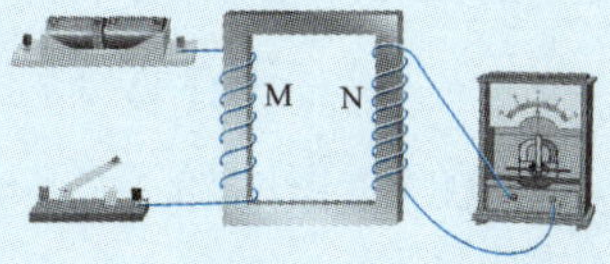

图 5.5.6　法拉第电磁感应实验装置

3. 电磁感应定律　闭合导体回路中必须有电动势才会有电流．电磁感应现象发生时，闭合导体回路中产生了感应电流，说明回路中有电动势存在．也就是说，电磁感应的直接效果是产生了电动势，这个电动势称为**感应电动势**．产生感应电动势的那部分导体相当于电源.

在图 5.5.3 所示的实验中，磁铁缓慢插入时，电流计指针偏转较小；很快插入时，电流计指针偏转较大．这说明，感应电动势的大小与磁通量变化的快慢有关.

表示变化的快慢程度称为变化率．设 t_1 时刻穿过单匝线圈的磁通量为 ϕ_1，t_2 时刻穿过单匝线圈的磁通为 ϕ_2，则在 $\Delta t = t_2 - t_1$ 内，磁通量的变化量 $\Delta\phi = \phi_2 - \phi_1$，线圈的磁通变化率为 $\Delta\phi/\Delta t$.

法拉第从大量实验中总结出：单匝线圈中感应电动势的大小，与线圈的磁通量变化率成正比，这个结论称为**法拉第电磁感应定律**．其数学表示为

$$E = \frac{\Delta\phi}{\Delta t} \qquad (5.5.2)$$

电动势的单位为伏（V），磁通量的单位为韦伯（Wb），时间单位为秒 s.

如果闭合线圈的匝数为 n，同一个铁芯上穿过每匝线圈的磁通量相同，因此整个线圈的电动势是单匝线圈的 n 倍，即

$$E = n\frac{\Delta\phi}{\Delta t} \qquad (5.5.3)$$

4. 导线切割磁感线时的感应电动势

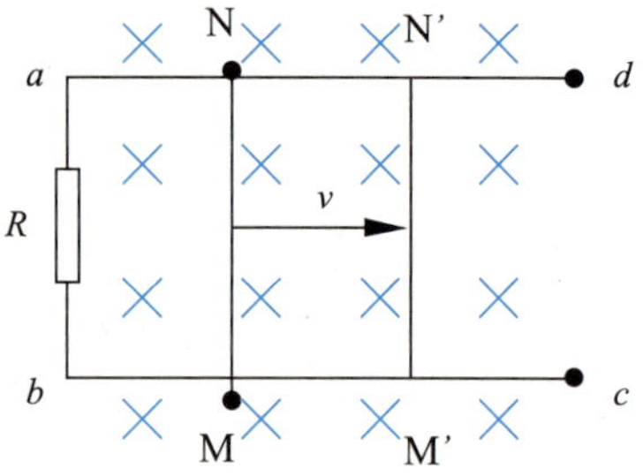

图 5.5.7

例1 如图 5.5.7 所示，匀强磁场的方向垂直纸面向里，磁感应强度为 $B=0.1\text{T}$，MN 长为 0.4m，正以 $v=10\text{m/s}$ 的速度在框架 $abcd$ 上向右匀速滑动，导线 MN 与速度方向垂直，电阻 R 的阻值为 0.8Ω，框架电阻不计，求：

(1) 导线 MN 产生的电动势的大小？

(2) 回路中产生的感应电流的大小？

解： 设在 Δt 时间内，MN 由原来的位置移动到 M′N′，这段时间内线框的面积增加了 $\Delta S=Lv\Delta t$，穿过闭合回路的磁通量的增加量为 $\Delta\phi=B\Delta S=BLv\Delta t$，根据法拉第电磁感应定律

$$E = \frac{\Delta\phi}{\Delta t}$$

求出闭合电路的感应电动势

$$E = LvB \qquad (5.5.4)$$

此公式即为导体切割磁感线产生感应电动势的计算公式，其适用条件是：磁场均匀；导体棒的方向、速度方向、磁感应强度方向三者两两垂直．在国际单位制中，B、L、v 的单位分别为特斯拉（T）、米（m）、米每秒（m/s），E 的单位为伏（V），代入数据，得 $E=0.1\times0.4\times10\text{V}=0.4\text{V}$，由闭合电路的欧姆定律，得

$$I = \frac{E}{R+r} = \frac{0.4}{0.8+0}\text{A} = 0.5\text{A}$$

5. 感应电流的方向 也许你已经注意到了，在实验二中插入和拔出条形磁铁时，线圈中的电流方向是不同的，我们在初中物理中学过右手定则，请你参照图 5.5.8，回顾实验一中导线切割磁感线的情形，用右手定则来判定感应电流的方向．但对于实验二的情形，就不能用右手定则了，有没有判断感应电流的一般方法呢？

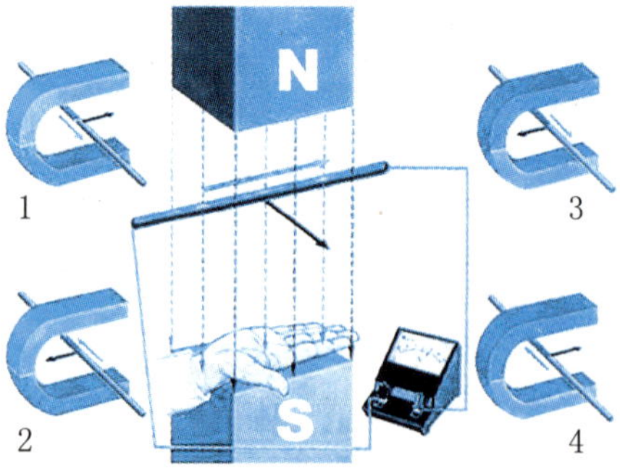

图 5.5.8

俄国科学家楞次总结了大量的试验结果，得出了判断感应电流方向的楞次定律.

楞次定律：闭合回路中产生的感应电流的磁场，总是要阻碍引起感应电流的原磁通量的变化.

需要注意的是，楞次定律并没有给出感应电流的方向，而是说明了感应电流的磁场与原来磁通量变化的关系．因此使用定律判断感应电流的方向，应按照如下步骤进行：

（1）明确回路中的磁场方向.

（2）确定穿过回路的磁通量的增减.

（3）用楞次定律判断出感应电流产生的磁场（感应磁场）的方向．原磁通量增加时，感应磁场与原磁场的方向相反；原磁通量减少时，感应磁场与原磁场方向相同.

（4）根据感应电流磁场的方向，用右手螺旋定则确定感应电流的方向.

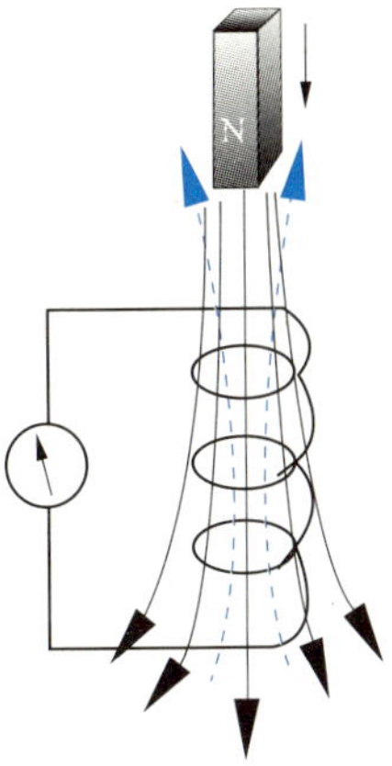

图 5.5.9　N 极插入线圈

下面举例说明楞次定律的应用.

如图 5.5.9 所示，磁铁 N 极插入线圈，穿过线圈的原磁通量（用实线箭头表示）逐渐增加，线圈中产生了感应电流．按照楞次定律，感应磁场阻碍原磁通量的增加，方向应与原磁场的方向相反（用虚线箭头表示）感应磁场的方向确定以后，用右手定则就可以判断出电流的方向.

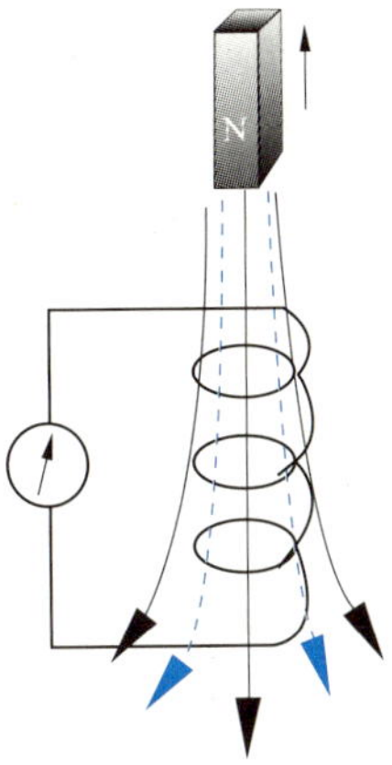

图 5.5.10　N 极拔出线圈

在图 5.5.10 中，将磁铁 N 极拔出线圈时，按上述步骤可以判断出感应电流的方向与图 5.5.9 中的方向相反.

实验表明，无论磁铁靠近还是远离线圈，线圈中的感应电流产生的磁场总是阻碍磁铁和线圈之间的相对运动．要使磁铁和闭合线圈发生相对运动，就必须克服它们之间的阻力做功，做功的结果消耗了其它形式的能，而在线圈中产生了电流，即获得了电能．所以，楞次定律符合能量守恒定律.

例2 如图 5.5.11 所示，*abcd* 是个导体框架，*MN* 是导体棒，框架平面与磁场垂直. 当 MN 向右滑动时，判断 ab 边上的感应电流方向.

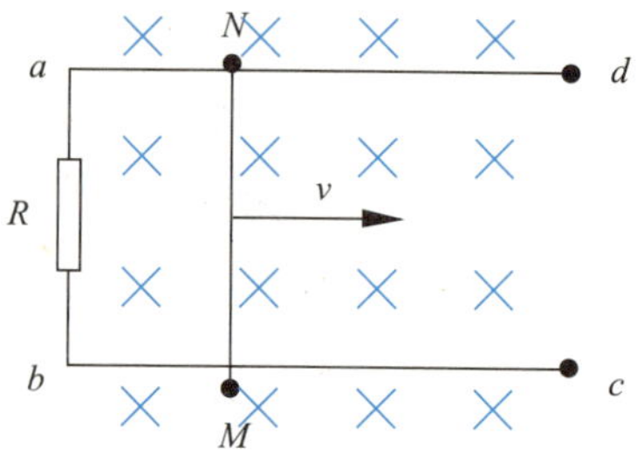

图 5.5.11

解： 可用两种方法判断．用右手定则，可以判断出 MN 中的感应电流方向是 M 到 N，在回路上则是 $MNab$. 而用楞次定律，当 MN 向右滑动时，通过框架所围面积内磁通量增加，感应磁场与原磁场方向相反，即由纸面向外，根据右手螺旋定则，可以判断出回路中的电流是 $abMN$，ab 中感应电流的方向是 a 到 b. 可见，楞次定律与右手定则的判断是一致的．

6. 电磁感应现象中能量转化与守恒 能量转化和守恒定律是自然界普遍适用的规律，在电磁感应现象中同样遵守．当闭合电路中产生感应电流时，感应电流做功，消耗了电能．一定是外力移动导体或插拔磁铁时外力做功，消耗机械能，产生的电能是由机械能转化而来的．所以在电磁感应现象中，感应电流总是抵抗产生感应电流的原因，这正是能量守恒所要求的.

麦克斯韦

7. 电磁场 前面已说过，电场和磁场都是物质，而且电和磁可以相互转换，具体表现为：电流可以产生磁场，变化的磁场可以产生感应电流．麦克斯韦对这两方面进行了深入的理论研究后指出，不仅电流可以产生磁场，变化的电场也可以产生磁场．还指出，变化的磁场之所以产生感应电流，根源在于变化的磁场产生了电场. 这样相互激发，相互产生，即“电生磁、磁生电”，就可以形成电磁波．电磁波本身就是一种物质，可以脱离电荷和电流单独存在，并在空间传播．电磁波的存在后来被赫兹用实验证实了．他们的工作为电讯时代的到来奠定了基础．在电磁波的应用如此广泛的今天，人们再也不会怀疑电磁波的真实存在了.

练习

1. 如图 5.5.12 所示，下列几种情况下，能产生感应电流的是（　　）.

图 5.5.12

2. 把一个面积为 $5.0\times10^{-2}\mathrm{m}^2$ 的单匝矩形线圈放在磁感应强度为 $2.0\times10^{-2}\mathrm{T}$ 的匀强磁场中，当线圈平面与磁场平面垂直时，穿过线圈的磁通量为多少？

3. 如图 5.5.13 所示，让线圈从位置 1 通过一个匀强磁场的区域运动到位置 2，下列说法正确的是（　　）.

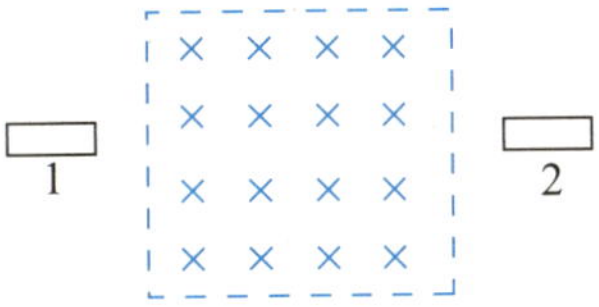

图 5.5.13

A. 在线圈进入匀强磁场区域的过程中线圈中有感应电流

B. 整个线圈在匀强磁场中匀速运动时线圈中有感应电流

C. 整个线圈在匀强磁场中加速运动时，线圈中有感应电流

D. 在线圈穿出匀强磁场的过程中，线圈中有感应电流.

4. 在国庆的庆典上，我国新型歼击机在天安门上空沿水平方向自西向东飞过，该机的翼展为 12.7m，北京地区地磁场的竖直分量为 $4.7\times10^{-5}\mathrm{T}$，该机飞过天安门时的速度为声速的 0.7 倍，求该机机翼两端的电势差.

5.6 自感 互感

1. **自感现象** 当一个线圈中的电流发生变化时，它产生的磁场也随之发生变化，这个变化的磁场不仅在邻近的电路中产生感应电动势，同样也在它本身感应出感应电动势．这种由于自身电流变化而引起的电磁感应现象叫**自感现象**．由于自感而产生的感应电动势叫做**自感电动势**．下面两个演示实验是典型的自感现象．

演示实验

按图 5.6.1 所示连接电路，两个灯泡 A_1 和 A_2 的规格相同，A_1 与线圈 L 串联后接到电源上，A_2 与可变电阻 R 串联后接到电源上．先闭合 S，调节 R，使两灯的亮度相同，再调节可变电阻 R_1 使它们都正常发光，然后断开 S，重新接通电路．注意观察开关闭合时两个灯泡的发光情况．

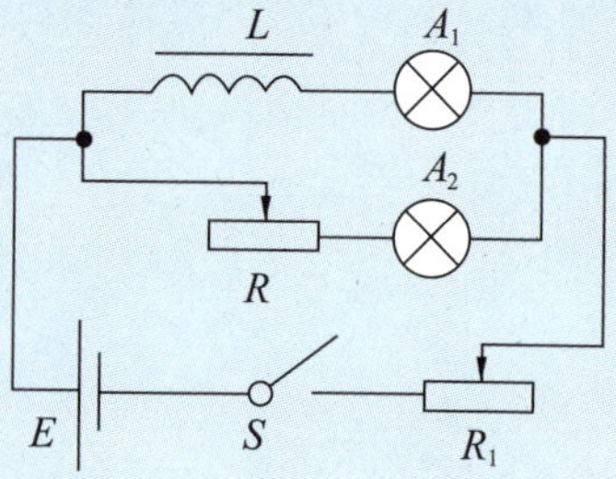

图 5.6.1 观察两灯泡是否同时亮

重新接通电路时，可以看到与变阻器 R 串联的灯泡 A_2 立刻正常发光，而与有铁芯的线圈 L 串联的灯泡 A_1 却是逐渐亮起来的，为什么会出现这样的现象呢？原来，在电路接通的瞬间，电路中的电流增大，穿过线圈 L 的磁通量也随着增加，因而线圈中必然产生感应电动势，这个感应电动势阻碍线圈中电流的增大．所以通过 A_1 中的电流只能逐渐增大，使灯泡 A_1 逐渐亮起来．

演示实验

把灯泡 A 和带铁心的线圈 L 并联在直流电路中，接通电路，灯泡 A 正常发光．断开电路，这时可以看到什么现象？

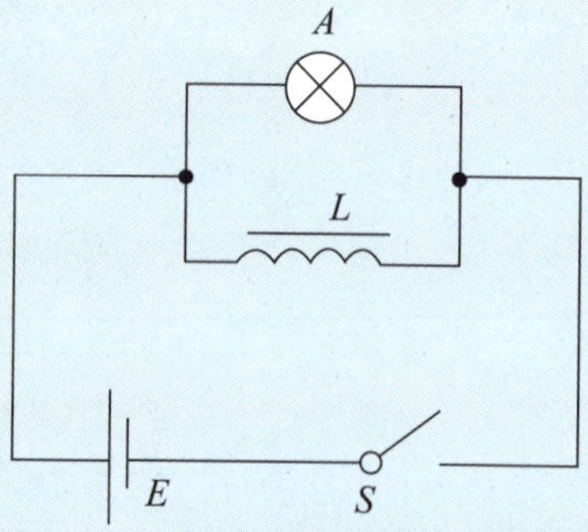

图 5.6.2 观察断开关开时灯泡亮度

灯泡 A 没有立刻熄灭，相反，它还会很亮地闪一下．为什么会出现这种现象呢？这是由于电路断开的瞬间，通过线圈的电流减弱，穿过线圈的磁通量减少，因而在线圈中产生感应电动势，阻碍电流的减少．虽然这时电源已断开，但线圈 L 和灯泡 A 组成了闭合回路，线圈 L 起到电源的作用，使回路中有感应电流流过，灯泡 A 没有立即熄灭，甚至可能使小灯泡闪亮.

从上述两个实验可以看出，当线圈中的电流发生变化时，线圈本身就产生感应电动势，这就是自感现象.

自感电动势的大小和其它感应电动势一样，与穿过线圈的磁通量变化的快慢有关．穿过线圈的磁场是电流产生的，所以穿过线圈的磁通量变化的快慢与电流的变化的快慢有关系．对于同一个线圈，电流变化越快，线圈中产生的自感电动势就越大，反之，电流变化慢，自感电动势就小．对于不同的线圈，产生自感电动势的本领也不相同，通常用自感系数表示线圈产生自感电动势的本领，当电流的变化情况相同时，自感系数大的线圈，产生的自感电动势就大．线圈的自感系数由线圈自身的匝数、面积、有无铁芯等因素决定．与线圈中的电流无关.

自感现象在各种电器设备和无线电技术中有着广泛的应用，自感线圈是交流电路中的重要元件．用线圈和电容器组成的滤波、振荡等电路是无线电设备中常用电路.

自感现象也有不利的一面．自感系数很大而电流又很强的电路在切断的瞬间，由于电流在很短时间内发生很大的变化，会产生很大的自感电动势，使开关闸刀和固定夹片之间的空气电离形成弧光放电，这会烧坏开关，甚至危及工作人员的人身安全．因此切断这类电路时，必须采用特制的开关．常见的安全开关是将开关放置在绝缘性能良好的油中，防止产生电弧.

2. 日光灯原理 日光灯是我们日常生活中最常见的照明工具，同学们一定有这样的生活经验：闭合开关后，日光灯总是要过一会儿才发光，你知道为什么吗？其实日光灯的启动就是利用线圈自感现象的例子.

日光灯由灯管、镇流器、启动器三部分组成．其各自结构和作用如下：

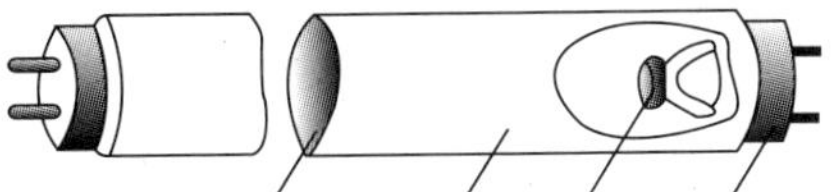

图 5.6.3　灯管的结构

日光灯的灯管两端各有一个灯丝，灯管内充有微量的氩和稀薄的汞蒸气，灯管内壁上涂有荧光粉，如图 5.6.3

所示，各个灯丝之间的气体导电时发出紫外线，使涂在管壁上的荧光粉发出柔和的可见光．管内所充的气体不同、管壁所涂的荧光粉不同，发光的颜色就不同.

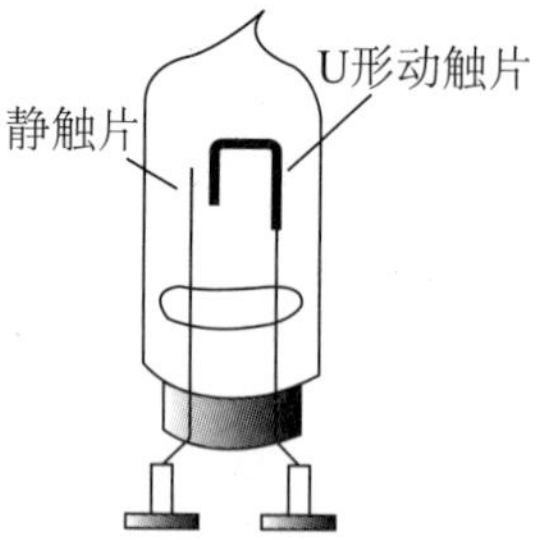

图 5.6.4　启动器

镇流器是一个带铁芯的线圈，自感系数很大．启动器的构造如图 5.6.4 所示，在充有氖气的小玻璃泡里面装有两个电极，一个是固定不动的静触片，另一个是用双金属片制成的 U 形动触片．通常动、静触片是不接触的，当双金属片受热时，两层金属膨胀的程度不同，内层的金属片膨胀的多一些，会使 U 形动触片向外伸开一些，而与静触片接触．由于日光灯管发光要使管内气体导电，而激发气体导电所需的电压比 220V 的电源电压高很多，因此日光灯在开始启动时，需要一个高出电源电压很多的瞬时高电压．当日光灯启动后正常发光时，灯管的电阻变得很小，只允许通过不大的电流，这时加在灯管两端的电压又要低于电源电压，这两方面的工作都是利用与灯管串联的镇流器来完成的.

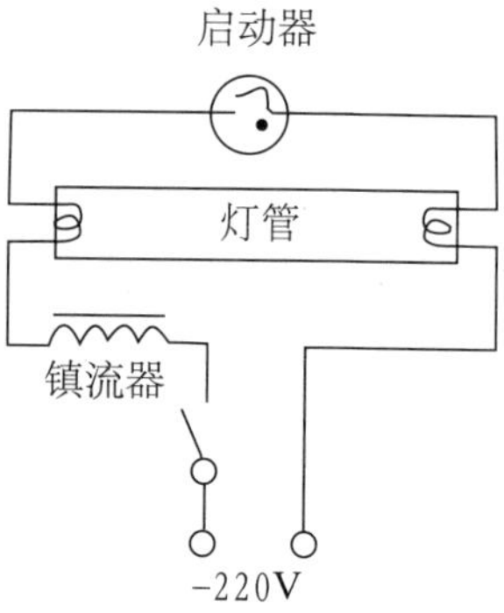

图 5.6.5　日光灯电路

在图 5.6.5 的日光灯电路中，当开关闭合后，由于灯管中的气体没有导电，电源把电压直接加在启动器的两极上，使氖气放电而发出辉光．辉光产生的热量使 U 形金属片膨胀伸开，与静触片接触而电路接通．于是镇流器的线圈和灯管中的灯丝中就有电流通过．电路接通后，启动器中的氖气停止放电，U 形金属片冷却收缩，致使两金属片分离，电路自动断开，在电路突然断开的瞬间，由于镇流器中的电流骤然减少，镇流器会产生很高的自感电动势，方向与原来的电压方向相同．这个自感电动势和原电压相加在一起，形成一个瞬时高压，加在灯管两端，使灯管中的气体放电发光，灯管成为电流的通路.

日光灯使用的是交流电，电流的大小和方向都在不断变化．在日光灯正常发光时，交流电流通过与灯管串联的镇流器线圈时线圈就会产生自感电动势，它总是阻碍电流变化的．这时镇流器就起着降压和限流的作用．保证日光灯的正常工作.

3. **互感现象　变压器**　在一个闭合铁芯上绕上两组线圈，与电源连接的线圈叫原线圈，另一个叫副线圈，当在原线圈中通以交变电流时，它在铁芯中产生交变磁通量，这个交变量磁通量同时通过原、副线圈，在两个线圈中都要产生感应电动势．如果副线圈也是闭合的，在这个线圈中就要产生交变电流，它也在铁芯中产生交变磁通量，这个交变的磁通量也要同时通过原、副线圈．在原、副线圈中同样引起感应电动势．这种由于原、副线圈中的感应电流相互感应的现象叫**互感现象**.

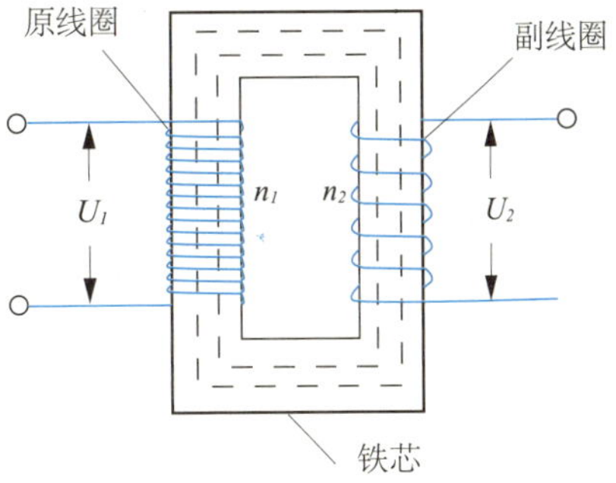

图 5.6.6　互感变压器示意图

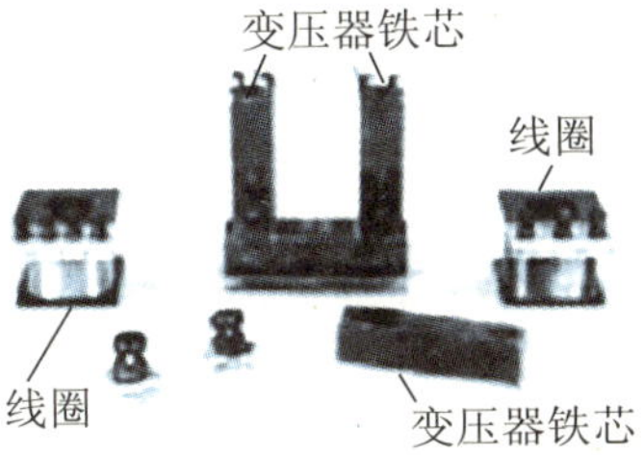

图 5.6.7　组装前的变压器

图 5.6.8　组装后的变压器

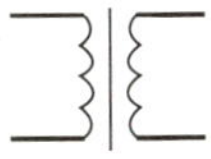
图 5.6.9　变压器符号

互感现象是变压器的工作基础．由于互感现象，绕在同一个铁芯上的两个线圈互不接触，电能却可以通过磁场从原线圈耦合到副线圈．由于原线圈与副线圈绕在同一个铁芯上，可以认为穿过两个线圈的交变磁通量相同，因而这两个线圈的每匝产生的感应电动势相等．设原线圈匝数为 n_1，副线圈的匝数为 n_2，则有

$n_1 > n_2$　　$U_1 > U_2$　　为降压变压器

$n_1 < n_2$　　$U_1 < U_2$　　为升压变压器

4. **几种常见的变压器**

图 5.6.10　发电厂大型变压器

图 5.6.11　收音机中小型变压器

图 5.6.12　街边的民用变压器

实际生活和生产实践中需要改变交流电压的场合是很多的，家用电灯、电器用220V的电压；工厂中用380V的电压；机床照明需要36V的电压；一般收音机需要的电压不超过10V. 由于变压器能安全、可靠地改变交流电压，所以交流电得到了广泛的应用.

5. 远距离输电 从发电厂到用户，往往有很长的距离，用户所需的电压主要是220V和380V，电流通常很大. 很长的输电线电阻很可观，电流流过时要损耗电能，白白地浪费掉了. 加粗导线截面可以减小电阻，降低损耗，但所用的铝或铜必然很多，建设线路的一次性投资就增加. 为了解决这一矛盾，通常采用高电压远距离输电，电厂先把电压用变压器升压，到用户处再用变压器把电压降到所需的值.

我们知道，电功率等于电压和电流的乘积，电压提高后，输送同样的功率所需电流就小，输电线路上的功率损耗就减小，导线截面就不需要太大，这样就解决了上述矛盾. 所以说，没有变压器，远距离输电实际上是不可能的.

实践活动

找一个能正常发光的日光灯，按日光灯电路找出镇流器、启动器的位置，梳理导线走向，画出电路图，看是否与图5.6.6所示一致.

练习

1. 什么是自感现象？简述自感电动势与电流的变化的关系.
2. 自感系数的大小与哪些因素有关？
3. 什么是互感现象？简述变压器的原理.
4. 为什么变压器不能改变恒定电流的电压？
5. 简述日光灯的原理.
6. 远距离输电为什么要用高压线？

章末小结

一　电荷的相互作用　电场

1. 点电荷之间的作用　库仑定律

点电荷之间的相互作用服从库仑定律，即作用力的大小与两个电量的乘积成正比，与距离的平方成反比，同性相斥，异性相吸.

2. 电场

(1) 电荷周围存在一种特殊物质，即电场，电荷之间通过电场相互作用.

(2) 电场强度表示电场强弱，是从力的角度反映电场性质的物理量. 电场强度是矢量. 知道了点电荷的场强，依据电场叠加原理，可以求出任一电荷分布产生的场强. 知道了电场强度 E，可以求出电荷 q 在电场中所受的电场力 $F=qE$.

(3) 可以用电场线定性地描述电场.

3. 电势和电势差

(1) 电势和电势差是从能量角度反映电场性质的物理量. 电势和电势差都是标量. 知道了电场中两点间的电势差 U，可以求出在这两点间移动电荷 q 时电场力所做的功 $W=qU$.

(2) 电场力做功的过程是电势能和其它形式的能互相转化的过程. 电场力做正功，电势能转化为其它形式的能，电势能减少. 电场做负功，其它形式的能转化为电势能，电势能增加.

(3) 在匀强电场中，沿场强方向的两点间的电势差 U 与电场强度 E 的关系是 $U=Ed$，其中 d 是两点间的距离.

(4) 电场可以用等势面来形象地表示. 等势面和电场线处处垂直.

二　磁场　磁场对电流的作用

1. 磁场　磁感应强度

(1) 磁场可以由永磁体产生，也可以由电流产生，通电直导线、通电圆线圈、通电螺线管的磁场绕向与电流方向的关系用右手定则判断.

(2) 磁场象电场一样，也是一种特殊物质，两者合在一起构成统一的电磁场. 它们可以脱离电荷和电流单独存在，并以电磁波的形式在空间传播.

(3) 磁感应强度是矢量，它是反映磁场强弱和方向的物理量，磁感应强度的方向规定为可自由转动的小磁针 N 极所指的方向，磁感应强度的大小定义为：在磁场中某点垂直于磁场放入一小段通电导线，该段通电导线所受的磁场力与电流和导线长度乘积的比值就等于该点磁感应强度的大小，$B=\frac{F}{IL}$.

(4) 磁场可以用磁感线来表示，要知道条形磁铁、蹄形磁铁、直线电流、通电螺线管周围磁感线的分布.

2. 磁场对电流的作用

(1) 磁场的基本性质是对放入其中的电流有安培力的作用．通电直导线垂直于磁场放置时，安培力的大小为 $F = ILB$，式中 L 为导线在垂直于磁场方向的有效长度.

(2) 安培力的方向用左手定则判断.

三　电磁感应

1. 法拉第电磁感应定律

(1) 产生感应电流的条件：穿过闭合回路的磁通量发生变化，回路中就产生感应电流.

(2) 回路中感应电动势的大小与穿过这一回路的磁通量的变化率成正比，即

$$E = n\frac{\Delta\phi}{\Delta t}$$

(3) 楞次定律：感应电流的磁场总是阻碍引起感应的电流的磁通量的变化．应用楞次定律可以判断感应电流的方向.

2. 自感互感现象

自感和互感现象是两种特殊的电磁感应现象．要知道它们的一些实际应用，如日光灯、变压器等．它们的危害要设法防止，如电闸开合时的跳火．

思考题

1. 什么是电场强度？它的定义式是什么？电场强度的方向是怎样规定的？

2. 电场线是如何描述电场强度的大小和方向的？匀强电场的电场线的特点是什么？

3. 简述电场力做功和电势能的改变之间的关系.

4. 电势和电势差的联系和区别是什么？电场力做功的特点是什么？

5. 磁场的来源有哪些？磁场的方向是如何规定的？

6. 直电流的磁场和通电螺线管的磁场的方向如何判断？

7. 安培力的大小怎样计算？安培力的方向怎样判断？

8. 产生感应电流的条件是什么？

9. 发生电磁感应现象的条件是什么？

10. 导体切割磁感线时的感应电动势如何计算？方向如何判断？

习 题

1. 当在电场中某点放入电量为 q 的正电荷时，测得该点的场强为 E，若在同一点放电量为 $q'=2q$ 的负电荷时，测得该点的场强为（　　）.

A. 大小为 $2E$，方向与 E 相同　　B. 大小为 $2E$，方向与 E 相反

C. 大小为 E，方向与 E 相同　　D. 大小为 E，方向与 E 相反

2. 关于电场线以下说法中正确的是（　　）.

A. 电场线上每一点的切线方向都与电荷在该点的受力方向相同

B. 沿着电场线的方向，电场强度越来越小

C. 电场线越密集的地方，同一检验电荷受的电场力越大

D. 沿着电场线移动电荷，电荷受电场力一定不变

3. 一电荷在电场中运动，下列关于电场力对该电荷做功的说法正确的是(　　).

A. 电荷沿电场线方向运动，电场力做正功

B. 电荷沿电场线方向运动，电场力做负功

C. 电荷沿电场力方向运动，电场力做正功

D. 电荷由电势能大处向电势能小处运动，电场力做正功

4. 关于磁感线的一些叙述，正确的是（　　）.

A. 磁感线的方向就是磁场减弱的方向

B. 磁感线的方向就是该处小磁针转动的方向

C. 某处磁感线的方向即小磁针北极在该处所受磁场力的方向

D. 磁感线是小磁针受磁场力时的运动轨迹

5. 下列说法中正确的是（　　）.

A. 一小段通电直导线放在某处不受磁场力的作用，则该处不一定没有磁场

B. 一小段通电直导线放在 A 处时受到的磁场力比放在 B 处时受到的磁场力大，则 A 处的磁感应强度一定比 B 处的磁感应强度大

C. 放在匀强磁场中各处的通电导线，受磁场力的大小、方向均相同

D. 磁感应强度的大小和方向与放在磁场中的导线所受磁场力的大小、方向无关

6. 关于电磁感应现象，下列说法中正确的是（　　）.

A. 只要有磁通量穿过电路，电路中就有感应电流

B. 只要闭合电路在做切割磁感线运动，电路中就有感应电流

C. 只要穿过闭合电路的磁通量足够大，电路中就有感应电流

D. 只要穿过闭合电路的磁通量发生变化，电路中就有感应电流

7. 长为 20cm 的直导线，在磁感应强度为 0.5T 的匀强磁场中以与磁感线垂直的方向运动，产生感应电动势大小为 0.05V，则导线运动速度是____m/s.

8. 在0.5s内把磁铁的一极插入匝数为100匝的螺线管，这段时间里穿过每匝线圈的磁通量由0增到1.5×10^{-5}Wb，这时螺线管产生的感应电动势为____V.

9. 在某电场中的A点放一个电荷量为3×10^{-8}C的点电荷q，它所受电场力的大小为6×10^{-7}N，则A点电场强度的大小为____N/C.

10. 在某一电场中A点，电量为1C的正电荷具有电势能是5J，则该点的电势为____V；若在A点放入负电荷，则A点电势为____V；若在A点不放入电荷，则A点的电势为____V.

11. 长8cm的直导线置于匀强磁场中，导线与磁感线垂直，当通电导线的电流$I=2.0$A，它受到的磁场力是0.12N，此匀强磁场的磁感应强度是多大？

12. 电场中有A、B两点，A点的场强为4.0×10^{3}N/C，A与B两点的电势差为3×10^{3}V，带电微粒电量为1.2×10^{-6}C，质量为2×10^{-12}kg，重力不计，在A点由初速度为零释放，在电场力作用下，微粒从A到B，求：

（1）带电微粒在A点时所受到的电场力多大？释放瞬间的加速度为多大？

（2）带电微粒从A移到B，电场力做了多少功？电势能减少多少？

第六章
光现象及其应用

我们的生活离不开光，光学的发展正在改变我们的生活，从最初的平面镜、透镜、显微镜、望远镜、照相机，到今天的激光仪器、光纤、光盘等等，光学的发展对人类作出了巨大的贡献.

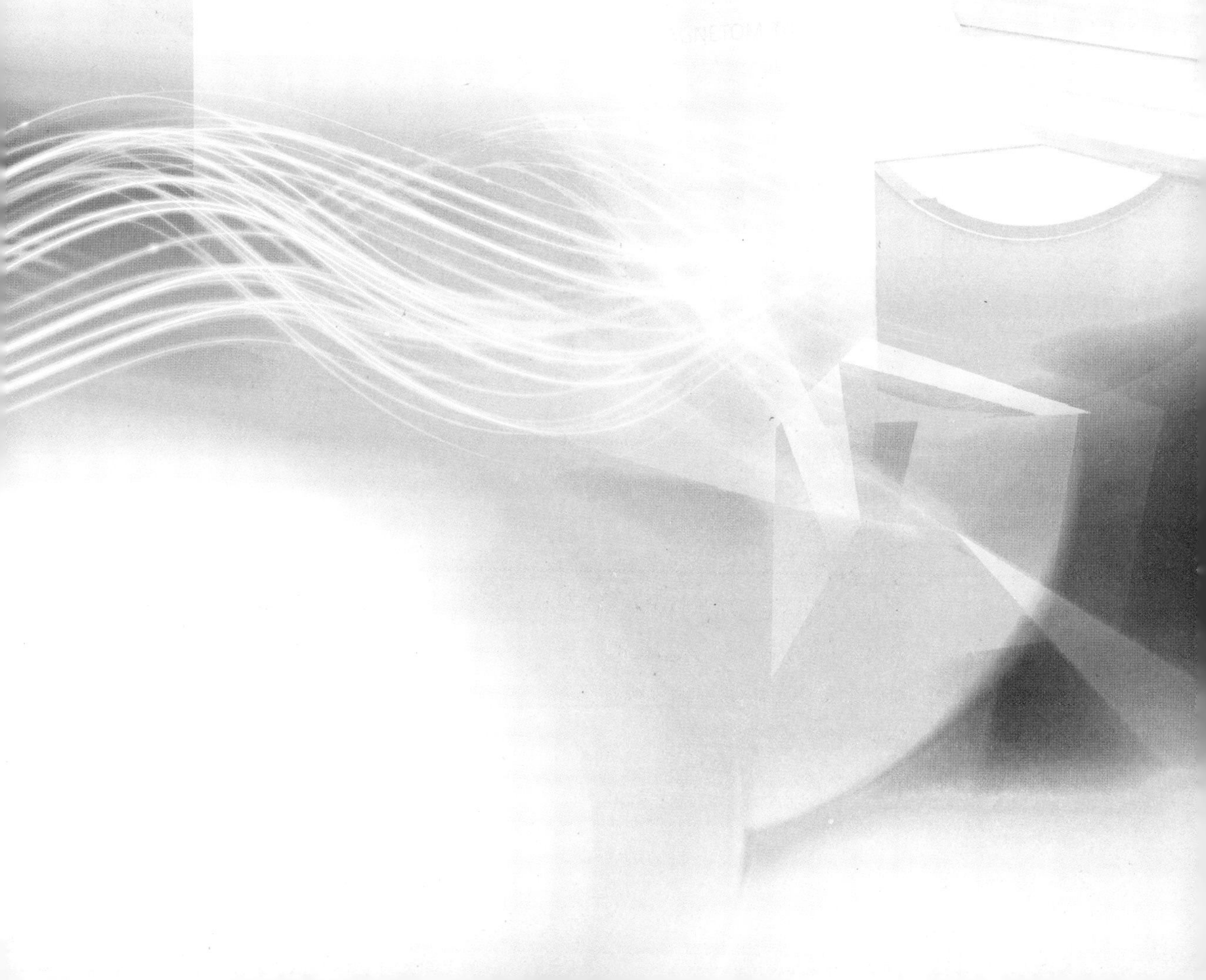

6.1 光的反射和折射定律　全反射

工具箱

能发光的物体叫光源，光源分为天然光源和人造光源．光在同种均匀介质中是按直线传播的，我们可以用一个带有箭头的直线表示光线．光在真空中的传播速度是$c = 3\times10^8$m/s.

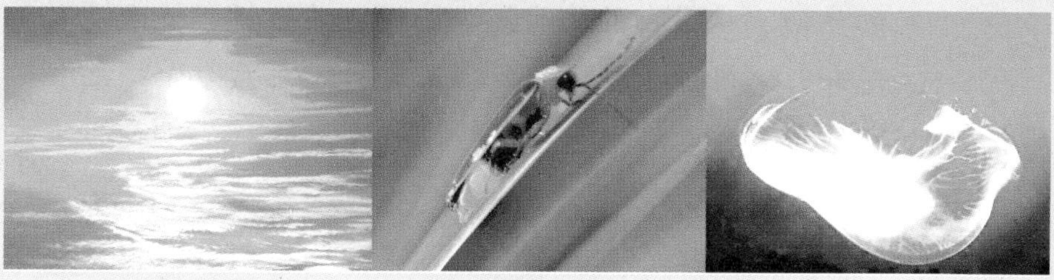

太阳　　萤火虫　　水母

图6.1.1　天然光源

蜡烛　　霓虹灯　　电灯

图6.1.2　人造光源

图6.1.3　光的直线传播

1. 光的反射和折射定律

做一做

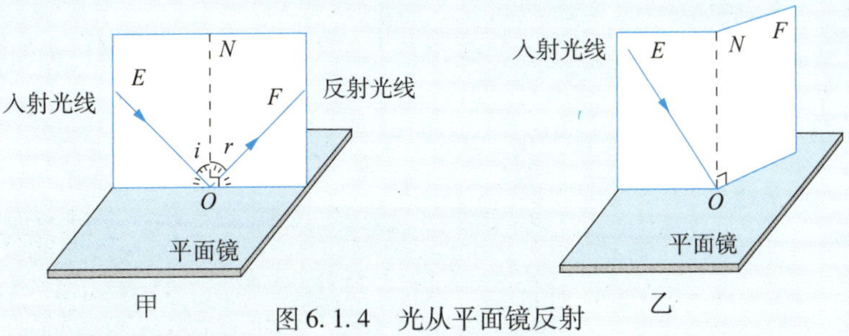

图 6.1.4　光从平面镜反射

如图 6.1.4 甲、乙所示，纸板 *ENF* 是用两块硬纸板连接起来的，把纸板向前折或向后折，关于反射光你发现了什么？

光的反射定律　反射光线与入射光线和法线在同一平面内，反射光线和入射光线分别位于法线两侧，反射角等于入射角.

这就是光的反射定律，如图 6.1.5 所示.

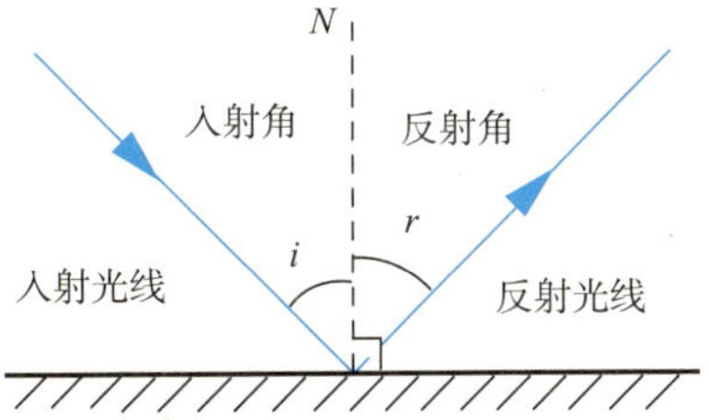

图 6.1.5　反射角等于入射角

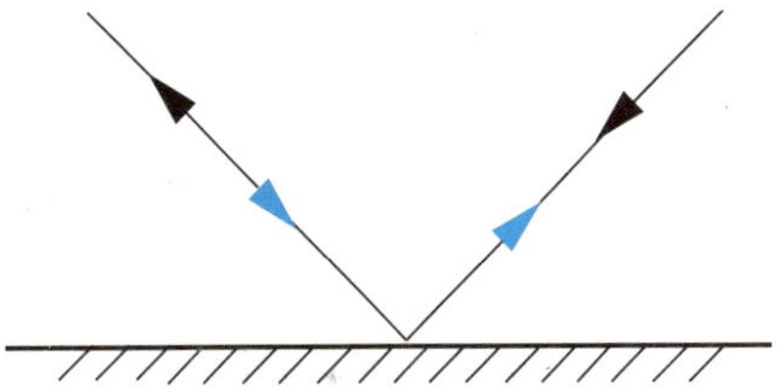

图 6.1.6　光路的可逆性

根据光的反射定律，如果使光线逆着原来的反射光线射到界面上，反射光线就逆着原来的入射光线射出. 就是说，在反射现象中光路是可逆的，如图 6.1.6 所示. 反射面是平面的反射叫做**镜面反射**，如图 6.1.7 甲所示；反射面凸凹不平的面会把光反向四面八方叫做**漫反射**，如图 6.1.7 乙所示.

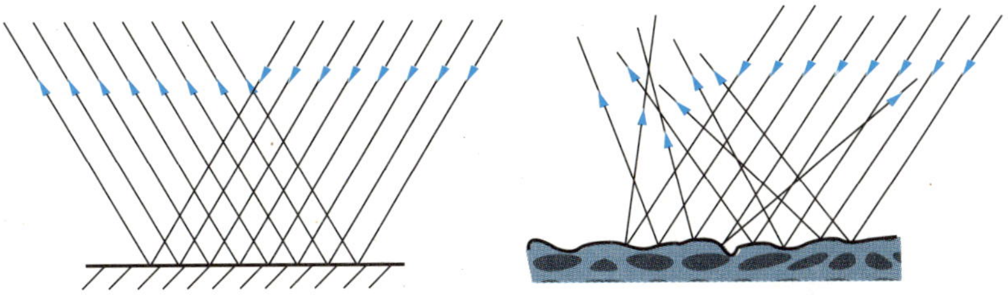

甲　镜面反射　　乙　漫反射

图 6.1.7

议一议

生活当中，你观察到哪些地方应用了镜面反射，哪些地方应用了漫反射？生活或生产当中平面镜有哪些应用？

光的折射定律 如图6.1.8所示，当光从一种介质入射到另一种介质的分界面时，有一部分光反射到原来的介质中，遵从反射定律；而另一部分光将进入到另一种介质中，光的传播方向发生了偏折，这种现象叫做**光的折射**.

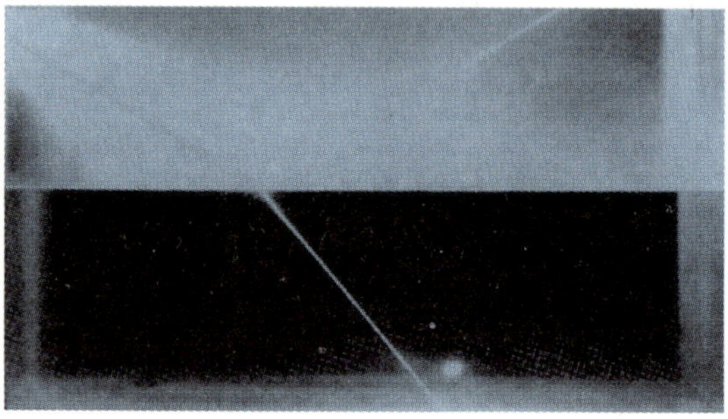

图6.1.8 光的折射

演示实验

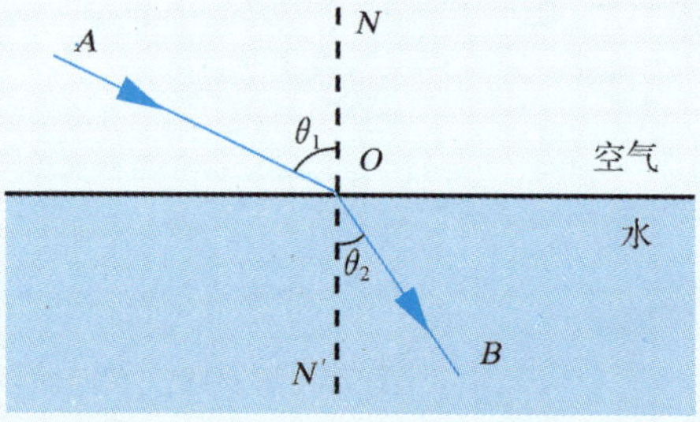

图6.1.9

让窄激光束由空气斜射向玻璃槽中的水面，玻璃槽后面衬上白纸，观察入射光的折射情况. 在图6.1.9中，入射光线和法线间的夹角 θ_1 叫做入射角，折射光线和法线间的夹角 θ_2 叫做折射角. 实验表明，折射角随着入射角而改变. 入射角与折射角之间究竟有什么定量的关系呢？

公元140年，希腊天文学家托勒密曾经认为，入射角 θ_1 与折射角 θ_2 之间存在着简单的正比关系，并且用实验方法求出了光从空气射入水中时 $\theta_2=0.7\theta_1$，从空气射入玻璃时 $\theta_2=0.67\theta_1$，从水射入玻璃时 $\theta_2=0.88\theta_1$，但是，由此计算出来的折射角，只对比较小的入射角才大致与实验结果相符，当入射角增大时，就不符合了．下表列出的是光由空气射入玻璃时入射角与折射角的一组数值．从这些数据可以看出，入射角与折射角之间并不存在简单的正比关系．

表 6.1－1

入射角 θ_1	折射角 θ_2	$\dfrac{\theta_1}{\theta_2}$	$\dfrac{\sin\theta_1}{\sin\theta_2}$
10°	6.7°	1.50	1.49
20°	13.3°	1.50	1.49
30°	19.6°	1.53	1.49
40°	25.2°	1.59	1.51
50°	30.7°	1.63	1.50
60°	35.1°	1.71	1.51
70°	38.6°	1.81	1.50
80°	40.6°	1.97	1.51

为了研究折射角与入射角的定量关系，科学家作了多方面的尝试，经历了一千多年的时间．直到 1621 年，荷兰数学家斯涅耳才终于找到了入射角与折射角之间的规律，即入射角的正弦与折射角的正弦成正比．结合初中学过的折射光线、入射光线和法线的位置关系，光的折射定律可表述如下：

折射光线与入射光线和法线在同一平面内，折射光线和入射光线分别位于法线的两侧；入射角的正弦与折射角的正弦成正比．如果用 n 来表示这个比例常数，就有

$$\frac{\sin\theta_1}{\sin\theta_2}=n \tag{6.1.1}$$

如果让光线逆着原来的折射光线射到界面上，光就会逆着原来的入射光线发生折射．这就是说，在折射现象中光路也是可逆的．

2. 折射率 光从一种介质射入另一种介质时，虽然入射角的正弦与折射角的正弦之比为一常数 n，但是对不同的介质来说，这个常数 n 是不同的．例如，光从空气射入水中时，这个常数约为 1.33；光从空气射入玻璃时，这个常数约为 1.50．可见这个常数 n 与介质有关系，是一个反映介质光学性质的物理量．常数 n 越大，光线偏折得越厉害．物理学中把光从真空射入某种介质发生折射时，入射角 θ_1 的正弦与折射角 θ_2 的正弦之比 n，叫做这种介质的**折射率**．

研究表明，光在不同介质中的速度不同．这也正是光发生折射的原因．某种介质的折射率，等于光在真空中的传播速度 c 与光在这种介质中的传播速度 v 之比．即

$$n = \frac{c}{v} \tag{6.1.2}$$

由于光在真空中的传播速度 c 大于光在任何其他介质中的传播速度 v，所以任何介质的折射率 n 都大于 1. 光从真空射入任何介质时，$\sin\theta_1$ 都大于 $\sin\theta_2$，即入射角大于折射角.

光在真空中的速度与在空气中的速度相差很小，通常情况下可以认为光从空气射入某种介质时入射角的正弦与折射角的正弦之比就是那种介质的折射率. 下表列出了几种介质的折射率：

表 6.1－2

几种介质的折射率			
金刚石	2.42	岩盐	1.55
二硫化碳	1.63	酒精	1.36
玻璃	1.5－1.9	水	1.33
水晶	1.55	空气	1.00028

例1 光在某介质中的传播速度是 2.122×10^8 m/s，当光线以 30°入射角，由该介质射入空气时，折射角为多少？

解： 由介质的折射率与光速的关系，得

$$n = \frac{c}{v}$$

又根据介质折射率的定义式，得

$$n = \frac{\sin\theta_1}{\sin\theta_2}$$

θ_1 为在空气中光线与法线间的夹角即为所求，θ_2 为在介质中光线与法线间的夹角 30°.

由上两式解得

$$\sin\theta_2 = \frac{v}{c}\sin\theta_1 = \frac{2.122\times10^8}{3.00\times10^8}\times\frac{1}{2}\approx 0.71$$

所以 $\theta_2 \approx 45°$

例2 光线从空气射入甲介质中时，入射角 $\theta_1 = 45°$，折射角 $\theta_2 = 30°$，光线从空气中射入乙介质中时，入射角 $\theta'_1 = 60°$，折射角 $\theta'_2 = 30°$. 求光在甲、乙两种介质中的传播速度之比.

解： 设光在甲介质中传播的速度为 $v_{甲}$，光在乙介质中传播的速度为 $v_{乙}$.

根据折射率的定义式，得

$$n_{甲}=\frac{\sin\theta_1}{\sin\theta_2}=\frac{\sin45^\circ}{\sin30^\circ}=\sqrt{2}$$

$$n_{乙}=\frac{\sin\theta'_1}{\sin\theta'_2}=\frac{\sin60^\circ}{\sin30^\circ}=\sqrt{3}$$

根据折射率与光速的关系，得

$$n_{甲}=\frac{c}{v_{甲}},\ n_{乙}=\frac{c}{v_{乙}}$$

得
$$v_{甲}=\frac{c}{n_{甲}},\ v_{乙}=\frac{c}{n_{乙}}$$

所以
$$\frac{v_{甲}}{v_{乙}}=\frac{\frac{c}{n_{甲}}}{\frac{c}{n_{乙}}}=\frac{n_{乙}}{n_{甲}}=\frac{\sqrt{3}}{\sqrt{2}}$$

3. 全反射 不同介质的折射率不同，我们把折射率较小的介质称为**光疏介质**，折射率较大的介质称为**光密介质**．光疏介质和光密介质是相对的，例如水、水晶和金刚石三种物质相比较，水晶对水来说是光密介质，对金刚石来说则是光疏介质．根据折射定律可知，光由光疏介质射入光密介质（例如由空气射入水）时，折射角小于入射角；光由光密介质射入光疏介质（例如由水射入空气）时，折射角大于入射角．

既然光由光密介质射入光疏介质时，折射角大于入射角，由此可以预料，当入射角增大到某一值时，折射角就会增大到 90°．如果入射角再增大，会出现什么情况呢？

演示实验

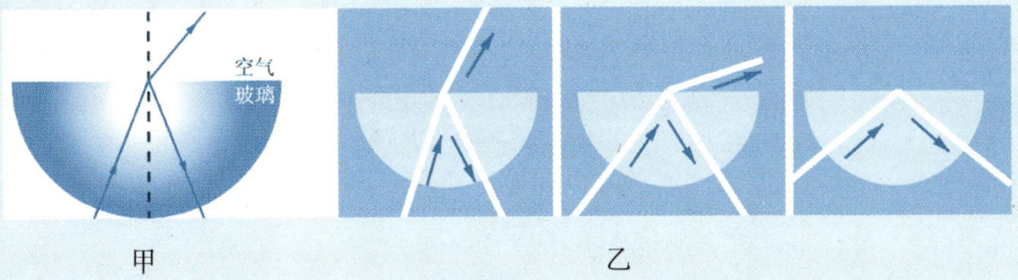

图 6.1.10　观察全反射现象

如图 6.1.10 甲所示，让光沿着半圆形玻璃砖的半径射到直边上，逐渐增大入射角，观察实验现象，如图 6.1.10 乙所示．

由实验可以看到，当光沿着半圆形的玻璃砖的半径射到直边上时，一部分光从玻璃砖的直边上折射到空气中，一部分光反射回玻璃砖内．逐渐增大入射角，会看到折射光离法线越来越远，而且越来越弱，反射光却越来越强．当入射角增大到某一角度，使折射角达到90°时，折射光完全消失，只剩下反射光，这种现象叫做**全反射**．

在研究全反射现象中，刚好发生全反射，即折射角等于90°时的入射角是一个很重要的物理量，叫做全反射的**临界角**．当光线从光密介质射入光疏介质时，如果入射角等于或大于临界角，就发生全反射现象．

议一议

不同的介质，由于折射率不同，在空气中发生全反射的临界角是不一样的．设折射率为 n 的某种介质在空气（或真空）中发生全反射时的临界角 C．请同学们讨论一下临界角 C 与射率 n 的关系．

全反射现象是自然界里常见的现象，例如，水中或玻璃中的气泡，看起来特别明亮，就是因为光线从水或玻璃射向气泡时，一部分光在界面上发生了全反射的缘故．

4. 全反射现象的应用

光导纤维 光导纤维简称光纤，我们常听到的"光纤通信"就利用了全反射的原理．为了说明光导纤维对光的传导作用，我们做下面的实验．

演示实验

如图6.1.11，在不透光的暗盒里安装一个电灯泡作光源，把一根弯曲的细玻璃棒（或有机玻璃棒）插进盒子里，让棒的前端面向着光源，玻璃棒的另一端就有明亮的光传出来．这是因为从玻璃棒的前端射进棒内的光线，在棒的内壁多次发生全反射，沿着锯齿形路线由棒的另一端传了出来，玻璃棒就像一个能传光的管子一样．

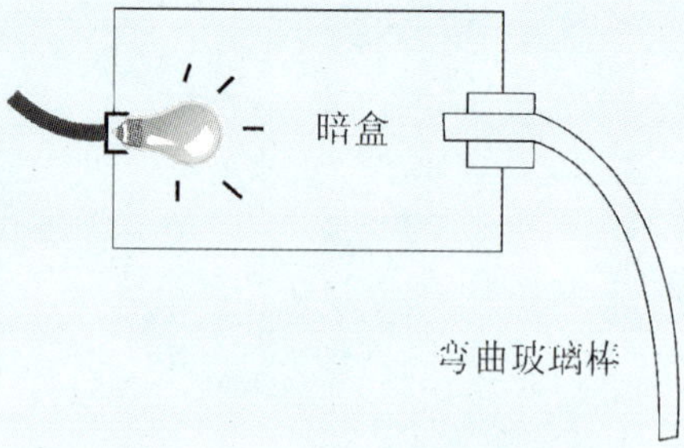

图6.1.11 弯曲的玻璃棒能传光

实际用的光导纤维是非常细的特制玻璃丝，直径只有几微米到一百微米之间，由内芯和外套两层组成．内芯的折射率比外套的大，光传播时在内芯与外套的界面上发生全反射，如图 6. 1. 12 所示.

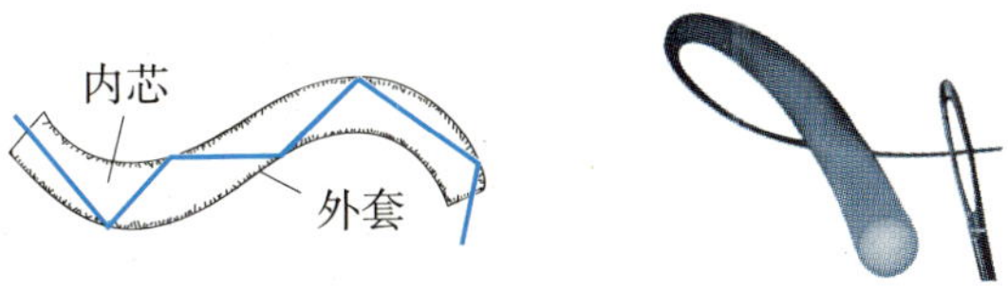

图 6. 1. 12

如果把光导纤维聚集成束，使其两端纤维排列的相对位置相同，具有亮暗色彩的图像就可以从一端传到另一端，如图 6. 1. 13 所示. 医学上用光导纤维制成内窥镜，如图 6. 1. 14 所示，用来检查人体胃、肠、气管等内脏的内部. 实际的内窥镜装有两组光纤，一组用来把光传送到人体内部，另一组用来观察.

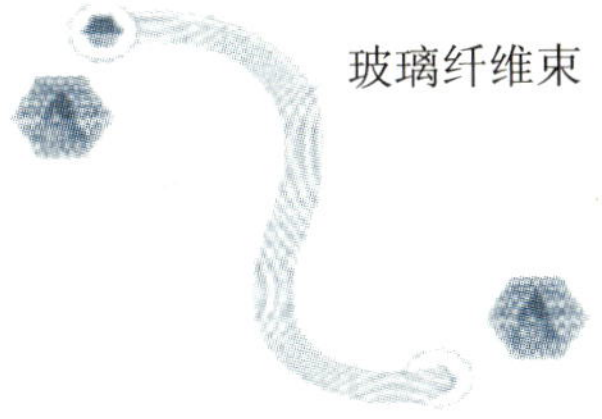

图 6. 1. 13

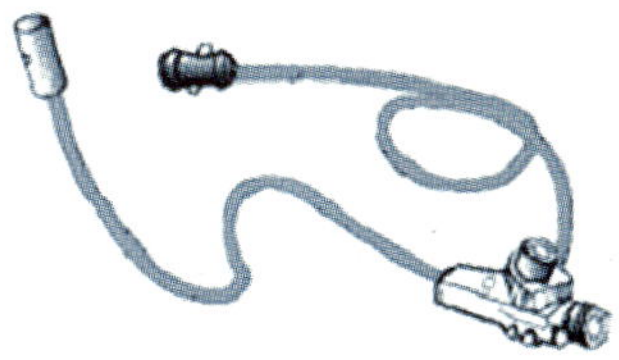

图 6. 1. 14

我们知道，光是一种电磁波，它可以像无线电波那样，作为一种载体来传递信息. 载有声音、图像以及各种数字信号的激光从光纤的一端输入，就可以沿着光纤传到千里以外的另一端，实现光纤通信.

光纤通信的主要优点是容量大、衰减小、抗干扰性强. 例如，一对光纤的传输能力理论值为二十亿路电话，一千万路电视；而当今世界最大的“国际通信卫星 6 号”也只能传输 3. 3 万路电话，4 路电视. 即便是现在已实际采用的数十万路电话的光纤通信，也较卫星通信容量大.

尽管光纤通信的发展只有三十多年的历史，但是发展速度却是惊人的. 一些发达国家不仅建立了跨越海底的光缆通信网络，而且建立了纵横城市之间的光缆通信网络. 光纤的使用前景是非常广阔的，不仅光纤电话已广泛使用，光纤电视也将会很快进入寻常百姓之家. 另外，自从光晶体管问世后，大容量、高速度的光计算机也有望得到广泛应用，这些都离不开光纤的使用.

我国的光纤通信技术起步较早，现已成为光纤通信技术较为先进的几个国家之一. 自 1982 年开始到现在，已先后开通了数十条光纤通信线路，省会城市间建成了全国性的通信网，北京电视台已在北京全市范围内铺设了有线电视光缆，如图 6. 1. 15 所示.

图 6. 1. 15　有线电视光缆中的光纤束

潜望镜　横截面是等腰直角三角形的棱镜叫**全反射棱镜**，它的作用是改变光路，如图 6. 1. 16 中的等腰直角三角形 ABC 表示一个全反射棱镜的横截面，它的两个直角边 AB 和 BC 表示棱镜上两个互相垂直的侧面. 如果光线垂直地射到 AB 面上，就会沿原来的方向射入棱镜，射到 AC 面上. 由于入射角（45°）大于光从玻璃射入空气的临界角（42°），光会在 AC 面上发生全反射，沿着垂直于 BC 的方向从棱镜射出. 如果光垂直地射到 AC 面上，如图 6. 1. 17 所示，沿原方向射入棱镜后，在 AB、BC 两个面上都会发生全反射，最后沿着与入射时相反的方向从 AC 面上射出. 由此可见，全反射棱镜可以改变光路，如图 6. 1. 18 所示.

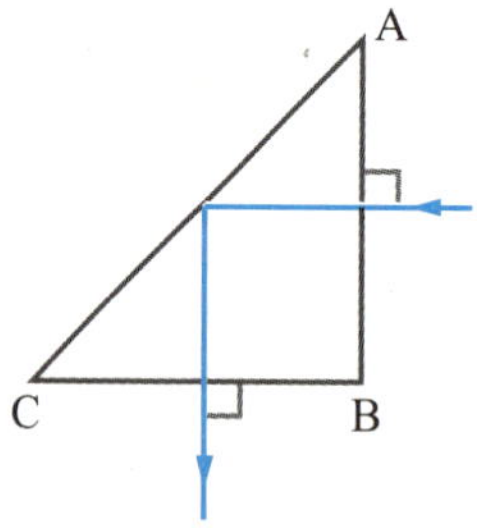

图 6. 1. 16

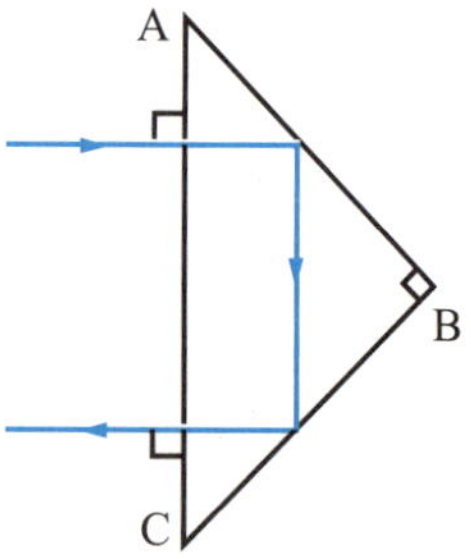

图 6. 1. 17

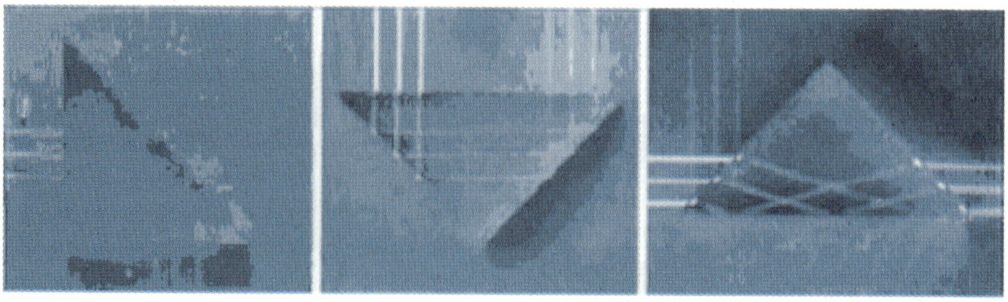

图 6. 1. 18　全反射棱镜改变光路

生活中有许多地方都用到了这一原理，例如自行车尾灯如图 6.1.19 所示，就利用了这一原理.

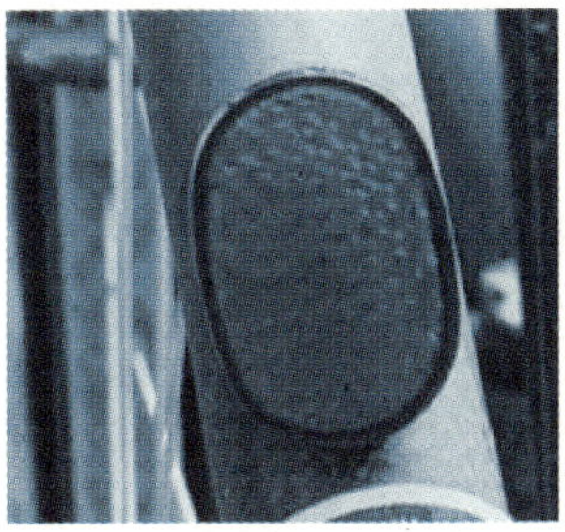

图 6.1.19　自行车尾灯

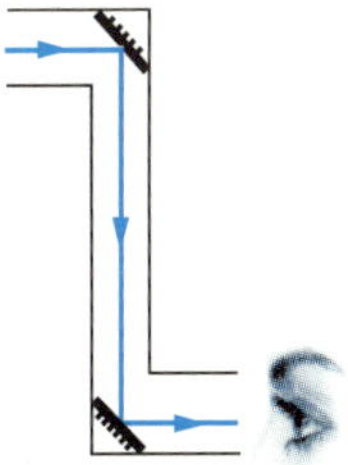

图 6.1.20　潜望镜

在光学仪器里，常用全反射棱镜来代替平面镜，改变光的传播方向. 图 6.1.20 是全反射棱镜应用在潜望镜里的光路图. 望远镜为了获得较大的放大倍数，镜筒要很长，使用全反射棱镜，就能够缩短镜筒的长度，如图 6.1.21.

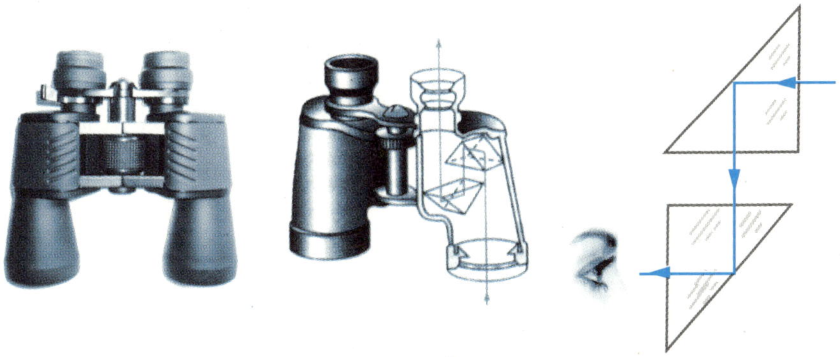

图 6.1.21　全反射棱镜在望远镜中应用

初看起来，全反射棱镜仅仅相当于一个平面镜，使用全反射棱镜的地方完全可以由平面镜替代，但实际上却不是这样. 一般的平面镜都是在玻璃的后表面镀银而成，我们前面讨论平面镜成像时，都是只考虑这个银面的反射. 实际上，平面镜的前表面即玻璃表面也反射光线，从发光点 S 发出的光线，要经过玻璃表面和银面多次反射，所以点 S 会生成多个像，如图 6.1.22 所示，其中第一次被银面反射所生成的像（主像）最明亮，而其他的像则越来越暗，一般不会引人注意. 但是对于精密的光学仪器，如照相机、

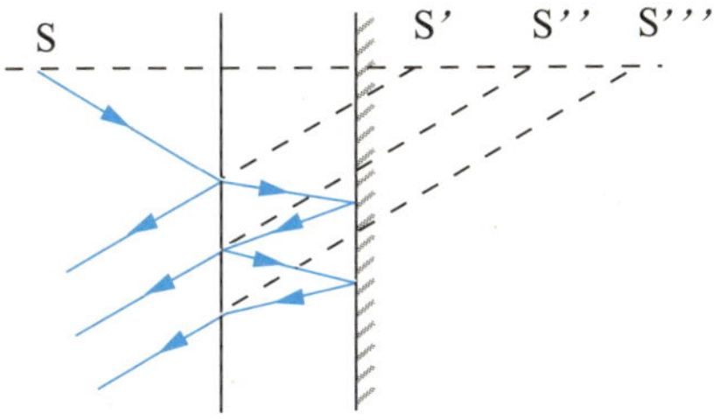

图 6.1.22

望远镜、显微镜等，这些多余的像必须除去，所以常用全反射棱镜．当然，如果在玻璃前表面镀银，就不会产生多个像，但是前表面镀银，银面容易脱落．

做一做

将电视机遥控器竖直向上放置，使其不能对电视机遥控．再将玩具“满天星”的光纤头拆下，如图 6.1.23 所示，临时放在遥控器红外线发射管的上方，这时再按遥控器的按键，发生什么现象？

图 6.1.23

实践活动

了解光纤在现代通信中的重要作用．

练习

1. 反射定律的内容：________________________．入射角、反射角分别是指入射光线、反射光线与____________的夹角，而不是与____________夹角．

2. 折射定律的内容：________________________．

3. 如图 6.1.24 所示，图中作出分析产生日环食的必要光线，当地球上的观察者随同地球一起进入图中 1、2、3、4、5 中的哪个区域，可能观察到日环食（　　）．

A. 进入区域 1 中　　B. 进入区域 2 中

C. 进入区域 3 或 5 中　　D. 进入区域 4 中

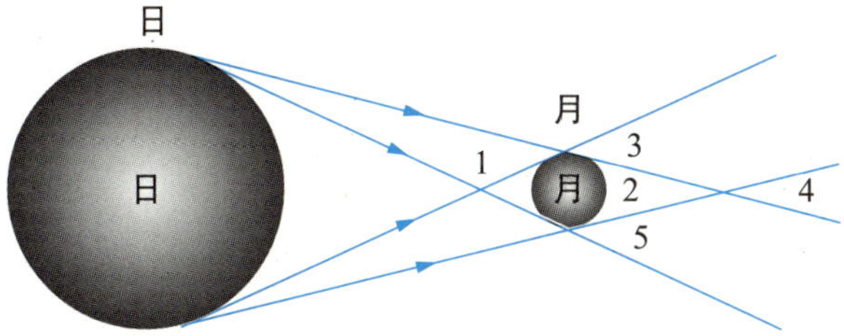

图 6.1.24

4. 光从空气中以 60°入射角射到一块玻璃砖时，反射光线和折射光线垂直，这块玻璃的折射率为（　　）.

A. 0.866　　B. 1.73　　C. 1.41　　D. 1.5

5. 在盛水的玻璃杯中放一空试管，用灯光照亮杯侧，如图 6.1.25 所示，可以看到试管发亮，如果在试管内装上水，上述的明亮现象就消失了，请你作出解释？

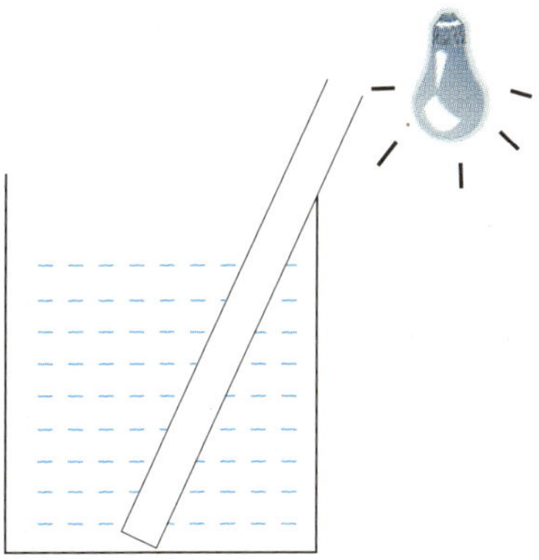

图 6.1.25

相关链接

奇妙的海市蜃楼

夏天，在平静无风的海面上，向远方望去，有时能看到山峰、船舶、楼台、亭阁、集市、庙宇等出现在远方的空中. 古人不明白产生这种景象的原因，对它作了不科学的解释，认为是海中蛟龙（即蜃）吐出的气结成的，因而叫做“海市蜃楼”，也叫蜃景. 海市蜃楼是光在密度分布不均匀的空气中传

海面上的海市蜃楼照片

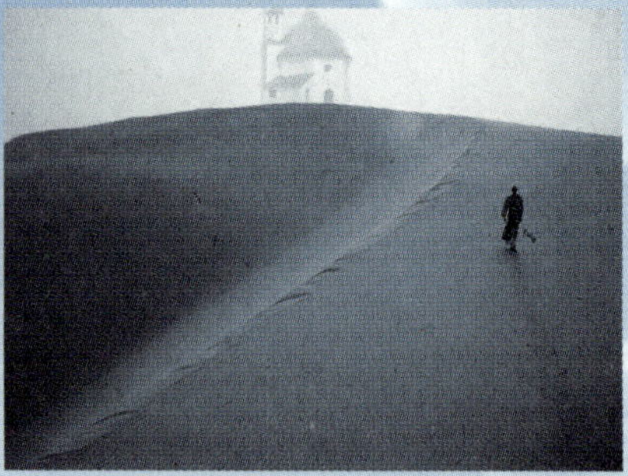

沙漠中的海市蜃楼照片

播时发生全反射而产生的．夏天，海面上的下层空气温度比上层低，密度比上层大，折射率也比上层大．我们可以把海面上的空气看做是由折射率不同的许多水平气层组成的．远处的山峰、船舶、楼房、人等发出的光线射向空中时，由于不断被折射，越来越偏离原来的方向，最后光线射回地面，人们逆着光线看去，就会看到远方的景物悬在空中．

在沙漠里也会看到蜃景．太阳照到沙地上，接近沙面的热空气层比上层空气的密度小，折射率也小．从远处物体射向地面的光线，进入折射率小的热空气层时被折射，逐渐偏离原来的方向，人们逆着光线看去，就会看到远处物体的倒影，仿佛是从水面反射出来的一样．沙漠里的行人常被这种景象所迷惑，以为前方有水源而奔向前去，但总是可望而不可即．

在炎热夏天的柏油马路上，有时也能看到上述现象．光线被贴近路面的热空气折射，逐渐偏离原方向，路面显得格外明亮光滑，就像泼过水一样．

6.2 激光的特性及应用

观察与思考

如图 6.2.1 所示，是 1960 年人类在实验室里激发出的一种自然界中没有的光，这就是激光．现在，激光已经深入到我们生活的各个方面．打长途电话、看 VCD、医院里做手术，都用激光．那么，激光到底是什么样的光，它为什么有这么大的用途呢？

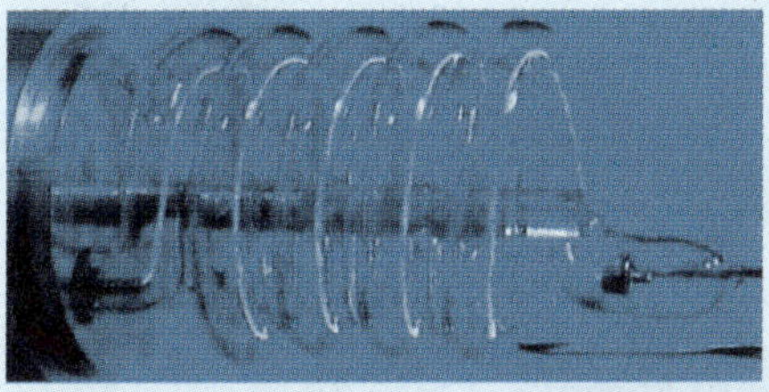

图 6.2.1　1960 年梅德曼制成的世界上第一台可实际应用的红宝石激光器

图 6.2.2　激光应用举例

光是物质的原子发射出来的．原子获得能量以后处于不稳定状态，它会以光子的形式把能量发射出去．但是，普通的光源，例如白炽灯，灯丝中每个原子在什么时刻发光，朝哪个方向发光，都是不确定的，发光的频率也不一样．这样的光在叠加时，一会儿在空间的某点相互加强，一会儿又在这点相互削弱，不能形成稳定的亮区和暗区，所以不能发生干涉．这样的光是非相干光．只有频率相同并满足一定条件的光才是相干光．激光是一种人工产生的相干光，这是它的第一个特点．

由于激光是相干光，所以它能像无线电波那样进行调制，用来传递信息．光纤通信就是激光和光导纤维相结合的产物．图 6.2.3 是我国新型主战坦克上的激光通信系统．

激光的另一特点是它的平行度非常好．由于平行度好，所以在传播很远的距离后仍能保持一定的强度．激光的这个特点使它可以用来进行精确测距．对准目标发出一个极短的激光脉冲，测量发射脉冲和收到回波的时间间隔，就可以求出目标的距离．激光测距雷达就是根据这个原理制成的．如图 6.2.4 所示，多用途的激光雷达不仅可以测量距离，而且能根据多普勒效应测出目标的运动速度，从而对目标进行跟踪．

图 6.2.3

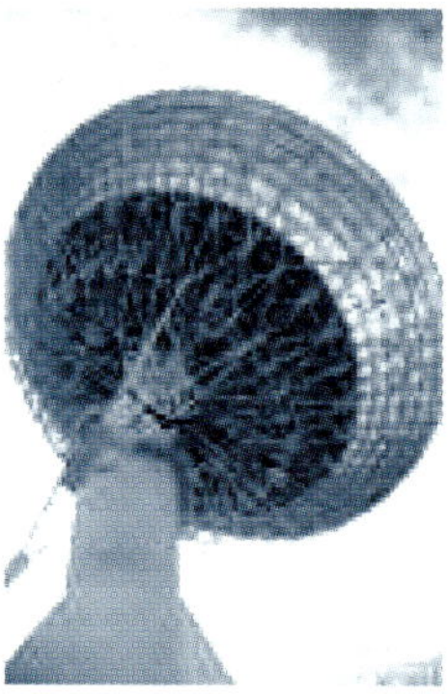

图 6.2.4

由于平行度好，激光可以会聚到很小的一点上，让这一点照射到 VCD 机、CD 唱机或计算机的光盘上，就可以读出光盘上记录的信息，经过处理后还原成声音和图像．由于会聚点很小，光盘记录信息的密度很高．

激光还有一个特点是亮度高．也就是说，它可以在很小的空间和很短的时间内集中很大的能量．如果把强大的激光束会聚起来照射到物体上，可以使物体的被照部分在不到千分之一秒的时间内产生几千万度的高温，最难熔化的物质在这一瞬间也要汽化了．因此，可以利用激光束来切割各种物质，焊接金属以及在硬质材料上打孔，如图 6.2.5；医学上可以用激光作“光刀”来切开皮肤，切除肿瘤，如图 6.2.6；还可以用激光“焊接”剥落的视网膜．

原子核聚变时释放的核能是一种很有希望的能源．怎样使原子核在人工控制下进行聚变反应，这是各国科学家研究的重要课题．一个可能的实现途径是，把核燃料制成小颗粒，用激光从四面八方对它进行照射，利用强激光产生的高温高压引起核聚变．

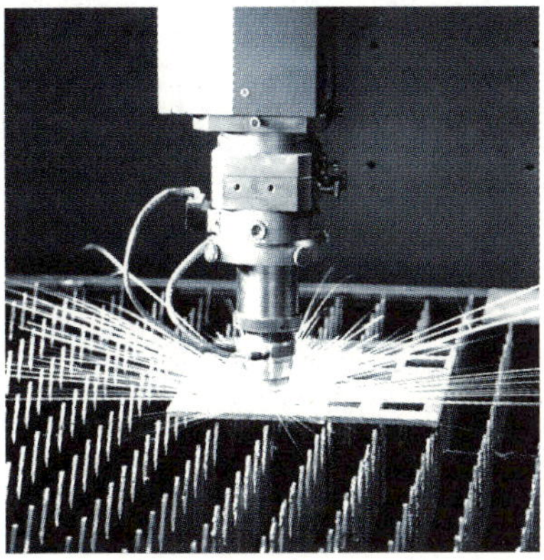

图 6.2.5　激光切割

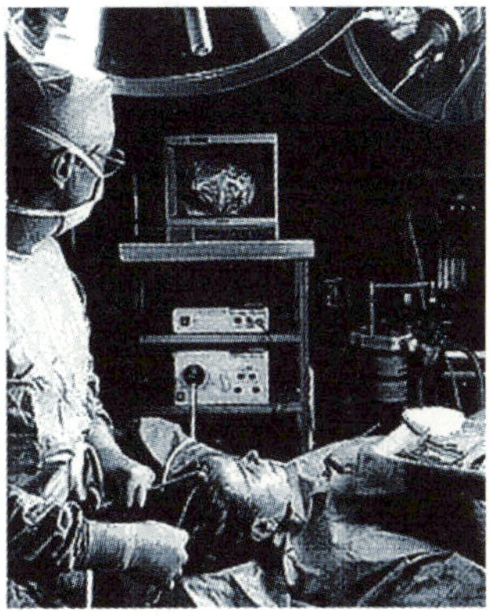

图 6.2.6　γ 刀

下面是激光在军事领域的应用，如图 6.2.7 所示.

激光枪

激光炮

激光制导炸弹

图 6.2.7

激光的应用远不止这些，而且还在不断发展. 这方面的介绍文章很多，报刊、电视中也常有最新进展的报道，同学们应该留心并上网查找激光的发展与应用.

6.3 实验六　观察光的全反射

实验目的：

1. 了解光的全反射现象及全反射的应用.
2. 理解发生全反射的条件.
3. 能解释生活中的全反射现象.

实验原理：

光从光密媒质进入光疏媒质时，当入射角增大到某一角度时，折射角将等于90°，折射光完全消失，入射光全部反回原来的媒质中，这种现象叫做全反射.

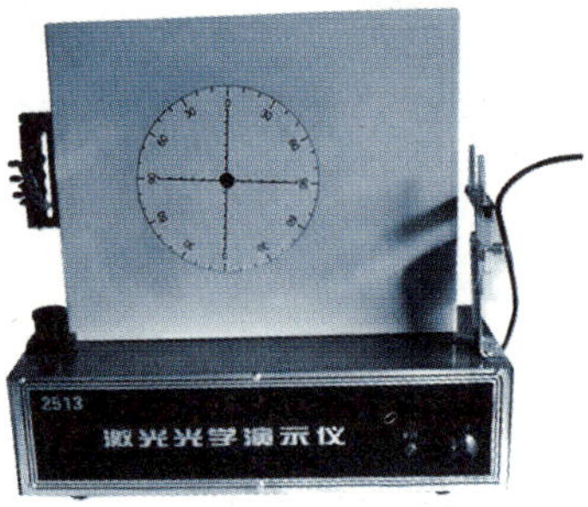

图 6. 3. 1　激光演示仪

图 6. 3. 1 所示是一台激光光学演示仪，它包括氦氖激光器，平面镜，柱面扩束镜，分束器. 演示屏光具盘，盘面漆成白色，便于显示光路，边缘有刻度，每格为10度. 柱面扩束镜能在导轨座内做前后移动，分束器从上而下依次装有反射率各不相同的五块介质膜分光镜，转动相应的手柄，可调节分光镜的偏角，分束器能转动和上下移动. 全部光学附件采用磁性吸附安装在光路中，更换不同的附件便可用来演示不同的光学实验.

图 6. 3. 2 所示是半圆形玻璃砖，图 6. 3. 3 所示是全反射棱镜. 把半圆形玻璃砖吸附在光具盘中心，让光线沿着半圆形玻璃砖的半径射向半圆面上，在半圆面上的入射角为零，光线沿直线射向圆心，在半圆玻璃砖和空气的平面界面上发生反射、折射. 转动光具盘，让入射角逐渐增大，我们看到折射角也随着增大，而且折射角总是大于入射角. 我们还发现，当入射角逐渐增大时，反射光线也逐渐增强，折射光线逐渐减弱. 当入射角增大到某一角度时，折射角接近90°，折射光线几乎沿界面前进，而且很微弱. 反射光线几乎和入射光线一样明亮，如果再增大入射角，就看不到折射光线了，只能看到玻璃中的折射光线. 即光线全部被反射到玻璃中.

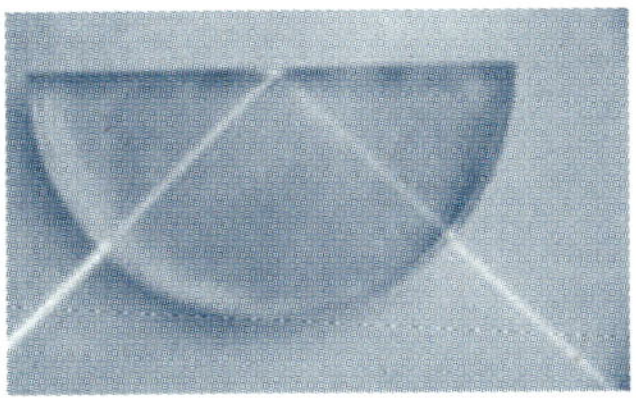

图 6.3.2　半圆形玻璃砖

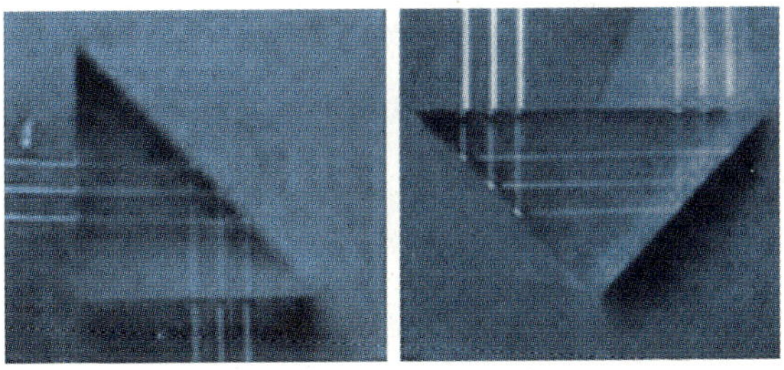

图 6.3.3　全反射棱镜

实验器材：

激光光学演示仪、带磁性安装的半圆形玻璃砖、全反射棱镜.

如无激光光学演示仪，可用一台氦氖激光演示器，光具盘带弹簧固定夹、半圆形玻璃砖、全反射棱镜、也可用激光笔代替激光器.

实验步骤：

（1）按照激光光学演示仪说明书安装好激光器.

（2）把带磁性安装的半圆形玻璃砖安装在光具盘演示屏上.

（3）打开开关，调整反光平面镜，调整光线角度，让光线沿着半圆形玻璃砖的半径射向半圆面上，在半圆面上的入射角为零，光线沿直线射向圆心，在半圆玻璃砖和空气的平面界面上发生反射、折射.

（4）让入射角逐渐增大，观察折射光线和反射光线的变化.

（5）换上全反射棱镜观察全反射现象.

议一议

能否测量出玻璃砖的临界角?

做一做

观察光的全反射现象

实验步骤:

(1) 用金属丝悬挂一个金属球，如图 6.3.4 - 甲所示.

(2) 用蜡烛火焰将金属球熏黑，如图 6.3.4 - 乙所示.

(3) 将熏黑的金属球放入烧杯中的水中，如图 6.3.4 - 丙所示.

(4) 观察金属球颜色的变化.

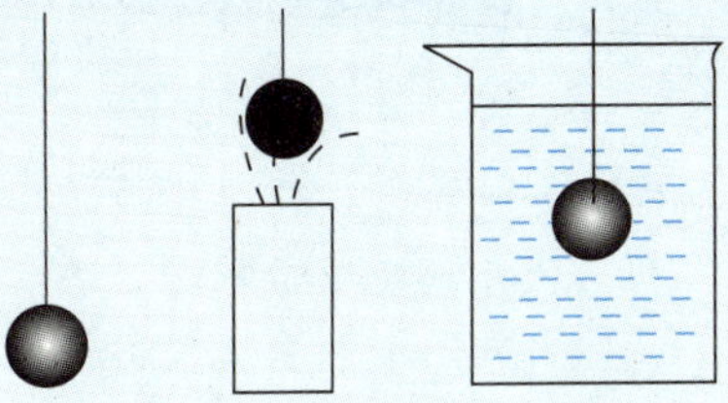

图6.3.4

实验现象：

当将熏黑的金属球放入盛水的烧杯中时，在阳光的照射下黑色的金属球变成明亮的银白色．若改用单色光照射，则金属球将呈现出与单色光相同的颜色．

现象解释：

金属球被熏黑是因为金属球上附着了一层黑色油烟．黑色的金属球改变颜色的原因是：水对油烟是不浸润的，当金属球放入水中时，在金属球和水之间形成一层空气层，当光从水（光密介质）进入空气层（光疏介质）时发生了全反射现象，这样金属球就呈现出明亮的与照射光颜色相同的颜色．原理如图 6.3.5 所示．

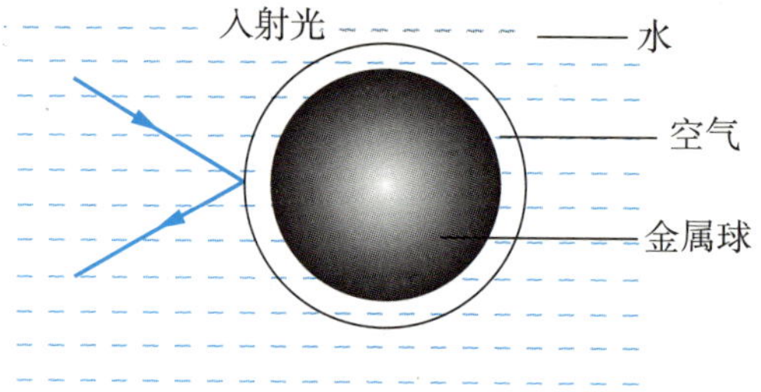

图 6.3.5

全息照相

一般照相机照出的照片都是平面的，没有立体感．用物理术语来说，得到的仅是二维图像，很多信息都失去了．全息照片就是一种记录被摄物体反射（或透射）光波中全部信息的先进照相技术．全息照片不用一般的照相机，而要用一台激光器．激光束用分光镜一分为二，其中一束照到被拍摄的景物上，称为物光束；另一束直接照到感光胶片即全息干板上，称为参考光束．当光束被物体反射后，其反射光束也照射在胶片上，就完成了全息照相的摄制过程．全息照片和普通照片截然不同．用肉眼去看，全息照片上只有些乱七八糟的条纹．可是若用一束激光去照射该照片，眼前就会出现逼真的立体景物．更奇妙的是，从不同的角度去观察，就可以看到原来物体的不同侧面．而且，如果不小心把全息照片弄碎了，那也没有关系．随意拿起其中的一小块碎片，用同样的方法观察，原来的被摄物体仍然能完整无缺地显示出来.
全息照相的原理是利用光的干涉原理，利用两束光的干涉来记录被摄物体的信息.

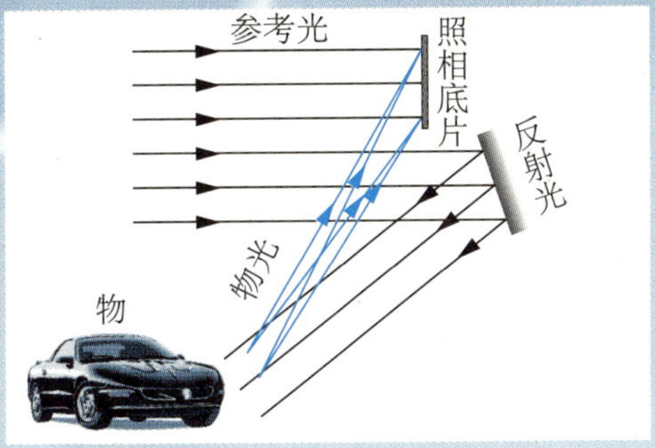

全息照相原理

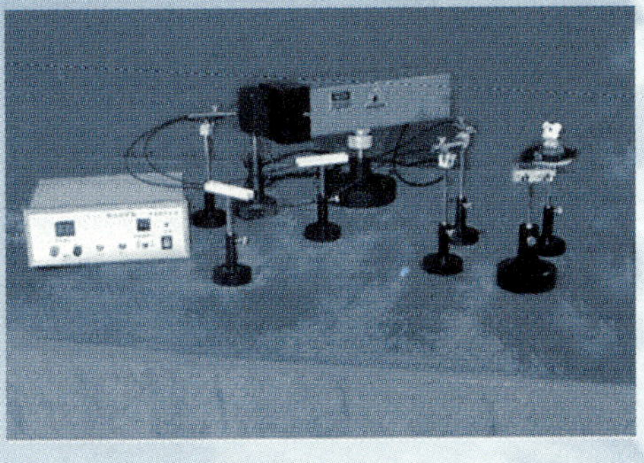
全息照相器材

章末小结

一　光的折射定律

1. 折射定律的表述

折射光线在入射光线和法线所在的平面上，折射光线和入射光线分居法线的两侧，入射角的正弦与折射角的正弦之比为一常数，即

$$\frac{\sin\theta_1}{\sin\theta_2} = n$$

在光的折射现象中，光路是可逆的.

2. 折射率

(1) 光从真空射入某种介质时，入射角的正弦与折射角的正弦之比叫做这种介质的折射率.

(2) 折射率等于光在真空中的速度 c 与光在这种介质中的速度 v 之比

$$n = \frac{c}{v}$$

二　全反射

1. 当光从光密介质射向光疏介质时，入射角增大到某一角度，折射角达到 90°，折射光完全消失，只剩下反射光，这种现象叫做全反射.

2. 全反射临界角　发生全反射的最小入射角叫全反射的临界角；光从折射率为 n 的介质射向真空时，临界角 C 的大小满足 $\sin C = \frac{1}{n}$.

3. 产生全反射的条件：

(1) 光必须从光密介质射向光疏介质；

(2) 入射角必须等于或大于临界角.

4. 全反射棱镜的应用：改变光路.

5. 光导纤维　利用光的全反射，可制成光导纤维. 光从光导纤维一端射入后，在传播过程中经过多次全反射，最终从另一端射出，传播过程中的能量损耗非常小. 用光导纤维传输信息，既经济又快捷.

三　激光的特点

1. 单色性好　激光是最好的单色光源. 由于光的生物效应强烈地依赖于光的波长，使得激光的单色性在临床选择性治疗上获得重要应用. 此外，激光的单色性在光谱技术及光学测量中也得到广泛应用，已成为基础医学研究和临床诊断的重要手段.

2. 相干性好　由于受激辐射的光子在相位上是一致的，再加之谐振腔的选模作用，使激光束横截面上各点间有固定的相位关系，所以激光的空间相干性很好（由自发辐射产生的普通光是非相干光）. 激光为我们提供了最好的相干光源. 正是由于激光器的问世，才促使相干技术获得飞跃发展，全息照相才得以实现.

3. 方向性好　激光束的发散角很小，几乎是一束平行的光线，激光束的这一特性在医学上的应用是制成激光手术刀. 另外，平行性越好的光束经聚焦得到的焦斑尺寸越小，再加之激光单色性好，经聚焦后无色散像差，使光斑尺寸进一步缩小，可达微米级以下，甚至可用作切割细胞或分子的精细“手术刀”.

4. 亮度高　激光是目前最亮的光源，激光的高能量保证了激光临床治疗有效性. 激光的高能量还可应用于激光加工工业及国防事业等.

习 题

1. 人眼所看到的物体都是光源吗？

2. 人眼是如何判断物体的位置的？

3. 在地面上，我们能看到穿过小孔的一束阳光，而宇航员看到的太空却是一片漆黑．为什么？

4. 下面哪些现象是漫反射引起的（　　）．

   A. 能从不同方向看到光源

   B. 通过水面看到物体的像

   C. 晚上在灯下看书会看到纸面上发出刺眼的光泽

   D. 能从不同方向看清电影银幕上的像

5. 完成图示的两幅光路图．

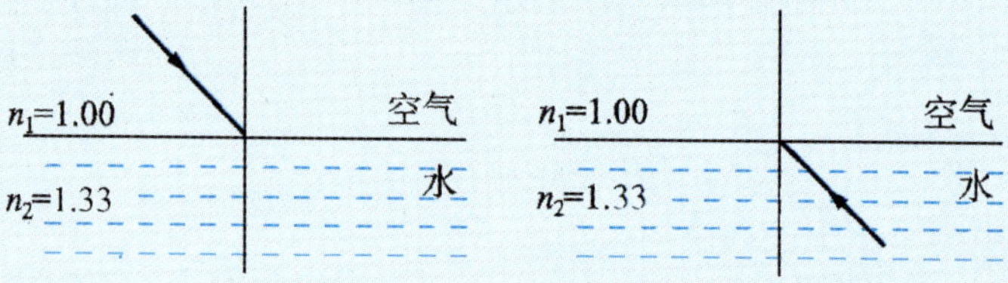

（第 5 题）

6. 折射角一定小于入射角吗？

7. 为什么会发生全反射？

8. 水或玻璃中的气泡为何特别明亮？

9. 如图，有一长方形容器，高 30cm，宽为 40cm，在容器的底部平放着一把长 40cm 的刻度尺，眼睛在 OA 延长线上的 E 点观察，视线沿着 EA 斜向下看，恰能看到尺左端的零刻度．现保持眼睛的位置不变，向容器内倒入某种液体且满至容器口，这时眼睛仍沿 EA 方向观察，恰能看到尺上 20cm 的刻度，则此种液体的折射率为多大？

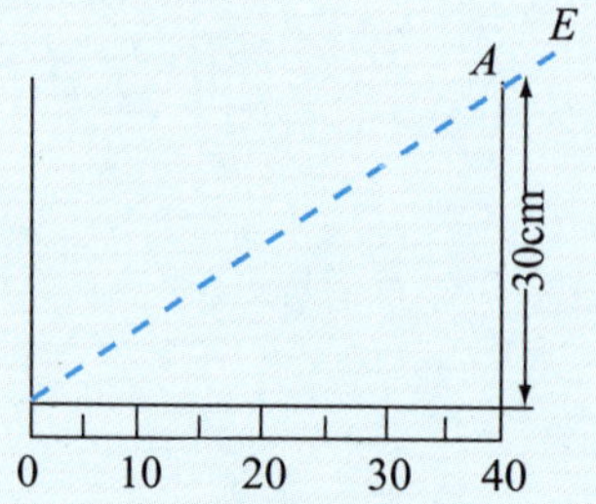

（第 9 题）

第七章
核能及其应用

当今时代，各种新材料层出不穷，白天我们能看到高耸的楼群、奔驰的汽车；夜幕降临，我们能看到闪烁的繁星和绚丽的灯光. 在节假日和重大庆祝活动的夜晚还有五彩缤纷的焰火.同学们，在你们享受这让人陶醉的美景的时候，是否想了解它们的奥秘呢？那就让我们从了解物质组成的基本微粒原子入手，探其究竟吧!

7.1 原子结构　原子核的组成

J. J. 汤姆逊

1. 电子的发现　汤姆逊的原子模型　1897年，汤姆逊在研究阴极射线时发现电子. 此后人们又发现在气体电离和光电效应等现象中，都可以从物质中轰击出电子，而电子的质量比最轻的原子（氢原子）的质量小得多. 因而认为电子是原子的组成部分.

电子带负电，而原子是电中性的，说明原子内还有带正电的部分. 那么这些带正电部分和带负电的电子是如何构成的呢？

在20世纪的前十年，科学家们对原子结构提出许多模型，其中最有影响的是汤姆逊在耶鲁大学的一次讲演时提出的模型. 汤姆逊认为，原子是一个球体，带正电部分均匀分布在整个球内，电子像葡萄干那样镶嵌在原子里面. 汤姆逊的原子模型能解释一些实验事实，但很快就被新的实验事实否定了.

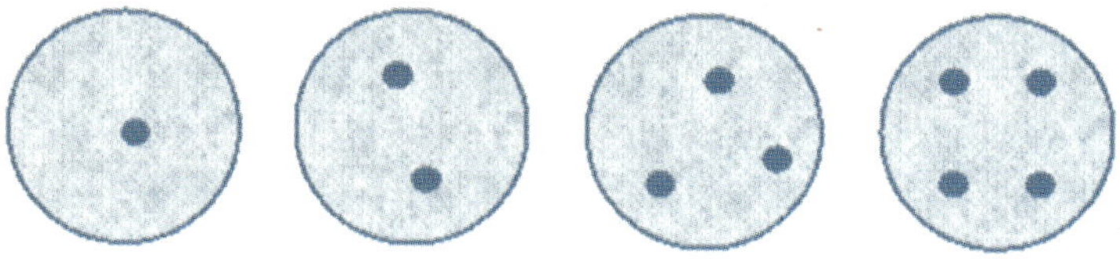

图 7.1.1　汤姆逊原子模型

2. α 粒子的散射　原子核式结构模型　为了探测原子内的电荷分布，在二十世纪的头十年里，发展了一种实验方法：用各种粒子—X射线、电子和α粒子轰击很薄的物质层，通过观察这些粒子穿过物质层后的偏转情况，获得原子结构的信息. 这种实验叫做散射实验. 那时候人们已经知道，α粒子是一种带正电荷的重粒子，它的电量是电子电量的2倍，它的质量大约是电子质量的7300倍，某些放射性元素放出的α粒子具有很大的动能，可以当作轰击粒子. 1909年到1911年，在英国物理学家卢瑟福（1871—1937）指导下，他的合作者们做了用α粒子轰击金箔的实验，做出了重大的发现.

英国物理学家卢瑟福

实验方法如下：

在一个小铅盒里放有少量的放射性元素钋，它发出的α粒子从铅盒的小孔射出，形成很细的一束射线射到金箔上．α粒子穿过金箔后，打到荧光屏上产生一个闪光，这些闪光可以用显微镜观察到．整个装置放在一个抽成真空的容器里，荧光屏和显微镜能够围绕金箔在一个圆周上转动，如图 7.1.2 所示，从而可以观察到穿过金箔后偏转角度不同的α粒子．

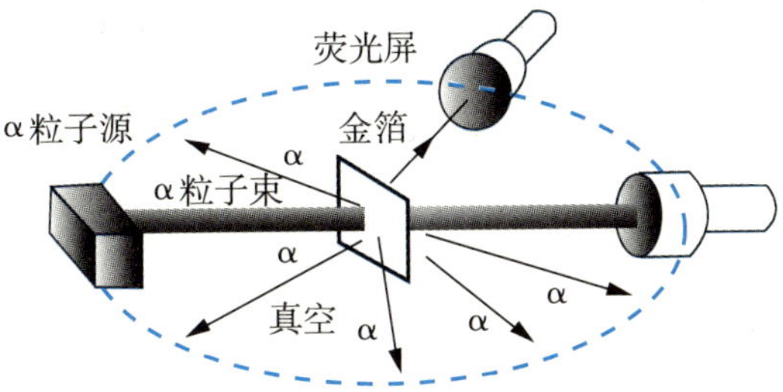

图 7.1.2　α粒子散射实验示意图

实验表明，绝大多数α粒子穿过金箔后仍沿原来的方向前进，但是有少数α粒子却发生了较大的偏转，并且有极少数的α粒子偏转超过了 90°，有的甚至几乎到了 180°，像是被金箔弹了回来．这就是α粒子的散射实验．

α粒子的大角度散射，是出人意料的．因为根据汤姆逊的原子模型计算，α粒子穿过金箔后的偏转最大不超过零点几度．这是因为电子的质量很小，比α粒子的质量小得多，α粒子碰到金箔原子内的电子，就像飞行的子弹碰到尘埃一样，运动方向不会发生改变．正电荷在原子内又是均匀分布的，α粒子穿过原子时，它受到两侧正电荷的斥力有相当大一部分相互抵消，因而使α粒子偏转的力不会很大．

卢瑟福对α粒子散射实验的结果进行了分析，得出结论，除非原子的几乎全部质量和正电荷都集中在原子中心的一个很小的核上，否则，α粒子的大角度散射是不可能的．因此，卢瑟福提出了他的原子核式结构模型：在原子的中心有一个很小的核，叫做原子核．原子的全部正电荷和几乎全部质量都集中在原子核里，带负电的电子在核外空间里绕着核旋转．

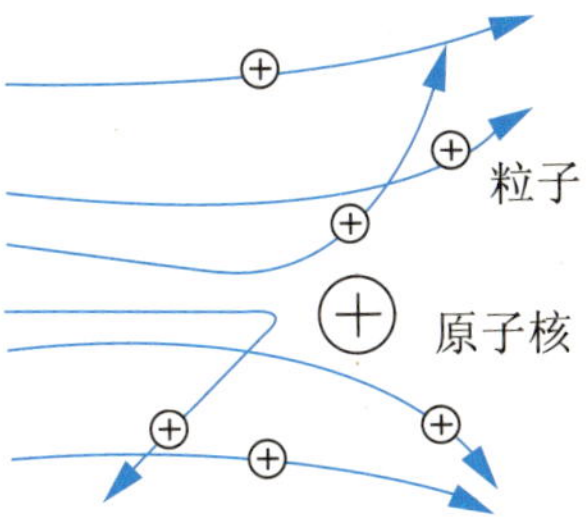

图 7.1.3　α粒子散射图景

照此学说，α粒子穿过原子时，电子对α粒子运动的影响很小，影响α粒子运动的主要是原子核．如果离核较远，受到的库仑斥力就很小，运动方向也就改变很小．只有当α粒子与核十分接近时，才会受到很大的库仑斥力，发生大角度的偏转，如图 7.1.3 所示．由于原子核很小，α粒子十分接近它的机会很少，所以绝大多数的α粒子基本上仍按直线方向前进，只有极少数发生大角度的偏转.

按照卢瑟福的有核模型，原子内部是十分“空旷”的，原子直径的数量级为 10^{-10}m，而原子核的数量级为 10^{-15}m，两者相差十万倍，如果将地球的大小比做一个原子大小，原子核只相当于一个普通摩天轮大小的球体.

3. 原子核的组成 原子核直径的数量级虽然小到 10^{-15}m，但它也有自己的内部结构. 1919 年卢瑟福做了用 α 粒子轰击氮核的实验，他从氮核中轰击出一种粒子，并测出它的电荷量和质量，知道它是已知的氢原子核，把它叫做**质子**. 后来人们又从其他元素中轰击出质子，因而断定原子核是质子组成的.

很快新的问题又出来了，如果原子核是由质子组成的，那么某种原子核的质量应跟原子核中所有质子的质量之和相等. 实际上，绝大多数原子核的质量都大于原子核中所有质子质量之和. 于是卢瑟福又猜想原子核中可能还有另一种粒子，质量与质子质量相等，但不带电，这种粒子称为**中子**. 卢瑟福的这一猜想被他的学生查德威克通过分析计算小居里夫妇的 α 粒子轰击铍这一实验得以证实.

至此，原子核是由质子和中子组成的这一论断被公认.

质子和中子统称为**核子**. 中子不带电，原子核所带的电荷量等于核内质子所带电荷量的总和，所以原子核所带的电荷量都是质子电荷的整数倍. 通常，就用这一整数代表原子核的电荷量，用 Z 表示，叫做原子核的**质子数**，原子核的电荷数等于质子数 Z. 也就是这种元素的原子序数. 原子核的质量等于原子核内质子和中子的质量之和. 由于中子和质子的质量近似相等，所以原子核的质量近似等于核子质量的整数倍. 通常用这一整数代表原子核的质量，叫做原子核的**质量数**，用 A 表示.

表示某种元素时，如果要同时表示出它的质子数和质量数，可以在元素符号的左上角和左下角分别标出它的质量数和质子数. 例如 ${}^{238}_{92}U$、${}^{4}_{2}He$ 等. 其中 ${}^{4}_{2}He$ 表示质子数为 2，质量数为 4 的氦核，也就是 α 粒子.

原子核的质子数决定了核外的电子数，也决定了电子在核外的分布情况，当然也就决定了这种元素的化学性质. 同种元素的原子，质子数相同，核外电子数也相同，所以有相同的化学性质；但它们的中子数可以不同. 这些具有相同质子数而不同中子数的原子在元素周期表中处于同一位置，因而互称**同位素**. 一般来说，每种元素都有自己的同位素. 例如：氢有三种同位素，分别叫氢、氘和氚，符号分别是 ${}_{1}^{1}H$ 、${}_{1}^{2}H$ 和 ${}_{1}^{3}H$.

4. **天然放射现象** 1896 年，法国物理学家贝克勒尔发现，铀和含铀的矿物质能够发出看不见的射线，这种射线可以使黑纸包裹的照相底版感光. 物质发射射线的性质叫**放射性**. 具有放射性的元素称为**放射性元素**. 放射性并不是少数几种元素才有的，研究发现，原子序数大于或等于 84 的所有元素，都能自发地放出射线，原子序数小于 84 的元素有的也具有放射性. 元素这种自发地放出射线的现象叫做**天然放射现象**.

法国物理学家贝克勒尔

居里夫妇

在贝克勒尔的建议下，居里夫妇对铀和各种含铀矿石进行了深入研究，并且发现了两种放射性更强的新元素. 居里夫人为了纪念她的祖国波兰，把其中一种元素命名为钋（符号 Po），另一种命名为镭（符号 Ra，意为太阳之子）.

那么，放射性元素铀、镭、钋放出的射线到底是什么呢？科学家们将这些射线引入电磁场中，研究放射线的性质和组成. 图 7. 1. 4 表示利用磁场进行研究的实验：将放射性元素放置在铅盒中，铅盒的上方留有小孔，小孔的正上方放一张照相底片. 没有磁场时，显影后的底片可以发现正对这着小孔处有一暗斑，说明射线从小孔出来一直射到底片上，使它感光. 在小孔的上方加一垂直纸面的磁场，显影后的底片出现三个暗斑，说明射线在磁场的作用下，分成三束，向两侧偏转的射线是由带电相反的粒子组成的，不发生偏转的那束一定是电中性的. 通常将带正电的这种射线称之为 α **射线**，将带负电的这种射线称为 β **射线**，不发生偏转的射线称为 γ **射线**.

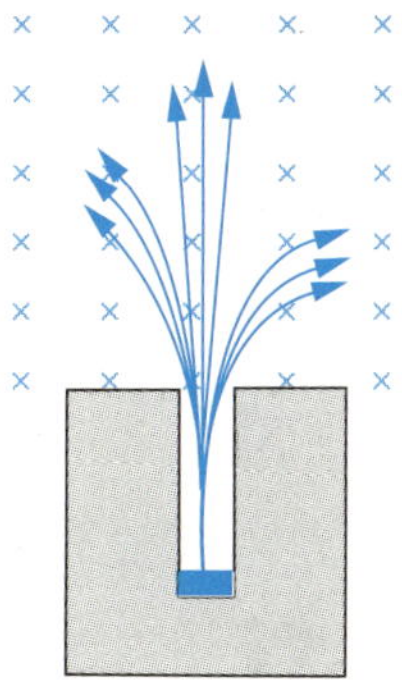

图 7. 1. 4 放射线在磁场中的偏转

对这些射线的进一步研究证实：α 射线是由 α 粒子组成的 α 粒子流. 而 α 粒子就是氦的原子核，它带有两个单位的正电荷，质量数为 4. α 粒子射出时的速度为光速的十分之一. α 射线贯穿物质的本领很小，在空气中只能飞行几厘米. 一张纸就能将它挡住；但它有很强的电离作用，很容易使空气电离；β 射线是电子流，速度接近于光速. β 射线的贯穿本领很大，能穿透几厘米厚的铝板，但它的电离本领却很小；γ 射线是一种波长很短的电磁波，它的贯穿本领最强，甚至能穿透几厘米厚的铅板，但它的电离本领却很弱.

放射性元素的原子核放出 α 射线或 β 射线后，就变成一种新的原子核. 我们将原子核放出某种粒子而转变为新核的过程叫**衰变**. 放射性元素衰变有一定规律，同一种放射性元素每衰变一半所用的时间相等，人们将原子核有半数衰变所用的时间叫该种元素的**半衰期**.

具有放射性的同位素叫放射性同位素. 科学家在探测原子核结构的过程中，发现用人工方法可以得到放射性同位素，于是他们用已知粒子如质子、中子、氘核等轰击原子核得到放射性同位素，今天，人工制造的放射性同位素已达一千多种，每种元素都有自己的放射性同位素.

这三种射线都是从原子核内部放射出来的，说明原子核虽小，但也有它自己的复杂结构，从而促进了人类对微观粒子结构的研究.

5. 放射性的应用 放射性同位素也能放出 α 射线、β 射线、γ 射线. α 射线的电离本领很强，人们利用这一特性用它来消除机器在运转时因摩擦而产生的有害静电；γ 射线的贯穿本领很强，可以用来检查金属内部有没有砂眼或裂纹，即 γ 射线射线探伤仪. 生物体内的 DNA 承载着物种的遗传密码，但是 DNA 在射线的照射下可能发生基因突变，所以通过射线照射可以使种子发生变异，培养出新的优良品种；用放射线照射可以杀死人体细胞，利用这一点，在严格控制剂量和照射部位的前提下，可用于治疗恶性肿瘤，这就是所谓的“放疗”. 目前，放射技术在工业、农业、医疗、科技的许多方面都得到了广泛的应用. 如金属材料的检测、育种、医疗同位素造影、伽马手术刀等.

6. 放射性污染与控制 上面提到放射线照射可以杀死人体细胞，或者使细胞发生变异，因此，不加控制的放射性对人体是有害的，更为严重的是，放射性是原子的性质，不像别的污染物那样可以被大自然降解，许多放射性元素的半衰期长达数千年，危害久远. 因此，放射性物质泄漏会严重地污染环境. 例如，美国在 1945 年向日本的广岛和长崎投掷两枚原子弹，不仅在当时就炸死约十万人，在以后的50多年的时间里，因放射性污染又死去了许多无辜的平民. 1987年，前苏联的切尔诺贝利核电站的核泄漏也造成了许多人员伤亡.

图7.1.5　原子弹轰炸后的广岛

放射性污染的主要危害有：引起人体多种疾病，能缩短人的寿命；能破坏人体的免疫功能，降低人体的防疫能力，易使病人并发感染；大剂量照射能使人死亡；能导致不育，孕妇流产，胎儿死亡，能破坏遗传物质等. 为了防止和控制放射性污染，保护人类和环境，我国从上世纪70年代开始陆续颁布和制定多部防治放射性污染的相关法律法规，其中有：《中华人民共和国放射性污染防治法》、《放射防护规定》、《民用核安全设备监督管理条例》、《核电站基本建设环境保护管理办法》、《放射性同位素与射线装置放射防护条例》等. 各级政府建立统一的应急预案和管理机制，以预防为主，安全第一的原则，保护生态环境.

现在科学家已经发现一整套科学地防止放射性的方法，如在核电站的核反应堆外面用厚厚的水泥墙来防止放射线的外泄；用过的核废料要放在很厚的重金属箱子里面埋在深处等. 在科学研究、医院就医等可能有放射性的地方要有防范意识，尽可能远离放射源.

实践活动

同学们可以走访当地的医院、工厂和科研单位，了解放射性在医疗、工业、农业方面的应用，并写出调查报告；也可以上网查询了解这方面的科学知识，写出总结报告.

练习

1. 简述 α 粒子散射实验为什么说明原子是有核的？原子核由哪些粒子组成的？
2. 天然放射性放出的 α 射线、β 射线、γ 射线的本质各是什么？它们在磁场中的偏转和穿透本领有什么不同？
3. 什么是同位素？举出利用放射性同位素射线的实例.
4. 说明碳 C－14 的原子核内有多少个质子？多少个中子？
5. 查看元素周期表，体会原子中核外电子数、核内质子数、中子数及它们之间的关系.

相关链接

不灭的长明灯

核技术的放射性同位素，为人们提供了一种新的光源，产生了现代的长明灯——原子灯.

提起原子灯，可能有人会感到神秘. 其实没有什么奥妙，因为，在日常生活中，人们都见过夜光表. 那为什么夜光表或荧光体在黑暗处能够看得见呢？

这需要从发光粉的发光原理说起. 有许多叫做发光粉的物质，例如硫化锌、硫化钙、硅酸锌和多种磷酸等，它们都有一种特性，当其接受光能和其他形式的能量时，本身就会被激发，处于能量的不稳定状态中. 它随时都要从这种不稳定的激发态回到稳定的基态，这时就将多余的能量以光波的形式释放出来.

这种光和萤火虫一闪一闪的黄绿光很相像，我们称之为荧光. 不过，这类发光粉在失去光源照射之后，荧光就会逐渐暗淡下去. 如果将某些放射性物质与发光粉混合在一起，则发光粉就会长久发光不熄，我们就把它叫做“永久发光粉”. 像全天候飞机、战舰仪表的指针、刻度和字码上，都涂有这种发光粉. 原子灯的原理与“永久发光粉”发光的原理差不多，都是让放射性同位素发射出来的射线打在发光粉上，把射线的动能转换成可见光.

原子灯主要由灯泡和灯具两部分组成. 灯泡是发光部分，和普通的电灯泡差不多；灯具是固定和保护灯泡用的，并起到防止射线穿透出来的作用. 原子灯的制造过程大致如下：先把一种含铈元素的玻璃按需要的大小和形状吹成玻璃泡，在玻璃泡的内壁均匀涂上一层液体硅酸钠，吹入硫化锌（铜）发光粉，涂有硅酸钠的地方就把发光粉粘住了，多余的发光粉用压缩空气吹出来，用脱脂棉将透光窗上附着的少量粉末擦干净．涂好发光粉的玻璃泡，抽成真空，充入一定压力的气体放射性同位素，烧熔封结，然后用环氧树脂将其封口部与金属灯尾套粘牢，就做成了原子灯泡．将原子灯泡装到灯具上就可使用了．

可以做原子灯的放射性同位素有氢－3、氪－85等．国产的原子灯是用氪－85作为辐射激发剂，用硫化锌铜（发绿光）或硫化镉（发红光）作发光体．为什么要选用氪－85呢？这是因为氪是一种惰性气体元素，在一般条件下它不与其他物质发生化学反应．氪－85的毒性较小，而且是处理核工业废气收回得到的一种副产品，价格比较便宜，基本上是个β射线放射体，伴生的γ射线只有千分之四，略加防护就不会对人造成危害．氪－85放置10.7年后只衰变一半，用它制造的原子灯，使用寿命很长．

原子灯的优点很多，它不消耗任何燃料，也不需要电源就能自动发光，可使用一、二十年．这种灯的安全性特别好，一直发出柔和的荧光．绝对不会因打火花而引起火灾和爆炸事故．这种灯也不需要维修，不管在任何恶劣的自然环境中都能正常工作．它是弹药、易燃易爆品仓库和炮兵夜间训练、作战和指挥的理想照明工具．

原子灯的亮度主要由充入的放射性气体的多少和所涂发光粉的厚度及面积来决定．供炮兵使用的小型原子灯，灯泡只有大拇指那么大小，里面装的氪－85还不到一居里．在黑暗处，可在这种灯下看报纸，也完全满足炮具的照明之用，但在十几米之外，则又不容易发现它，符合隐蔽的要求．如果在弹药库房的墙壁上，每隔一定距离装上一盏原子灯，一旦走进库房就像走进神话里的宝库一样，沉浸在柔和的绿光之中，可以毫不费力地辨认出各种弹药．假如将原子灯装饰在塑像的头上，虔诚的佛教信徒在晚上见到它，还会以为菩萨真的下了凡，头上发着灵光呢！

原子灯还有许多用途，例如它可以作地下矿井、坑道的照明和安全指示，可作高速公路的交通标志，在海军和航海上也可用于夜间照明．

7.2 核能 核技术

议一议

1945 年 8 月 6 日，美国动用多架 B29“空中堡垒”战略轰炸机向日本的广岛投下一枚代号“小男孩”的原子弹，如图 7.2.1 所示，实施了人类首次核轰炸，据日方战后统计，整个广岛被摧毁，轰炸瞬间约有七万人死亡，七万人受伤，你知道它为什么有如此大的威力吗？

图 7.2.1 原子弹“小男孩”

1. 核反应和质量亏损 天然放射性现象说明原子核能自发衰变，衰变后变成新的元素. 那么，能不能用人工的方法使原子核发生变化呢？1919 年卢瑟福用 α 粒子轰击氮原子核，产生了氧的一种同位素氧 - 17 和一个质子，第一次实现了原子核的人工转变. 原子核在其他粒子的轰击下，产生新原子核的过程称为**核反应**，上述核反应可用如下核反应方程来表示

$$^{14}_{7}N + ^{4}_{2}He \rightarrow ^{17}_{8}O + ^{1}_{1}H \qquad (7.2.1)$$

用 α 粒子轰击铍原子核，可以产生中子，实现原子核的人工转变，并且发现了中子，这个核反应可以用下面的核反应方程来表示

$$^{9}_{4}Be + ^{4}_{2}He \rightarrow ^{12}_{6}C + ^{1}_{0}n \qquad (7.2.2)$$

在核反应中，质量数和电荷数都守恒.

我们知道，化学反应过程中，往往要吸热或放热，事实上，核反应过程中也伴随着能量的转化. 例如，一个中子和一个质子结合成氘核时，要放出 2.2MeV 的能量，这里 ev 是能量单位，$1ev = 1.6 \times 10^{-19}J$，M 是“百万”的意思. 这个能量以 γ 射线的形式放射出去. 核反应过程中放出的能量叫**核能**（也叫**原子能**）. 这个反应过程可用下式表示

$$^{1}_{1}H + ^{1}_{0}n \rightarrow ^{2}_{1}H + \gamma \qquad (7.2.3)$$

那么这个核反应中放出的能量是从哪里来的呢？

物理学家研究过质子、中子和氘核之间的关系，发现氘核虽然是由一个质子和一个中子组成的，它的静止质量却不等于一个质子和一个中子的静止质量之和．现代物理学理论证明，氘核的静止质量比中子和质子的静止质量之和要小一些．也就是说，一个质子和一个中子结合成氘核时，静止质量要减少，这种现象叫**质量亏损**．

爱因斯坦的相对论指出：物体的质量和能量之间存在着密切的联系，它们之间的关系为

$$E = mc^2 \tag{7.2.4}$$

其中 c 是真空中的光速．这就是著名的爱因斯坦**质能方程**．这个方程告诉我们，物体具有的能量与它的质量有着简单的对应关系．物体的能量增大了，其质量也增大；能量减少了，其质量也减少．

上述一个质子和一个中子结合成氘核时出现质量亏损，亏损的质量 $\Delta m = 0.0040 \times 10^{-27}\text{kg}$，要以能量的形式放出．放出的能量用下式计算

$$\Delta E = (\Delta m)c^2 = 2.2\text{MeV}$$

从上述例子可以看出，核反应涉及的能量是非常巨大的，那么，如何从核反应中获取能量呢？核能的获得途径主要有两种，即重核裂变与轻核聚变．核聚变要比核裂变释放出更多的能量．例如相同数量的氘和铀-235分别进行聚变和裂变，前者所释放的能量约为后者的三倍多．被人们所熟悉的原子弹、核电站、核反应堆等等都利用了核裂变的原理．只是实现核聚变的条件要求的较高，即需要使氢核处于几千万度以上的高温才能使相当数量的核具有足够的动能，实现聚变反应．

2. 原子核的裂变

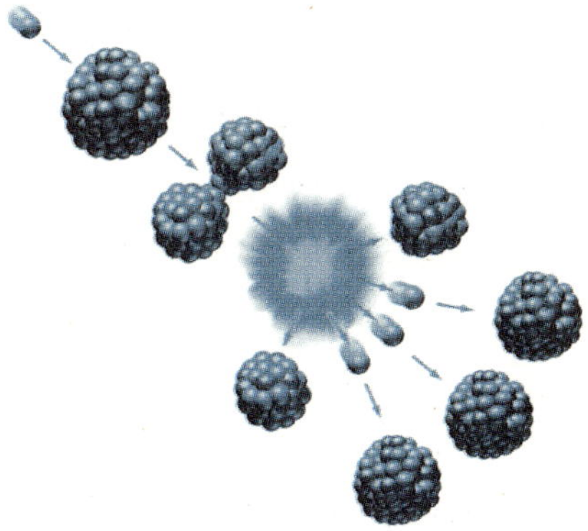

图 7.2.2　^{235}U 裂变反应示意图

1939 年，德国科学家奥托·哈恩发现了元素铀的同位素 ^{235}U 原子核在中子的轰击下可以发生核裂变，同时放出能量（见图 7.2.2），很多重核同位素，如 ^{233}U，^{239}Pu 等，都能产生核裂变反应．而核裂变反应放出的能量比化学反应大得多，这预示了核能利用的前景．

如图 7.2.3 所示，^{235}U 原子核在裂变后生成裂变碎片，同时放出 2～3 个中子，如果新产生的中子能够轰击其他的 ^{235}U 原子核并导致新的核裂变，裂变反应就可以不断持续下去，我们将这个过程形象地称作“链式反应”．在链式反应下，核能被源源不断地释放出来．

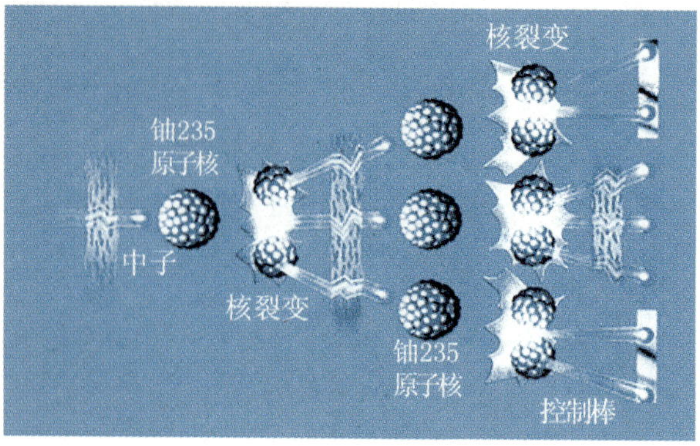

图 7.2.3　链式反应示意图

3. 核电站　核能发电的历史与反应堆的发展历史密切相关. 反应堆的发展最初是出于军事需要. 1954 年，苏联建成世界上第一座装机容量为 5 兆瓦的核电站. 英、美等国也相继建成各种类型的核电站. 到 1960 年，有 5 个国家建成 20 座核电站，装机容量 1279 兆瓦. 由于核浓缩技术的发展，到 1966 年，核能发电的成本已低于火力发电的成本. 核能发电真正迈入实用阶段. 1978 年全世界 22 个国家和地区正在运行的 30 兆瓦以上的核电站反应堆已达 200 多座，总装机容量已达 107776 兆瓦. 80 年代因化石能源短缺日益突出，核能发电的进展更快. 到 1991 年，全世界近 30 个国家和地区建成的核电机组为 423 套，总容量为 3.275 亿千瓦，其发电量占全世界总发电量的约 16%. 世界上第一座核电站是前苏联的奥布宁斯克核电站.

2007 年，中国核电总发电量 628.62 亿千瓦时，上网电量为 592.63 亿千瓦时，同比分别增长 14.61% 和 14.39%. 大亚湾核电站 2 台 106 万千瓦的机组分别于 2007 年 5 月和 8 月投入商运，中国核电运行机组达到 11 台，运行总装机容量达 907.8 万千瓦. 截至 2007 年底，中国电力装机容量达到 7.13 亿千瓦，全国电力供需继续保持总体平衡态势. 同时，随着大亚湾核

图 7.2.4　大亚湾核电站

电站两台百万千瓦核电机组投产，目前全国核电装机容量已达 885 万千瓦.

2007 年全国水电、火电装机容量均保持超过 10% 的增长，分别达到 1.45 亿千瓦和 5.54 亿千瓦. 而风电并网生产的装机总容量则实现翻番，达到 403 万千瓦.

2008 年，中国明确了鼓励核电发展的税收政策. 积极推进核电建设，将改善中国的能源供应结构，保障能源安全和经济，保护环境.

中国正在加大能源结构调整力度. 积极发展核电、风电、水电等清洁优质能源已刻不容缓. 中国能源结构仍以煤炭为主体，清洁优质能源的比重偏低.

官方正计划调整核电中长期发展规划，加快沿海核电发展，力争 2020 年核电占电力总装机比例达到百分之五以上. 之前在核电规划中，核电比重为百分之四.

中国目前建成和在建的核电站总装机容量为 870 万千瓦，预计到 2010 年中国核电装机容量约为 2000 万千瓦，2020 年约为 4000 万千瓦. 到 2050 年，根据不同部门的估算，中国核电装机容量可以分为高中低三种方案：高方案为 3.6 亿千瓦（约占中国电力总装机容量的 30%），中方案为 2.4 亿千瓦（约占中国电力总装机容量的 20%），低方案为 1.2 亿千瓦（约占中国电力总装机容量的 10%）.

中国国家发展改革委员会正在制定中国核电发展民用工业规划，到 2020 年中国电力总装机容量预计为 9 亿千瓦时，核电的比重将占电力总容量的 4%，即是中国核电在 2020 年时将为 3600 – 4000 万千瓦. 也就是说，到 2020 年中国将建成 40 座相当于大亚湾那样的百万千瓦级的核电站.

从核电发展总趋势来看，中国核电发展的技术路线和战略路线早已明确并正在执行，具体地说就是，近期发展热中子反应堆核电站；为了充分利用铀资源，采用铀钚循环的技术路线，中期发展快中子增殖反应堆核电站；远期发展聚变堆核电站，从而基本上“永远”解决能源需求的矛盾.

核能发电的优点：

（1）核能发电不像化石燃料发电那样排放巨量的污染物质到大气中，因此核能发电不会造成空气污染.

（2）核能发电不会产生加重地球温室效应的二氧化碳.

（3）核能发电所使用的铀燃料，除了发电外，没有其他的用途.

（4）核燃料能量密度比起化石燃料高上几百万倍，故核能电厂所使用的燃料体积小，运输与储存都很方便，一座 1000 百万瓦的核能电厂一年只需 30 吨的铀燃料，一航次的飞机就可以完成运送.

（5）核能发电的成本中，燃料费用所占的比例较低，核能发电的成本较不易受到国际经济情势影响，故发电成本较其他发电方法为稳定.

要用反应堆产生核能，需要解决以下 4 个问题：①为核裂变链式反应提供必要的条件，使之得以进行. ②链式反应必须能由人通过一定装置进行控制. 失去控制的裂变能不仅不能用于发电，还会酿成灾害. ③裂变反应产生的能量要能从反应堆中安全取出. ④裂变反应中产生的中子和放射性物质对人体危害很大，必须设法避免它们对核电站工作人员和附近居民的伤害.

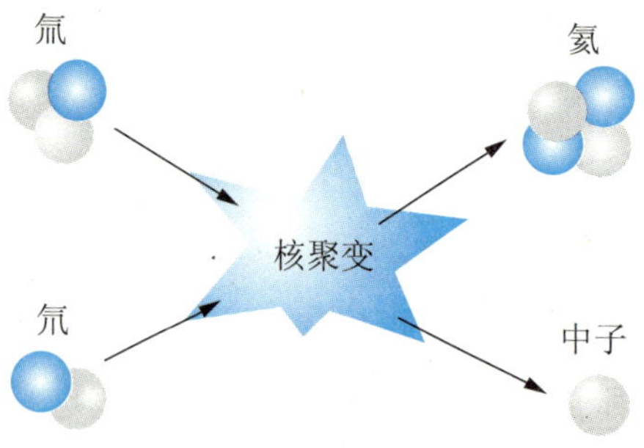

图 7.2.5　核聚变反应示意图

4. 核聚变　核聚变是指由质量小的原子，主要是指氘或氚，在一定条件下（如超高温和高压），发生原子核互相聚合作用，生成新的质量更重的原子核，并伴随着巨大的能量释放的一种核反应形式. 原子核中蕴藏巨大的能量，原子核的变化往往伴随着能量的释放. 如果是由轻的原子核变化为重的原子核，叫**核聚变**，如太阳发光发热的能量来源.

核聚变能释放出巨大的能量，但目前人们只能在氢弹爆炸的一瞬间实现非受控的人工核聚变. 而要利用人工核聚变产生的巨大能量为人类服务，就必须使核聚变在人们的控制下进行，这就是受控核聚变.

实现受控核聚变具有极其诱人的前景. 与核裂变相比，核聚变几乎不会带来放射性污染等环境问题. 核聚变不仅能放出巨大的能量，而且所需的原料氢的同位素氘可以从海水中提取. 经过计算，1 升海水中提取出的氘进行核聚变放出的能量相当于 300 升汽油燃烧释放的能量. 全世界的海水几乎是“取之不尽”的，因此受控核聚变的研究成功将使人类摆脱能源危机的困扰.

但是人们现在还不能进行受控核聚变，这主要是因为进行核聚变需要的条件非常苛刻. 发生核聚变需要在 1 亿度的高温下才能进行，因此又叫

图 7.2.6　我国的核聚变装置

热核反应．没有什么材料能经受得起 1 亿度的高温．此外还有许多难以想象的困难需要去克服．尽管存在着许多困难，人们经过不断研究已取得了可喜的进展．科学家们设计了许多巧妙的方法，如用强大的磁场来约束反应，用强大的激光来加热原子等．可以预计，人们最终将掌握控制核聚变的方法，让核聚变为人类服务．

目前实现核聚变已有不少方法．最早的著名方法是“托卡马克”型磁场约束法．它是利用强大电流所产生的强大磁场，把等离子体约束在很小范围内以实现上述条件．虽然在实验室条件下已接近于成功，但要达到工业应用还差得远．按照目前技术水平，要建立托卡马克型核聚变装置，需要几千亿美元．

早在 20 世纪 60 年代末和 70 年代初，美国阿波罗飞船登月时，6 次带回 368.194 千克的月球岩石和尘埃．科学家将月球尘埃加热到 3000 华氏度时，发现有氦等放射性物质．经进一步分析鉴定，月球上存在大量的氦 -3．科学家在进行研究后认为，采用氦 -3 的聚变来发电，会更加安全．

有关专家认为，氦 -3 在地球上特别少，总量仅有 10 - 15 吨，但是月球上很多，月球保存着大约 5 亿吨氦 -3，如果供人类作为替代能源使用，足以使用上千年．

5．核能安全　当今，全世界几乎 16% 的电能是由 441 座核反应堆生产的，而其中有 9 个国家的 40% 多的能源生产来自核能．在这一领域，国际原子能机构作为隶属联合国大家庭的一个国际机构，对和平利用、开发原子能的活动积极加以扶持，并且为核安全和环保确立了相应的国际标准．

国际原子能机构还对其他几个核安全方面的国际条约担负着保存任务．这些国际条约包括：《核材料实物保护公约》《维也纳核损害民事责任公约》《核安全公约》以及《废燃料管理安全和放射性废物管理安全联合公约》. 最后一个公约是针对核安全问题的第一个国际性的法律文书.

随着各国的核能计划增多，公众日益关注核安全问题，国际原子能机构在核安全领域的职责也扩大了. 为此，国际原子能机构制订了辐射防护基准标准，并就特定的业务类型颁布了有关条例和业务守则，其中包括安全运送放射性材料方面的条例和业务守则. 依据《核事故或辐射紧急援助公约》和《及早通报核事故公约》，一旦发生放射性事故，国际原子能机构会立即采取行动，确保向成员国提供紧急援助.

国际原子能机构对几乎所有核科学和技术方面的信息进行收集和传播. 国际原子能机构还与联合国教育、科学及文化组织合作，在意大利东北部城市的里雅斯特设立了国际理论物理中心. 该中心拥有三个实验室，开展原子能基础应用方面的研究. 国际原子能机构还与联合国粮农组织合作，开展原子能应用于粮食和农业生产领域的研究. 该机构还与世界卫生组织合作，开展核辐射应用于医药和生物学领域的研究. 此外，国际原子能机构在摩纳哥还设有海洋环境实验室. 该实验室得到了联合国环境规划署和教育、科学及文化组织的协助，共同对全球海洋环境污染的情况进行研究.

实践活动

收集并阅读我国和平利用核能的有关资料，结合我国能源需求与供给的矛盾，理解我国发展核能的必要性. 同学们也可以上网查询相关资料.

练习

1. 什么是质量亏损？为什么在核反应时出现质量亏损就有能量放出？
2. 什么是重核的裂变？链式反应产生的条件是什么？
3. 什么是轻核的聚变？聚变反应产生的条件是什么？
4. 简述核电的优点和缺点.

章末小结

一　原子结构　原子核的组成

1. 电子的发现使人们认识到原子是由更小的粒子组成的，α粒子散射实验说明原子的中间有一个很小的核，全部正电荷和几乎全部的质量都集中在原子核上，电子在核外绕原子核高速旋转.

2. 天然放射性

(1) 放射性发出的射线有α射线、β射线和γ射线三种，α射线的本质是由氦核组成的粒子流；β射线是高速运动的电子流；γ射线是波长极短的电磁波. 它们在磁场中的偏转特性不同，穿透本领也不同.

(2) 天然放射性现象和人工核反应说明原子核是由更小的粒子——质子和中子组成的.

(3) 放射性对人体有害，但也有很多重要的应用，如金属探伤、育种和治疗肿瘤等.

3. 原子核的衰变、人工核反应、重核裂变及轻核聚变，它们共同遵守电荷数和质量数守恒定律. 原子核的衰变是自发的，而原子核的人工转变和裂变、聚变都是人工完成的.

二　核能及其应用

1. 爱因斯坦质能方程

$$E = mc^2$$

质能方程说明了物质的质量和能量的对应关系，它解释了核能的来源和计算方法.

2. 重核裂变

重核裂变能够释放巨大的核能，伴随着出现质量亏损. 链式反应能够持续可控地进行是人类能够利用核能的前提条件. 目前的核电站是利用可控的核裂变过程产生的巨大能量发电的.

3. 轻核聚变

轻核聚变能够释放出巨大的核能，产生聚变的条件是必须极高的温度和极高的高压. 聚变与裂变相比，聚变放出的能量更大、无污染、地球上轻核燃料储量丰富. 聚变有极大的应用前景.

思考题

1. 简述卢瑟福的原子有核模型，试说明该模型的实验基础.

2. 原子核是由哪些粒子组成的？什么现象说明原子核是由更小的粒子组成的？

3. 试说明天然放射现象三种射线的本质，并说明它们各自的电离和穿透本领及在电场和磁场中的表现.
4. 什么是爱因斯坦的质能方程？这个方程说明了什么？
5. 重核裂变和轻核聚变为什么能释放大量的能量？什么是链式反应？
6. 轻核聚变与重核裂变相比有哪些优点？
7. 结合我国实际说明我国发展核电的重要意义.

职业模块

第八章
力的平衡　动量　圆周运动

力学是物理学的一个分支，可分为静力学和动力学.静力学研究物体在外力作用下的平衡以及平衡时物体各部分之间的受力情况，动力学研究物体在外力作用下的运动情况及运动状态的改变.本章在第一章内容的基础上，从牛顿运动定律出发，进一步讨论质点系统的受力分析和力与运动状态变化之间的关系.只有懂得静力学和动力学，我们才能够控制各类物体的平衡，或创造条件来控制物体的运动，例如各类建筑和机械的设计制造；把人造卫星和宇宙飞船送上天；建造发电装制以满足我们对能源的需求等等.

8.1 物体的受力分析

工具箱

力的定义：力是物体间的相互作用. 一个物体受到力的作用，一定有别的物体对它施加这种作用. 前者是受力体，后者是施力体. **力的示意图：**力可用带箭头的线段表示，箭头方向表示力的方向，长短表示力的大小. 但在分析物体的受力情况时，通常只需要在图中画出力的方向，不要求严格表示出力的大小，这叫力的示意图. **力的合成和分解法则：**求两个互成角度的力的合力时，可以用表示这两个力的线段为邻边作平行四边形，这两个邻边之间的对角线就代表合力的大小和方向. 这个法则叫**平行四边形法则**. 把两个矢量首尾相接从而求出合矢量的方法，叫做**三角形定则**.

力学问题是基础物理的重要组成部分，对物体进行受力分析是解决力学问题的关键，是研究力学问题的重要方法. 所谓受力分析，就是把研究对象在给定物理环境中所受到的力全部找出来，并画出相应的受力示意图.

1. 受力分析的依据

(1) 依据各力产生的条件和性质分析　由于力的产生原因不同，形成不同性质的力，这些力可分为接触力和场力. 接触力（弹力和摩擦力）的确定是难点，两物体直接接触是产生弹力和摩擦力的必要条件，弹力产生的原因是物体发生弹性形变，而摩擦力的产生除物体间相互挤压外还要有相对运动或相对运动趋势. 对于场力，重力总是存在（除由于质量很小而忽略的情况），方向竖直向下；对于处在电场、磁场中的带电体，就要考虑是否受到电场力、磁场力等. 下面分别加以说明.

重力　在地面周围，重力是随位置的不同而变化的，但在地球表面附近的空间范围内，可以认为重力大小是不变的. 重力的方向竖直向下，或者说是垂直于水平地面的. 重力用 G 表示，G 的方向与重力加速度 g 的方向是一致的.

弹力　弹力十分普遍，人站在地上，脚与地面之间有弹力；伏案疾书，两臂和桌面之间有弹力；网上浏览，手指和鼠标之间也有弹力. 弹力产生的条件是两个物体接触并且产生形变. 看上去接触，却可能是靠在一起，此时物体之间没有挤压，所以没有弹力，图 8.1.1 所示的在光滑水平面上的两个球靠在一起就是这种情况．通常遇到的弹力，又可分为接触面上的弹力和细线的弹力两种情况．

摩擦力 摩擦力产生的条件是：接触面是粗糙的；接触面间有弹力作用；两物体有相对运动或相对运动趋势．接触面光滑的物体之间不会有摩擦力．当两物体有相对运动时，会产生滑动摩擦力．不能认为静止的物体不会受到滑动摩擦力，在图 8.1.2 中，虽然 A 物体相对于地面是静止的，但当抽动 B 时，A 还是受到滑动摩擦力的作用．

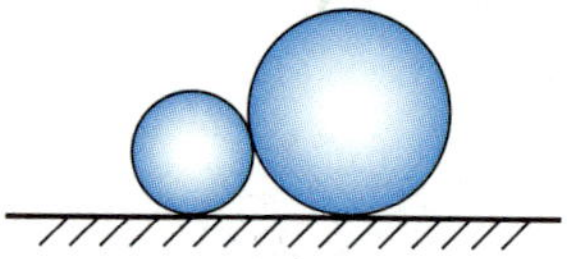

图 8.1.1

滑动摩擦力的方向与相对运动的方向相反，不是与物体运动的方向相反．图 8.1.2 中，物体 A 虽然相对于地面静止，但是相对于 B 是向右运动的，故受到向左的滑动摩擦力．

想一想

物体向前运动，它可以受到向前的滑动摩擦力吗？同学们还能举出几个例子吗？

对于静摩擦力，其方向与相对运动趋势的方向相反．这里的相对运动趋势方向，比起相对运动方向来，更抽象了一些．当物体有相对运动趋势时，却仍然是静止的，那么，这个运动趋势及其方向如何判定呢？方法之一为“假设法”．如图 8.1.3 所示，物体静止在水平面上，当用水平力 F 推它时，它仍保持静止，可以这样判定相对运动趋势的方向：假设水平面光滑，容易理解物体将沿 F 的方向运动起来，这个方向就是物体相对运动趋势的方向．而物体所受的静摩擦力方向则与这个方向相反，即与 F 方向相反．再如，物体静止在斜面上，假设斜面光滑，物体会沿斜面滑下，这个沿斜面向下的方向就是物体相对斜面的运动趋势的方向，而物体受到的静摩擦力的方向是沿斜面向上的．

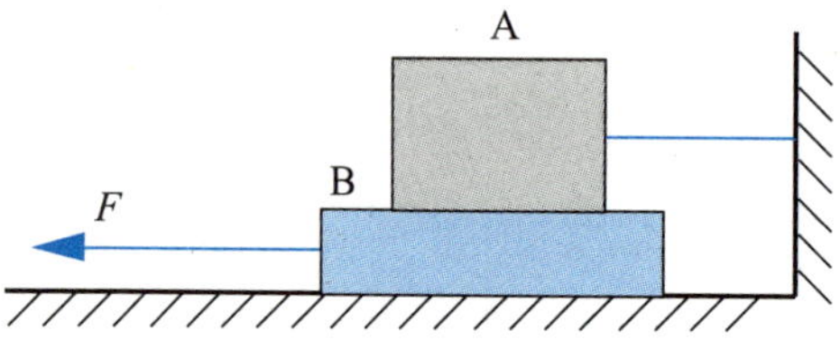

图 8.1.2

至于大小，不要把 $f = \mu F_N$ 运用到求静摩擦力中来，一般情况，求静摩擦力没有现成公式，只能根据物体的受力和运动情况求解．

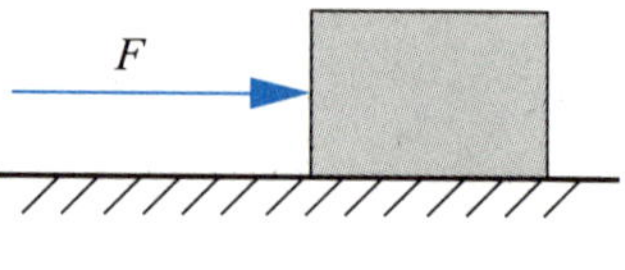

图 8.1.3

（2）依据作用力和反作用力分析 研究对象所受的每个力都有施力物体

和反作用力，找不到施力物体和没有反作用力的力是不存在的；另一方面，有些问题直接取研究对象不好分析时，就用牛顿第三定律转移研究对象分析.

例如，求放在水平桌面上静止的书对桌面的压力，直接取桌面研究是得不到结果的，而我们取书研究，书受的重力和桌面对书的支持力是一对平衡力，因此，桌面对书的支持力大小等于书的重力大小. 然后根据牛顿第三定律求出书对桌面的压力大小也等于书的重力大小.

(3) 依据物体所处的运动状态分析　对于有些力是否存在，或力的方向难以确定时，要依据物体所处的运动状态，运用物体的平衡条件或牛顿运动定律来判断. 例如，用细线系一小球悬挂在天花板上，并且把小球放在光滑斜面上，此时绳子恰好竖直，如图 8.1.4 所示，试分析小球受力. 显然小球受重力和绳子的弹力，关键是有没有斜面给球的弹力. 我们假设斜面有支持力，小球在水平方向受力就不平衡了，所以，斜面对小球支持力不能存在；小球只受重力和绳子的拉力.

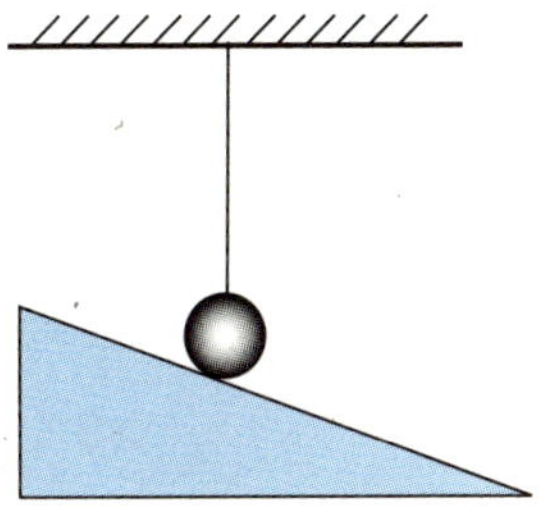

图 8.1.4

如果遇到有加速度的问题，可以用牛顿第二定律帮助分析受力. 例如，水平传送带上，质量为 m 的物体与传送带保持相对静止而一起向右加速运动，加速度大小是 a. 如图 8.1.5 所示. 求物体受的摩擦力.

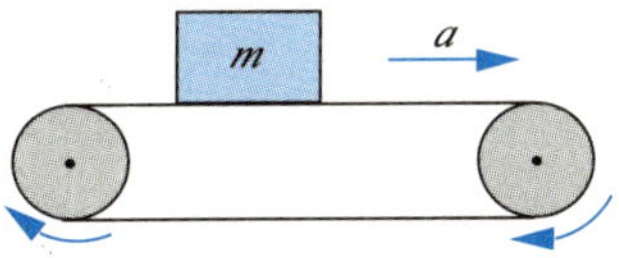

图 8.1.5

物体受到的支持力和重力在竖直方向，不能产生水平方向加速度. 水平方向只能有摩擦力，所以，根据牛顿第二定律，摩擦力方向和加速度方向一致，为水平向右，摩擦力大小为 ma.

2. 受力分析的基本程序

(1) 明确研究对象：就是确定我们要分析哪个物体的受力. 选取研究对象的原则是要对问题研究尽量简便，研究对象可以是单个物体或物体的某一部分，也可以是几个物体组成的系统.

(2) 隔离物体分析：就是将所确定的研究对象隔离出来，进而分析周围有哪些物体对它施加力的作用，方向如何，并将这些力一一画在受力图上.

(3) 受力分析的顺序：先重力，再接触力（弹力和摩擦力），最后电场力和磁场力. 对于接触力应逐个接触面去找.

(4) 进行定性检验：画出受力示意图后要进行定性检验，看一看根据你画的示意图，物体能否处于题目中所给定的运动状态.

3. 受力分析的注意事项

(1) 有时为了使问题简化，出现一些暗示的提法，如“轻绳”、“轻杆”表示不考虑绳与杆的重力；如“光滑面”示意不考虑摩擦力.

(2) 弹力表现出的形式是多种多样的，平常说的“压力”、“支持力”、“拉力”、“推力”、“张力”等实际上都是弹力. 两个物体相接触是产生弹力的必要条件，但不是充分条件，也就是相接触不一定都产生弹力. 接触而无弹力的情况是存在的.

(3) 两个物体的接触面之间有弹力时才可能有摩擦力. 如果接触面是粗糙的，到底有没有摩擦力？如果有摩擦力，方向又如何？这也要由研究对象受到的其他力和运动状态来确定.

例如，如图 8.1.6 所示放在倾角为 θ 的粗糙斜面上的物体 A，当用一个沿着斜面向上的力 F 作用时，物体 A 处于静止状态，请问物体 A 受到哪几个力？通过受力分析可知，A 一定受重力 G、斜面支持力 N 和拉力 F，但静摩擦力可能沿斜面向下，可能沿斜面向上，也可能恰好是零，这需要分析物体 A 与斜面之间的相对运动趋势及其方向才能确定.

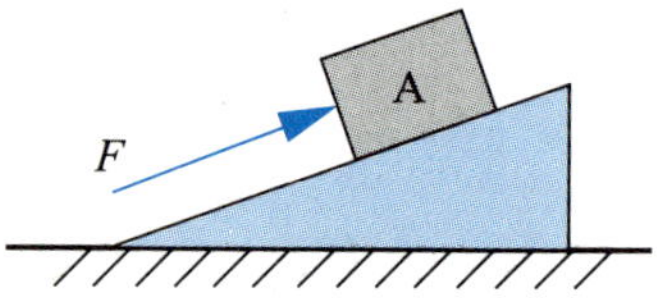

图 8.1.6

(4) 对连接体的受力分析能突出隔离法的优点，隔离法能使某些内力转化为外力处理，以便应用牛顿第二定律. 但在选择研究对象时一定要根据需要，它可以是连接体中的一个物体或其中的几个物体，也可以是整体，千万不要盲目隔离，以免使问题复杂化.

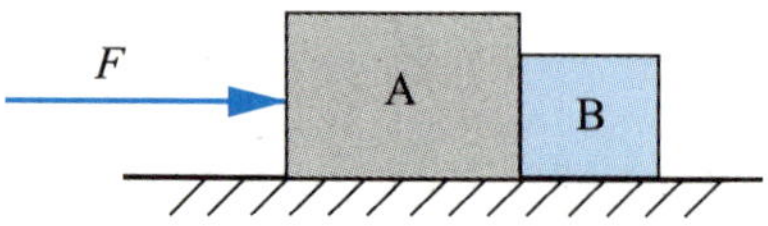

图 8.1.7

(5) 注意只分析研究对象所受的力，不分析研究对象对其它物体所施的力. 不要把作用在其它物体上的力错误地认为通过“力的传递”作用在研究对象上.

例如，如图 8.1.7 所示，A、B 两物体并排放在水平面上，现用以水平恒力 F 推物体 A，A、B 两物体一起运动. B 物体只受重力 mg、地面的支持力 N_1，A 物体对它的推力 N_2 和地面对它的摩擦力 f. 而不存在推力

F，不能认为 F 通过物体 A 传递给了 B.

(6) 注意合力和分力不能同时作为物体所受的力.

如图 8.1.8，质量为 m 的物体静止在倾角为 θ 的斜面上时，受到重力 mg、斜面对它支持力 N 和摩擦力 f 三个力的作用；不能认为物体受到重力 mg、斜面对它支持力 N 和摩擦力 f 以及 $mg\sin\theta$、$mg\cos\theta$ 五个力的作用. $mg\sin\theta$、$mg\cos\theta$ 只是重力沿斜面和垂直斜面的两个分力.

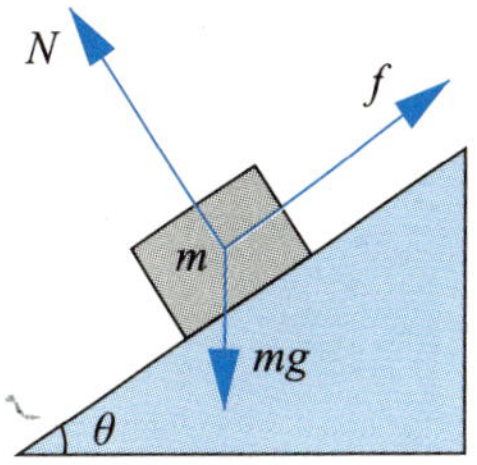

图 8.1.8

(7) 注意只分析根据性质命名的力（场力、弹力、摩擦力等），不分析根据效果命名的力（向心力、下滑力、回复力等）. 例如单摆在摆动过程中只受重力和绳子的拉力两个力，而不受回复力.

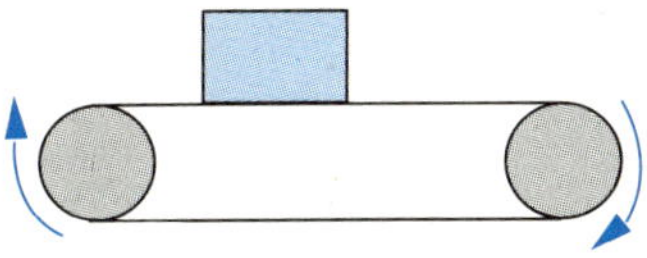

图 8.1.9

(8) 分析物体受力时，除了考虑它与周围物体的作用外，还要考虑物体的运动情况（平衡状态、加速或减速运动、曲线运动）. 当物体的运动情况不同时，其受力情况必然不同.

如图 8.1.9 所示，放在水平传送带上的物体，随传送带一起运动时，若传送带加速运动，物体所受的静摩擦力向前；若传送带减速运动，物体所受的静摩擦力向后；若传送带匀速运动，物体则不受摩擦力作用.

4. 进行准确受力分析，运用恰当方法解决力学问题

(1) 用整体法和隔离法求解连接体问题

所谓**整体法**，就是指对物理问题的整个系统或过程进行研究的方法.

所谓**隔离法**，就是将物理问题的某些研究对象或过程、状态从系统或全过程中隔离出来进行研究的方法.

例1 如图 8.1.10 所示，两个质量均为 m 的小球 A、B 用轻杆连接后，斜放在墙上处于平衡状态，已知墙面光滑，水平地面粗糙. 现将 A 向上移动一小段距离，两球两次达到平衡，那么将移动后的平衡状态与原来的平衡状态比较，地面对 B 球的支持力 F_N 和轻杆上的压力 F 的变化情况为(　　).

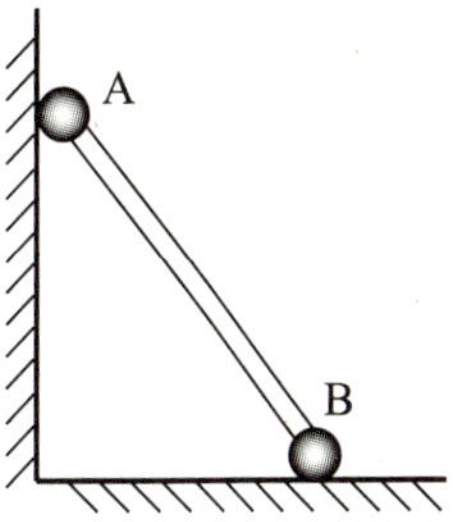

图 8.1.10

A. F_N 不变、F 变大

B. F_N 不变、F 变小

C. F_N 变大、F 变大

D. F_N 变大、F 变小

解析: 方法一　隔离法

本题有两个研究对象，可先分别对 A 球、B 球隔离分析，如图 8.1.11 所示，由 A 球受力平衡，可得

$$F\cos\theta = mg$$

将 A 向上移动一小段距离，即 θ 角减小，所以 F 减小.

由 B 球受力平衡，可得

$$F_N = mg + F'\cos\theta$$

又 $F' = F$，

由以上三式得 $F_N = 2mg$，与 θ 角无关，故 F_N 不变，选 B.

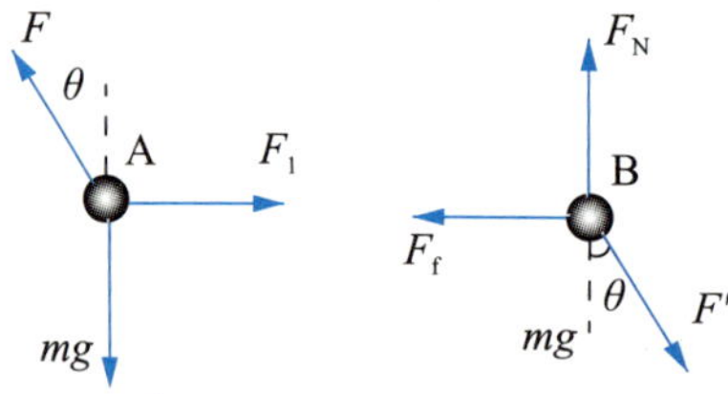

图 8.1.11

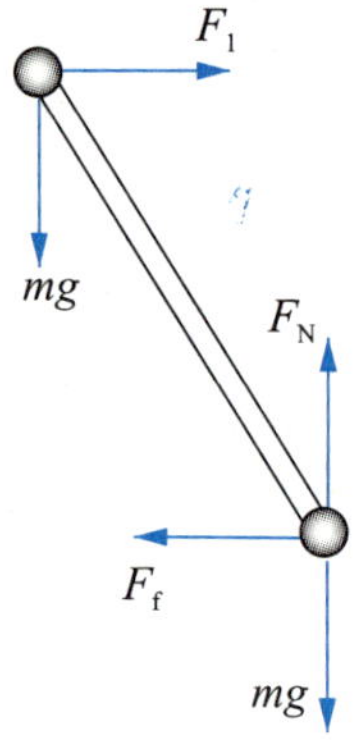

图 8.1.12

方法二　整体法

将 A、B 两球看做一整体，受力情况如图 8.1.12 所示，因整体静止，故在竖直方向有：$F_N = 2mg$，即 F_N 不变；而 F 为整体的内力，故在整体法中得不出 F 的变化情况，只有对某一单体隔离受力分析后，才能得出 F 的变化情况，这里隔离 A 较为方便.

答案: B

(2) 用正交分解法求力

在物理学习中，正确应用正交分解法能够使一些复杂的问题简化. 力的正交分解法在整个动力学中都有着非常重要的作用，那么什么是正交分解呢？同学们如何运用力的正交法解题呢？

①把力沿着两个经选定的互相垂直的方向分解叫力的正交分解法. 运用正交分解法的目的是用代数运算来解决矢量的运算. 在力的正交分解法

中，分解的目的是为了求合力，尤其适用于物体受多个力的情况，物体受到 F_1、F_2、F_3…，求合力 F 时，可把各力沿相互垂直的 x 轴、y 轴分解，则在 x 轴方向各力的分力分别为 F_{1x}、F_{2x}、F_{3x}…，在 y 轴方向各力的分力分别为 F_{1y}、F_{2y}、F_{3y}…. 那么在 x 轴方向的合力 $F_x = F_{1x} + F_{2x} + F_{3x} + \cdots$，在 y 轴方向的合力 $F_y = F_{1y} + F_{2y} + F_{3y} + \cdots$. 合力 $F = \sqrt{F_x^2 + F_y^2}$，设合力与 x 轴的夹角为 θ，则 $\tan\theta = \dfrac{F_y}{F_x}$. 在运用正交分解法解题时，关键是如何确定直角坐标系. 在静力学中，以少分解力和容易分解力为原则；在直线运动中，以加速方向和垂直加速度方向为坐标轴建立坐标，这样使牛顿第二定律表达式为：$F_y = 0$；$F_x = ma$.

②在运用正交分解法解题时，一般按如下步骤：以力的作用点为原点作直角坐标系，标出 x 轴和 y 轴；将与坐标轴成角度的力分解成 x 轴和 y 轴方向的两个分力，并在图上标明，用符号 F_x 和 F_y 表示；在图上标出与 x 轴或与 y 轴的夹角，然后列出 F_x、F_y 的数学表达式；列出 x 轴方向上和各分力的合力和 y 轴方向上的各分力的合力的两个方程，然后再求解.

例2 物体放在粗糙的水平地面上，物体重 50N，受到斜向上方向与水平面成 30°角的力 F 作用，$F = 50\text{N}$，物体仍然静止在地面上，如图 8.1.13 所示. 求物体受到的摩擦力和地面的支持力分别是多少？

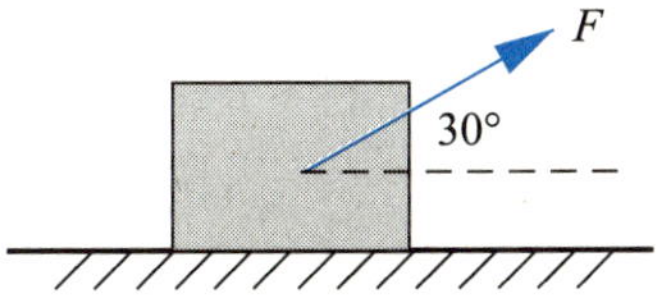

图 8.1.13

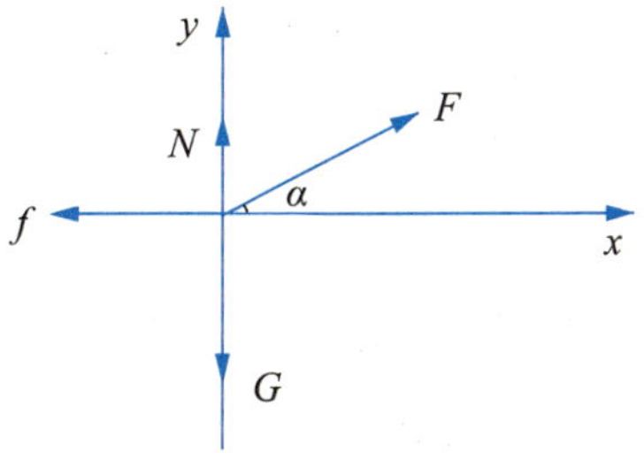

图 8.1.14

解析：对 F 进行分解时，首先把 F 按效果分解成竖直向上的分力和水平向右的分力，对物体进行受力分析，如图 8.1.14 所示. F 的效果可以由分解的水平方向分力 F_x 和竖直方向的分力 F_y 来代替.

$$F_x = F\cos30°,\ F_y = F\sin30°$$

由于物体处于静止状态时所受合力为零，则在竖直方向有：

$$N + F\sin30° = G$$

$$N = G - F\sin30°$$

在水平方向上有：

$$f = F\cos 30°$$

（3）用假设法求解临界问题

某种物理现象转化为另一种物理现象的转折状态叫做临界状态. 临界状态又可理解为“恰好出现”与“恰好不出现”的交界状态. 处理临界问题的基本方法和步骤是：①分析两种物理现象达到临界状态的条件. ②用假设法求出临界值. ③比较所给条件与临界值的关系，确定物理现象，然后求解.

例3 如图 8.1.15 所示，物体 A 的质量 $m_1 = 2\text{kg}$，B 的质量 $m_2 = 3\text{kg}$，A、B 之间的动摩擦因数为 $\mu = 0.25$，它们之间的最大静摩擦力为 6N，A、B 叠放在光滑的水平面上，现用一水平力 F 拉物体 B，试求：

（1）若拉力 $F = 10\ \text{N}$，则 A、B 之间的摩擦力为多大？

（2）若拉力 $F = 18\ \text{N}$，则 A、B 之间的摩擦力为多大？（g 取 $10\ \text{m/s}^2$）

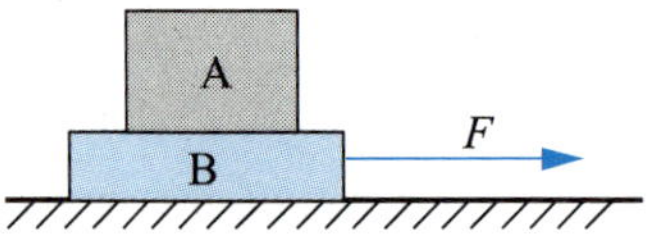

图 8.1.15

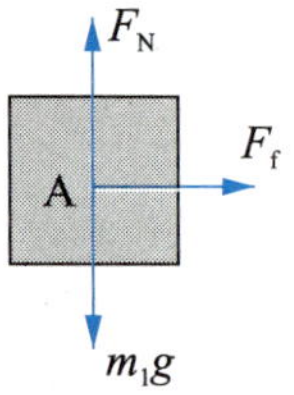

图 8.1.16

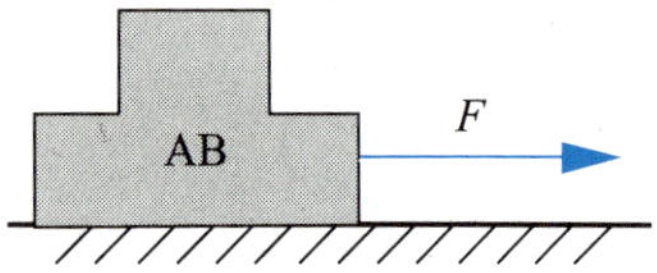

图 8.1.17

解析：本题首先要判断 A、B 之间是否相对滑动，即 A、B 之间是静摩擦力还是滑动摩擦力，我们可以先找出滑动和不滑动的临界状态，比较所给条件与临界值的关系，确定物理状态，然后求解.

假设 A、B 相对静止，对则 A 物体进行受力分析：重力、弹力、摩擦力（如图 8.1.16 所示）

则 A 物体能产生的最大加速度为：$a_m = \dfrac{F_m}{m_1} = \dfrac{6\text{N}}{2\text{kg}} = 3\text{m/s}^2$

对 AB 整体，如图 8.1.17 所示，要使 A、B 相对静止，施加的拉力的最大值为：

$$F_m = (m_1 + m_2)a_m = (2 + 3) \times 3\text{N} = 15\text{N}$$

（1）当 $F = 10\text{N}$ 时，$F < F_m$，所以 A、B 相对静止，A 受到静摩擦力，

对于 AB 整体，$a = \dfrac{F}{m_1 + m_2} = 2\text{m/s}^2$

对于 A：$F_f = m_1 a = 4\text{N}$，方向向右.

（2）当 $F = 18\text{N}$ 时，$F > F_m$，所以 A、B 相对滑动，A 受到滑动摩擦力，

对于 A：$F_f = \mu F_N = \mu m_1 g = 5\text{N}$，方向向右.

答案：（1）4N，方向向右；（2）5N，方向向右.

综上所述，求解静力学和动力学问题，对物体进行准确的受力分析是关键，同时要结合一定的方法才能准确、快速地求出结果. 求解静力学和动力学问题的方法很多，除上述的整体法和隔离法、正交分解法、假设法外，还有许多别的方法，这里不一一介绍. 请同学们举例说明各种方法的应用. 采用不同方法对于解题过程的繁易区别很大，要准确、快速求解力学问题，需要在平时的训练中融会贯通.

练习

1. 如图 8.1.18 所示，质量是 0.5kg 的字典，静止在水平桌面上. 下面能正确的表示字典受力图的是（　　）.

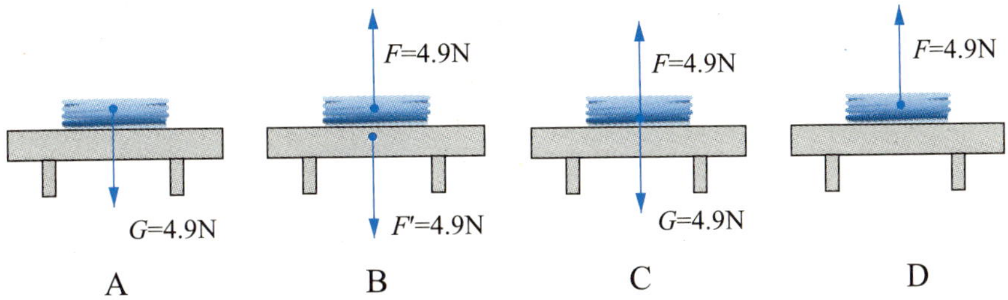

图 8.1.18

2. 如图 8.1.19 中所示木棒静止，试分析木棒受力.

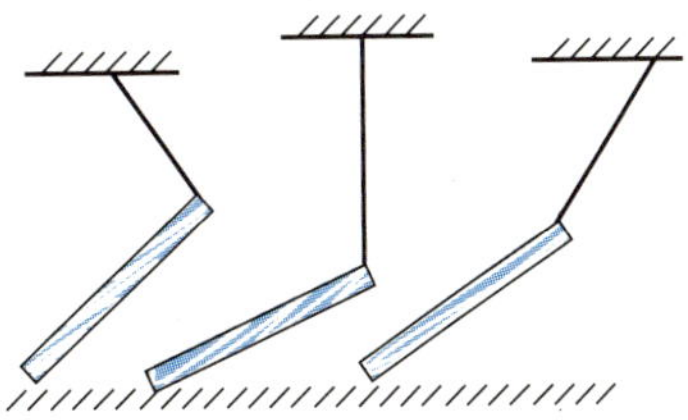

图 8.1.19

3. 已知 A 被水平传送带匀速传送，画出图 8.1.20 中物体 A 的受力示意图.

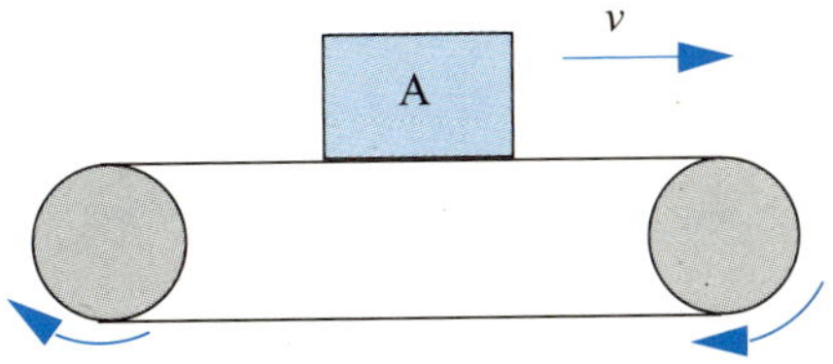

图 8.1.20

4. 已知小车减速前进，画出图 8.1.21 中悬挂在车厢内物体 A 的受力示意图.

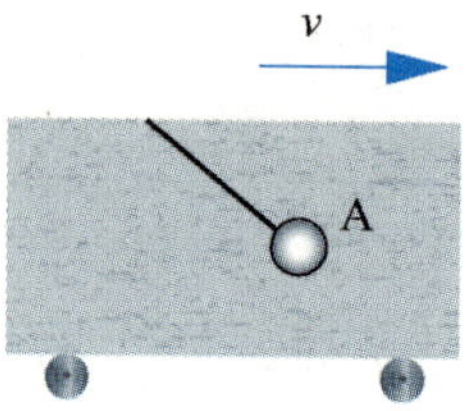

图 8.1.21

5. 如图 8.1.22 所示，放在水平桌面上的 A 物体，受到向右的拉力后匀速直线运动（B 未落下），画出物体 A 的受力情况.

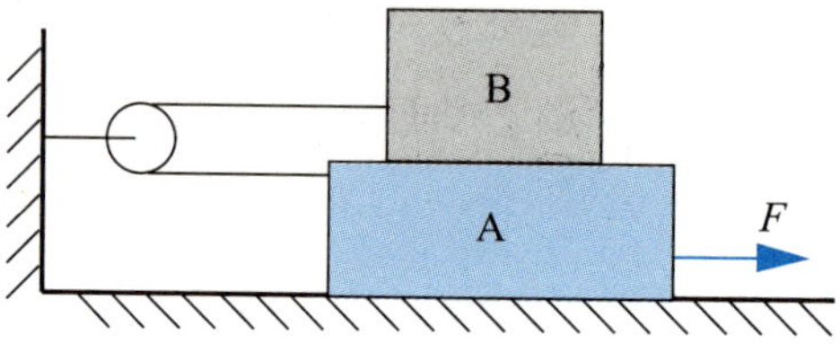

图 8.1.22

6. 如图 8.1.23 所示，斜面上的物体 A 匀速下滑，画出物体 A 受力的示意图.

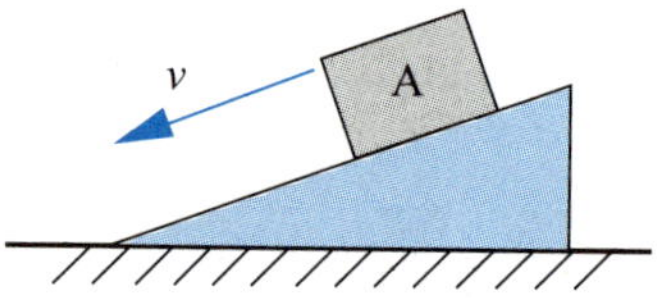

图 8.1.23

8.2 物体的平衡

工具箱

共点力：如果一个物体受到两个或更多个力的作用，有些情况下这些力共同作用在同一个点上，或者虽然不是作用于同一个点上，但是它们的延长线交于一点．**杠杆平衡的概念：**杠杆在动力和阻力的作用下，静止或匀速转动．**杠杆的平衡条件：**动力 × 动力臂 = 阻力 × 阻力臂．

观察与思考

一个物体可以处于不同的运动状态，其中力学的平衡状态比较常见，而且很有实际意义．如图 8.2.1 甲、乙所示桥梁、图 8.2.2 甲、乙所示的建筑物等，都需要保持平衡状态．那么，什么是物体的平衡状态？物体在什么条件下才能处于平衡状态呢？

甲

乙

图 8.2.1　桥梁保持平衡状态

甲

乙

图 8.2.2　建筑物保持平衡状态

1. 共点力作用下物体的平衡 一个物体在共点力的作用下，如果保持静止或者做匀速直线运动，我们就说这个物体处于**平衡状态**. 受共点力作用的物体，在什么条件下才能保持平衡呢？

由牛顿第二定律可知，当物体所受合力为零时，加速度为零，物体将保持静止或者做匀速直线运动，即物体处于平衡状态. 因此，在共点力作用下物体的平衡条件是合力为零. 即

$$F_{合} = 0$$

这个平衡条件也可以用实验来验证.

演示实验

如图 8.2.3 所示，将三个弹簧秤的挂钩挂在同一物体上置于同一平面内. 先将其中的两个成某一角度悬挂起来，然后用手拉第三个弹簧秤. 平衡时分别记下三个弹簧秤的示数，并按各力的大小、方向作出力的图示，根据力的平行四边形定则，看看这三个力有什么关系. 实验表明，这三个力的合力为零.

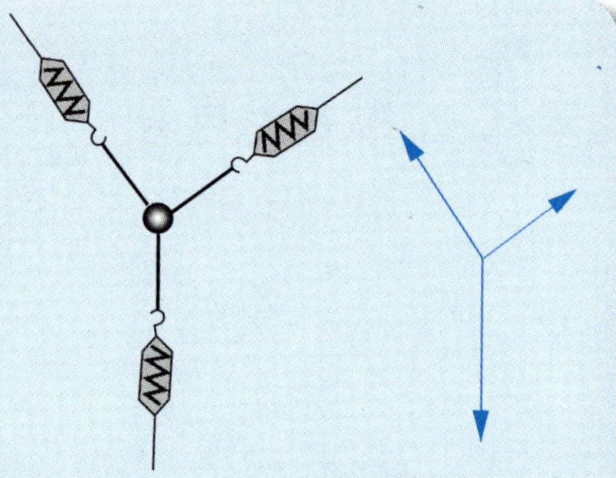

图 8.2.3 三个力使物体平衡

作用在同一物体上几个力的合力为零，这种情形叫做**力的平衡**. 物体受到两个共点力的时候，只有这两个力大小相等，方向相反，合力才为零，这就是我们已经学过的二力平衡.

观察与思考

在上述演示实验中，当物体保持平衡时，任意两个力的合力与第三个力有什么样的关系？

2. 共点力平衡条件的应用 共点力作用下物体的平衡条件在实际中有广泛的应用，下面分析两个具体例子.

例1 沿光滑的墙壁用网兜把一个足球挂在 A 点，如图 8.2.4 甲所示，足球

的质量为 m，网兜的质量不计. 足球与墙壁的接触点为 B，悬绳与墙壁的夹角为 α. 求悬绳对球的拉力和墙壁对球的支持力.

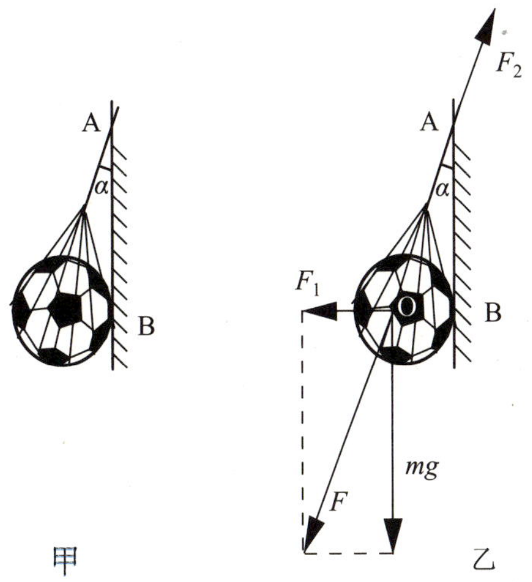

图 8. 2. 4

分析：取足球作为研究对象，分析它受到哪些力的作用. 如图 8. 2. 4 乙所示，它共受到三个力的作用：重力 $G=mg$，墙壁的支持力 F_1，悬绳的拉力 F_2.

这三个力是共点力. 重力的作用点在球心 O 点，支持力 F_1 沿球的半径方向，G 和 F_1 的作用线必交于 O 点. 用平行四边形定则求出它们的合力 F，这时足球和网兜相当于受到两个力（F 和 F_2）. 由二力平衡条件可判定 F_2 的作用线也必过 O 点.

已知 G 和 α，由共点力的平衡条件即可求出 F_1 和 F_2.

解：取足球作为研究对象. 由共点力的平衡条件可知，F_1 和 mg 的合力 F 与 F_2 大小相等、方向相反. 由平行四边形法则可求得

$$F_1 = mg\tan\alpha$$

$$F_2 = \frac{mg}{\cos\alpha}$$

例2 物体 A 在水平力 $F_1=400\text{N}$ 的作用下，沿倾角 $\theta=60°$的斜面匀速下滑如图8. 2. 5. 物体 A 受到的重力 $G=400\text{N}$，求斜面对物体 A 的支持力和 A 与斜面间的动摩擦因数 μ.

分析：取物体 A 作为研究对象. 物体 A 受到四个力的作用：竖直向下的重力 G，水平向右的力 F_1，垂直于斜面斜向上方的支持力 F_2，平行于斜面向上的滑动摩擦力 F_3，如图 8. 2. 6 所示. 其中 G 和 F_1 是已知的. 由 F_3

$=\mu F_2$ 可知，求得 F_2 和 F_3，就可以求出 μ.

物体 A 在这四个共点力的作用下处于平衡状态. 分别在平行和垂直于斜面的方向列出物体的平衡方程，即可求出 F_2 和 F_3.

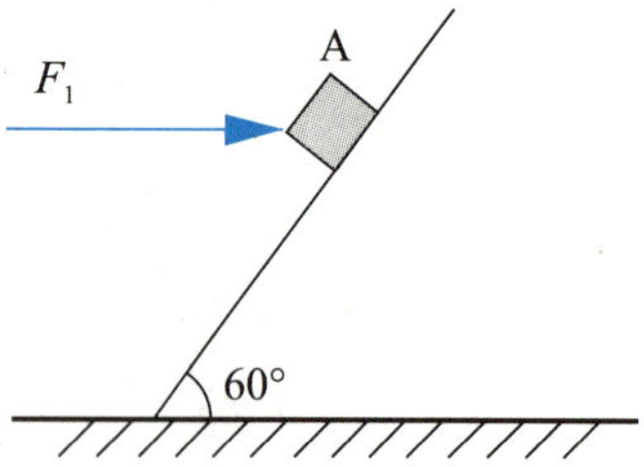

图 8. 2. 5

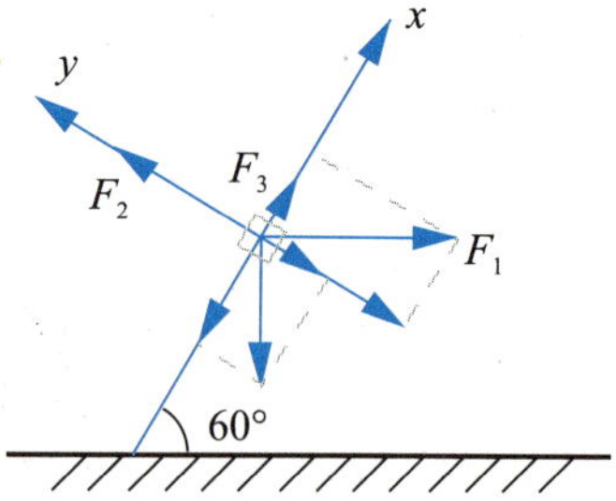

图 8. 2. 6

解： 取平行于斜面的方向为 x 轴，垂直于斜面的方向为 y 轴，分别在这两个方向上应用平衡条件求解. 由平衡条件可知，在这两个方向上的合力应分别等于零，即

$$F_3 + F_1\cos\theta - G\sin\theta = 0 \tag{1}$$

$$F_2 - F_1\sin\theta - G\cos\theta = 0 \tag{2}$$

由（2）式可解得

$$F_2 = G\cos\theta + F_1\sin\theta = 546\text{N}$$

由（1）式可解得

$$F_3 = G\sin\theta - F_1\cos\theta = 146\text{N}$$

所以

$$\mu = \frac{F_3}{F_2} = 0.27$$

由以上两题可知，求解共点力作用下平衡问题的解题步骤：

（1）确定研究对象；

（2）对研究对象进行受力分析，并画受力图；

（3）根据物体的受力情况和已知条件，采用力的合成、分解、图解、正交分解法，确定解题方法；

（4）解方程，并进行讨论.

观察与思考

力可以使物体发生转动．物体转动时，它的各点都沿圆周运动，圆周的中心在同一直线上，这条直线叫做转动轴．如图 8.2.7 所示，门、砂轮、机器的飞轮、电动机的转子等，都是有固定转动轴的物体，下面我们学习有固定转动轴物体的平衡．

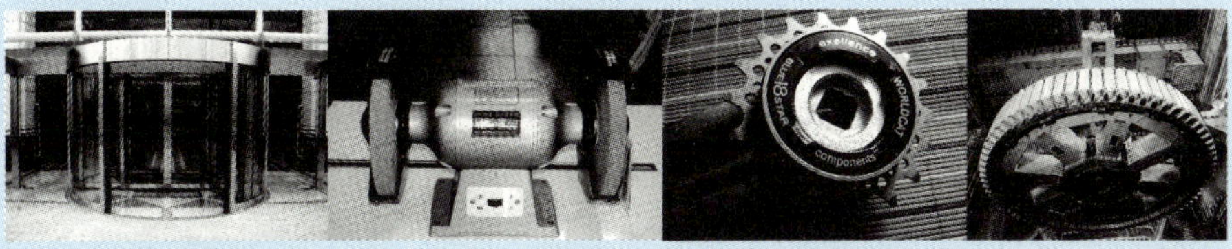

甲　转动的门　　乙　转动的砂轮　　丙　转动的飞轮　丁　发电机的转子

图 8.2.7

初中讲过的各种杠杆也属于有固定转动轴的物体，它们都能绕转动轴发生转动．一个有固定转动轴的物体，在力的作用下，如果保持静止（或匀速转动）状态，我们称这个物体处于**转动平衡状态**．

3. 力矩　力矩的平衡

力矩　力越大，力对物体的转动作用就越大，但是力对物体的转动作用不仅与力的大小有关，还与力和转动轴之间的距离有关．在离转动轴不远的地方推门，用比较大的力才能将门推开；在离转动轴较远的地方推门，用比较小的力就能将门推开．用手直接拧螺帽，不能把它拧紧；用扳手来拧，就容易拧紧了．可见，力越大，力和转动轴之间的距离越大，力的转动作用就越大．

力和转动轴之间的距离，即从转动轴到力的作用线的距离，叫做**力臂**．图 8.2.8 表示有两个力 F_1 和 F_2 作用在杠杆上，杠杆的转动轴过 O 点垂直于纸面，L_1 是 F_1 对转动轴的力臂，L_2 是 F_2 对转动轴的力臂．

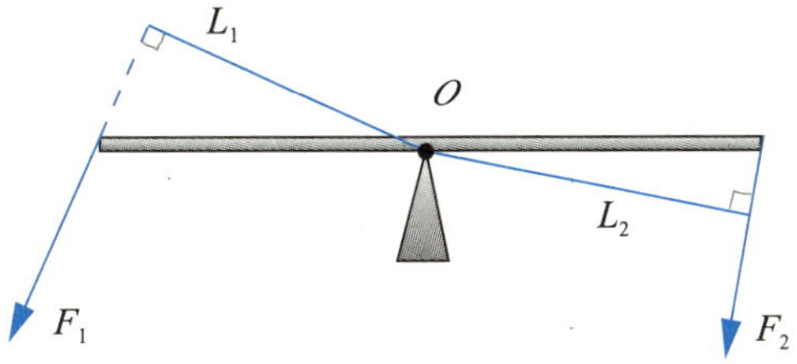

图 8.2.8

力 F 和力臂 L 的乘积叫做力对转动轴的**力矩**．用 M 表示力矩，则有

$$M = FL \qquad (8.2.1)$$

力对物体的转动作用决定于力矩的大小，力矩越大，力对物体的转动作用越大．力为零，力矩也为零，显然不会使物体发生转动．力不为零，只要力臂为零，力矩同样为零，这个力对物体就不会有转动的作用，你能举出几个实例吗？

力矩的单位是由力和力臂的单位决定的．在国际单位制中，力矩的单位是牛米，符号是 N·m．注意它和功的单位 J（1J = 1N·m）是不同的．

力矩的平衡　力矩可以使物体向不同的方向转动．如图 8.2.8 中力 F_1 的力矩 M_1 使杠杆向逆时针方向转动，力 F_2 的力矩 M_2 使杠杆向顺时针方向转动．如果这两个力矩的大小相等，杠杆将保持平衡，这是我们在初中学过的力矩平衡条件，这是力矩平衡的最简单的情形．那么力矩平衡的一般条件是什么呢？下面让我们用实验来寻求这个条件．

探究实验

如图 8.2.9 所示的圆盘可以绕通过中心 O 并垂直于盘面的轴转动．使圆盘在力 F_1、F_2 和 F_3 的力矩作用下处于平衡状态．测量出这 3 个力的力臂 L_1、L_2 和 L_3，分别计算使圆盘向顺时针方向转动的力矩 $M_1 = F_1L_1$，$M_2 = F_2L_2$ 和使圆盘向逆时针方向转动的力矩 $M_3 = F_3L_3$．看看有什么规律．

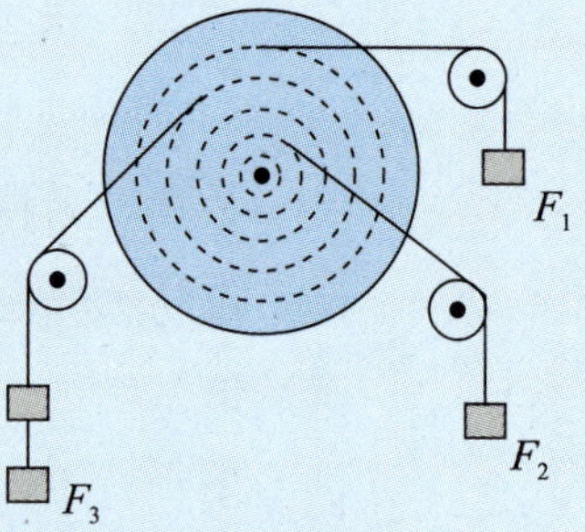

图 8.2.9

可以发现，使圆盘向顺时针方向转动的力矩之和等于使圆盘向逆时针方向转动的力矩之和，即

$$M_1 + M_2 = M_3$$

改变力的大小和作用点，再做这个实验，可以得到同样的结果．实验表明，如果有多个力矩作用在有固定转动轴的物体上，当所有使物体向顺时针方向转动的力矩之和等于所有使物体向逆时针方向转动的力矩之和时，物体将保持转动平衡．

如果把使物体向逆时针方向转动的力矩定为正力矩，使物体向顺时针方向转动的力矩定为负力矩，则上述结果可表述为：有固定转动轴的物体的平衡条

件是力矩的代数和（称为合力矩）等于零. 即

$$M_1 + M_2 + M_3 + \cdots = 0$$

或者

$$M_{合} = 0$$

作用在物体上几个力的合力矩为零的情形叫做**力矩的平衡**.

力矩平衡条件的应用 在日常生活和工农业生产中，我们随处可见力矩平衡条件的应用，如图 8. 2. 10 所示.

甲 杆秤　　　　乙 码头吊车

丙 斜拉桥　　　　丁 应用力矩平衡原理制成的流量计

图 8. 2. 10

例3 如图 8. 2. 11 中的 BO 是一根质量均匀的横梁，重量 $G_1 = 80$ N. BO 的一端置于 B 点，可绕通过 B 点且垂直于纸面的轴转动，另一端用钢绳 AO 拉着. 横梁保持水平，与钢绳的夹角 $\theta = 30°$. 在横梁的 O 点挂一个重物，重量 $G_2 = 240$ N. 求钢绳对横梁的拉力 F_1.

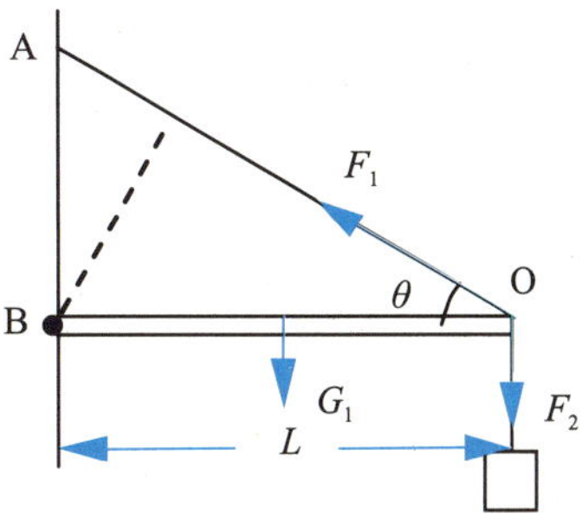

图 8. 2. 11

分析： 横梁 BO 是一个有固定转动轴的物体，它在下述三个力矩的作用下保持平衡. 这三个力矩分别是：拉力 F_1 的力矩 $F_1 L\sin\theta$，重力 G_1 的力矩 $G_1 \frac{L}{2}$，

拉力 F_2 的力矩 F_2L．因所挂重物保持平衡，$F_2 = G_2$，所以 F_2 的力矩 $F_2L = G_2L$．根据有固定转动轴物体的平衡条件即可求出 F_1．

解： 根据平衡条件有

$$F_1L\sin\theta - G_1\frac{L}{2} - G_2L = 0$$

由此得

$$F_1 = \frac{G_1 + 2G_2}{2\sin\theta} = 560\ \text{N}$$

例4 一辆汽车重 1.2×10^4 N，使它的前轮压在地秤上，如图 8.2.12 甲，测得的结果为 6.7×10^3 N，汽车前后轮之间的距离是 2.7m．求汽车重心的位置（即求前轮或后轮与地面接触点到重力作用线的距离）．

分析： 汽车可看做有固定转动轴的物体，若将后轮与地面的接触处作为转动轴，则汽车受到两个力矩的作用．一个是重力 G 的力矩，另一个是地秤对前轮支持力 F 的力矩，F 的大小等于汽车前轮压地秤的力，即题中所给的测得的结果 6.7×10^3N．汽车在这两个力矩的作用下保持平衡．利用转动平衡条件即可求出汽车重心 C 的位置．

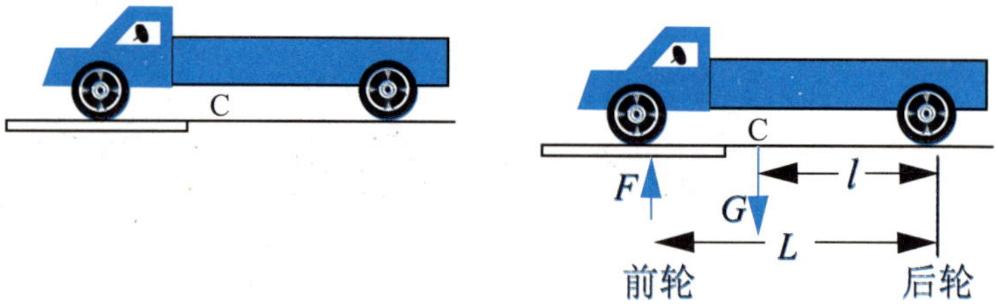

甲　　　　乙

图 8.2.12

想一想

为什么不将前轮与地秤接触处作为转动轴．

解： 如图 8.2.12 乙，选汽车后轮与地面接触处为转动轴，设重力 G 对转轴的力臂为 l，地秤对前轮支持力 F 的力臂为 L，由 $FL = Gl$ 可得

$$l = \frac{FL}{G} = \frac{6.7\times10^3\times2.7}{1.2\times10^4}\text{m} = 1.5\text{m}$$

实践活动

通过对起重机的观察，认识常见的承重结构（三角形的稳定性，两根导轨和平衡块的作用）；通过参观厂房建筑，了解建筑结构的平衡，从力学的角度讨论它们的特点．

练习

1. 如果一个物体能够保持________或________，我们就说物体处于平衡状态. 当物体处于平衡状态时：物体所受各个力的合力等于________，这就是物体在共点力作用下的平衡条件. 它所受的某一个力与它所受的其余外力的合力关系是________.
2. 如图 8.2.13 所示，细线的一端固定于 A 点，线的中点挂一质量为 m 的物体，另一端 B 用手拉住，当 AO 与竖直方向成 θ 角，OB 沿水平方向时，AO 及 BO 对 O 点的拉力分别是多大？

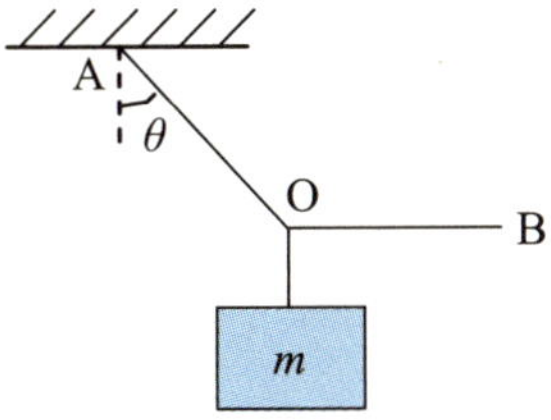

图 8.2.13

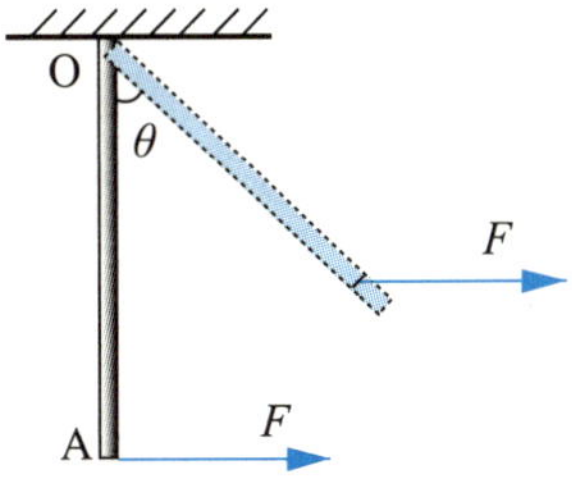

图 8.2.14

3. 如图 8.2.14 所示，一根质量为 M 的均匀铁棒，它可以绕 O 点自由转动，现用力 F 沿水平方向将 OA 棒缓慢地拉到图示虚线位置的过程中，以下说法正确的是（　　）.
   A. 重力不变，重力力臂不变，重力力矩变小
   B. 重力不变，重力力臂变长，重力力矩变大
   C. F 不变，F 的力臂变长，F 的力矩变大
   D. F 变大，F 的力臂变短，F 的力矩变大
4. 如图 8.2.15 所示，一均匀木板长 $L=12\text{m}$，重 $G_1=200\text{N}$，可绕 O 轴转动，$AO=3\text{m}$，B 端用一最多可承受 200N 拉力的绳系住，使木板呈水平状态且细绳与木板的夹角 $\alpha=30°$，现有一重为 $G_2=600\text{N}$ 的人在板上行走，则此人在距 A 端多远的范围内行走是安全的.

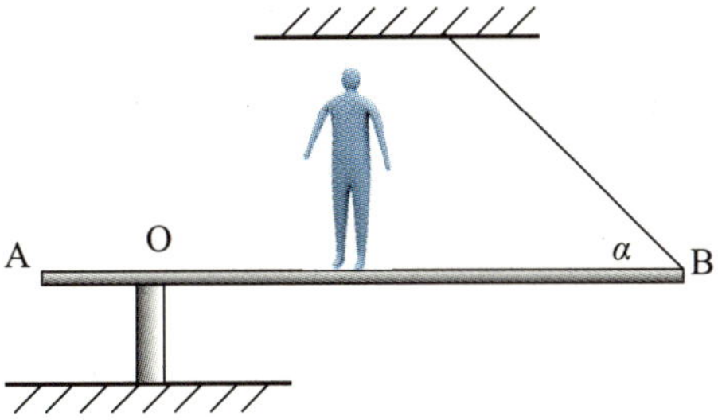

图 8.2.15

5. 如图 8.2.16 所示，长为 L 的均匀横杆 BC 重 100N，B 端用铰链与竖直的板 MN 连接，在离 B 点 $\frac{4}{5}L$ 处悬吊一重为 50N 的重物，细绳 AC 与水平横杆 BC 成 30°的夹角．求细绳 AC 上的拉力为多少？

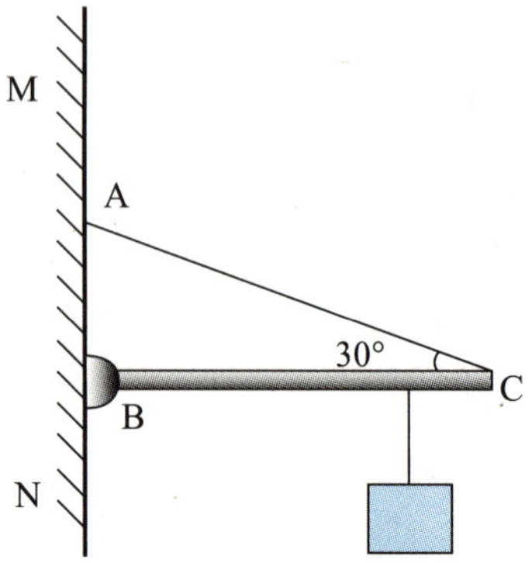

图 8.2.16

8.3 动量　动量守恒定律

工具箱

物体加速度的大小与物体所受的合外力成正比，与物体的质量成反比，加速度的方向与合外力的方向相同，$F = ma$.

如图 8.3.1 所示，垒球场上，击球员挥动球棒将迎面飞来的垒球击了回去. 虽然我们可以应用牛顿运动定律分析这类问题，但是球棒击球的力是随时间变化的，而且变化的规律难以确定. 因此，直接应用牛顿运动定律就发生了困难.

图 8.3.1

物理学家在研究打击和碰撞这类问题时，引入了动量的概念，研究了与动量有关的规律，确立了动量守恒定律. 应用有关动量的知识，上面提到的那类问题就容易解决了.

动量的概念和有关动量的规律在实际中有广泛的应用，下面我们就来学习这方面的知识.

1. 冲量和动量　一辆汽车受到不同的牵引力时，从开动到获得一定的速度，需要的时间不同. 牵引力大，需要的时间短；牵引力小，需要的时间长. 一般来说，一个质量为 m 的静止物体，在力的作用下开始运动，经过时间 t 将获得多大的速度？物体在力的作用下得到的加速度为 $a = \frac{F}{m}$，经过时间 t，获得的速度为 $v = at = Ft/m$. 由此可得

$$Ft = mv \tag{8.3.1}$$

可见，要使一个原来静止的物体获得某一速度，既可以用较大的力作用较短的时间，也可以用较小的力作用较长的时间. 只要力 F 和力的作用时间 t 的乘积 Ft 相同，这个物体总获得相同的速度. 这就是说，对一定质量的物体，力所产生的改变物体速度的效果，是由 Ft 这个物理量决定的. 在物理学中，力 F 和力的作用时间 t 的乘积 Ft 叫做

力的**冲量**.

冲量是矢量，它的方向是由力的方向决定的. 如果力的方向在作用时间内不变，冲量的方向就与力的方向相同. 在国际单位制中，力 F 的单位是 N，时间 t 的单位是 s，所以冲量 Ft 的单位是**牛秒**，符号是 N · s.

从上式还可以看出，原来静止的质量 m 不同的物体，在相同的冲量作用下，虽然得到的速度 v 不同，但它们的质量和速度的乘积 mv 却是相同的，都等于它们受到的冲量. 在物理学中，物体的质量 m 和速度 v 的乘积 mv 叫做**动量**. 动量通常用符号 p 来表示，即

$$p = mv \tag{8.3.2}$$

在国际单位制中，质量 m 的单位是 kg，速度 v 的单位是 m/s，所以动量 p 的单位是**千克米每秒**，符号是kg · m/s. 动量的单位与冲量的单位是相同的：$1\text{N} = 1\text{kg} \cdot \text{m/s}^2$，所以 $1\text{N} \cdot \text{s} = 1\text{kg} \cdot \text{m/s}$.

动量也是矢量，它的方向与速度的方向相同. 动量的运算服从矢量运算规则，要按照平行四边形定则进行. 如果物体的运动在同一条直线上，即动量矢量在同一条直线上，在选定一个正方向之后，动量的运算就可以简化成代数运算.

例1 一个质量是 0.1kg 的钢球，以 6m/s 的速度水平向右运动，碰到一个坚硬的障碍物后被弹回，沿着同一直线以 6m/s 的速度水平向左运动，如图 8.3.2 所示. 碰撞前后钢球的动量有没有变化？变化了多少？

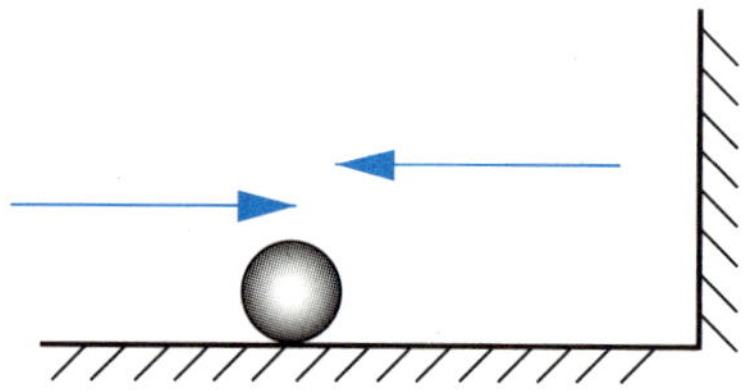

图 8.3.2

分析： 动量是矢量，它的大小或方向发生了变化，动量就发生了变化. 碰撞前后虽然钢球速度的大小没有变化，都是 6m/s，但速度的方向发生了变化. 动量的方向与速度的方向相同，动量的方向也发生了变化，所以钢球的动量发生了变化.

为了求得钢球动量变化的多少，先要确定碰撞前和碰撞后钢球的动量. 碰撞前后钢球是在同一条直线上运动的，选定一个正方向，例如取水平向右的方向为正方向，碰撞前钢球的运动方向与这个正方向相同，动量

为正值；碰撞后钢球的运动方向与这个正方向相反，动量为负值．钢球动量的变化等于碰撞后的动量减去碰撞前的动量．

解析： 取水平向右的方向为正方向，碰撞前钢球的速度 $v=6\text{m/s}$，碰撞前钢球的动量为

$$p=mv=0.1\times6\text{kg}\cdot\text{m/s}=0.6\text{kg}\cdot\text{m/s}$$

碰撞后钢球的速度 $v=-6\text{m/s}$，碰撞后钢球的动量为

$$p'=mv'=-0.1\times6\text{kg}\cdot\text{m/s}=-0.6\text{kg}\cdot\text{m/s}$$

碰撞前后钢球动量的变化为

$$p'-p=-0.1\times6\text{kg}\cdot\text{m/s}-0.1\times6\text{kg}\cdot\text{m/s}=-1.2\text{kg}\cdot\text{m/s}$$

动量的变化 $\Delta p=p'-p$ 也是矢量，求得的数值为负值，表示 Δp 的方向与所取的正方向相反，即水平向左．

2. 动量定理

观察与思考

让鸡蛋从一米多高的地方落到地板上的盘子中，观察现象．现在，在地板上放一块泡沫塑料垫．我们尽可能把鸡蛋举得高高的，然后放开手，让鸡蛋落到泡沫塑料垫上，看看鸡蛋会不会被打破，如图 8.3.3 所示，学了动量定理，你就能够解释这类现象了．

现在我们研究，一个具有一定动量的物体，在合力的作用下，经过一段时间，它的动量变化与所受合力的冲量有什么关系．

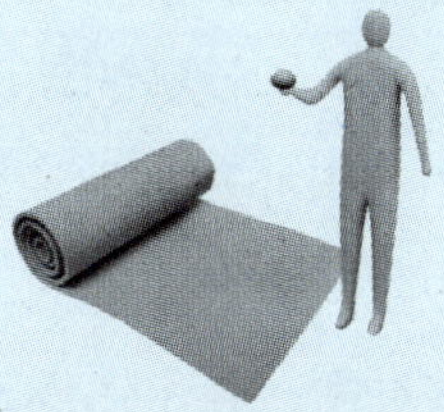

图 8.3.3

设一个质量为 m 的物体，初速度为 v，初动量为 $p=mv$，在合力 F 的作用下，经过一段时间 t，速度变为 v'，末动量为 $p'=mv'$，如图 8.3.4 所示．

物体的加速度 $a=\dfrac{(v'-v)}{t}$，由牛顿第二定律 $F=ma=\dfrac{(mv'-mv)}{t}$ 可得

$$Ft=mv'-mv$$

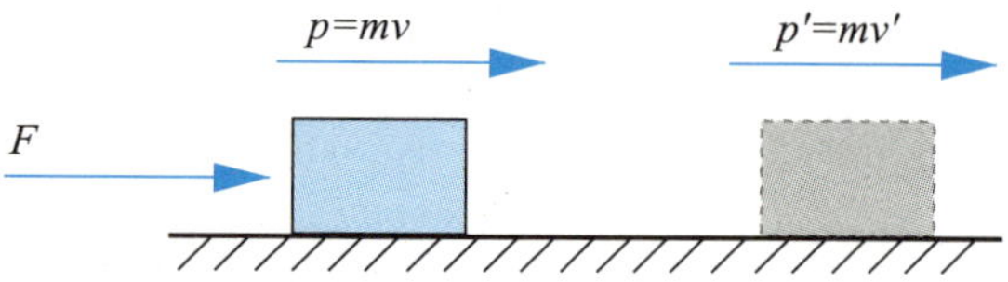

图 8.3.4

即

$$Ft = p' - p = \Delta p \tag{8.3.3}$$

上式表示，物体所受合力的冲量等于物体动量的变化．这个结论叫做**动量定理**．我们在前面得到的公式 $Ft=mv$，其实是动量定理的特殊情形，即初动量为零的情形．

在动量定理的上述推导中我们假定力是恒定的．实际上，物体所受的力通常不是恒定的．用棒球打击垒球，用铁锤钉钉子，垒球和钉子所受的作用力就不是恒定的．可以证明，动量定理不但适用于恒力，也适用于随时间而变化的变力．对于变力的情况，动量定理中的 F 应理解为变力在作用时间内的平均值．应用动量定理 $Ft=p'-p$ 时要注意公式是矢量式，Ft 指的是合外力的冲量，Δp 指的是动量的变化．

应用举例　用铁锤钉钉子，铁锤受到钉子的作用，在很短的时间内动量变为零．由动量定理知道，铁锤受到很大的作用力，同时钉子受到很大的反作用力，于是钉子被钉进去．铁锤的质量越大，打到钉子上的速度越大，即铁锤的动量越大，钉子受到的力就越大．用冲床冲压钢板，如图 8.3.5 所示，冲头的动量在短时间内变小，钢板受到很大的作用力，于是钢板被冲断．在上述例子中，作用时间很短，得到很大的作用力，而被人们所利用．

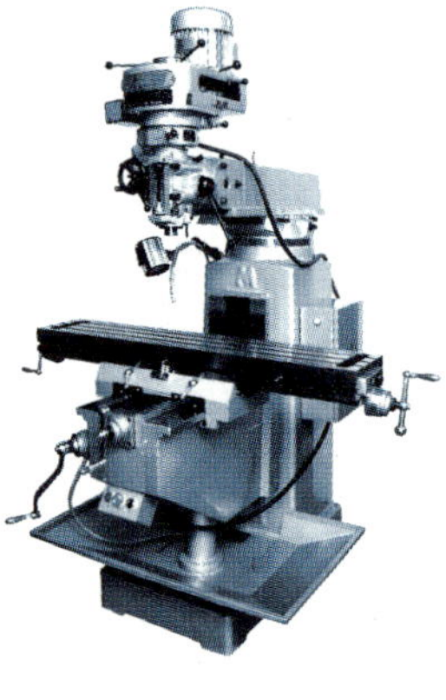

图 8.3.5

相反，有时需要延长作用时间，减小力的作用．在轮渡的码头上装有橡皮轮胎，轮船停靠码头时靠到橡皮轮胎上，轮胎发生形变，作为缓冲装置，可以延长作用时间，减小轮船停靠时所受的力，如图 8.3.6 甲所示．火车车厢也有缓冲装置，用来减小车厢之间的相互作用力．在搬运玻璃等易碎物品时，箱子里要放些碎纸、刨花、泡沫塑料等，以减少搬运中的损坏．跳远时，要跳在沙坑里，以延长作用时间，保证安全．接迎面飞来的篮球，手接触到球以后，两臂随球后引至胸前把球接住，以延长篮球与手的接触时间，减小篮球对手的作用力．汽车的安全气囊在剧烈撞击后弹出，以延长人体与汽车的撞击时间，减小汽车对人体的作用力，如图 8.3.6 乙所示.

甲　　　　　　乙

图 8.3.6

做一做

用细线悬挂一个重物，把重物拿到一定高度，释放后重物下落可以把细线拉断. 如果在细线上端栓一段橡皮筋，再从同样的高度释放，看看细线会不会被拉断，如图 8.3.7 所示. 试应用动量定理解释这个现象.

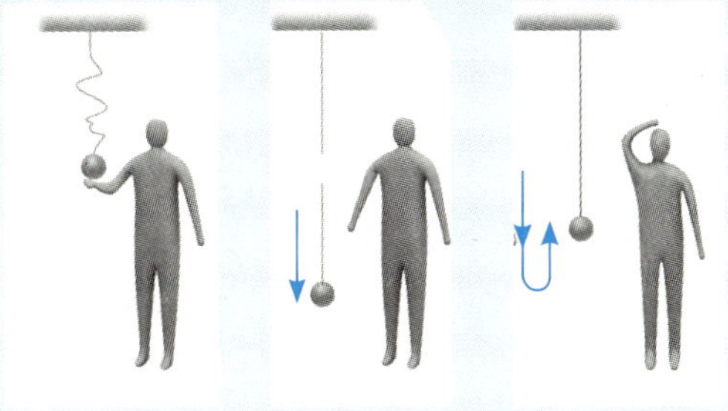

图 8.3.7

例2 一个质量为 0.18kg 的垒球，以 25m/s 的水平速度飞向球棒，被球棒打击后，反向水平飞回，速度的大小为 45m/s，设球棒与垒球的作用时间为 0.01s，求球棒对垒球的平均作用力有多大?

分析:

①你准备选哪个物体作为研究对象?

②在题述过程中研究对象受到哪些力的作用? 合力多大? 合力的作用时间多长?

③物体初动量和末动量各是多大?

④选定哪个方向为正方向?

⑤本题中的力是恒力还是变力?

⑥能用动量定理求解吗?

解析: 取垒球飞向球棒时的方向为正方向，垒球的初动量为 $p = mv =$

4.5kg · m/s，末动量为 $p' = mv' = -8.1\text{kg} \cdot \text{m/s}$，由动量定理可得垒球所受的平均力为

$$F = \frac{p' - p}{t} = \frac{-8.1 - 4.5}{0.01}\text{N} = -1260\text{N}$$

垒球所受的平均力的大小为 1260N，负号表示力的方向与所选的正方向相反，即力的方向与垒球飞回的方向相同.

应用动量定理的一般步骤：

（1）确定研究对象；

（2）明确研究的物理过程，从而抓住物体的始末两状态；

（3）分析研究的过程中物体的受力情况；

（4）规定正方向，进而确定各量的正负；

（5）根据动量定理，列方程求解.

3. 动量守恒定律 动量定理研究了一个物体受力作用一段时间后，它的动量怎样变化的问题. 物体相互作用时，情况又怎样呢？有两位同学原来静止在滑冰场上，不论谁推谁一下，两个人都会向相反方向滑去，他们的动量都发生了变化. 两个人本来都没有动量，现在都有了动量，他们的动量变化服从什么规律呢？下面我们来探讨这个规律.

演示实验

如图 8.3.8 所示，把两个质量相等的小车静止地放在光滑的水平木板上，它们之间装有弹簧，并用细线把它们拴在一起，这时它们的总动量为零. 剪断细线，它们被弹开，向相反的方向运动. 可以看到小车同时撞到距弹开处等距离的挡板上，这表示两小车弹开后速度的大小相同. 已知两小车的质量相等，可见弹开后两小车的动量大小是相等的，而它们的动量方向相反，所以总动量即动量的矢量和为零. 如果一个小车的质量是另一个的两倍，可以看到质量大的小车的速度约为另一个的一半，两小车的总动量仍为零.

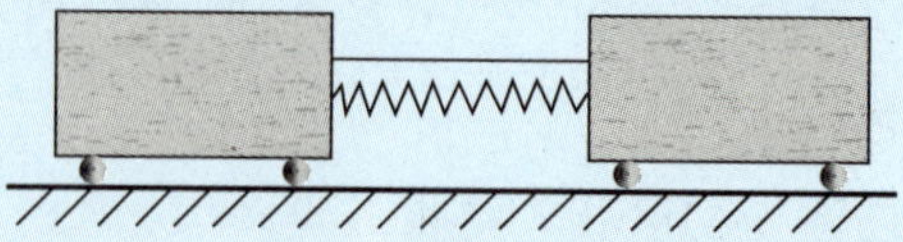

图 8.3.8

实验表明，两辆小车在相互作用前后，它们的总动量是相等的.

如图 8.3.9 所示，在光滑水平桌面上做匀速运动的两个小球，质量分

别是 m_1 和 m_2，沿着同一直线向相同的方向运动，速度分别是 v_1 和 v_2，且 $v_2 > v_1$．两个小球的总动量为 $p = p_1 + p_2 = mv_1 + mv_2$．

经过一段时间后，第二个小球追上了第一个小球，两球发生碰撞．碰撞后的速度分别是 v'_1 和 v'_2，碰撞后的总动量为 $p' = p'_1 + p'_2 = m_1v'_1 + m_2v'_2$．碰撞后的总动量 p'和碰撞前的总动量 p 有什么关系呢？

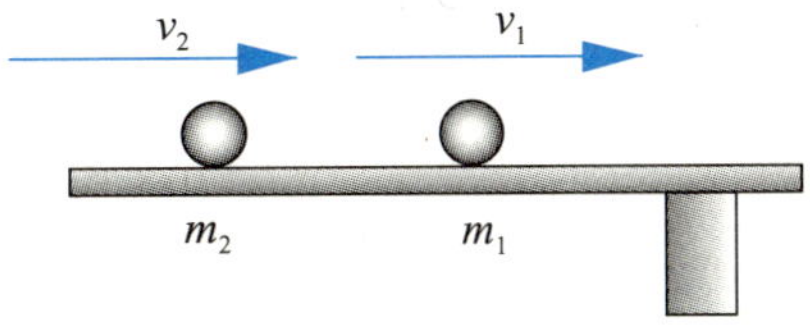

图 8. 3. 9

设碰撞过程中第一个球和第二个球所受的平均作用力分别是 F_1 和 F_2，力的作用时间是 t，如图 8. 3. 10 所示.

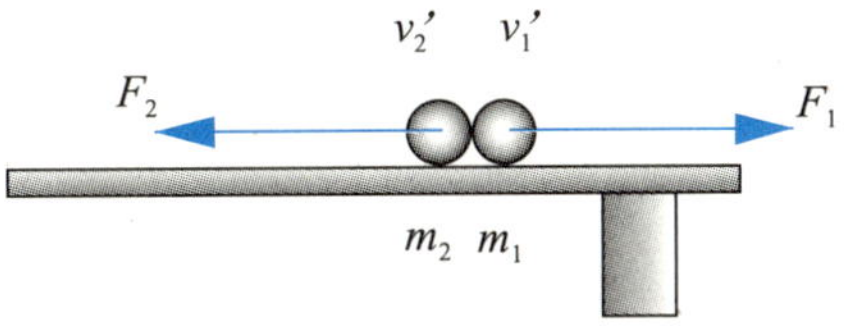

图 8. 3. 10

根据动量定理，第一个球受到的冲量是 $F_1t = m_1v'_1 - m_1v_1$，第二个球受到的冲量是 $F_2t = m_2v'_2 - m_2v_2$．根据牛顿第三定律，F_1 和 F_2 大小相等，方向相反．所以

$$F_1t = -F_2t$$

$$m_1v'_1 - m_1v_1 = -(m_2v'_2 - m_2v_2)$$

由此得

$$m_1v_1 + m_2v_2 = m_1v'_1 + m_2v'_2$$

或者

$$p_1 + p_2 = p'_1 + p'_2$$

$$p = p'$$

上式表明碰撞前后的总动量相等．上式在什么条件下成立呢？有相互作用的物体通常称为**系统**．图 8. 3. 9 中的两球在碰撞过程中就组成一个最简单的系统．系统中各物体之间的相互作用力叫做**内力**．外部其他物体对系统的作用力叫做**外力**．图 8. 3. 10 中的两球碰撞时的相互作用力就是内力．两球还受到外力，即重力和支持力，但它们彼此平衡，所以两球组成的系统所受的外力之和为零．系统不受外力或者所受外力之和为零，是我们得出上式的条件.

一个系统不受外力或者所受外力之和为零，这个系统的总动量保持不变.

这个结论叫做**动量守恒定律**. 它不仅适用于**正碰**（碰撞前后在同一直线上运动），也适用于**斜碰**（碰撞前后不在同一直线上运动，如图 8. 3. 11 所示，本书只处理正碰问题）. 它不仅适用于碰撞，也适用于任何形式的相互作用. 它不仅适用于两个物体组成的系统，也适用于多个物体组成的系统.

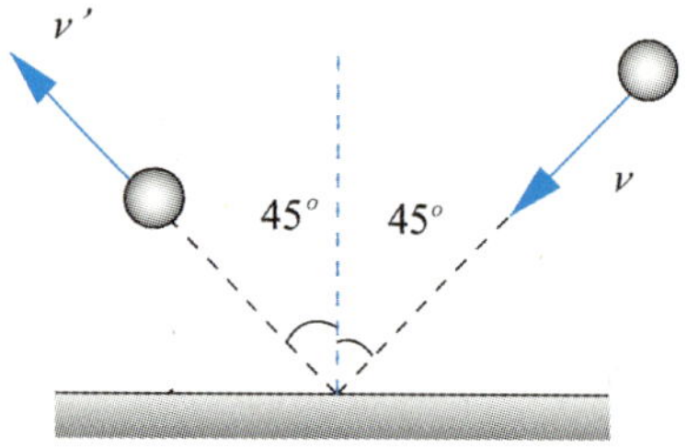

图 8. 3. 11

现在已经知道，动量守恒定律是自然界普遍适用的基本规律之一，它比牛顿运动定律的适用范围广泛. 牛顿运动定律适用于解决物体的低速运动问题，动量守恒定律不但适用于低速运动，也适用于高速运动. 牛顿运动定律适用于宏观物体的运动，动量守恒定律不但适用于宏观物体，而且适用于电子、质子、中子等微观粒子，如图 8. 3. 12 所示. 总之，小到微观粒子，大到天体，不论是什么性质的相互作用力，即使对相互作用力的情况还了解得不大清楚，动量守恒定律都是适用的.

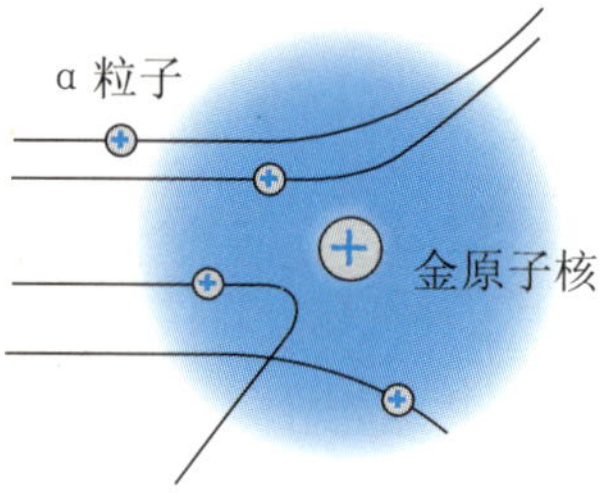

图 8. 3. 12

做一做

将打点计时器固定在光滑桌面的一端，把纸带穿过打点计时器，连在小车A的后面．让小车A运动，小车B静止．在两小车的碰撞端分别装上撞针和橡皮泥（如图8.3.13），碰撞时撞针插入橡皮泥中，把两个小球连接成一体．通过纸带测出它们碰撞前后的速度．

图8.3.13

例3 一枚在空中飞行的导弹，质量为m，在某点速度的大小为v，导弹在该点突然炸裂成两块，其中质量为m_1的一块沿着v的反方向飞去，速度的大小为v_1，求炸裂后另一块的速度v_2？

解： 炸裂过程时间很短，重力的冲量可以忽略．导弹炸裂前的总动量为$p=mv$，炸裂后的总动量为$p'=m_1v_1+(m-m_1)v_2$

据动量守恒$p'=p$，可得

$$m_1v_1+(m-m_1)v_2=mv$$

所以

$$v_2=\frac{mv-m_1v_1}{m-m_1}$$

取炸裂前速度v的方向为正方向，v为正值，v_1与v的方向相反，v_1为负值，由此式可知，v_2应为正值，这表示质量为$(m-m_1)$的那部分沿着与v相同的方向飞去．

动量守恒定律的表达式$p_1+p_2+\cdots=p'_1+p'_2+\cdots$是一矢量式．其矢量性表现在：（1）该式说明系统的总动量在相互作用前后不仅大小相等，方向也相同．因此，系统初状态总动量的方向决定了末状态总动量的方向．反过来，根据末状态总动量的方向也可判断初状态总动量的方向．（2）在求初、末状态系统的总动量$p=p_1+p_2+\cdots$和$p'=p'_1+p'_2+\cdots$时，要按矢量运算法则计算．如果各物体动量的方向在同一直线上，要选取一正方向，用正、负号表示各物体动量的方向，可将矢量运算转化为代数运算．计算时切不可丢掉表示方向的正、负号．

4. 反冲运动

演示实验

用薄铝箔卷成一个细管，一端封闭，另一端留一个很细的口，内装由火柴头上刮下的药粉．把细管放在支架上（如图8.3.14甲），用火柴或用其他办法给细管加热，当管内的药粉点燃时，生成的燃气从细口迅速喷出，细管便向相反方向飞去．注意喷口不要对着人，药量也不要太多，以免发生危险．或用如图8.3.14乙把气球充气后放手，让空气从气球口喷出，气球向相反方向飞去，这是火箭的原理模型．如图8.3.14丙所示，把弯管装在可以旋转的盛水容器的下部，当水从弯管流出时，容器就旋转起来．这是反击式水轮机转轮的原理模型．

甲　　　乙　　　丙

图8.3.14

怎样解释上面看到的现象呢？当燃气从细口喷出时，或气球从手中飞出时，或水从弯管流出时，它们具有动量，由动量守恒定律可知，细铝管或盛水容器就要向相反方向运动．这种向相反方向的运动，通常叫做**反冲**.

在实际中常常需要考虑反冲．如图8.3.15用枪射击时，子弹向前飞去，枪身向后发生反冲．枪身的反冲会影响射击的准确性，所以用步枪射击时要把枪托抵在肩部，以减少反冲的影响．火箭炮为防止反冲运动要装在履带式车辆上.

图8.3.15

反冲有广泛的应用．图8.3.16是灌溉喷水器，当水从弯管的喷嘴喷出时，弯管因反冲而旋转，可以自动地改变喷水的方向.

反击式水轮机是应用反冲而工作的．图8.3.17为反击式水轮机的转

图 8. 3. 16

轮. 水从转轮的叶片流出时，转轮由于反冲而旋转，带动发电机发电. 反击式水轮机是大型水电站中用得最多的一种水轮机.

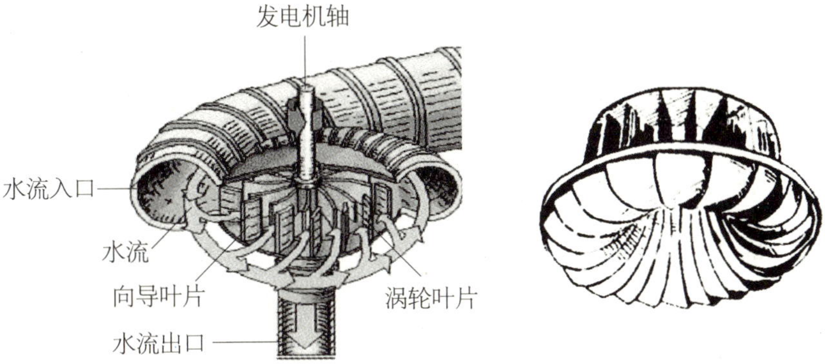

图 8. 3. 17

如图 8. 3. 18 所示，喷气式飞机是反冲的重要应用，它是靠喷出气流的反冲作用而获得巨大速度的. 现代的喷气式飞机，靠连续不断地向后喷出气体，飞行速度能够超过 1000m/s.

图 8. 3. 18

练习

1. 人从高处跳到低处时，一般都是让脚尖先着地，下列解释正确的是(　　).

A. 减小冲量

B. 使动量的增量变得更小

C. 加长与地面的冲击时间，从而减小冲力

D. 脚尖比脚跟能承受更大的冲力

2. 质量为10kg的铁锤，从某一高度处落下后与立在地面上的木桩相碰，碰前速度大小为10m/s，碰后静止在木桩上，若铁锤与木桩的作用时间为0.1s，重力加速度取$g=10\text{m/s}^2$．求：(1) 铁锤受到的平均冲力；(2) 木桩对铁锤的平均弹力.

3. 如图8.3.19，木块B与水平桌面的接触是光滑的，子弹A沿水平方向射入木块后，留在木块内，将弹簧压缩到最短，现将子弹、木块和弹簧（质量不可忽略）合在一起作为研究对象（系统），此系统从子弹开始射入到弹簧压缩到最短的整个过程中，动量是否守恒？

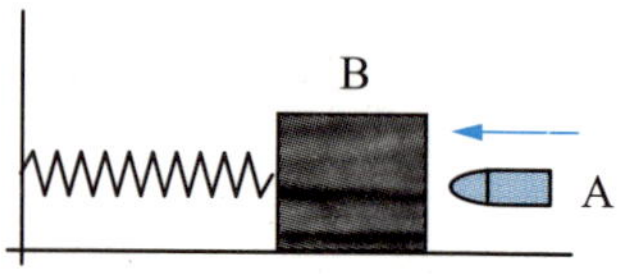

图8.3.19

4. 放在光滑水平面上的A、B两小车中间夹了一压缩轻质弹簧，用两手分别控制小车处于静止状态，下面说法中正确的是(　　).

A. 两手同时放开，两车的总动量为0

B. 先放开右手，后放开左手，两车的总动量向右

C. 先放开左手，后放开右手，两车的总动量向右

D. 两手同时放开，两车的总动量守恒，两手放开有先后，两车的总动量不守恒

5. 质量为150 kg的小车以2 m/s的速度在水平光滑道路上匀速前进，质量为50 kg的人以水平速度4 m/s迎面跳上小车并停在小车上后，车的速度为多少？

6. 某人站在静浮于水面的船上，从某时刻开始人从船头走向船尾，设水的阻力不计，那么在这段时间内关于人和船的运动情况判断错误的是(　　).

A. 人匀速行走，船匀速后退，两者速度大小与它们的质量成反比

B. 人加速行走，船加速后退，而且加速度大小与它们的质量成反比

C. 人走走停停，船退退停停，两者动量之和总是零

D. 当人从船头走到船尾停止运动后，船由于惯性还会继续运动一段距离

7. 如图8.3.20所示，长为L、质量为M的小船停在静水中，一个质量为m的人站在船头，若不计水的阻力，当人从船头走到船尾的过程中，船和人对地面的位移各是多少？

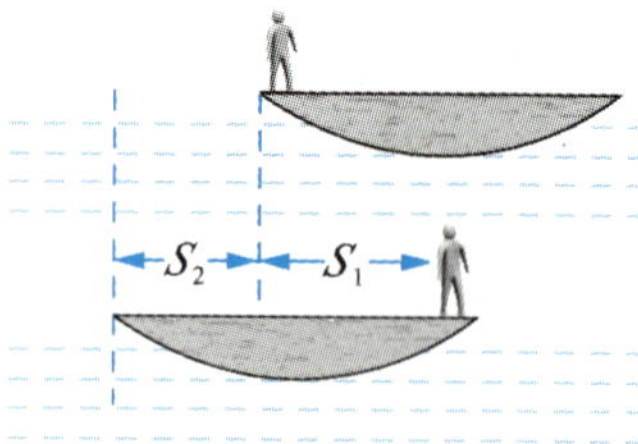

图8.3.20

相关链接

火 箭

我国早在宋代就发明了火箭（图 8.3.21）. 火箭上扎一个火药筒，火药筒的前端是封闭的，火药点燃后生成的燃气以很大速度向后喷出，火箭由于反冲而向前运动.

现代的火箭，原理虽然与古代的相同，但结构复杂得多. 现代的火箭主要由壳体和燃料两大部分组成，壳体是圆筒形的，前端是封闭的尖端，后端有尾喷管，燃料燃烧产生的高温高压燃气从尾喷管迅速喷出，火箭就向前飞去. 现代火箭作为运载工具主要用来发射探测仪器、常规弹头或核弹头、人造卫星或宇宙飞船.

图 8.3.21

火箭飞行所能达到的最大速度，也就是燃料燃尽时获得的最终速度，主要取决于两个条件：一是喷气速度，一是质量比（火箭开始飞行时的质量与燃料燃尽时的质量之比）. 喷气速度越大，质量比越大，最终速度就越大. 提高喷气速度，需要使用高质量的燃料，目前常用的液体燃料是液氢，用液氧作氧化剂. 质量比与火箭的结构和材料有关，现代火箭能达到的质量比不超过 10. 在现代技术的条件下，一级火箭的最终速度还达不到发射人造卫星所需要的速度，发射卫星要用多级火箭.

多级火箭是由单级火箭组成的. 发射时先点燃第一级火箭，燃料用完以后，空壳自动脱落，然后下一级火箭开始工作. 多级火箭能及时把空壳抛掉，使火箭的总质量减少，因而能够到达很高的速度，可用来发射洲际导弹、人造卫星、宇宙飞船等. 火箭的级数不是越多越好，级数越多，构造越复杂，工作的可靠性就越差. 目前多级火箭一般都是三级.

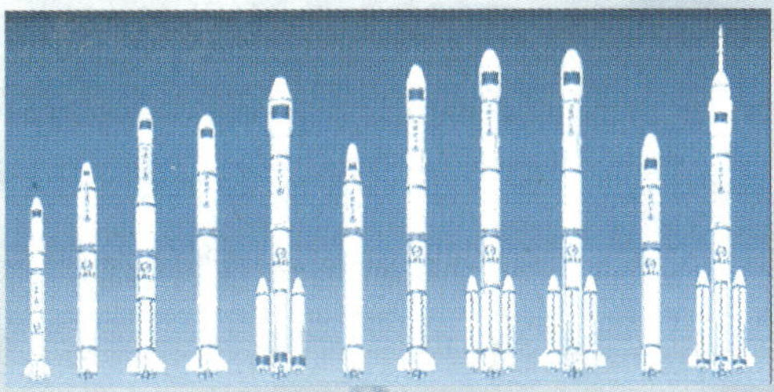
图 8.3.22

火箭技术是一门尖端技术. 我国自行研制的大型系列运载火箭以“长征”命名，如图 8.3.22. 1970 年 4 月，“长征一号”火箭把我国第一颗人造地球卫星送入轨道. 1990 年 4 月，“长征三号”火箭首次为国外用户成功地发射了卫星. 1990 年 7 月，“长征二号”捆绑式大推力运载火箭发射试验成功，表明我国已经具备了发射重型卫星的能力，火箭技术已经跨入了世界先进行列.

8.4 匀速圆周运动

观察与思考

如图 8.4.1 所示，一个在水平面上做直线运动的钢珠，如果从旁侧给它施加一个侧向力，它的运动方向就会改变. 不断对钢珠施加侧向力，或者在钢珠运动的路线旁放一块磁铁，钢珠就偏离原来的运动方向而做曲线运动.

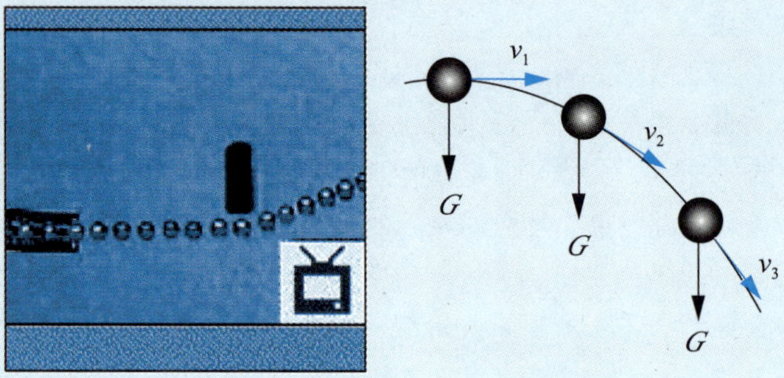

图 8.4.1

实验表明：当运动物体所受合外力的方向与它的速度方向不在同一直线上时，物体就做曲线运动. 运动物体加速度的方向与它所受合外力的方向相同. 所以，做曲线运动的物体，它的加速度的方向与它的速度方向也不在同一直线上. 抛出的篮球也做曲线运动，它的速度方向在轨迹上该点切线方向上.

1. **匀速圆周运动**　物体沿圆周运动是一种常见的曲线运动. 在圆周运动中，最简单的是匀速圆周运动.

质点沿圆周运动，如果在相等的时间里通过的圆弧长度相等，这种运动就叫做**匀速圆周运动**. 如图 8.4.2 所示，匀速转动着的砂轮上每个质点的运动、摩天轮的运动等等，都是匀速圆周运动. 地球和各个行星绕太阳公转的轨道是与圆近似的椭圆，在初步研究中，我们可以认为行星以太阳为圆心做匀速圆周运动.

怎样描述匀速圆周运动的快慢呢？

（1）线速度　匀速圆周运动的快慢，可以用线速度来描述. 根据匀速圆周运动的定义，物体运动的时间 t 增大几倍，通过的弧长 s 也增大几倍. 对某一匀速圆周运动来说，s 与 t 的比值越大，单位时间内通过的弧长就越大，表示运动得越快. 这个比值是匀速圆周运动的线速度的大小，用符

图 8.4.2

号 v 表示，有

$$v = \frac{s}{t} \tag{8.4.1}$$

线速度是相对于下面就要讲到的角速度而命名的，其实质就是物体做匀速圆周运动的瞬时速度. 线速度是矢量，不仅有大小，而且有方向. 线速度的方向就在圆周该点的切线方向上，如图 8.4.3 所示.

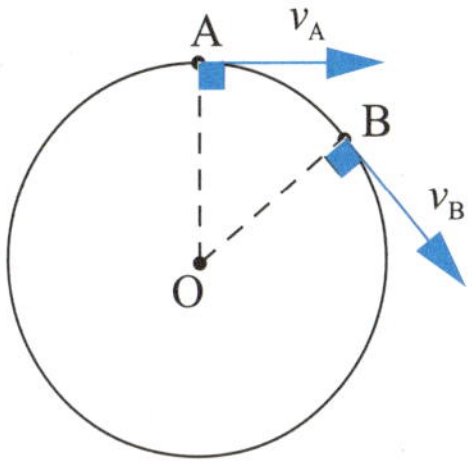

图 8.4.3

线速度的方向

在匀速圆周运动中，物体在各个时刻的线速度的大小都相同，并由（8.4.1）式来确定. 而线速度的方向是在不断变化的，因此，匀速圆周运动是一种变速运动. 这里的“匀速”是指速率不变的意思.

（2）角速度　匀速圆周运动的快慢也可以用角速度来描述. 物体在圆周上运动得越快，连接运动物体和圆心的半径在同样的时间内转过的角度就越大. 所以匀速圆周运动的快慢也可以用半径转过的角度 φ 与所用时间 t 的比值来描述，如图 8.4.4 所示. 这个比值叫做匀速圆周运动的**角速度**，用符号 ω 来表示，有

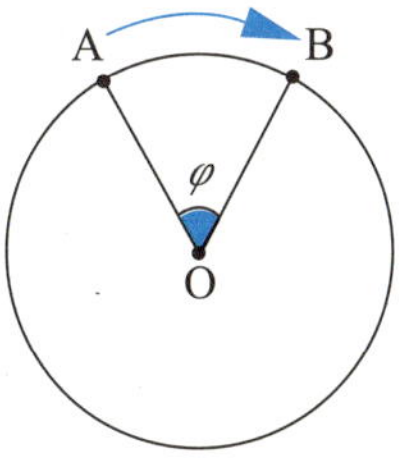

图 8.4.4

经过时间 t，质点由 A 运动到 B，

半径转过的角度等于 φ

$$\omega = \frac{\varphi}{t} \tag{8.4.2}$$

我们知道，圆心角 φ 与弧长 s 成正比，所以对某一确定的匀速圆周运动来说 φ 与 t 的比值 ω 是恒定不变的.

角速度的单位由角度和时间的单位决定. 在国际单位制中，角速度的单位是**弧度每秒**，符号是 rad/s .

（3）周期　匀速圆周运动是一种周期性的运动. 所谓周期性，是指运动物体每经过一定时间后，又回到原来的位置，瞬时速度也回到原来的大小和方向. 做匀速圆周运动的物体运动一周所用的时间叫做**周期**. 周期用

符号 T 表示．周期也是描述匀速圆周运动快慢的物理量，周期长说明物体运动得慢，周期短说明物体运动得快．

实际中也常用转速来描述匀速圆周运动的快慢．所谓转速，是指每秒转过的圈数，常用符号 n 来表示．转速的单位为**转每秒**，符号是 r/s，以及**转每分** r/min．显然，$T=\frac{1}{n}$．

（4）线速度、角速度、周期之间的关系　线速度、角速度和周期都可以用来描述匀速圆周运动的快慢，它们之间的关系是怎样的呢？

设物体沿半径为 r 的圆周做匀速圆周运动，则一个周期 T 内转过的弧长为 $2\pi r$，转过的角度为 2π，所以线速度和角速度分别为

$$v=\frac{2\pi r}{T} \tag{8.4.3}$$

$$\omega=\frac{2\pi}{T}=2\pi n \tag{8.4.4}$$

由（8.4.3）式和（8.4.4）式可得

$$v=r\omega \tag{8.4.5}$$

这就是描述匀速圆周运动快慢的三个物理量之间的关系．（8.4.5）式表示，在匀速圆周运动中，线速度的大小等于角速度的大小与半径的乘积．当半径一定时，线速度与角速度成正比；当角速度一定时，线速度与半径成正比．

演示实验

如图 8.4.5 所示，转动雨伞观察水滴飞出方向，观察砂轮摩擦刀具时沙粒飞出方向，观察链球、铁饼出手后飞出方向．

图 8.4.5

例1 如图 8.4.6 所示的皮带传动装置，主动轮 O_1 上两轮的半径分别为 $3r$ 和 r，从动轮 O_2 的半径为 $2r$，A、B、C 分别为轮缘上的三点，设皮带不打滑，求：

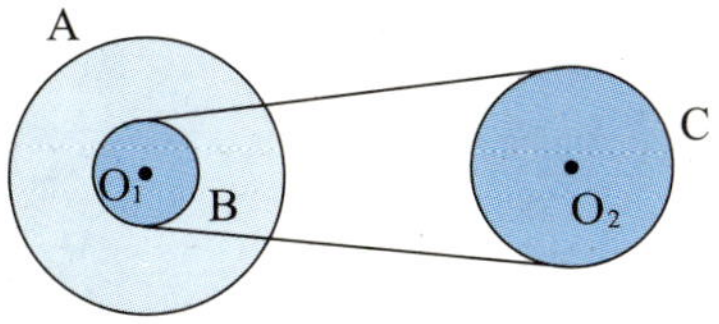

图 8.4.6

A、B、C 三点的角速度之比 $\omega_A:\omega_B:\omega_C=$________；

A、B、C 三点的线速度大小之比 $v_A:v_B:v_C=$________.

解析： 皮带不打滑，表示皮带接触点处线速度大小相等，故 $v_B=v_C$. 因 A 与 B 为同一轮上两点，角速度相等，线速度与半径成正比，$v_A=3v_B$，故三点线速度之比为 3∶1∶1.

因为 $v_B=v_C$，当线速度相等时，角速度与半径成反比，$r_B:r_C=1:2$，所以 $\omega_B:\omega_C=2:1$. 又 $\omega_A=\omega_B$，故三点角速度之比为 2∶2∶1.

2. 向心力　向心加速度

(1) 向心力　物体做曲线运动时，必定受到与速度方向不在同一直线上的合力的作用. 匀速圆周运动是曲线运动，做匀速圆周运动的物体必定也受到与速度方向不在同一直线上的合力的作用. 这个合力是怎样的呢？

先来看合力的方向. 如图 8.4.7 所示，在光滑水平桌面的 O 点固定一根钉子，把绳的一端套在钉子上，另一端系一个小球，使小球在桌面上做匀速圆周运动. 小球之所以能绕着 O 点做匀速圆周运动，是因为绳对小球始终有一个拉力 F，这个拉力的方向虽然不断变化，但总是沿着半径指向圆心，所以叫做**向心力**.

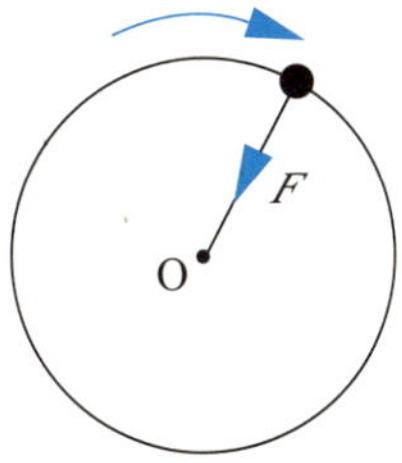

图 8.4.7　做圆周运动的小球受到绳的拉力 F 的作用

向心力指向圆心，而物体运动的速度方向沿切线方向，所以向心力的方向总与速度方向垂直. 物体在运动方向上不受力，在这个方向上没有加速度，速度大小不会改变，所以向心力的作用只是改变速度的方向.

向心力的大小与哪些因素有关呢？具体的关系又是什么呢？

演示实验

向心力演示器如图 8.4.8 所示. 转动手柄 1, 可以使变速塔轮 2、3 以及长槽 4 和短槽 5 随之匀速转动, 槽内的小球就做匀速圆周运动. 使小球作圆周运动的向心力由横臂 6 的挡板对小球的压力提供, 球对挡板的反作用力, 通过横臂的杠杆作用使弹簧测力套筒 7 下降, 从而露出标尺 8, 标尺 8 上露出的红白相间等分格子可以显示出两个球所受向心力的比值.

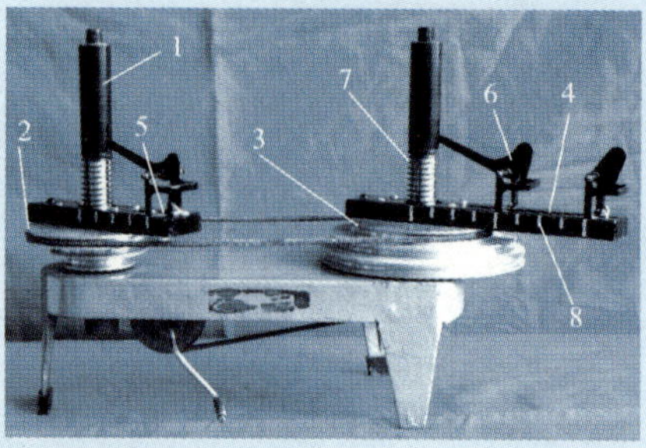

1. 转动手柄 2、3 带轮 4. 长槽 5. 短槽
6. 挡板 7. 弹簧测力套筒 8. 标尺

图 8.4.8

①用质量不同的钢球和铝球做实验, 使两球运动的半径 r 和角速度 ω 相同. 可以看出, 向心力的大小与质量有关, 质量越大, 所需的向心力就越大.

②换用两个质量相同的小球做实验, 保持它们运动的半径相同. 可以看出, 向心力的大小与转动的快慢有关, 角速度越大, 所需向心力也越大.

③仍用两个质量相同的小球做实验, 保持小球运动角速度相同. 可以看出, 向心力的大小与小球运动的半径有关, 运动半径越大, 所需的向心力越大.

实验表明, 向心力的大小与物体的质量 m 、圆周半径 r 和角速度 ω 都有关系.

可以证明, 匀速圆周运动所需的向心力大小为

$$F = mr\omega^2 \qquad (8.4.6)$$

在许多情况下, 需要知道线速度的大小与向心力的关系. 这个关系可以用线速度与角速度的关系求出来. 将 (8.4.5) 式代入 (8.4.6) 式, 得

$$F = m\frac{v^2}{r} \qquad (8.4.7)$$

用上述向心力演示器也可以显示出, 当质量 m 和线速度 v 一定时, 所需向心力与运动半径成反比.

向心力是从力的效果来命名的, 因为它产生指向圆心的加速度, 所以称为向心力. 它不是具有确定性质的某种类型的力. 相反, 任何性质的力

都可以作为向心力．实际上它可是某种性质的一个力，或某个力的分力，还可以是几个不同性质的力沿着半径指向圆心的合力．

（2）向心加速度　做圆周运动的物体，在向心力 F 的作用下，必然要产生一个加速度，这个加速度的方向与向心力的方向相同，总指向圆心，叫做**向心加速度**．根据牛顿第二定律 $F=ma$，由（8.4.6）式和（8.4.7）式可得向心加速度 a 的大小为

$$a=r\omega^2 \qquad (8.4.8)$$

或

$$a=\frac{v^2}{r} \qquad (8.4.9)$$

对于某一确定的匀速圆周运动来说，m 以及 r、v、ω 都是不变的，所以向心力和向心加速度的大小不变，但向心力和向心加速度的方向却时刻在改变．匀速圆周运动是瞬时加速度矢量的方向不断改变的变速运动．

议一议

一个圆盘可绕通过圆盘中心 O 且垂直于盘面的竖直轴转动．在圆盘上放置一个小木块 A，它随圆盘一起做匀速圆周运动，如图 8.4.9 所示．木块受几个力的作用？各是什么性质的力？方向如何？木块所受的向心力是由什么力提供的？

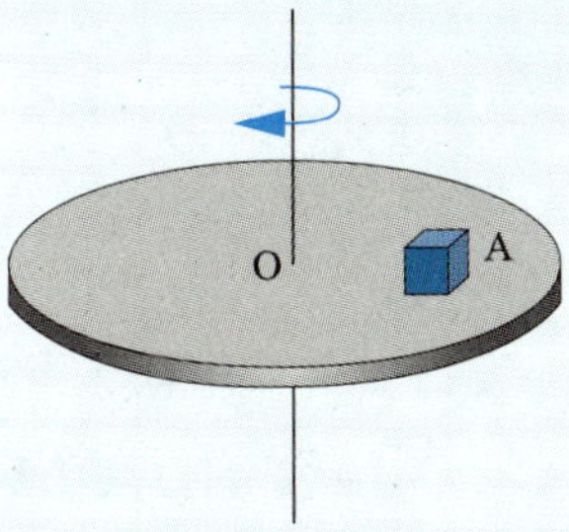

图 8.4.9

做一做

感受向心力，在一根结实的细绳的一端拴一个橡皮塞或其它小物体，抡动细绳，使小物体做圆周运动．依次改变转动的角速度、半径和小物体的质量，体验一下手拉细绳的力（使小球运动的向心力），在下述几种情况下，大小有什么不同：使橡皮塞的角速度 ω 增大或减小，向心力是变大还是变小；改变半径 r 尽量使角速度保持不变，向心力怎样变化；换个橡皮塞，即改变橡皮塞的质量 m，而保持半径 r 和角速度 ω 不变，向心力又怎样变化．

做这个实验时要注意不要让橡皮塞甩出去，以免伤到人．

3. 匀速圆周运动的实例分析

分析和解决匀速圆周运动的问题，重要的是把向心力的来源弄清楚. 下面我们分析一些实例.

（1）火车转弯　在平直轨道上匀速行驶的火车，所受的合力等于零. 在火车转弯时，是什么力作为向心力的呢？原来，火车的车轮上有突出的轮缘，如图 8. 4. 10 甲，如果转弯处内外轨一样高，外侧车轮的轮缘挤压外轨，使外轨发生弹性形变，外轨对轮缘的弹力就是使火车转弯的向心力，如图 8. 4. 10 乙. 火车质量很大，靠这种办法得到向心力，轮缘与外轨间的相互作用力要很大，铁轨容易受到损坏.

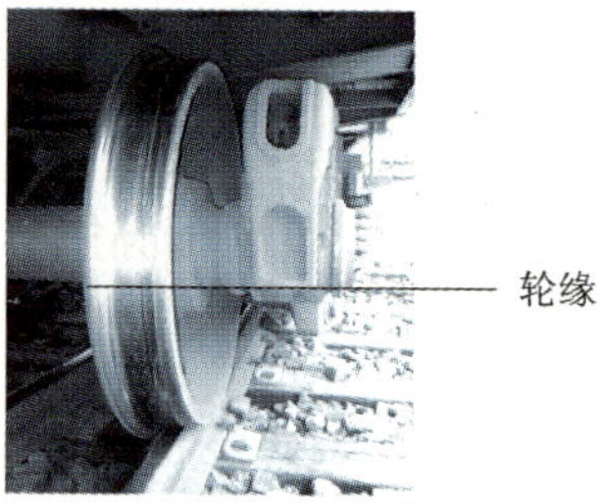

火车车轮有凸出的轮缘

甲

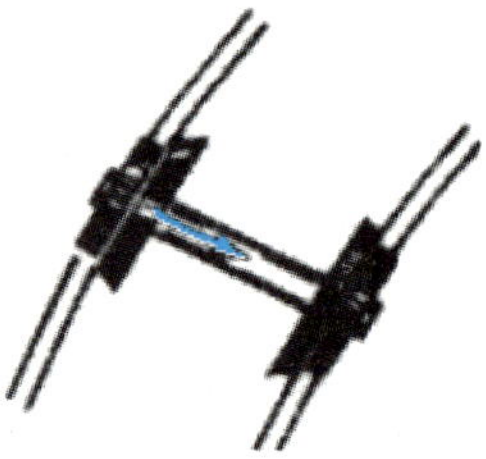
外轨作用在火车轮缘上的力F是使火车转弯的向心力

乙

图 8. 4. 10

如果在转弯处使外轨略高于内轨，火车驶过时，铁轨对火车的支持力 F_N 的方向不再是竖直的，而是斜向弯道的内侧，它与重力 G 的合力指向圆心，成为使火车转弯的力. 这就减轻了轮缘与外轨的挤压. 在修筑铁路时，要根据弯道的半径和规定的行驶速度，适当选择内外轨的高度差，使转弯时所需的向心力完全由重力 G 和支持力 F_N 的合力 F 来提供，如图 8. 4. 11，这样，外轨就不受轮缘的侧向挤压了.

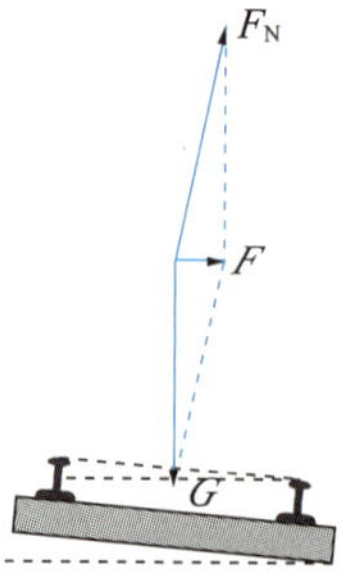

图 8. 4. 11

(2) 汽车过拱桥　在各种公路上拱形桥是常见的，质量为 m 的汽车在拱桥上以速度 v 前进，桥面的圆弧半径为 R，我们来分析汽车通过桥的最高点时对桥面的压力.

在这里，我们选汽车作为研究对象，如图 8.4.12，先来分析汽车所受的力. 知道了桥对汽车的作用力，桥所受的压力也就知道了.

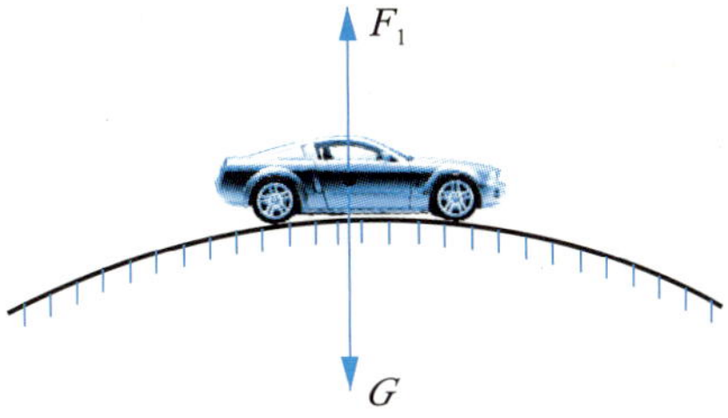

图 8.4.12

汽车在竖直方向受到两个力的作用：重力 G 和桥的支持力 F_1. 当汽车在此静止不动时，G 和 F_1 相互平衡，合力为零. 当汽车在桥上运动经过最高点时，G 和 F_1 在一条直线上，它们的合力是使汽车做圆周运动的向心力 F，方向竖直向下，

即
$$F = G - F_1$$

又
$$F = m\frac{v^2}{r}$$

所以
$$G - F_1 = m\frac{v^2}{r}$$

由此解出桥对车的支持力

$$F_1 = G - m\frac{v^2}{r}$$

汽车对桥的压力与桥对汽车的支持力是一对作用力和反作用力，大小相等. 由上式可以看出这个压力小于汽车的重量 G.

向心力和向心加速度的公式虽然是从匀速圆周运动得出的，但也适用于变速圆周运动. 在变速圆周运动中，利用上面的公式求质点在圆周上某一点的向心力和向心加速度的大小，必须用该点的瞬时速度值.

观察与思考

根据上面的分析可以看出，汽车行驶的速度越大，汽车对桥的压力越小. 试分析一下，当汽车的速度不断增大时，会有什么现象发生呢？请你根据上面分析汽车通过凸形桥的思路，分析一下汽车通过凹形桥最低点时对桥的压力，如图8.4.13，这时的压力比汽车的重力大还是小？

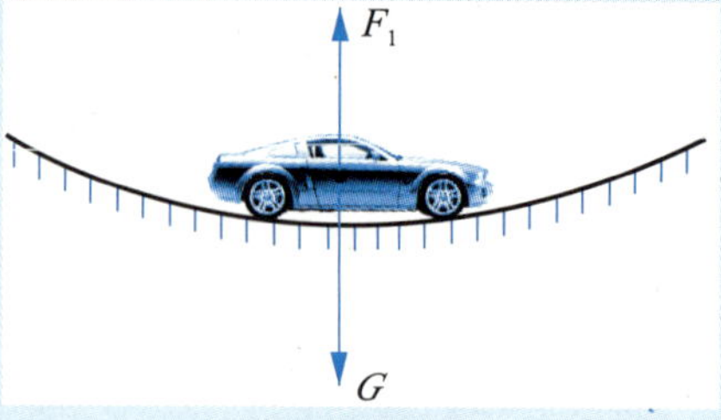

图8.4.13

例2 如图8.4.14所示，在细绳的下端拴一个小球，绳的上端固定，使小球在水平面内做圆周运动，细绳沿圆锥面旋转，这样就成了一个圆锥摆. 增大小球绕圆心 O 的角速度 ω，细绳与竖直方向的夹角 θ 将随着增大. 为什么会发生这种现象呢？

解析： 设小球的质量为 m，细绳长为 l，小球沿半径为 r 的圆周运动. 小球受两个力的作用，即重力 $G = mg$ 和绳的拉力 F_1，这两个力的合力 F 就是使小球做匀速圆周运动的向心力. 由图可知 $F = G\tan\theta = mg\tan\theta$，由向心力公式 $F = mr\omega^2$ 可得

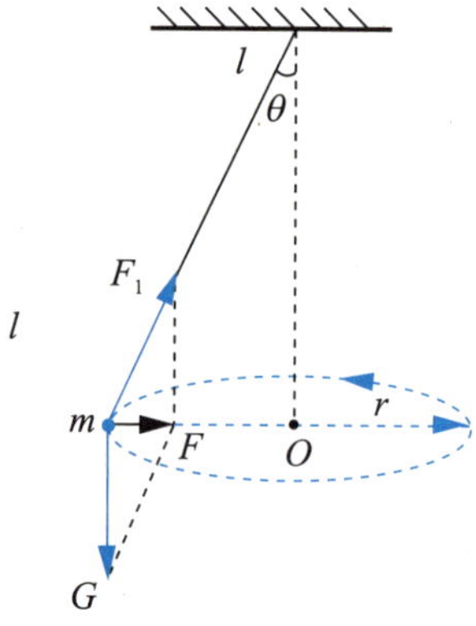

图8.4.14

$$mg\tan\theta = mr\omega^2$$

由图可知，$r = l\sin\theta$，代入上式，并消去 m 得

$$g\tan\theta = l\omega^2\sin\theta$$

由此可得 θ 与 ω 的关系

$$\cos\theta = \frac{g}{l\omega^2}$$

由上式看出，ω 越大，$\cos\theta$ 就越小，角 θ 就越大. θ 的变化范围是 $0 < \theta < \frac{\pi}{2}$.

议一议

图8.4.15

同学们都看过杂技表演"飞车走壁". 演员在接近竖直的圆柱形网内壁的水平面内作圆周运动，分析一下是什么力提供演员与车做圆周运动的向心力？

4. 离心现象及其应用

离心运动 做圆周运动的物体，由于本身的惯性，总有沿着圆周切线方向飞出的倾向，它所以没有飞出是因为向心力持续地把物体拉到圆周上来，使物体与圆心的距离保持不变．一旦向心力突然消失，例如细绳突然断了，物体就沿切线方向飞出，离圆心越来越远．

除了向心力突然消失这种情况外，在合力 F 不足以提供物体做圆周运动所需的向心力（$F = mr\omega^2$）时，物体也会逐渐远离圆心．这时物体虽然不会沿切线方向飞出，但合力不足以把它拉到圆周上来，物体就会如图 8.4.16 所示那样，沿着切线和圆周之间的某条曲线运动，离圆心越来越远．

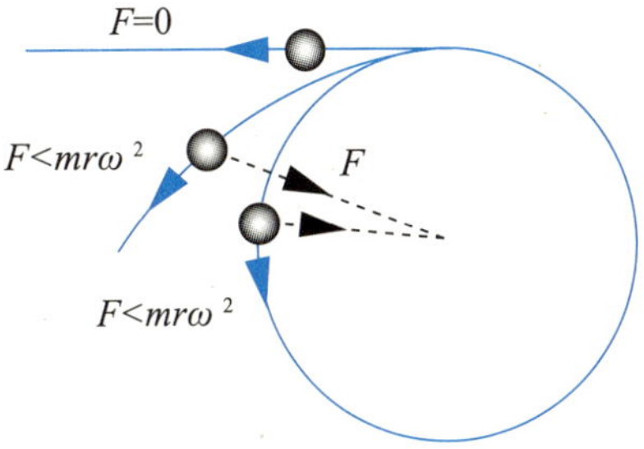

图 8.4.16

做匀速圆周运动的物体，在所受合力突然消失或者不足以提供圆周运动所需的向心力的情况下，就做逐渐远离圆心的运动，这种运动叫做**离心运动**．

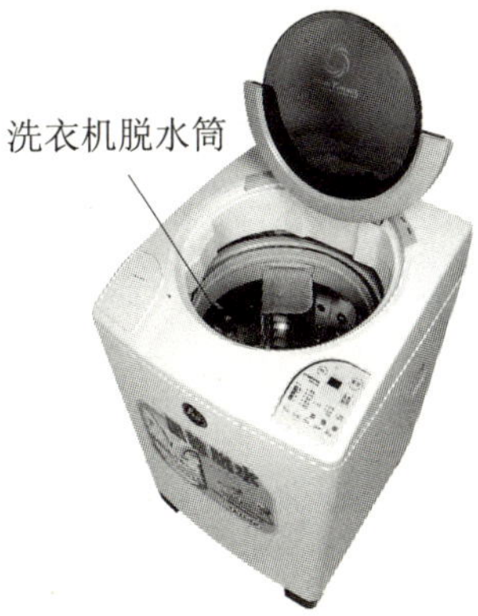

图 8.4.17

离心运动的应用和防止 离心运动有很多应用，洗衣机的脱水筒，如图 8.4.17，就是利用离心运动把附着在衣物上的水分甩掉的装置．脱水筒转得比较慢时，水滴与物体的附着力 F 足以提供所需的向心力 F，使水滴做圆周运动．当脱水筒转得比较快时，附着力 F 不足以提供所需的向心力 F，于是水滴做离心运动，穿过筒上小孔，飞到孔外，如图 8.4.18.

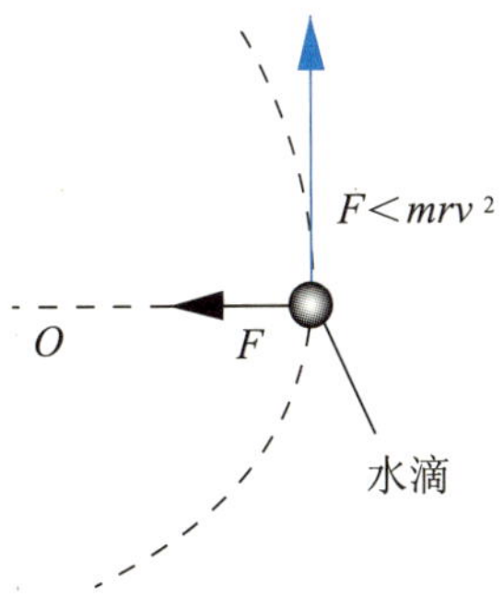

图 8.4.18

在水平公路上行驶的汽车，转弯时所需的向心力是由车轮与路面间的静摩擦力提供的．如果转弯时速度过大，所需向心力 F 大于最大静摩擦力 F_{max}，汽车将做离心运动而造成交通事故．因此，在公路弯道处，车辆行驶不允许超过规定的速度．

高速转动的砂轮、飞轮等，都不得超过允许的最大转速，如果转速过高，砂轮、飞轮内部分子间的相互作用力不足以提供所需的向心力时，离心运动会使它们破裂，甚至酿成事故.

我们通常是以地面做参照系，可设想地面是静止的，或者在不太长的距离中把地面运动视为匀速直线运动，即惯性参照系，牛顿就是在这样的前提下才总结出了运动定律. 如果参照系是变速的，即非惯性参照系，牛顿定律就不能直接应用了，因此人们假想出了“惯性力”来解决牛顿定律的应用问题. 惯性离心力是非惯性系中的假想力. 匀速圆周运动的线速度方向时刻变化，说明有向心加速度，而向心加速度方向也时刻变化，这是个典型的非惯性系. 如果有个大转盘在作匀速圆周运动，你坐到盘上不看周围景物，此时就把自己置身于非惯性系了，你肯定会感觉到有某种力量想把自己推出去，而此时又没有任何施力物推你，这种力量就称为惯性离心力.

实践活动

通过观察公路拐弯处路面的倾斜情况及自行车拐弯时的受力情况，分析向心力的来源；观察家用洗衣机的脱水情况，了解离心现象.

练习

1. 对于做匀速圆周运动的物体，下列说法正确的是（　　）.

A. 相等的时间里通过的路程相等

B. 相等的时间里通过的弧长相等

C. 相等的时间里的位移相同

D. 相等的时间里转过的角度相等

2. 关于向心力的说法中正确的是（　　）.

A. 物体受到向心力的作用才可能做圆周运动

B. 向心力是指向圆心方向的合力，是根据力的作用效果来命名的，但受力分析时应该画出

C. 向心力可以是重力、弹力、摩擦力等各种力的合力，也可以是其中某一种力或某几种力的合力

D. 向心力只改变物体运动的方向，不改变物体运动的快慢

3. 静止在等高的地面上的物体都要随地球一起转动，下列说法正确的是(　　).

A. 它们的运动周期都是相同的

B. 它们的线速度都是相同的

C. 它们的线速度大小都是相同的

D. 它们的角速度是不同的

4. 质点做匀速圆周运动，下列说法正确的是（　　）.

A. 由 $a=v^2/r$ 知 a 与 r 成反比

B. 由 $a=\omega^2 r$ 知 a 与 r 成正比

C. 由 $\omega=v/r$ 知 ω 与 r 成反比

D. 由 $\omega=2\pi n$ 知 ω 与转速 n 成正比

5. 杂技演员在做水流星表演时，用绳系着装有水的水桶，在竖直平面内做圆周运动，若水的质量 $m=0.5\text{kg}$，绳长 $l=60\text{cm}$，求：

（1）最高点水不流出的最小速率；

（2）水在最高点速率 $v=3\text{m/s}$ 时，水对桶底的压力（设水的深度可忽略）.

6. 飞行员驾机在竖直平面内沿圆周作特技飞行，若圆半径为 1000m，飞行速度为 100m/s，求飞行在最高点和最低点时飞行员对座椅的压力是自身重量的多少倍.（$g=10\text{m/s}^2$）

章末小结

一　物体的受力分析

1. 画受力图时，只能按力的性质分类画力，不能按作用效果（拉力、压力、向心力等）画力，以免重复.

2. 正交分解法的目的和原则

牛顿第二定律 $F=ma$ 实际上是一个矢量方程，在两个相互正交的方向分别成立，因此正交分解法便于用牛顿定律解题.

二　物体的平衡

1. 共点力的平衡条件　在共点力作用下物体的平衡条件是合力为零.

2. 力矩平衡的条件　对于有固定转轴的物体，力矩平衡的条件是合力矩为零. 值得注意的是各个力的矢量和为零时，合力矩不一定为零.

三　冲量和动量

1. 冲量　力和力的作用时间的乘积叫做冲量：$I=Ft$.

冲量和功不同. 恒力在一段时间内可能不作功，但一定有冲量.

2. 动量　物体的质量和速度的乘积叫做动量：$p=mv$.

动量是矢量，方向和速度的方向相同.

3. 动量定理

物体所受合外力的冲量等于物体的动量变化，即 $I=\Delta p$. 动量定理的表达式是矢量式. 在一维的情况下，各个矢量必须以同一个规定的方向为正.

4. 利用动量定理进行定量计算

利用动量定理解题时，必须按照以下几个步骤进行：

(1) 明确研究对象，确定初末态；

(2) 进行受力分析时，只分析研究对象以外的物体施给研究对象的力，研究对象内部的相互作用力（内力）不会改变系统的总动量；

(3) 规定正方向，即和这个方向一致的矢量为正，反之为负；

(4) 写出研究对象的初、末动量和合外力的冲量；

(5) 根据动量定理列式求解.

5. 动量守恒定律

(1) 动量守恒定律　一个系统不受外力或者受外力之和为零，这个系统的总动量保持不变.

(2) 动量守恒定律成立的条件

①系统不受外力或者所受外力之和为零；

②系统受外力，但外力远小于内力，或者过程进行的时间很短，外力的冲量可以忽略不计；

③系统在某一个方向上所受的合外力为零，则该方向上动量守恒.

(3) 动量守恒定律的重要意义

动量守恒定律是物理学中最基本的普适原理之一. 每当在实验中观察到似乎是违反动量守恒定律时，一定有某些新的现象没有发现. 即动量守恒定律是作出新发现的有力武器.

在解题中，应用动量守恒定律，往往可以避开复杂的中间过程.

6. 反冲问题

反冲现象是动量守恒的体现，由于内力做功，系统总动能不守恒，但总动量守恒.

四 匀速圆周运动

1. 匀速圆周运动的特点

匀速圆周运动是变速运动（v 方向时刻在变），而且是变加速运动（a 方向时刻在变）.

2. 描述匀速圆周运动的物理量

描述匀速圆周运动的物理量有线速度 v、角速度 ω、周期 T、转速 n（或称频率 f）、向心加速度 a 等.

$$v=\frac{s}{t},\ \omega=\frac{\varphi}{t},\ T=\frac{2\pi r}{v}=\frac{2\pi}{\omega},\ n=f=\frac{1}{T},\ \omega=2\pi n$$

它们之间的关系是:

$$v=\omega r,\ a=\frac{v^2}{r}=r\omega^2$$

3. 向心力和向心加速度

(1) 物体所受的合力提供物体做匀速圆周运动所需的向心力;

(2) 向心力只改变速度的方向，不改变速度的大小.

(3) 向心力的公式: $F=\dfrac{mv^2}{r}$ 或 $F=m\omega^2 r$

4. 离心现象

离心现象是物体具有惯性的体现，有很多应用，但有时又需要防止.

习题

1. 下列说法正确的是（　　）.

A. 只有静止的物体才处于平衡状态

B. 只要物体的速度为零，它就一定处于平衡状态

C. 只要物体的运动状态不变，它就处于平衡状态

D. 只有加速度为零的物体才处于平衡状态

2. 两个物体 A 和 B，质量分别为 M 和 m，用跨过定滑轮的轻绳相连，A 静止于水平地面上，如图所示，不计摩擦力，A 对绳的作用力的大小与地面对 A 的作用力的大小分别为（　　）.

A. $mg,(M-m)g$　　　B. mg,Mg

C. $(M-m)g,Mg$　　　D. $(M+m)g,(M-m)g$

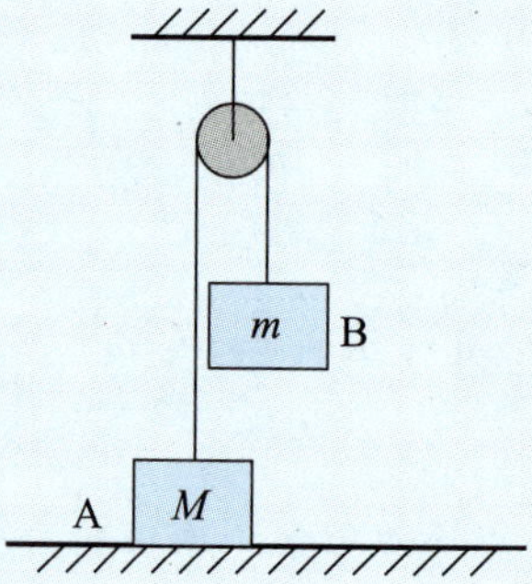

（第 2 题）

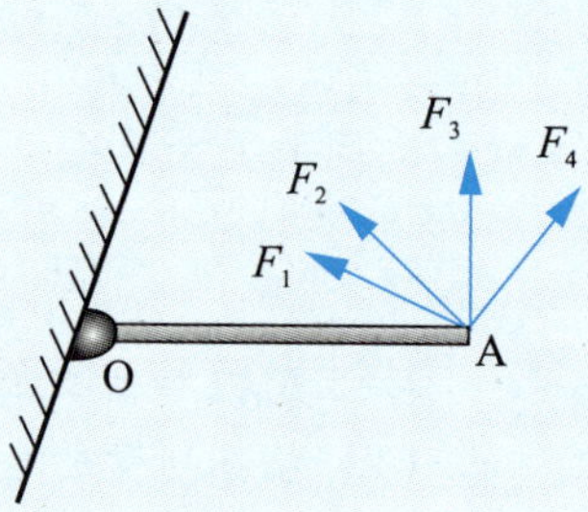

（第 3 题）

3. 杆可绕 O 点转动，若保持杆处于图中所示的位置静止，可在 A 端分别施加力 F_1、F_2、F_3、F_4，其中最小的力是________.

4. 用不等臂的天平称物体的质量，物体放在右盘时，称得质量为 m_1，放在左盘时，称得质量为 m_2，则物体质量是（　　）.

A. $\frac{m_1+m_2}{2}$　　B. $\frac{\sqrt{m_1+m_2}}{2}$　　C. $\sqrt{m_1+m_2}$　　D. $\sqrt{m_1 m_2}$

5. 有一质量为 0.1kg 的小钢球从 5m 高处自由下落，与水平钢板碰撞后反弹跳起，若规定竖直向下的方向为正方向，碰撞过程中动量的变化为 −1.8kg · m/s. 求钢球反弹跳起的最大高度.（g 取 10m/s^2，不计空气阻力）

6. 质量为 $3m$ 的机车，其速度为 v_0，在与质量为 $2m$ 的静止车厢碰撞后挂在一起，则挂在一起的共同速度是多大？

7. 如图所示的皮带传动轮，大轮直径是小轮直径的 3 倍，A 是大轮边缘上一点，B 是小轮边缘上一点，C 是大轮上一点，C 到圆心 O_1 的距离等于小轮半径，转动时皮带不打滑. 则 A、B、C 三点的角速度之比 $\omega_A : \omega_B : \omega_C =$ ________，向心加速度大小之比 $a_A : a_B : a_C =$ ________.

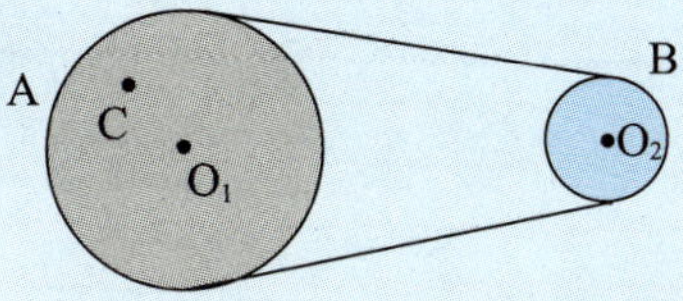

（第 7 题）

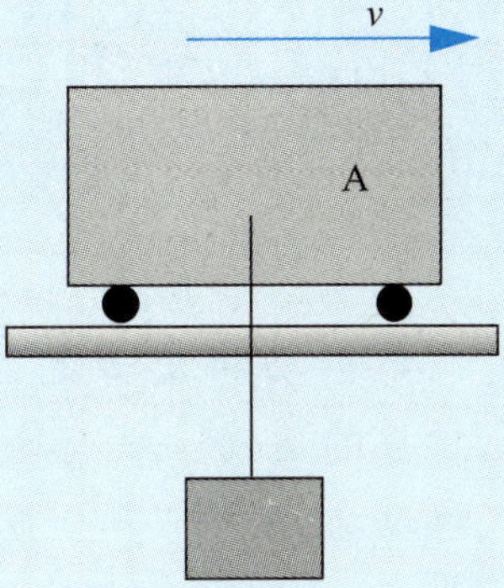

（第 8 题）

8. 图示为工厂中的行车示意图. 设钢丝长 3m，钢丝下端吊着质量为 2.7t 的铸件，行车以 2m/s 的速度匀速行驶，当行车 A 突然刹车停止时钢丝受到的拉力为多少？

第九章
机械振动与机械波

振动和波动是自然界一类十分普遍的运动形式. 钟摆的运动，装有减振装置的车厢的上下运动，都是机械振动的例子；声音的传播，水面上波浪的传播，都是机械波的例子. 这类运动除了具有一般运动形式的共性外，还有其自身的特殊性，这就是时间和空间的周期性. 因此对它们的描述，要引进一些特殊的物理量，其运动除了能满足牛顿定律外，还存在一些特殊的规律. 本章对此作简单介绍.

9.1 简谐运动

在自然界中有一种很常见的运动，如微风中树枝的颤动、心脏的跳动、钟摆的摆动、水中浮标的上下浮动、担物行走时扁担的颤动、声带的振动、地震时大地的剧烈振动……，这些物体的运动称之为机械振动．简谐运动是机械振动中最简单的运动形式，下面我们就先来研究简谐运动．

观察与思考

观察音叉的叉股、一端固定的钢尺、单摆、两端固定的橡皮绳的振动，如图 9.1.1 所示．

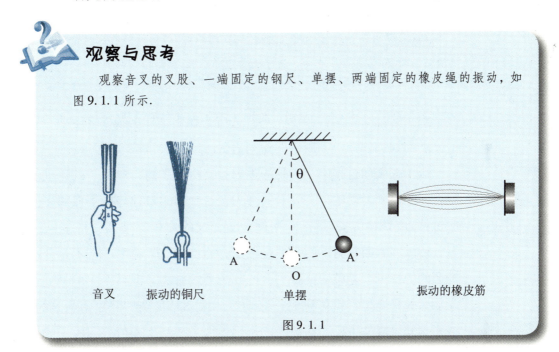

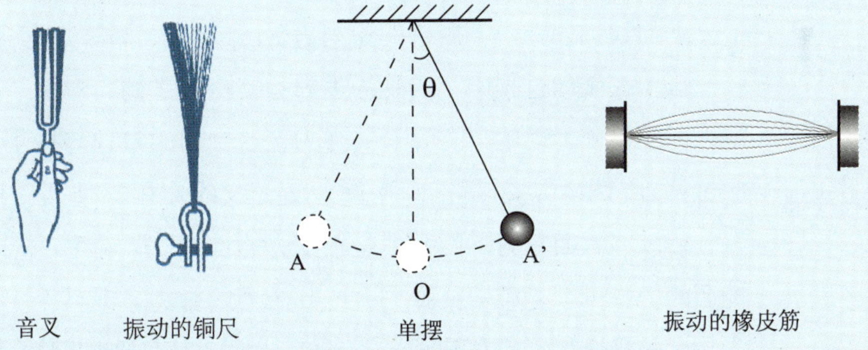

图 9.1.1

物体振动时有一个中心位置，如琴弦振动的中心位置就是琴弦静止时的位置．振动物体开始振动前静止的位置叫**平衡位置**，在此处沿振动方向的合力等于零．物体在平衡位置附近所做的往复运动，叫做**机械振动**，通常简称为**振动**．振动具有**周期性**和**重复性**．

演示实验

如图 9.1.2 所示，把一个有孔的小球装在弹簧的一端，弹簧的另一端固定，小球穿在光滑的水平杆上，可以在杆上滑动．小球和水平杆之间的摩擦忽略不计，弹簧的质量比小球的质量小得多，也可忽略不计．这样的系统称为**弹簧振子**，其中的小球常称为振子．弹簧振子是一个理想化的模型，它忽略了一些次要的因素．振子静止在 O 点时，弹簧没有发生形变，对振子没有弹力的作用，O 点是振子的平衡位置．把振子拉到平衡位置右方的 A 点，然后放开，观察弹簧振子的振动情况．

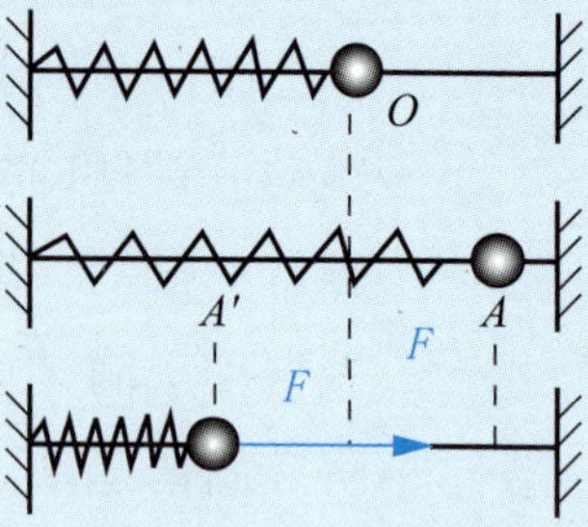

图 9.1.2

由实验可以看到，振子以 O 点为中心在水平杆上做往复运动．

下面我们分析一下振子的受力情况．

振子在振动过程中，所受的重力和支持力平衡，对振子的运动没有影响．影响振子运动的只有弹簧的弹力，这个力的方向与振子偏离平衡位置的位移方向相反，总是指向平衡位置，它的作用是使振子能返回平衡位置，所以叫做**回复力**．回复力是根据力的作用效果命名的，不是什么新的性质的力，可以是重力或弹力，或几个力的合力，或某个力的分力等．振动物体的平衡位置也可说成是振动物体振动时受到的回复力为零的位置．振子离开平衡位置后，回复力的作用使振子回到平衡位置，振子的惯性使振子离开平衡位置．

通过探究弹力和弹簧伸长的关系我们知道，在弹簧发生弹性形变时，弹簧振子的回复力 F 与振子偏离平衡位置的位移 x 成正比，即

$$F = -kx$$

式中负号表示回复力的方向与振子偏离平衡位置的位移方向相反．这个关系在物理学中叫做**胡克定律**，式中的常数 k 叫做**劲度系数**，简称**劲度**．

物体在与偏离平衡位置的位移大小成正比，并且总指向平衡位置的回复力的作用下的振动，叫做**简谐运动**．

由牛顿第二定律可知，做简谐运动的物体的加速度与物体偏离平衡位置的位移大小成正比，方向与位移的方向相反，且总是指向平衡位置．

简谐运动是最简单、最基本的机械振动.

例 如图9.1.2所示，观察振子从A→O→A′→O→A的一个循环，这一循环可分为四个阶段：A→O、O→A′、A′→O、O→A，分析在这四个阶段中各物理量的变化，并将定性分析的结论填入表格中.

解析： 以振子由A→O的过程为例分析位移、回复力、加速度、速度、动量、动能、势能和总能量的变化的变化情况，其余三个过程的情况与此类似，见表9.1－1. 在A→O运动过程中，

位移 位移方向由O→A，随着振子不断地向O靠近，位移越来越小.

回复力 振子水平方向只受弹簧的拉力，根据胡克定律，物体所受的合力变小，方向指向平衡位置.

加速度 根据牛顿第二定律，力变小则加速度变小，方向指向平衡位置.

速度 速度方向从A→O. 随着振子不断地向O靠近，小球的速度越来越大.

动量 动量方向与速度的方向相同，大小与速度大小成正比，因此动量方向从A→O，大小越来越大.

动能 弹力对振子做功，动能越来越大.

势能 弹力做正功，势能越来越小，势能转化为动能.

总能量 由于不考虑各种阻力，因而振动系统的总能量守恒.

表9.1－1

振子的运动	A→O	O→A′	A′→O	O→A
对O点位移的方向怎样？大小如何变化？	向右 减小	向左 增大	向左 减小	向右 增大
回复力的方向怎样？大小如何变化？	向左 减小	向右 增大	向右 减小	向左 增大
加速度的方向怎样？大小如何变化？	向左 减小	向右 增大	向右 减小	向左 增大
速度的方向怎样？大小如何变化？	向左 增大	向左 减小	向右 增大	向右 减小
动量的方向怎样？大小如何变化？	向左 增大	向左 减小	向右 增大	向右 减小
振子的动能	增大	减小	增大	减小
弹簧的势能	减小	增大	减小	增大
系统总能量	不变	不变	不变	不变

2. **振动的振幅、周期、频率**

各种不同的机械运动都需要用位移、速度、加速度等物理量来描述，但是不同的运动具有不同的特点，需要引入不同的物理量表示这种特点. 描述圆周运动就引入了角速度、周期、转速等物理量. 描述简谐运动也需要引入新的物理量，这就是振幅、周期和频率.

振动物体总是在一定范围内运动的. 在图 9. 1. 2 中振子在水平杆上的 A 点和 A'点之间做往复运动，振子离开平衡位置的最大距离为 OA 或者 OA'. 振动物体离开平衡位置的最大距离，叫做振动的**振幅**. 在图 9. 1. 2 中，OA 或 OA'的大小就是弹簧振子的振幅. 振幅是表示振动强弱的物理量.

简谐运动具有周期性. 在图 9. 1. 2 中，如果振子由 A 点开始运动，经过 O 点运动到 A'点，再经过 O 点回到 A 点，我们就说它完成了一次**全振动**. 此后振子不停地重复这个过程. 实验表明，弹簧振子完成一次全振动所用的时间是相同的.

做简谐运动的物体完成一次全振动所需要的时间，叫做振动的**周期**. 单位时间内完成的全振动的次数，叫做振动的**频率**.

周期和频率都是表示振动快慢的物理量. 周期越短，频率越大，表示振动越快. 用 T 表示周期，用 f 表示频率，则有

$$f = \frac{1}{T}$$

在国际单位制中，周期的单位是秒，频率的单位是**赫兹**，简称**赫**，符号是 Hz. $1\,\text{Hz} = 1\,\text{s}^{-1}$.

由于振子完成一次全振动所用的时间是相同的. 如果改变弹簧振子的振幅，弹簧振子的周期或频率是否改变呢?

观察弹簧振子的运动可以发现，开始拉伸（或压缩）弹簧的程度不同，振动的振幅也就不同，但是对同一个振子，振动的频率（或周期）却是一定的. 可见，简谐运动的频率与振幅无关.

简谐运动的频率由振动系统本身的性质所决定. 如弹簧振子的频率由弹簧的劲度和振子的质量决定，与振幅的大小无关，因此又称为振动系统的**固有频率**.

做一做

弹簧一端固定，另一端系着小球，让小球在竖直方向上振动．研究弹簧振子周期的决定因素．

（1）注意事项：①介绍秒表的正确读数及使用方法；②应选择振子经过平衡位置的时刻作为开始计时的时刻；③振动周期的测量方法：$T=\frac{t}{n}$，t 表示发生 n 次全振动所用的总时间．

（2）每位同学发一块秒表，全班同学同时测讲台上演示的弹簧振子的振动周期．

（3）实验一：用同一弹簧振子，质量不变，振幅较小与较大时，测出振动的周期 T_1 和 T'_1，并进行比较后得到结论：弹簧振子的振动周期与振幅大小无关．

（4）实验二：用同一弹簧，拴上质量较小和较大的小球，在振幅相同时，分别测出振动的周期 T_2 和 T'_2，比较后得到结论：弹簧振子的振动周期与振子的质量有关，质量较小时，周期较小．

（5）实验三：保持小球的质量和振幅不变，换用劲度系数不同的弹簧，测出振动的周期 T_3 和 T'_3，比较后得到结论：弹簧振子的振动周期与弹簧的劲度系数有关，劲度系数较大时，周期较小．

议一议

如图 9.1.3，悬线的一端拴一个小球，另一端固定在悬点上，如果悬挂小球的细线的伸缩和质量可以忽略，线长又比球的直径大得多，这样的装置叫单摆．摆球静止时，受力平衡，此位置就是单摆的平衡位置．摆球沿着以平衡位置 O 为中点的一段圆弧做往复运动，这就是单摆的振动．重力 G 沿圆弧切线方向的分力提供了使摆球振动的回复力．在偏角很小的情况下，单摆所受的回复力与偏离平衡位置的位移成正比而方向相反，单摆做简谐运动．实验研究表明，单摆摆动的周期与单摆的振幅无关，与单摆的摆长、重力加速度有关．

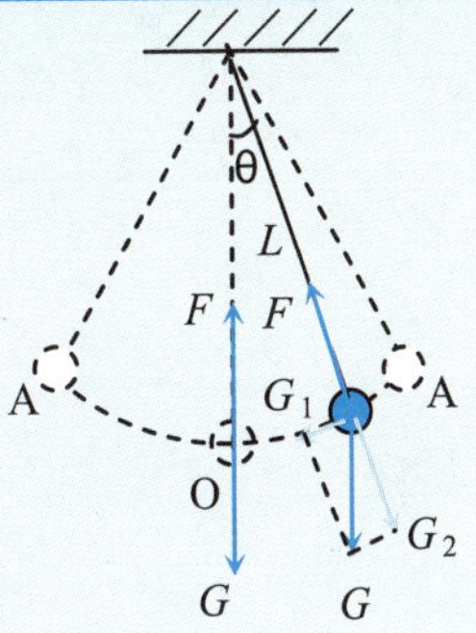

图 9.1.3

练习

1. 做简谐运动的质点通过平衡位置时，具有最大值的物理量是________．

A. 加速度　B. 速度　C. 位移　D. 动能　E. 回复力　F. 势能

2. 下列说法中正确的是（　　）．

A. 弹簧振子的运动是简谐运动

B. 简谐运动就是指弹簧振子的运动

C. 简谐运动是匀变速直线运动

D. 在平衡位置附近作往复运动一定是简谐运动

3. 关于做简谐运动物体的说法正确的是（　　）.

A. 加速度与位移方向有时相同，有时相反

B. 速度方向与加速度有时相同，有时相反

C. 速度方向与位移方向有时相同，有时相反

D. 加速度方向总是与位移方向相反

4. 做简谐运动的物体，当位移为负值时，以下说法正确的是（　　）.

A. 速度一定为正值，加速度一定为正值

B. 速度不一定为正值，但加速度一定为正值

C. 速度一定为负值，加速度一定为正值

D. 速度不一定为负值，加速度一定为负值

5. 在简谐运动中，振子相继两次经过同一位置时，相应物理量分别相同的一组是（　　）.

A. 速度、加速度、动量和动能

B. 加速度、动能、回复力和位移

C. 加速度、动量、动能和位移

D. 位移、动能、动量和回复力

6. 当一弹簧振子在竖直方向上做简谐运动时，下列说法正确的是（　　）.

A. 振子在振动过程中，速度相同时，弹簧的长度一定相等

B. 振子从最低点向平衡位置运动过程中，弹簧弹力始终做负功

C. 振子在振动过程中的回复力由弹簧的弹力和振子的重力的合力提供

D. 振子在振动过程中，系统的机械能一定守恒（考虑空气阻力）

9.2 受迫振动 共振

实际的振动系统不可避免地要受到摩擦阻力和其他因素的影响，系统的机械能损耗，导致振动完全停止，这类振动叫**阻尼振动**. 物体之所以做阻尼振动，是由于机械能在损耗，那么如果在机械能损耗的同时我们不断地给振动系统补充能量，物体的振动情形又会如何呢？

1. **受迫振动** 由于阻尼振动最终要停下来，那么怎样才能得到持续的周期性振动呢？最简单的办法是用周期性的外力作用于振动系统，外力对系统做功，补偿系统的能量损耗，使系统持续地振动下去. 这种周期性的外力叫做**驱动力**，物体在外界驱动力作用下的振动叫做**受迫振动**. 发动机正在运转时汽车本身的振动；飞机从房屋上飞过时窗玻璃的振动；我们听到声音时耳膜的振动，跳板在人走过时发生的振动，机器底座在机器运转时发生的振动等等，都是受迫振动的实例.

受迫振动的频率与什么有关呢？

演示实验

用如图 9.2.1 所示的实验装置，向下拉一下振子，观察它的振动情况. 匀速地转动把手时，给弹簧振子以驱动力，使振子做受迫振动. 这个驱动力的周期与把手转动的周期是相同的. 观察振动物体的振动情况.

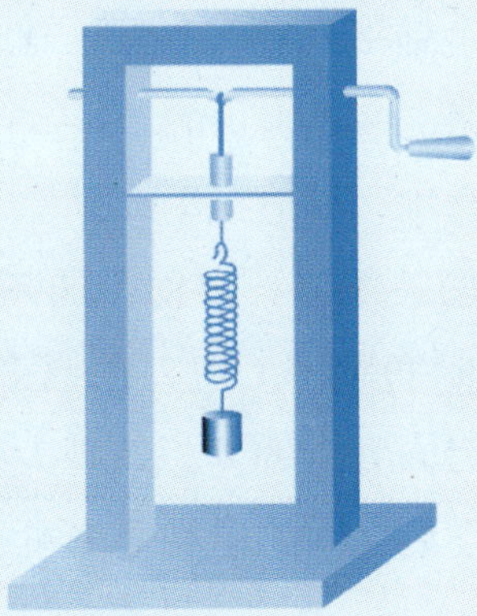

图 9.2.1

用不同的转速匀速地转动把手，可以看到，振动稳定后，振子做受迫振动的周期总等于驱动力的周期.

图 9.2.1 所示的装置实验研究表明，物体做受迫振动时，振动稳定后的频率等于驱动力的频率，与物体的固有频率没有关系.

共振 虽然物体做受迫振动的频率与物体的固有频率无关，但是当驱动力的频率接近系统的固有频率或与固有频率相差很大时，振动的情况却大为不同.

演示实验

如图 9.2.2 所示，在一条张紧的绳子上挂几个摆，其中 A、B、C 的摆长相等. 当 A 摆振动的时候，通过绳子给其他各摆施加驱动力，使其余各摆做受迫振动. 这个驱动力的频率等于 A 摆的频率. 其他各摆的固有频率决定于摆长. 通过实验观察：固有频率与驱动力频率有什么关系时，振幅最大？有什么关系时，振幅最小？

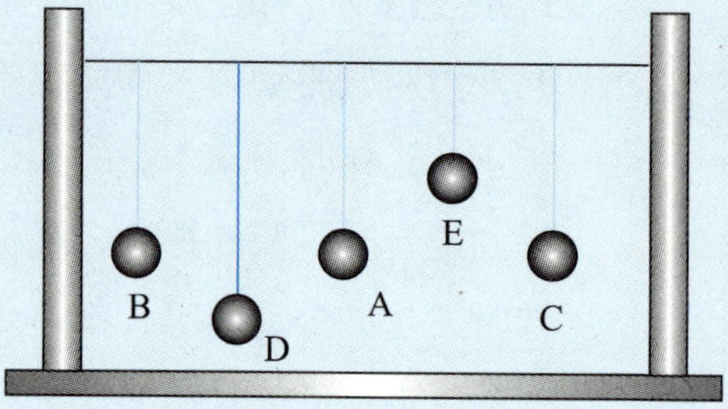

图 9.2.2

A 摆动起来后，B、C、D、E 也随之摆动，但是它们摆动的振幅不同，A、B、C 摆动的振幅差不多，而 D 摆动的振幅最小. A、B、C 摆长相同，意味着它们的固有频率相同，B、C、D、E 做的是受迫振动，它们的驱动力都是由先摆起来的 A 摆提供的.

由实验观察得出，受迫振动的振幅 A 与驱动力的频率 f 的关系是：驱动力的频率 f 等于振动物体的固有频率 f' 时，振幅最大；驱动力的频率 f 与固有频率 f' 相差越大，振幅越小. 描绘出它们之间的这种关系可用图 9.2.3 来表示.

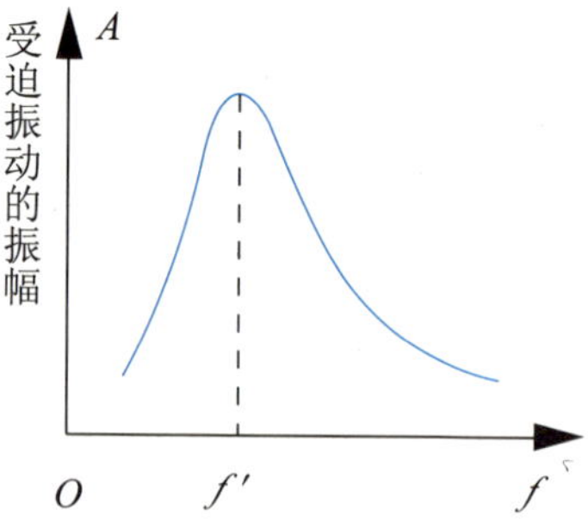

图 9.2.3

纵轴：表示受迫振动的振幅.

横轴：表示驱动力的频率.

2. **共振** 当驱动力的频率接近物体的固有频率时，受迫振动的振幅增大，这种现象叫做**共振**.

声音的共鸣 音叉 A 的叉股被敲时产生振动，在空气中激起声波，声波传到音叉 B，给音叉 B 以周期性的驱动力，这两个音叉的频率相同，即周期性的驱动力的频率等于音叉 B 的固有频率，于是音叉 B 发生共振，发出声音. 声音的共振现象通常叫做共鸣. 改变音叉 B 的固有频率，就不会共鸣了.

音叉下面所装的空箱，叫做共鸣箱，音叉发声时，共鸣箱发生共鸣，可以使音叉的声音增强. 图 9.2.4 实验中两个音叉间振动的传播，主要也是通过共鸣箱来实现的.

演示实验

如图 9.2.4 所示，取两个频率相同的音叉 A 和 B，相隔不远并排放在桌上，打击音叉 A 的叉股，使它发声. 过一会儿，用手按住音叉 A 的叉股，使它停止发声，可以听到没有被敲响的音叉 B 发出了声音.

如果在音叉 B 的叉股上套上一个套管，改变音叉 B 的固有频率，重做上面的实验，看看是否还能听到音叉 B 的声音.

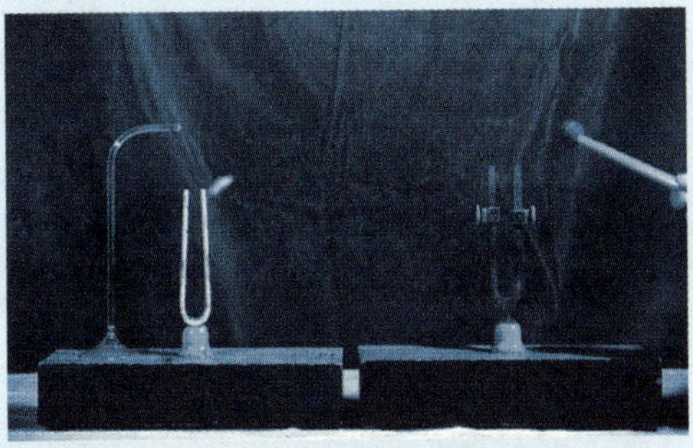

图 9.2.4

共振的危害和应用 在某些情况下，共振可能造成危害. 例如，军队或火车过桥时，整齐的步伐或车轮对铁轨接头处的撞击会对桥梁产生周期性的驱动力，如果驱动力的频率接近桥梁的固有频率，就可能使桥梁的振幅显著增大，致使桥梁断裂. 因此，部队过桥要用便步，以免产生周期性的驱动力. 火车过桥要慢开，使驱动力的频率远远小于桥梁的固有频率. 1831 年，一队骑兵通过曼彻斯特附近的一座便桥时，由于马蹄运动节奏比较一致，使桥发生共振而断裂. 如图 9.2.5 所示，美国塔科马海峡大桥由

图 9.2.5

于风吹共振坍塌.

轮船航行时，如果所受波浪冲击力的频率接近轮船左右摇摆的固有频率，可能使轮船倾覆. 这时可以改变轮船的航向和速度，使波浪冲击力的频率远离轮船摇摆的固有频率.

机器运转时，零部件的运动（如活塞的运动、轮的转动）会产生周期性的驱动力，如果驱动力的频率接近机器本身或支持物的固有频率，就会发生共振，使机器或支持物受到损坏. 这时要采取措施，如调节机器的转速，使驱动力的频率与机器或支持物的固有频率不一致. 同样，厂房建筑物的固有频率也不能处在机器振动的频率范围之内.

共振现象也有许多应用. 例如，把一些不同长度的钢片装在同一个支架上，可用来制成测量发动机转速的转速计. 使转速计与开动着的机器紧密接触，机器的振动引起转速计的轻微振动，这时固有频率与机器转速一致的那个钢片发生共振，有显著的振幅. 从刻度上读出这个钢片的固有频率，就可以知道机器的转速.

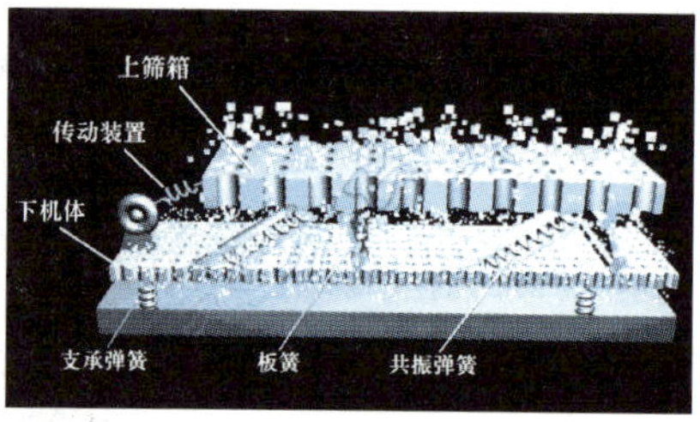

图 9.2.6

共振筛如图 9.2.6，是利用共振现象制成的. 把筛子用四根弹簧支起来，在筛架上安装一个偏心轮，就成了共振筛. 偏心轮在发动机的带动下发生转动时，适当调节偏心轮的转速，可以使驱动力的频率接近筛子的固有频率，这时筛子发生共振，有显著的振幅，提高了筛除杂物的效率.

图 9.2.7 是医疗上应用的核磁共振仪.

如图 9.2.8，提琴、鼓等乐器是由箱体的共振将声音变得浑厚悦耳，否则击打一张绷紧的牛皮发出声音再强也不好听.

除机械振动外，电磁振动也有共振现象. 各个电台都有自己的发射频率，调节收音机中调谐器的固有频率，可以使它与某一个电台的发射器共振，该电台的信号就被挑选出来了.

总之，在需要利用共振时，应使驱动力的频率接近或等于振动物体的固有频率；在需要防止共振时，应使驱动力的频率与振动物体的固有频率

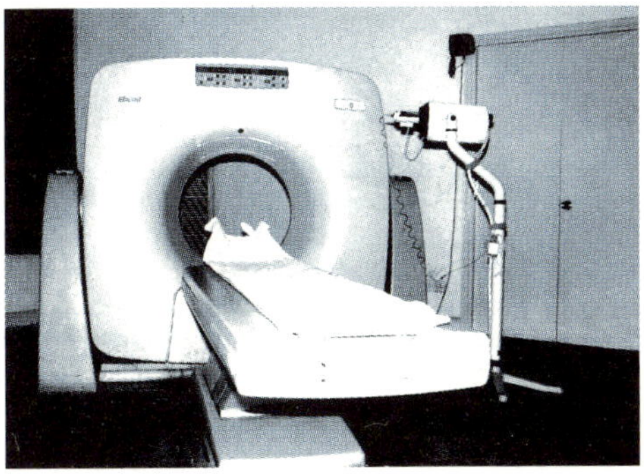

图 9.2.7

图 9.2.8

不同，而且相差越大越好.

实践活动

通过观察机器设备的运转情况，了解共振的危害及防止方法.

练习

1. 火车在铁轨上匀速行驶，每根铁轨长 12.5m，某旅客在小桌上放了一杯水，杯中水晃动的固有频率是 2Hz，当火车行驶速度是多少 km/h 时，杯中水的晃动最厉害?
2. 家用洗衣机的甩干机关闭后转速逐渐减小为零的过程中，会发现有一小段时间洗衣机抖动得最厉害. 这一现象应如何解释?
3. 一只酒杯，用手指弹一下发出清脆的声音，测得其振动的固有频率为 300Hz，将它放在两只大功率的音箱中间，调整音箱发音的频率，能使酒杯碎掉，这是________现象，这时音箱所发出声音的频率为________Hz.
4. 如图 9.2.9 所示，两个质量分别为 M 和 m 的小球悬挂在同一条细绳上，先让 M 摆动，经一段时间系统达到稳定后，下面说法中正确的是（　　）.

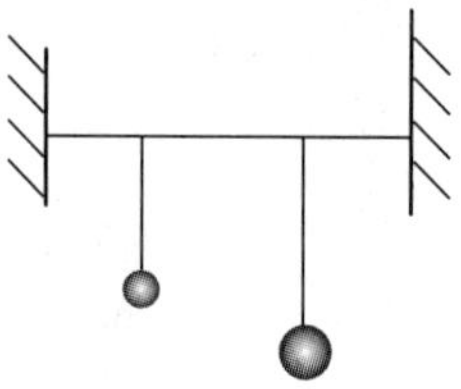

图 9.2.9

A. 无论 M 和 m 的大小关系如何，m 和 M 的周期都相等

B. 无论 m 和 M 的关系如何，当两个摆的摆长相等时，m 摆的振幅最大

C. 悬挂 M 的细绳长度变化时，m 摆的振幅也发生变化

D. 当两个摆长相等时，m 摆的振幅可以超过 M 摆的振幅

5. A、B 两弹簧振子，A 固有频率为 f，B 固有频率为 $4f$，若它们均在频率为 $3f$ 的驱动力作用下做受迫振动，则（　　）.

A. A 的振幅较大，振动频率为 f

B. B 的振幅较大，振动频率为 $3f$

C. A 的振幅较大，振动频率为 $3f$

D. B 的振幅较大，振动频率为 $4f$

6. 某振动系统的固有频率 f_1，该振动系统在频率为 f_2 的驱动力作用下做受迫振动，系统的振动频率为（　　）.

A. f_1　　B. f_2　　C. f_1+f_2　　D. $\frac{f_1+f_2}{2}$

7. 下列说法中正确的是（　　）.

A. 实际的自由振动必然是阻尼振动

B. 阻尼振动的振幅越来越小

C. 受迫振动稳定后的振幅与自身物理条件无关

D. 受迫振动稳定后的频率与自身物理条件无关

9.3 机械波

我们生活在一个波动的世界. 我们每天听到各种声音，熟悉水波，知道光波，我们应用到无线电波，用超声波清洗眼镜，用“B 超”诊断疾病，……狂风巨浪使船舶颠覆，地震波对建筑物造成破坏，……波具有能量、携带信息. 所以我们应该认识波，了解波的特性和规律，以便更好地利用它，并预防和减轻它造成的破坏.

工具箱

物体在平衡位置的往复运动，叫做**机械振动**. 物体在与位移大小成正比，并且总是指向平衡位置的力的作用下的振动，叫做**简谐振动**.

演示实验

如图 9.3.1 甲所示，向平静的水槽中投入一块小石子，会看到以石子落入水中位置为中心，产生的波浪远离中心向四周传播，直到很远. 如图 9.3.1 乙所示，用手抖动彩带的一端，会看到彩带波动翻滚.

甲　　乙

图 9.3.1

在这个简单的实验中，我们接触到一种广泛存在的运动形式——波动. 水的波纹一圈一圈向外扩展是波在水中传播，长绸上下飞舞，其实这是波在长绸上传播. 声波传给我们，使我们听到声音. 远处发生地震，激起的地震波传来后，会引起地面的振动. 水波、声波、地震波都是机械波. 打开收音机、电视机，我们听到声音，看到图像，是因为收音机、电视机接收到了无线电波. 太阳供给地球巨大的能量，是靠光波传来的. 光纤通信是靠光波传递信息的．无线电波、光波都是电磁波．我们接收到来自宇宙深处的电磁波，可以探知遥远天体的奥秘．这一节我们就来学习机械波的知识．

1．机械波 为了清楚地看出波的形成和传播，我们来做下面的实验．

演示实验

如图 9.3.2 所示，取一根较长的软绳，用手握住绳的一端，拉平后向上抖动一次，可以看到在绳上形成一个凸起状态，并向另一端传去．向下抖动一次，可以看到在绳上形成一个凹下状态，并向另一端传去．持续地上下抖动，可以看到有一列凸凹相间的状态向另一端传去，在绳上形成一列波．

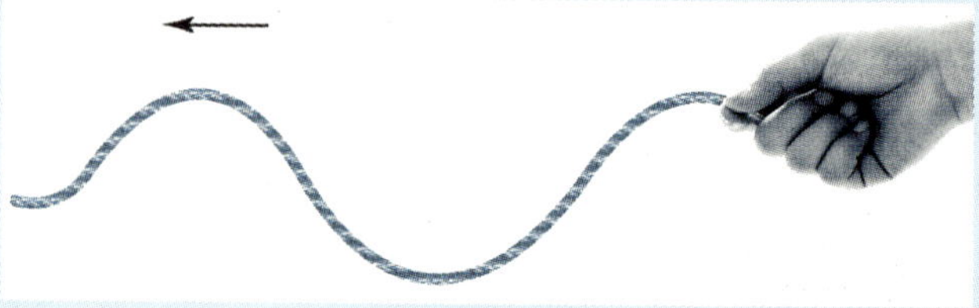

图 9.3.2

为什么会在绳上形成波呢？因为绳的各部分存在相互作用，在绳的一端发生振动时，会引起相邻部分振动，并依次引起更远的部分振动．设想把绳分成许多小部分，每一小部分可以看做质点，质点之间有相互作用力，如图 9.3.3．质点 1 在外力的作用下振动起来以后，带动质点 2 振动，不过质点 2 开始振动的时刻比质点 1 要迟一些．这样依次带动下去，后一个质点总比前一个迟一些开始振动，于是振动逐渐传播开去，从总体上看，形成凸凹相间的波．

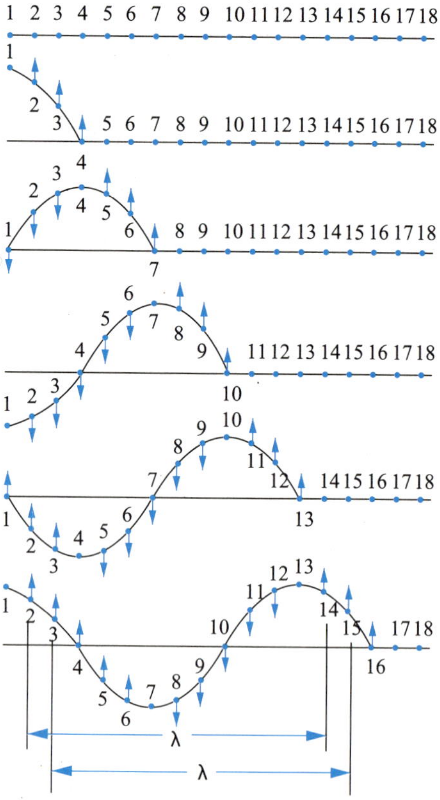

图 9.3.3

做一做

图9.3.4

波的形成和传播可以这样来模拟．如图9.3.4所示，一组同学排成一行，从左边第一位同学开始，周期性地下蹲和起立，第二位、第三位……同学依次做这个动作，而开始下蹲的时刻依次迟一些．另一组同学会看到凸凹相间的波向右传播．运动会中的团体操表演，常常利用运动员下蹲、站起的动作来表现波浪．

横波和纵波　在图9.3.3所示的波中，质点上下振动，波向右传播，二者的方向是垂直的．质点的振动方向与波的传播方向垂直的波，叫做**横波**．在横波中，凸起的最高处叫做**波峰**，凹下的最低处叫做**波谷**．现在我们再来看另一种波．

把一根长而软的螺旋弹簧竖直提起来，手有规律地上下振动，如图9.3.5，可以看到弹簧上产生密集的部分和稀疏的部分，这种密部和疏部相间地自上而下传播，在弹簧上形成一列波．

我们可以把弹簧看做一列由弹力联系着的质点，手执弹簧上下振动起来以后，依次带动后面的各个质点上下振动起来，但后一个质点总比前一个质点迟一些开始振动，从整体上看形成疏密相间的波在弹簧上传播．

图9.3.5

在图9.3.5所示的波中，质点上下振动，波向下传播，二者的方向在同一直线上．质点的振动方向与波的传播方向在同一直线上的波，叫做**纵波**．在纵波中，质点分布最密的地方叫做**密部**，质点分布最疏的地方叫做**疏部**．

发声体振动时在空气中产生的声波是纵波．例如，振动的音叉，它的叉股向一侧振动时，压缩邻近的空气，使这部分空气变密，叉股向另一侧振动时，这部分空气又变疏，这种疏密相间的状态向外传播，形成声波，如图9.3.6．声波传入人耳，使鼓膜振动，就引起声音的感觉．声波不仅能在气体中传播，也能在液体、固体中传播．

发生地震时，从地震源传出的地震波，既有横波，也有纵波．

机械波　绳上和弹簧上的波是在绳上和弹簧上传播的，水波是在水中

图 9.3.6

传播的，声波通常是在空气中传播的，地震波是在地壳中传播的. 绳、弹簧、水、空气、地壳等借以传播波的物质，叫做**介质**. 机械振动在介质中传播，形成**机械波**. 波是自然界一种常见的运动，产生机械波的条件是波源和介质.

介质中有机械波传播时，介质中的物质并不随波一起传播. 例如绳上或弹簧上有波传播时，它们的质点发生振动，但质点并不随波而迁移，传播的只是振动这种运动形式.

介质中本来静止的质点，随着波的传来而发生振动，这表示它获得了能量. 这个能量是从波源通过前面的质点依次传来的，所以波在传播振动这种运动形式的同时，也将波源的能量传递出去. 波是传递能量的一种方式.

波不但传递能量，而且可以**传递信息**. 我们用语言进行交流，是利用声波传递信息；广播、电视利用无线电波传递信息；光缆利用光波传递信息.

2. 波长、频率和波速 在图 9.3.7 中，由质点 1 发出的振动传到质点 13，使质点 13 开始振动时，质点 1 完成一次全振动，因而这两个质点的振动步调完全一致，也就是说，这两个质点在振动中的任何时刻，位移的大小和方向总是相等的. 同样，质点 2 和质点 14，质点 3 和质点 15 等等，在振动中的任何时刻，位移及速度的大小和方向总是相等的.

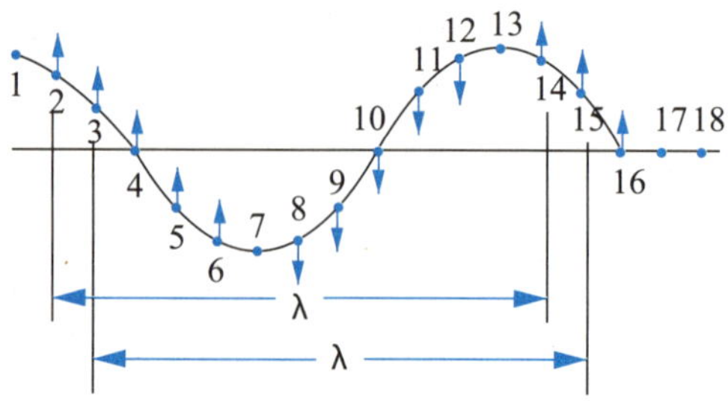

图 9.3.7

在波动中，位移和速度总是相同的两个相邻质点间的距离，叫做**波长**. 波长通常用λ表示，如图9.3.8.

如图9.3.9所示，在横波中，两个相邻波峰（或两个相邻波谷）之间的距离等于波长. 如图9.3.10所示，在纵波中，两个相邻密部中心（或两个相邻疏部中心）之间的距离等于波长.

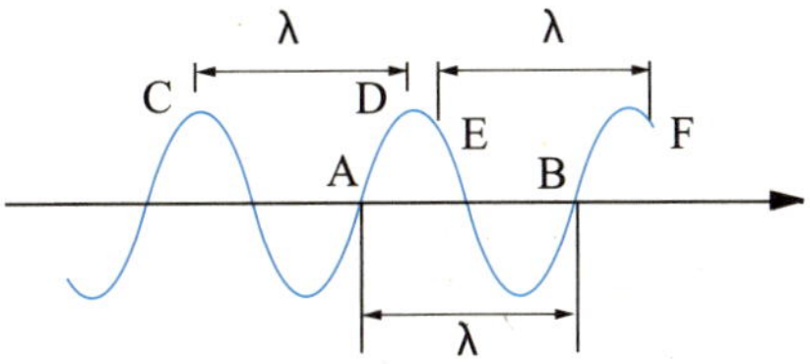

图9.3.8

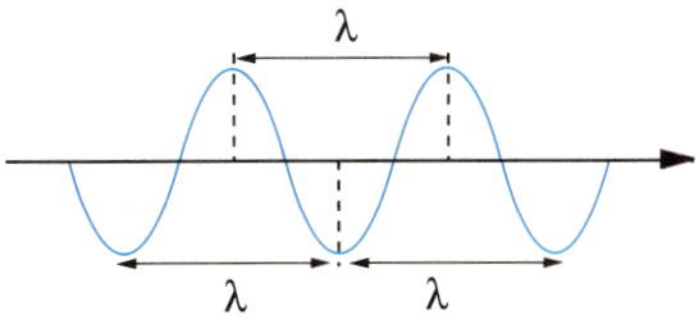

图9.3.9

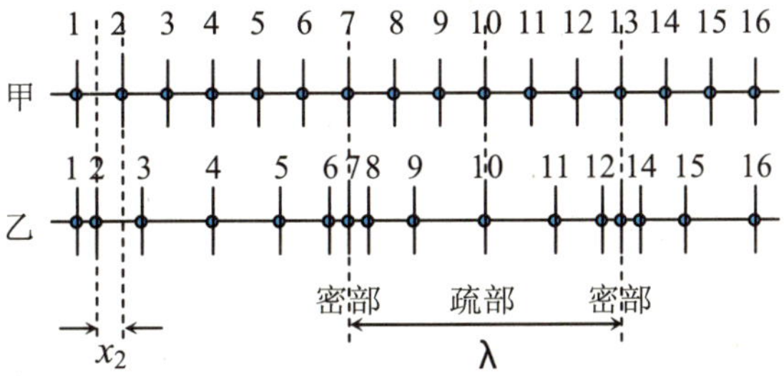

图9.3.10

在波动中，各个质点的振动周期（或频率）是相同的，它们都等于波源的振动周期（或频率），这个周期（或频率）也叫做波的周期（或频率）. 在图9.3.11中，由质点1发出的振动，经过一个周期传到质点13，也就是说，经过一个周期T，振动在介质中传播的距离等于一个波长λ，所以波速为

$$v = \frac{\lambda}{T}$$

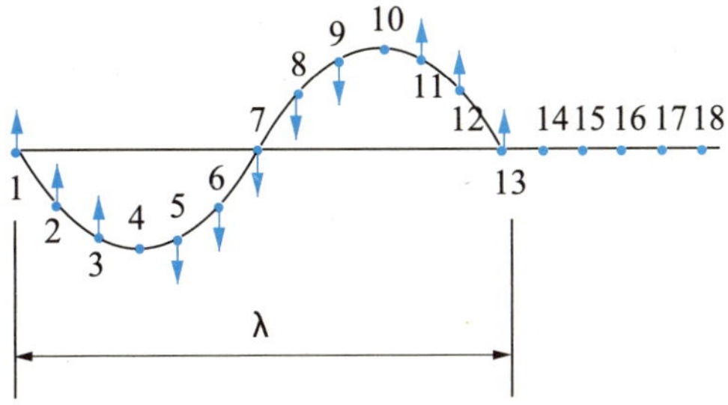

图9.3.11

而周期 T 和频率 f 互为倒数（即 $f=1/T$），所以上式可以写成

$$v = \lambda f$$

此式表示波速等于波长和频率的乘积. 这个关系虽然是从机械波得到的，但是它对于我们以后要学习的电磁波、光波也是适用的.

机械波在介质中的传播速度由介质本身的性质所决定，在不同的介质中，波速是不同的. 下表列出了0℃时声波在几种介质中的传播速度. 声速还与温度有关，如20℃时在空气中的声速为340m/s，比0℃时大些.

0℃时几种介质中的声速（v/ms^{-1}）

空气	332	玻璃	5000－6000
水	1450	松木	3320
铜	3800	软木	430－530
铁	4900	橡胶	30－50

练 习

1. 机械波是________过程；形成机械波的条件是存在________和________

2. 出现波峰和波谷的波是________；出现密部和疏部的波是________

3. 在以下各种波中，属于机械波的是（　　）.

A. 水波　　B. 光波　　C. 无线电波　　D. 地震波

4. 波在传播过程中，正确的说法是（　　）.

A. 介质中的质点随波迁移

B. 波源的振动能量随波传递

C. 振动质点的频率随着波的传播而减小

D. 波源的能量靠振动质点的迁移随波传递

5. 关于振动和波的关系，下列说法正确的是（　　）.

A. 有机械波必有机械振动

B. 有机械振动必有机械波

C. 离波源远的质点振动得慢

D. 波源停振时，介质中的波立即停住

6. 关于机械波的概念，下列说法中正确的是（　　）.

A. 质点振动方向总是垂直于波的传播方向

B. 横波中质点振动方向总是垂直于波的传播方向

C. 横波有波峰和波谷，波传播时波峰和波谷都是向前移动的

D. 在纵波中，波的传播方向就是波中质点的移动方向

7. 在以下关于声波的说法中，正确的是（　　）.

A. 产生声波的条件是具备声源和传播声音的介质

B. 在纵波中，位移始终相同的质点之间的距离等于波长的整数倍

C. 声波在空气中传播是纵波

D. 人耳能听见声音，是声源附近的振动质点随声波传到人耳，使鼓膜振动，引起声音的感觉

8. 一艘海船停泊在岸边，如果海浪的两个相邻的波峰的距离是6m，海浪的速度是15m/s，则海船摇晃的周期是多长？

章末小结

一　简谐运动的基本概念

1. 定义

物体在与位移大小成正比，并且总指向平衡位置的回复力的作用下的振动，叫做简谐运动．表达式为：$F=-kx$．

（1）简谐运动的位移必须是指偏离平衡位置的位移．

（2）回复力是一种效果力，是振动物体在沿振动方向上所受的合力．

（3）“平衡位置”是指回复力为零的位置，物体在该位置所受的合外力不一定为零．如单摆摆到最低点时，并不处于平衡状态，合力提供向心力，但沿振动方向的合力为零．

（4）$F=-kx$ 是判断一个振动是不是简谐运动的充分必要条件．

2. 几个重要的物理量间的关系

要熟练掌握做简谐运动的物体在某一时刻（或某一位置）的位移 x、回复力 F、加速度 a、速度 v 这四个矢量的相互关系．

（1）$F\propto x$，方向相反．

（2）$F\propto a$，方向相同．

（3）$a\propto x$，方向相反．

（4）向平衡位置运动时 a 减小，v 增大；偏离平衡位置运动时 a 增大，v 减小．经过平衡位置时 a 为 0，v 最大，到达正负最大位移时 a 最大，v 为 0．

3. 描述简谐运动的物理量

（1）振幅 A 是描述振动强弱的物理量，是位移的最大值，总是取正号．

（2）周期 T（或频率 f）是描述振动快慢的物理量．周期由振动系统本身的因素决定，叫固有周期．弹簧振子的周期与弹簧的劲度系数及振子质量有关，单摆的周期与摆长和重力加速度有关．周期与振幅无关．频率 $f=\frac{1}{T}$．

二　受迫振动与共振

1. 受迫振动

物体在周期性驱动力作用下达到稳定后的振动叫做受迫振动．

（1）受迫振动的频率等于驱动力的频率，与振动系统的固有频率无关．

（2）受迫振动的振幅由驱动力频率和振动系统的固有频率共同决定：两者越接近，受迫振动的振幅越大，两者相差越大，受迫振动的振幅越小．

2. 共振

当驱动力的频率与物体的固有频率相等时，受迫振动的振幅最大，这种现象叫做共振．共振时的振幅决定于阻尼的大小．

会用共振解释现象，应该知道什么情况下要利用共振，什么情况下要防止共振.

三 机械波

1. 机械波可分为横波和纵波两种.

(1) 质点振动方向和波的传播方向垂直的波叫做横波，如绳上的波、水面波等.

(2) 质点振动方向和波的传播方向平行的波叫做纵波，如弹簧上的疏密波、声波等.

2. 机械波的传播

(1) 波长 λ 是一个完整波的长度，在同一种均匀介质中机械波的传播是匀速的. 波速、波长和频率之间满足公式：$v=\lambda f$.

(2) 介质质点的运动是在各自的平衡位置附近的简谐运动，是变加速运动，介质质点并不随波迁移.

(3) 机械波传播的是振动形式和能量.

(4) 机械波的频率由波源决定.

(5) 传播速度由介质决定，当介质均匀时，波速也均匀，在一个周期内，波形匀速向前推进一个波长. n 个周期波形向前推进 n 个波长（n 不一定是整数）.

习 题

1. 关于简谐运动的下列说法中，正确的是（　　）.

A. 位移减小时，加速度减小，速度增大

B. 位移方向总与加速度方向相反，与速度方向相同

C. 物体的运动方向指向平衡位置时，速度方向与位移方向相反；背向平衡位置时，速度方向与位移方向相同

D. 水平弹簧振子朝左运动时，加速度方向与速度方向相同，朝右运动时，加速度方向与速度方向相反

2. 弹簧振子做简谐运动时，从振子经过某一位置 A 开始计时，则（　　）.

A. 当振子再次与零时刻的速度相同时，经历的时间一定是半周期

B. 当振子再次经过 A 时，经历的时间一定是半周期

C. 当振子的加速度再次与零时刻的加速度相同时，一定又到达位置 A

D. 在一个波长范围内，一定还有另一个位置与位置 A 有相同的位移

3. 有甲、乙、丙三个质量相同的单摆，它们的固有频率分别为 f、$4f$、$6f$，都在频率 $4f$ 的同一策动力作用下做受迫振动，比较这三个单摆（　　）.

A. 乙的振幅最大，丙的其次，甲的最小

B. 乙的振幅最大，甲的其次，丙的最小

C. 它们的振动频率都是 $4f$

D. 乙的振动频率是 $4f$，甲和丙的振动频率分别是固有频率和策动力频率的平均值

4. 铁轨上每根钢轨长 12m，若支持车厢的弹簧固有频率是 2Hz，那么列车以多大速度行驶时，车厢振动最厉害（　　）.

A. 6m/s　　　　B. 12m/s

C. 24m/s　　　　D. 48m/s

5. 关于简谐波，下面说法中正确的是（　　）.

A. 波动的产生需要两个条件，即波源和传播波的介质

B. 波动过程是质点由近向远传递的过程

C. 波动过程有能量传递

D. 波动过程中相邻质点间必有相互作用力

6. 一列波由波源向周围扩展开去，由此可知（　　）.

A. 在波的传播方向上，后一质点的振动必定落后于前一质点

B. 介质中的振动形式由近及远传播开去

C. 质点振动的能量由近及远传播开去

D. 质点只是振动而没有迁移

7. 关于波速，下列说法中正确的是（　　）.

A. 波速反映了振动在介质中传播的快慢

B. 波速反映了介质中质点振动的快慢

C. 波速由介质决定，与波源无关

D. 介质中质点的速度由波速和频率决定，与振幅无关

相关链接

超声波

振动频率高于20000Hz的声波，称为超声波.

1. 超声技术的发展史

人类对于声音的认识和研究可以追溯到很早的古代，但是，对于听不见的超声波的发现和研究，还是在20世纪10年代以后才开始的.

谈到超声的发展史，有几件著名的事件需要提及. 第一件事发生在1912年，英国新造巨型邮船“泰塔尼克号”在大西洋的航线上与冰山相撞沉没，有1500多人遇难. 这个不幸事件引起了人们探讨使用超声波探测冰山的可能性，但是当时电子技术还处在电子管刚刚问世不久的阶段，还没有产生强大超声波的晶体振荡器，这个设想未能付诸实现.

第二件事发生在1914年至1918年的第一次世界大战期间，法国、美国的舰队和商船受到德国潜艇的沉重打击，协约国舰船总吨位损失了近三分之一，法国、美国为了侦察敌方潜艇的活动，认真地研究了应用超声侦察潜艇的问题，这件事也是促使人们进行超声技术研究的重要原因之一.

促使超声技术迅速发展的另一件事发生在1918年前后. 随着各种频率的电子管放大器的研究成功，制出了最早的水下声呐，并在反潜中得到实际应用. 从此以后利用声呐探测潜艇的研究工作受到了各国的普遍重视，海军力量比较强的各国都秘密地进行有关水声设备的研究和改进.

超声技术在民用方面的应用是第二次世界大战以后的事，最先出现的是超声波鱼群探测仪，当时使用的频率在10kHz以下，这种仪器现在已成为渔船上普遍的装备，所用的频率已达10kHz以上. 至于超声探伤、超声测量、超声加工、超声清洗、超声诊断和治疗等是在20世纪50~60年代兴起的，近年超声技术在生产、科研的许多方面得以迅速发展.

2. 自然界中的超声

前面我们谈到，人类对于超声的了解和利用是从20世纪初开始的，然而，大自然中却有许多动物能发出超声，利用超声来追踪目标，如蝙蝠和海豚. 人类能听到的声音的频率范围大概是16~20000Hz，在这一频率以外，包括次声和超声，我们是听不到的. 大自然中的动物能听到的声音的频率范围是多少呢？在哺乳动物中，大象和人一样，能听到的声音频率大概在20~20000Hz之间. 而其他的哺乳动物，包括狗和猫，都能听到超声. 蝙蝠和海豚可以听到100kHz以上的超声. 鱼类、两栖类、爬虫类和鸟类最好的听觉范围在100Hz到5 kHz之间. 猫头鹰在2kHz~9kHz的频率范围内听觉最灵敏. 动物可以根据声音确定声源方位. 人类、蝙蝠以及海豚的声定位本领最高，可以达到1°以内．鱼类和两栖类动物的声定位精度在10°~20°；爬虫类和鸟类的声定位精度是到2°~20°．

3. 超声波的应用

从超声的物理性质出发，其应用可分为两个方面．

(1) 超声波用于探测以及测量

在气体中的测量参数包括风向、风速、气温、煤气渗漏检查、电缆漏电检查、料位控制、自动控制、遥测、气体成分分析等；在液体中可以测量的参数有流速、流量、水温、鱼群探测、海深、海底地貌、寻找沉船等；在固体中的测量参数有厚度、擦伤、超声波固体延迟线、超声诊断、生物体组织的特征等．

(2) 超声波用于加工处理

在气体中的应用包括干燥、除尘、凝聚、贵重金属的收集等，在液体中的应用包括超声清洗、雾化、乳化、粉碎、搅拌混合、加速化学反应等；在固体中的应用有超声金属加工、金属及塑料焊接、陶瓷、玻璃及宝石打孔等．

4. 超声波的特点

(1) 波长短

超声波的频率在20kHz以上，目前使用的超声波从20kHz到几十兆赫，频率很高，亦即波长很短．例如，水下通讯、探测声呐、超声诊断、超声成像以及在液体中使用的超声波，其波长为15cm~1.5cm；金属超声探伤所用的波长为1.2cm~0.4cm，在气体中使用的超声波（如用于空气净化、气象监测以及捕集悬浮微粒等），所用的波长为17cm~7cm．近年来还开始使用波长更短的超声波，其频率在10MHz以上，其波长只有几十微米，已接近可见光的波长了．波长这样短的超声波，它具有类似光线的一些物理性质．

① 超声波的传播类似于光线，遵循几何光学的规律，具有反射、折射现象，也能聚焦．可以利用这些性质进行测量、定位、探伤和加工处理等．

② 超声的波长很短，与发射器、接收器的几何尺寸相当，由发射器发射出来的超声波不向四面八方发散，而成为方向性很强的波束，波长愈短方向性愈强，因此超声用于探伤、水下探测，有很高的分辨能力，能分辨出非常微小的缺陷．

③ 能够产生窄的脉冲，为了提高探测精度和分辨率．要求探测信号的脉冲极窄，一般脉冲宽度是波长的几倍．超声波波长短，因此可以作为窄脉冲的信号发生器．

(2) 功率大

① 超声波能够产生并传递强大的能量．声波作用于物体时，物体的分子也要随着运动，其振动频率和作用的声波频率一样，频率越高，分子运动速度越快，物体获得的能量正比于分子运动速度的平方．超声频率高，因此可以给出大的功率．例如，振幅相同的1MHz的声波比1 kHz的能量大100万倍．

② 在液体中能产生空化现象．液体承受压力的能力是很强的（如水压机中的水能承受几百个大气压），但是液体对拉力的反应很敏感．当超声波作用于液体介质时，在振动处于稀疏状态时，液体会被撕裂成很多的小空穴，这些小空穴瞬间就会闭合，小空穴闭合时能产生高达几千个大气压的瞬时压力和高达几千摄氏度的高温，这一现象称为空化．

③ 能够聚焦．超声波的聚焦大可以使用凹面镜和声学棱镜，此外还有把发射表面作成像雷达抛物面天线的形状进行聚焦，聚焦的能量可达上万瓦每平方厘米，能在水中产生120个大气压的压力变化．

由于超声波具有上述一系列特点，因此引起了人们对它的浓厚兴趣和普遍重视，并积极地把它应用于实际之中，是一门具有广阔前景的高新技术．

第十章
固体　液体和液晶

本章是以分子动理论为基础，学习固体和液体的微观结构，解释有关固体、液体的某些性质和现象．与初中相比，本章加强了分子动理论的实验基础，根据分子动理论简要说明了气、液、固三种物质的聚集态，以及凝聚态物质的分子共同特征，目的是让同学们了解，形成气、液、固三种状态，是由分子热运动和分子间相互作用这两种相反因素决定的．

这一章的特点是以观察为基础，用微观解释宏观，与实际联系比较密切．这样，可以使我们对分子动理论的理解更具体、丰满，有利于拓宽知识面，提高我们对一些自然现象和科学技术知识的理解．

10.1 固 体

固体是物质存在的一种状态．与液体和气体相比，固体有比较固定的体积和形状、质地比较坚硬．固体受热时会膨胀、遇冷时会收缩．

从结构上讲，固体可分成晶体和非晶态两大类．组成固体的粒子在空间有规则排列的是晶体．从宏观上看，晶体都有自己独特的、呈对称性的形状，如食盐呈立方体，冰呈六角棱柱体，明矾呈八面体等．晶体的内部结构在长距离范围有规则性，这使得它具有确定的熔点；晶体在不同的方向上有不同的物理性质，如机械强度、导热性、热膨胀、导电性等，称为各向异性．非晶态固体也称非晶体或无定形固体，组成它的粒子在空间的分布是混乱的，因而非晶体的物理性质表现为各向同性；在长距离上不再有规则性，因而非晶体是随温度的升高逐渐由硬变软，而熔化．

图 10.1.1　石英晶体

1．**晶体**　晶体内部结构中的质点（原子、离子、分子）有规则地在三维空间呈周期性重复排列，组成一定形式的晶格，外形上表现为一定形状的几何多面体．

为了描述晶体的结构，把构成晶体的原子当成一个点，再用假想的线段将这些代表原子的各点连接起来，就绘成了所表示的格架式空间结构．这种用来描述原子在晶体中排列的几何空间格架，称为晶格．由于晶体中原子的排列是有规律的，可以从晶格中拿出一个完全能够表达晶格结构的最小单元，这个最小单元就叫做晶胞．许多取向相同的晶胞组成晶粒，由取向不同的晶粒组成的物体，叫做多晶体，而单晶体内所有的晶胞取向完全一致，常见的单晶体如单晶硅、单晶石英．一般大家最常见到的是多晶体．

食盐是氯化钠的结晶，味精是谷氨酸钠的结晶，冬天窗户玻璃上的冰花和天上飘下的雪花，是水的结晶，每个人的牙齿、骨骼是晶体，工业中的矿物岩石是晶体，日常见到的各种金属及合金制品也属晶体，就连地上的泥土砂石都是晶体．因此，我们可以这样说：“熠熠闪光的不一定是晶体，朴实无华、不能闪光的未必就不是晶体”. 我们身边的固体物质中，除了常被我们误以为是晶体的玻璃、松香、琥珀、珍珠等之外，几乎都是晶体. 所以晶体离我们并不遥远，它就在日常生活中.

晶体按其结构粒子和作用力的不同可分为四类：离子晶体、原子晶体、分子晶体和金属晶体.

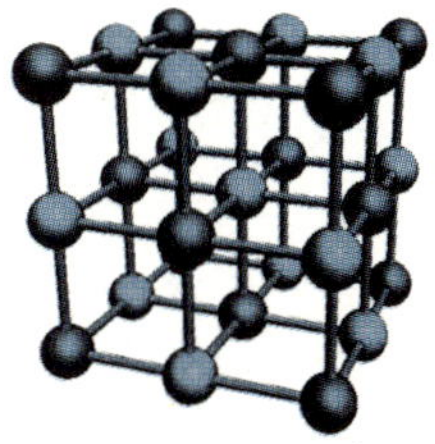
图 10. 1. 2　晶体的微观结构

离子晶体　离子间通过离子键结合形成的晶体叫做离子晶体. 在离子晶体中，阴、阳离子按照一定的格式交替排列，具有一定的几何外形，例如 NaCl 是正立方体晶体，Na^+离子与Cl^-离子相间排列，每个 Na^+离子同时吸引 6 个 Cl^-离子，每个 Cl^-离子同时吸引 6 个 Na^+离子. 不同的离子晶体，离子的排列方式可能不同，形成的晶体类型也不一定相同. 离子晶体中不存在分子，通常根据阴、阳离子的数目比，用化学式表示该物质的组成，如 NaCl 表示氯化钠晶体中 Na^+离子与 Cl^-离子个数比为 1∶1，$CaCl_2$ 表示氯化钙晶体中 Ca^{2+}离子与 Cl^-离子个数比为 1∶2. 离子晶体是由阴、阳离子组成的，离子间的相互作用是较强烈的离子键. 离子晶体具有较高的熔、沸点，常温下呈固态，硬度较大，比较脆，延展性差；在熔融状态或水溶液中易导电；大多数离子晶体易溶于水，并形成水合离子. 离子晶体中，离子半径越小，离子带电荷越多，离子键越强，该物质的熔、沸点一般就越高. 例如下列三种物质，其熔沸点由低到高排列的顺序为，KCl、NaCl、MgO.

原子晶体　相邻原子间以共价键结合而形成的空间网状结构的晶体叫做原子晶体. 凡靠共价键结合而成的晶体统称为原子晶体. 例如金刚石晶体，是以一个碳原子为中心，通过共价键连接 4 个碳原子，形成正四面体的空间结构，每个碳环有 6 个碳原子组成，所有的 C-C 键键长为 1.55×10^{-10}米，键角为 109°28′，键能也都相等. 金刚石是典型的原子晶体，熔点高达 3550℃，是硬度最大的单质. 原子晶体中，组成晶体的微粒是原子，原子间的相互作用是共价键，共价键结合牢固，原子晶体的熔、沸点高，硬度大，不溶于一般的溶剂，多数原子晶体为绝缘体，有些原子晶体如硅、锗等是优良的半导体材料. 原子晶体中不存在分子，用化学式表示物质的组成，单质的化学式直接用元素符号表示，两种以上元素组成的原子晶体，按各原子数目的最简比写化学式．常见的原子晶体是周期系第ⅣA族元素的一些单质和某些化合物，例如金刚石、硅晶体、SiO_2、SiC等．对于不同的原子晶体，组成晶体的原子半径越小，共价键的键长越短，即共价键越牢固，晶体的熔、沸点越高，例如金刚石、碳化硅、硅晶体的熔沸点依次降低．

分子晶体 以分子间相互作用力相互结合形成的晶体叫做分子晶体．大多数非金属单质及其形成的化合物如干冰（CO_2）、I_2、大多数有机物，其固态均为分子晶体．分子晶体是由分子组成，可以是极性分子，也可以是非极性分子．分子间的作用力很弱，分子晶体具有较低的熔、沸点，硬度小、易挥发，许多物质在常温下呈气态或液态，例如O_2、CO_2是气体，乙醇、冰醋酸是液体．同类型分子的晶体，其熔、沸点随分子量的增加而升高，例如卤素单质的熔、沸点按F_2、Cl_2、Br_2、I_2顺序递增；非金属元素的氢化物，按周期系同主族由上而下熔沸点升高；有机物的同系物随碳原子数的增加，熔、沸点升高．但HF、H_2O、NH_3、CH_3CH_2OH等分子间，除了存在范德华力外，还有氢键的作用力，它们的熔、沸点都较高．

分子组成的物质，其溶解性遵守“相似相溶”原理，极性分子易溶于极性溶剂，非极性分子易溶于非极性的有机溶剂．例如NH_3、HCl极易溶于水，难溶于CCl_4和苯；而Br_2、I_2难溶于水，易溶于CCl_4、苯等有机溶剂．据此可用CCl_4、苯等溶剂将Br_2和I_2从它们的水溶液中萃取、分离出来．

金属晶体 由金属键形成的单质晶体叫做金属晶体．金属单质及一些金属合金都属于金属晶体，例如镁、铝、铁和铜等．金属晶体中存在金属离子（或金属原子）和自由电子，金属离子（或金属原子）总是紧密地堆积在一起，金属离子和自由电子之间存在较强烈的金属键，自由电子在整个晶体中自由运动，金属具有很多共同的特性，如金属有光泽、不透明，是热和电的良导体，有良好的延展性和机械强度．大多数金属具有较高的熔点和硬度，金属晶体中，金属离子排列越紧密，金属离子的半径越小、离子电荷越高，金属键越强，金属的熔、沸点越高．例如周期系IA族金属由上而下，随着金属离子半径的增大，熔、沸点递减．第三周期金属按Na、Mg、Al顺序，熔沸点递增．

根据中学阶段所学的知识．金属晶体都是金属单质，构成金属晶体的微粒是金属阳离子和自由电子（也就是金属的价电子）．

2. 晶体共性

(1) 长程有序：晶体内部原子至少在微米级范围内规则排列.

(2) 均匀性：晶体内部各个部分的宏观性质是相同的.

(3) 各向异性：晶体中不同的方向上具有不同的物理性质.

(4) 对称性：晶体的理想外形和晶体内部结构都具有特定的对称性.

(5) 自限性：晶体具有自发地形成封闭几何多面体的特性.

(6) 解理性：晶体具有沿某些确定方位的晶面劈裂的性质.

晶体和非晶体所以含有不同的物理性质，主要是由于它的微观结构不同. 组成晶体的微粒——原子是对称排列的，形成很规则的几何空间点阵. 空间点阵排列成不同的形状，就在宏观上呈现为晶体不同的独特几何形状.

非晶体的内部组成是原子无规则的均匀排列，没有一个方向比另一个方向特殊，如同液体内的分子排列一样，不能形成空间点阵，所以表现为各向同性.

当晶体从外界吸收热量时，其内部分子、原子的平均动能增大，温度也开始升高，但并不破坏其空间点阵，仍保持有规则排列. 继续吸热达到一定的温度——熔点时，其分子、原子运动的剧烈程度可以破坏其有规则的排列，空间点阵也开始解体，于是晶体开始变成液体. 在晶体从固体向液体的转化过程中，吸收的热量用来一部分一部分地破坏晶体的空间点阵，所以固液混合物的温度并不升高. 当晶体完全熔化后，随着从外界吸收热量，温度又开始升高. 而非晶体由于分子、原子的排列不规则，吸收热量后不需要破坏其空间点阵，只用来提高平均动能，所以当从外界吸收热量时，便由硬变软，最后变成液体. 玻璃、松香、沥青和橡胶就是常见的非晶体.

多数的固体晶体属于多晶体（也叫复晶体），它是由单晶体组成的. 这种组成方式是无规则的，每个单晶体的取向不同. 虽然每个单晶体仍保持原来的特性，但多晶体除有固定的熔点外，其他宏观物理特性就不再存在. 这是因为组成多晶体的单晶体仍保持着分子、原子有规则的排列，温度达不到熔解温度时不会破坏其空间点阵，故仍存在熔解温度. 而其他方面的宏观性质，则因为多晶体是由大量单晶体无规则排列成的，单晶体各方向上的特性平均后，没有一个方向比另一个方向上更占优势，故成为各向同性. 各种金属就属于多晶体. 它们没有固定的独特形状，表现为各向同性.

实践活动

在云母薄片和玻璃片上面均匀地涂一层很薄的石蜡．将烧热的钢珠分别接触云母片和玻璃片的反面，观察石蜡熔化形成的图形．

观察发现，云母片上石蜡熔化形成的图形是 椭圆形，玻璃片上石蜡熔化形成的图形是圆形．

练习

1. 下列固体中全是由晶体组成的是（　　）．
   A. 石英、云母、明矾、食盐、雪花、铜
   B. 石英、玻璃、云母、铜
   C. 食盐、雪花、云母、硫酸铜、松香
   D. 蜂蜡、松香、橡胶、沥青
2. 某物体表现出各向异性是由于组成物体的物质微粒（　　）．
   A. 在空间的排列不规则
   B. 在空间按一定的规则排列
   C. 数目较多的缘故
   D. 数目较少的缘故
3. 晶体和非晶体的区别在于其是否具有（　　）．
   A. 规则的外形　　B. 各向异性
   C. 一定的熔点　　D. 一定的硬度
4. 如果某个固体在不同方向上的物理性质是相同的，那么（　　）．
   A. 它一定是晶体
   B. 它一定是多晶体
   C. 它一定是非晶体
   D. 它不一定是非晶体
5. 下列关于晶体和非晶体性质的说法中正确的是（　　）．
   A. 凡是晶体，其物理性质一定表现为各向异性
   B. 凡是非晶体，其物理性质一定表现为各向同性
   C. 物理性质表现了各向异性的物体，一定是晶体
   D. 物理性质表现了各向同性的物体．一定是非晶体

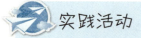

10.2 液体和液晶

议一议

在日常生活中，我们对见到的一些现象可能已经习以为常．比如雨后，我们可以见到树叶、草上的小水珠都接近于球形；不小心打碎了体温计后，里面的水银掉到地上，小水银滴也呈球形．另外我们也可以表演一个小魔术，在一杯水里，将一枚针小心地水平放置在水面上，针浮在水面上而不下沉，并且在针下面的水面上形成一个凹面．这是为什么呢？

图 10.2.1　叶面上的露珠

1. **液体**　液体是四大物质状态之一，没有确定的形状，但有一定的体积．

液体具有以下特性：

（1）没有确定的形状，是流动的，容器是什么形状，注入液体，液体就呈什么形状．

（2）具有一定体积．液体的体积在压力及温度不变的环境下，是固定不变的．

（3）很难被压缩．液体在压力改变时体积变化很小．

（4）增温或减压一般能使液体气化，成为气体，例如将水加温成水蒸气．加压或降温一般能使液体固化，成为固体，例如将水降温成冰．然而，仅靠加压并不能使所有气体液化，如氧气，氢气，氦气等．

2. **液体的表面张力**　多相体系中相之间存在着界面．习惯上人们仅将气—液，气—固界面称为**表面**．

通常，由于环境不同，处于界面的分子与处于相本体内的分子所受力是不同的．在水内部的一个水分子受到周围水分子的作用力的合力为 0，但在表面的一个水分子却不如此．因上层空间气相分子对它的吸引力小于内部液相分子对它的吸引力，所以该分子所受合力不等于零，其合力方向垂直指向液体内部，结果导致液体表面具有自动缩小的趋势，这种收缩力称为**表面张力**．将水分散成雾滴，即扩大其表面，有许多内部水分子移到表面，就必须克服这种力对体系做功——表面功．显然这样的分散体系便储存着较多的表面能．

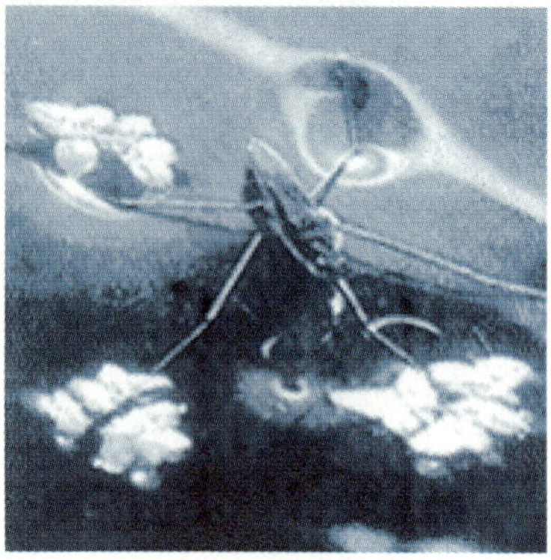

图 10.2.2　利用液体的表面张力浮在水面上的昆虫

表面张力是物质的特性，其大小与温度和界面两相物质的性质有关．

（1）表面张力的方向和液面相切，并和两部分的分界线垂直．如果液面是平面，表面张力就在这个平面上；如果液面是曲面，表面张力就在这个曲面的切面上．

图 10.2.3　水的表面张力托起曲别针

（2）表面张力是分子力的一种表现．它发生在液体和气体接触时的边界部分，是由于表面层的液体分子处于特殊情况决定的．液体内部的分子和分子间几乎是紧挨着的，分子间经常保持平衡距离，稍远一些就相吸，稍近一些就相斥，这就决定了液体分子不像气体分子那样可以无限扩散，而只能在平衡位置附近振动和旋转．在液体表面附近的分子由于只显著地受到液体内侧分子的作用，受力不均，使速度较大的分子很容易冲出液面，成为蒸汽，结果在液体表面层

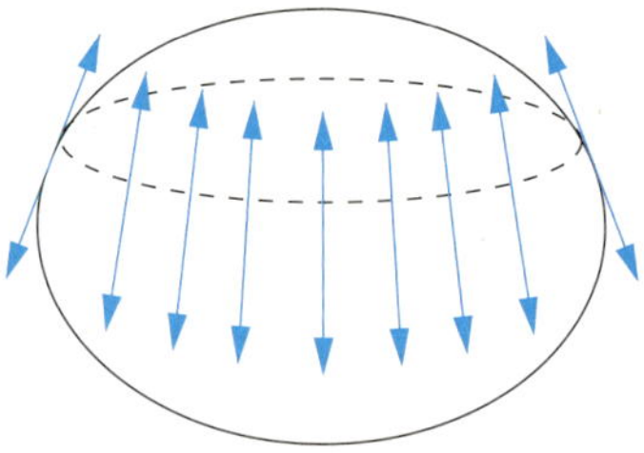

图 10.2.4　液体的表面张力的方向

图 10.2.5　表面张力使液滴呈球形

（跟气体接触的液体薄层）的分子分布比内部分子分布来得稀疏．相对于液体内部分子的分布来说，它们处在特殊的情况中．表面层分子间的斥力随它们彼此间的距离增大而减小，在这个特殊层中分子间的引力作用占优势．因此，如果在液体表面上任意划一条分界线把液面分成两部分，这两部分的力一定大小相等、方向相反．这种表面层中任何两部分间的相互牵引力，促使了液体表面层具有收缩的趋势，由于表面张力的作用，液体表面总是趋向于尽可能缩小，因此空气中的小液滴往往呈圆球形状．

演示实验

表面张力的实验，也可以说是一个关于表面张力的小游戏，找一个朋友和你一起来进行这个游戏．准备一杯水（把水加到杯子的边缘处，目视水至杯口齐平处），等面额的硬币数枚．规则是每人一次向杯子里轮流投放硬币，观察水面微微高出杯口的情况．谁先把水溢出杯子对方即胜出．

3. **液晶**　1888年，一位叫莱尼茨尔的奥地利科学家，合成了一种奇怪的有机化合物，它有两个熔点．把它的固态晶体加热到145℃时，便熔成液体，只不过是浑浊的，如果继续加热到175℃时，它似乎再次熔化，变成清澈透明的液体．后来，德国物理学家列曼把处于“中间地带”的浑浊液体叫做晶体．它好比是既不像马，又不像驴的骡子，有人称它为有机界的骡子，这就是我们所说的液晶．一些有机化合物和高分子聚合物，在一定温度或浓度的溶液中，既具有液体的流动性，又具有晶体的各向异性，这就是**液晶**．液晶被发现后的一段时间内，人们并不知道它有何用途，直到1968年，人们才把它作为电子工业上的材料．

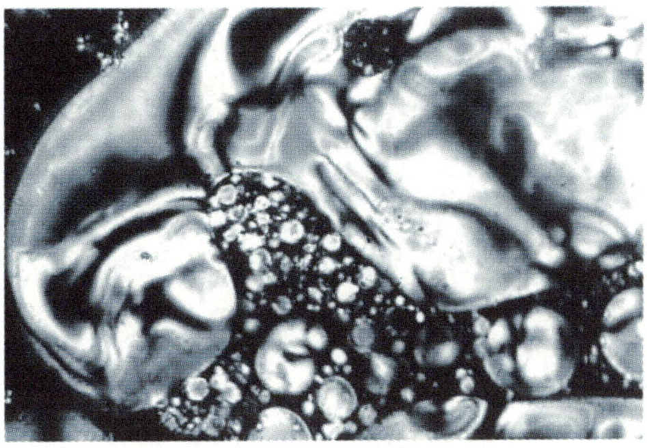

图 10.2.6　液晶

液晶是一种高分子材料，因为其特殊的物理、化学、光学特性，又对电磁场敏感，极有实用价值. 20 世纪中叶，液晶开始被广泛地应用在轻薄型的显示技术上.

液晶既具有液体的流动性，又具有晶体的各向异性. 液晶为什么会具有如此奇异的特性呢？这要从它们的分子排列说起. 液晶材料主要是脂肪族、芳向族、硬脂酸等有机物，其分子大多为细长棒状. 按照分子的不同排列，液晶可分为近晶相、胆甾相和向列相等几种.

近晶相液晶的分子是一层层整齐排列的，层内分子长轴互相平行，而且垂直于层面，如图 10. 2. 7 甲所示. 分子在层内的位置无一定规律，这种排列称为取向有序，位置无序. 各层之间的作用较弱，可以相对滑动，因此整个液晶具有液体的流动性，但因为取向有序，因此又具有各向异性的某些物理性质，例如双折射.

胆甾相液晶的分子也是分层排列的，每层中分子排列彼此平行，且与层面平行. 相邻层分子取向依次转过一定角度，经几层后取向与第一层相同，这样重复，形成螺旋状，如图 10. 2. 7 乙所示. 重复单元的长度称为螺距，它受温度的影响. 不同螺距时不同波长的光有选择性反射，因此不同温度会表现出不同颜色. 这一特性被广泛应用于液晶温度计，例如鱼缸上显示温度的“纸条”，也可贴在病人皮肤上显示不同的病灶（例如肿块）的情况.

向列相液晶的分子长轴互相平行，但不分层，而且分子质心的位置是无规则的，如图 10. 2. 7 丙所示. 外加电场能使分子排列的取向变化. 把向列相液晶夹在两玻璃之间，在玻璃片上做适当的透明电极，例如数字，再加上一些辅助装置，就可使加电场的电极之间的液晶从透明度变为不透明，这就是数字显示屏的基本原理.

液晶研究的发展很快，正在获得愈来愈广泛的应用.

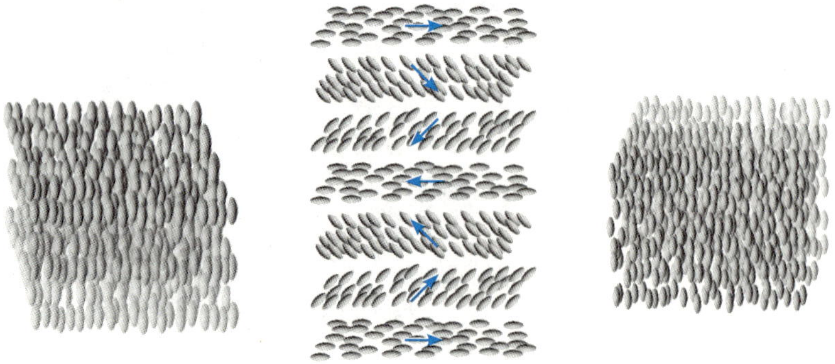

甲　　乙　　丙

图 10. 2. 7

练习

1. 为什么吹出去的肥皂泡或空中的小液滴呈圆球状？为什么水面上行走的小虫子不会掉落水里？
2. 为什么提起潮湿（有水）玻璃上的平底水壶要更用力？
3. 列举液晶显示器在实际生活中应用.

章末小结

1. 固体是物质存在的一种状态，固体有固定的形状和体积，根据固体内部的微观结构，固体可分为晶体和非晶体.

2. 晶体的主要特征是有固定的熔点和物理性质的各向异性，晶体内部原子排列有规则.

3. 液体是物质存在的一种状态，液体没有固定的形状，但有固定的体积，液体具有流动性.

4. 液体表面具有表面张力. 液体的表面张力是由表面层分子之间的相互作用力产生的，表面张力能使液体的体积有收缩的趋势.

5. 液晶介于晶体和液体之间，它既具有液体的流动性，又具有晶体的各向异性.

6. 液晶是电子工业领域最重要的显示材料. 计算器、电脑显示屏、液晶电视的屏幕等都可利用液晶材质制造.

习 题

1. 晶体按其结构粒子和作用力的不同可分为四类，它们是______、______、______和______.
2. 原子晶体中各原子间的距离的数量级为______m，各原子可以认为是一个挨一个排列的，因此原子大小的数量级为______m.
3. 在单晶体、多晶体和非晶体这三类固体中，______有固定的熔点，______没有固定的熔点；______是各向同性的，______是各向异性的.
4. 液体表面层内的分子间距离比液体内部分子间距______，因此表面层内分子之间的作用力表现为______，使液体表面有收缩的趋势.
5. 试举出液体表面存在表面张力的实例（至少举三个例子）.
6. 液晶既像液体那样有______性，又具有______性质，其原因是液体分子的排列______.

第十一章
液体、气体的性质及应用

固体、液体、气体和等离子体是物质的四种最常见的基本形态. 液体和气体的共同特征是它们具有流动性，但又有各自的特性，即液体的体积很难压缩或拉伸，而气体的体积却比较容易变化. 由于这个差别，在描述液体和气体的宏观性质时，要采用不同的方式，建立不同的理想模型.

本章我们要介绍这两种物态的一些基本规律，以及它们在生产和生活中的应用.

11.1 液体的流动及应用

流体是对处于液态和气态的物体的统称．处于这两种形态的物体具有一个共同的特性，即物体各部分之间很容易发生相对运动，这种特性称为流动性．

图 11.1.1　流动的河水

1．液体的压强　液体内部压强的特点是：液体具有重量并具有流动性．由于液体有重量，因此在液体的内部就存在由液体本身的重量而引起的压强，这个压强等于液体单位体积的质量和液体所在处的深度的乘积，即 $p=\rho gh$（式中 $g=9.8$ 牛顿/千克）．由公式知，液体内部的压强与深度有关，深度增加，压强亦随之增加．

液体压强产生的原因是由于液体受重力的作用．液体在失重的情况下，压强将为 0．

液体的压强具有如下特点：

（1）液体除了对容器底部产生压强外，还对“限制”它流动的侧壁产生压强．固体则只对其支撑面产生压强．

（2）在液体内部向各个方向都有压强，在同一深度各个方向的压强都相等．

（3）液体压强的大小只取决于液体的种类（即密度 ρ）和深度 h，而与液体的质量、体积没有直接的关系．

（4）密闭容器内的液体能把它受到的压强按原来的大小向各个方向

传递.

容器底部受到液体的压力跟液体的重力不一定相等. 容器底部受到液体的压力 $F = PS = \rho ghS$, 其中 "hS" 是底面积为 S、高度为 h 的液柱的体积, "ρghS" 是这一液柱的重力. 所以, 容器底部受到的压力其大小可能等于, 也可能大于或小于液体本身的重力.

2. 帕斯卡定律 密闭液体上的压强, 能够大小不变地向各个方向传递称做帕斯卡定律.

这一定律是法国数学家、物理学家、哲学家布莱士·帕斯卡首先提出的. 压强等于作用压力除以受力面积. 根据帕斯卡定律, 在水力系统中的一个活塞上施加一定的压强, 必将在另一个活塞上产生相同的压强增量. 如果第二个活塞的面积是第一个活塞的面积的 10 倍, 那么作用于第二个活塞上的力将增大为第一个活塞的 10 倍, 而两个活塞上的压强仍然相等.

图 11.1.2 法国科学家帕斯卡 (1623.6.19—1662.8.19)

这个定律在生产技术中有很重要的应用, 液压机就是帕斯卡定律的实例. 帕斯卡还发现静止流体中任一点的压强各向相等, 即该点在通过它的所有平面上的压强都相等. 这一事实也称做帕斯卡原理. 可用公式表示为:

$$\frac{F_1}{S_1} = \frac{F_2}{S_2}$$

油压千斤顶是生产中常用的一种起重工具, 它就是根据帕斯卡定律的原理工作的, 具有构造简单、操作方便的特点, 修理汽车、拖拉机等常用它将车身顶起, 便于修理. 它由油箱, 大小不同的两个压力油缸、摇杆和关闭针阀等几个部分组成. 工作时, 提起小活塞将油吸入小压力油缸, 当压下小活塞时将油压进大压力油缸. 通过两个阀

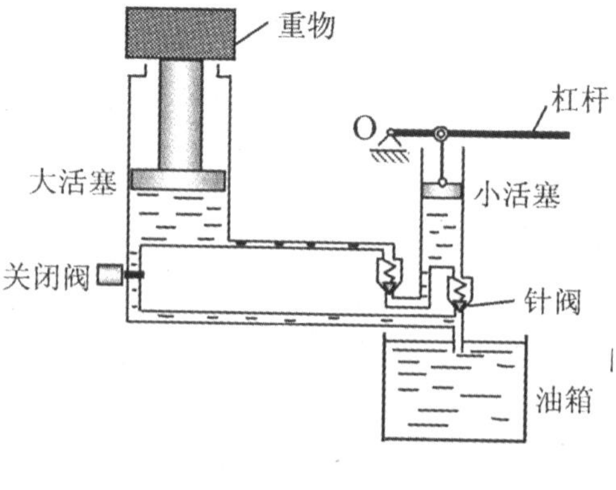

图 11.1.3 油压千斤顶示意图

门的控制，小活塞对油的压强传递给大活塞，将重物顶起来．小活塞不断地往复动作，就可以把重物顶到一定的高度．工作完毕，打开关闭阀，使大压力油缸和油箱连通．这时，大活塞即可在自身重力作用下下落，油回到油箱中去．根据帕斯卡定律，小活塞的面积 S_1，大活塞的面积 S_2，小活塞上的力 F_1，大活塞上的力 F_2 满足如下关系：

$$\frac{F_1}{S_1}=\frac{F_2}{S_2}$$

由于 S_2 比 S_1 大得多，故用很小的力 F_1 就可以举起重为 F_2 的重物．

图 11.1.4　水压机

水压机是 1795 年英国的 J. 布拉默应用帕斯卡原理发明的，它用于打包、榨植物油等．到 19 世纪中期，英国开始把水压机用于锻造，水压机逐渐取代了超大型蒸汽锻锤．到 19 世纪末，美国制成了 126000 千牛自由锻造水压机．此后，全世界先后制造 20 余台 10 万千牛级的自由锻造水压机．随着电动高压泵的出现和完善，锻造水压机也向较小吨位方向发展．20 世纪 50 年代后出现了小型快速锻造水压机，可进行相当于 30 ~ 50 千牛锻锤所做的工作．40 年代，德国制成 180000 千牛的巨型模锻水压机，此后全世界先后制成 180000 千牛以上的模锻水压机 18 台，其中中国制造的一台为 300000 千牛．

3. 流体的连续性原理　液体的一个重要性质是其体积很难被压缩．作为理想化模型，物理学中引入了不可压缩流体的概念．

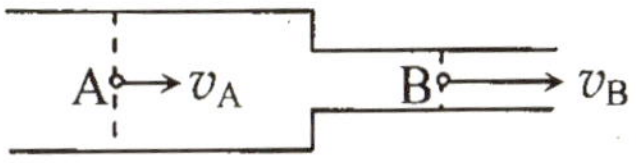

图 11.1.5

不可压缩流体　一定质量的流体，当压力不同时，其体积保持不变．对液体来说，不可压缩流体是一个很好的近似．

稳定流动　如果每个流体元流经空间指定点时，都与前一个流体元流经该点时具有相同的速度，则称这种流动为稳定流动．

当液体在粗细不均匀的管内稳定流动时，单位时间内通过不同横截面 A 和 B 的液体的质量应当相等，如图 11.1.5 所示．因为如果通过 A 的液体质量不等于通过 B 的液体的质量，AB 之间的液体必然会增加或减少，流动就不可能稳定．设横截面 A、B 的面积分别为 S_A 和 S_B，流速分别为

v_A、v_B，液体的密度为ρ，则有

$$\rho v_A S_A = \rho v_B S_B$$

由此得

$$\frac{v_A}{v_B} = \frac{S_B}{S_A}$$

这就是说，对于不可压缩流体的稳定流动，流速与流管的横截面积成反比．这就是**流体的连续性原理**．

连续性原理的实质是质量守恒，它被广泛应用于解决各种实际问题，如水利工程，城市的上下水管路设计，发动机的油路设计等．对于研究不稳定流动和可压缩流体流动，也具有指导意义．

练习

1. 简述帕斯卡定律的内容，并说明水压机的原理．
2. 简述液体流动的连续性原理，试用质量守恒原理加以解释．

11.2 理想气体的状态方程

1. 气体的状态参量 研究物理学问题，要用一些物理量来描述研究对象. 问题不同，所用的物理量也不同. 在力学中，用位移、速度等物理量描述物体的机械运. 现在我们来研究气体的热学性质，需要用到体积、压强、温度等物理量来描述气体的状态，我们把这几个物理量叫做气体的状态参量.

(1) 温度（T）

温度是表示物体冷热程度的物理量. 从分子动理论的观点来看，温度是物体内部分子无规则运动的剧烈程度的标志. 温度越高. 物体内部分子的热运动越剧烈. 温度是物体分子平均动能的标志. 常用的温标有：

①摄氏温标：单位的摄氏度（℃）. 规定在 1atm 下冰水混合物的温度为 0℃，沸水的温度为 100℃，中间分成 100 等分，每一等分为 1℃，通常用 t 表示.

②热力学温标：单位为开尔文（K）. 规定 −273. 15℃为 0K，每 1K 等于 1℃，通常用 T 表示.

③两种温标的关系：$T = t + 273.15\text{K}$

(2) 体积（V）

一定质量的气体占有某一体积. 气体分子可以自由移动，因而气体总要充满整个容器. 气体的体积就是指盛放气体的容器的容积. 在国际单位制中，体积用 V 表示，它的单位是 m^3. 常用的体积单位还有升、毫升，符号是：L、mL. 它们与立方米的关系是：

$$1\text{m}^3 = 10^3\text{L} = 10^6\text{ml}$$

需要注意的是，这个体积不是分子本身的体积之和，气体分子间有很大的间隙.

(3) 压强（p）

用打气筒把空气打到自行车的车胎里去，会把车胎胀得很硬，这是因为空气对车胎有压力而造成的. 气体作用在器壁单位面积上的压力叫做**气体的压强**，它是由大量气体分子在热运动中频繁地碰撞器壁而产生的，它的大小决定于气体的密度和气体分子的平均动量.

压强的单位有：Pa、atm、cmHg、mmHg 等，它们间的换算关系为：

$$1\text{Pa} = 1\text{N/m}^2$$

$$1\text{atm} = 76\text{cmHg} = 760\text{mmHg} = 1.013 \times 10^5\text{Pa}$$

（4）状态及状态变化

①状态：如果气体的各部分温度和压强都均匀，我们就说气体处于平衡状态，简称状态．对一定质量的气体来说，每个状态都对应一组温度、体积和压强值．

②状态变化：如果气体的任何一个状态参量发生了变化，我们就说气体的状态发生了变化．

③理态气体：理想气体就是指在任何温度、压强下都严格遵守气体实验定律的气体．它是从实际中抽象出来的物理模型，在实际中是不存在．但在温度不太低，压强不太大的情况下，我们可把实际气体看做是理想气体．

理想气体的分子除碰撞外无相互作用的引力和斥力，分子势能为零．

2．波意耳定律（等温变化规律） 1662 年，英国化学家波意耳使用类似图 11.2.1 的 U 型玻璃管进行实验：用水银压缩被密封于玻璃管内的空气．加入水银量的不同会使其中空气所受的压力也不同．波意耳经过观察管内空气的体积随水银柱高度不同而发生的变化，发现在管粗细均匀的情况下，管中空气的体积与空气柱的长度 l 成正比，而空气所受压强为大气压与水银柱压差 Δh 的和；据此，他总结出，在恒温下，一定量的空气所受的压力与气体的体积成反比．多种气体的试验均得到了相同的结果，这个结果总结为**波意耳定律**，即**温度恒定时，一定量理想气体的压强和它的体积的乘积为恒量**．数学表达式为：

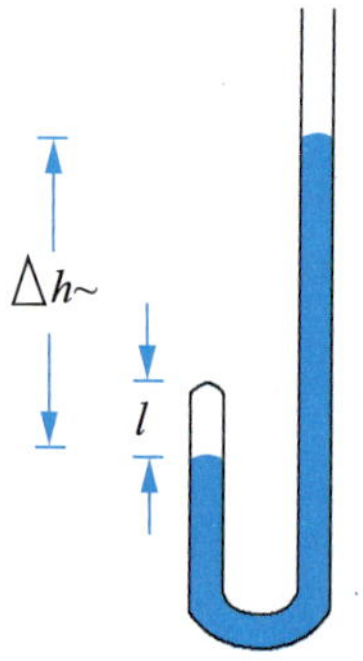

图 11.2.1 波意耳的实验装置

$$pV = \text{恒量} \quad (n、T\ \text{恒定})$$

或 $$p_1V_1 = p_2V_2 \quad (n_1 = n_2、T_1 = T_2).$$

3．查理定律（等容变化规律） 1787 年，查理研究氧气、氮气、氢气、二氧化碳及空气等气体从 0℃ 加热到 100℃ 时的膨胀情况．他的研究表明，对于一定量的理想气体，当体积恒定时，其压强和绝对温度成正比．用数学公式可表示为：

$$\frac{P_1}{T_1} = \frac{P_2}{T_2} = \text{恒量} \quad (n_1 = n_2,\ V_1 = V_2)$$

4. 盖·吕萨克定律（等压变化规律） 盖·吕萨克用实验证明，对于一定量的理想气体，当压强恒定时，其体积与绝对温度成正比，数学表达式为：

$$\frac{V}{T}=\text{衡量} \quad \text{或} \quad \frac{V_1}{T_1}=\frac{V_2}{T_2}$$

5. 理想气体的状态方程 19 世纪中叶，法国科学家克拉珀龙综合波意耳定律、查理定律和盖·吕萨克定律，将描述气体状态的 3 个参数：p、V、T 归于一个方程，表述为：**一定量气体，体积和压强的乘积与热力学温度成正比**.

设某气体原始状态是 p_1、V_1、T_1，最终状态为 p_2、V_2、T_2. 则有

$$\frac{P_1V_1}{T_1}=\frac{P_2V_2}{T_2}=\text{恒量} \tag{11.2.1}$$

在这个方程中，对于 1mol 的气体，恒量为 R，而 n（mol）的气体，恒量为 nR，R 称为摩尔气体常数.

19 世纪末，人们开始普遍地使用现行的理想气体状态方程：

$$pV=nRT \tag{11.2.2}$$

R 为理想气体常数（或称摩尔气体常数、普适气体恒量），R 的数值随 p 和 V 的单位不同而不同. 在摩尔表示的状态方程中，R 对任意理想气体而言是一定的，约为 8.31Pa·m^3/（mol·K）.

例1 一定质量的理想气体，初始状态为 p、V、T. 经过一系列状态变化后，压强仍为 p，则下列过程中可以实现的是（　　）.

A. 先等温膨胀，再等容降温　　B. 先等温压缩，再等容降温

C. 先等容升温，再等温压缩　　D. 先等容降温，再等温压缩

解析： 气体状态无论怎样变化，其 pV/T 比值却不能改变. A 中气体先经 $V\uparrow p\downarrow T$ 不变的过程，再经 $T\downarrow p\downarrow$ 的等容过程，压强降了再降，不可能回到初态的压强 p 值.

B 中，T 不变，$V\downarrow p\uparrow$ 后 V 不变，$T\downarrow p\downarrow$，压强增了之后又减小，可能会回到初态压强值 p，即 B 正确.

C 中，V 不变，$T\uparrow p\uparrow$ 之后 T 不变，$V\downarrow p\uparrow$，压强增了再增，末态压强必大于初态压强值 p，C 项不可能实现.

D 中，V 不变，$T\downarrow p\downarrow$ 之后 T 不变，$V\downarrow p\uparrow$，压强先减后增，末态压强可能等于初态压强值 p，D 项正确.

所以本题选 B、D.

例2 一水银气压计中混进了空气，因而在27℃，外界大气压为758mmHg时，这个水银气压计的读数为738mmHg，此时管中水银面距管顶80mm，当温度降至-3℃时，这个气压计的读数为743mmHg，求此时的实际大气压是多少mmHg?

解析： 本题的研究对象是混入水银气压计的空气.

两个状态的状态参量分别是：

$p_1=758-738=20\text{mmHg}$　　$V_1=80S\text{mm}^3$（S是管的横截面积）

$p_2=p-743\text{mmHg}$　　$V_2=(738+80-743)S=75S\text{mm}^3$

$T_1=273+27=300\text{K}$　　$T_2=273+(-3)=270\text{K}$

将数据代入理想气体状态方程：

$$\frac{P_1V_1}{T_1}=\frac{P_2V_2}{T_2}$$

得

$$\frac{20\times 80S}{300}=\frac{(p-743)\times 75S}{270}$$

解得

$$p=762.2\text{mmHg}.$$

练习

1. 关于气体的体积，下列说法中正确的是（　　）

A. 气体的体积与气体的质量成正比

B. 气体的体积与气体的密度成反比

C. 气体的体积就是所有气体分子体积的总和

D. 气体的体积是指气体分子所能达到的空间

2. 对于一定量的气体，下列说法中正确的是（　　）.

A. 当分子热运动变剧烈时，压强必变大

B. 当分子热运动变剧烈时，压强可以不变

C. 当分子间的平均距离变大时，压强必变小

D. 当分子间的平均距离变大时，压强必变大

3. 关于温度的物理意义，下列说法正确的是（　　）.

A. 人们如果感觉某个物体很冷，说明这个物体的温度很低

B. 物体温度越高，分子平均速率越大

C. 温度是分子平均动能的标志

D. 就某个分子而言，温度越高，动能越大

章末小结

1. 液体压强产生的原因是由于液体受重力的作用. 计算液体压强的公式是 $p=\rho gh$.

2. 帕斯卡定律：加在密闭液体上的压强，能够大小不变地向各个方向传递.

3. 帕斯卡定律的应用：油压千斤顶、水压机等.

4. 流体的连续性原理：在相等的时间内，流过任一截面的水流量均相等.

5. 气体的三个状态参量：温度、压强和体积. 气体压强是由于大量气体分子频繁撞击容器器壁产生的.

6. 波意耳定律　温度恒定时，一定量气体的压强和它的体积的乘积为恒量. 数学表达式为：$pV=$恒量.

7. 查理定律　一定量气体体积恒定时，其压强和温度成正比，即 $\frac{P}{T}=$恒量.

8. 盖·吕萨克定律　压强恒定时，一定量气体的体积与其温度成正比. 其数学表达式为：$\frac{V}{T}=$衡量.

9. 理想气体的状态方程　一定量气体，体积和压强的乘积与热力学温度成正比. 公式为

$$\frac{P_1V_1}{T_1}=\frac{P_2V_2}{T_2}=\text{恒量}$$

习 题

1. 水的密度为 1.0kg/m^3，1atm 约为多少米水柱？

2. 关于理想气体，下列说法正确的是（　　）.

A. 理想气体就是严格遵守气体定律的气体

B. 理想气体分子的平均动能与温度无关

C. 如果忽略分子间的势能，则气体就可看做理想气体

D. 一定量理想气体温度不变时，其体积与压强成正比

3. 关于不可压缩流体的稳定流动，下列说法正确的是（　　）.

A. 稳定流动时，所有流体元都做匀速运动

B. 稳定流动时，流管中各处的流速都相同

C. 稳定流动时，相同时间内流管中各处流过的流体质量相同

D. 稳定流动时，流速与流管的横截面成正比

4. 如果大活塞的直径 $D_1=20\text{cm}$，小活塞的直径 $D_2=5\text{cm}$，要用此千斤顶顶起质量 $m=4\times10^3\text{kg}$ 的重物，至少应用多大的力向下压小活塞？

5. 如图所示，在两端封闭、内径均匀的玻璃管中有一段长为 L 厘米的水银柱，水银柱两侧各封闭有气体．当玻璃管倾斜放置，环境温度均匀时，水银柱静止于某处．问

（1）当环境温度均匀降低时，水银柱是向上还是向下移动？

（2）如果玻璃管上端是敞开的，大气压强为 76cmHg，$L=3\text{cm}$，当 $\theta=30°$ 时，管中气柱长度是 5cm，现使玻璃管竖直放置，当与外界达到平衡时，气柱长度是多少？

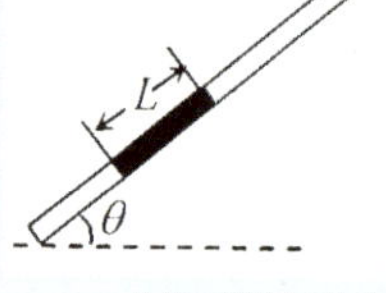

（第5题）

拓展模块

专题一 近代物理简介

在 19 世纪末，经典物理学理论已经发展到相当完备的阶段. 几个主要部分——力学，热力学和分子运动论，电磁学以及光学，都已经建立了完整的理论体系，在应用上也取得了巨大成果. 其主要标志是：物体的机械运动在其速度远小于光速的情况下，严格遵守牛顿力学的规律；电磁现象总结为麦克斯韦方程组；光现象有光的波动理论，最后也归结为麦克斯韦方程组；热现象有热力学和经典统计物理的理论. 在当时看来，物理学的发展似乎已臻于完善. 但有两个实验令当时经典物理学殿堂山雨欲来风满楼，一是实验证明“以太”与地球竟然没有相对运动；二是有关黑体辐射的实验现象. 结果前者诞生了相对论，后者诞生了量子力学，成为近代物理学的两大支柱.

一 相对论简介

自一八九五年起，十六岁的爱因斯坦便开始认真思考一个问题：“假如我以光速跟随一道光束飞行，我会看到哪些奇异景象？比方说，这道光束若是由一座时钟反射出来，我应该看到一座静止的钟，也就是说在我眼中，那座钟的时间是静止的；可是在别人看来，同样的钟却在走动，这是不是矛盾呢？”爱因斯坦心中这个“思想实验”，已经埋下发现狭义相对论的种子.

1905 年，爱因斯坦对这类问题已经苦思十载，在与好友贝索(M. Besso)偶然的一次讨论后，灵感终于浮现. 爱因斯坦认识到，解决问题的关键在于必须挑战传统的“绝对时间”与“同时性”这类概念；其实“绝对时间”并不存在，而时间与讯号速度(光速)之间有密不可分的关系. 值得注意的是，这些领悟与上述那个“思想实验”遥相呼应.

图 1.1 爱因斯坦

很快他就写好了狭义相对论的历史性论文《论运动物体的电动力学》. 在这篇论文中，他只用两个基本假设作出发点：

1. (狭义)相对性原理：在一切惯性参照系中，物理定律具有相同的形式.

2. 光速不变原理：真空中的光速是一个常量，与光源及观察者的运动无关.

由相对性原理可知，一切惯性参照系都是等价的，任何物理实验都无法区分一个惯性系是运动的，还是绝对静止的，因此绝对静止的参照系是不存在的. 爱因斯坦由此指出，“以太”的概念是多余的.

光速不变原理与著名的迈克尔逊-莫雷的实验结果一致，但与传统的速度叠加法则相矛盾，而后者是经典时空观的直接结论，爱因斯坦以敏锐的洞察力和大无畏的科学探索精神断言，经典的时空理论必须修改.

为了看清楚光速不变原理和经典时空观的突出矛盾，我们举一个简单的例子：列车以 20m/s 的速度在平直的铁路上行驶，车中的人以 2m/s 的速度沿列车前进方向步行，从地面上的观察者看来，车中的人相对于地面的速度不是 22m/s 吗？这里用到的是伽利略的速度变换法则，其根据就是经典的时空观. 同样的问题是：一列“爱因斯坦列车”以 $0.2c$ 的速度前进(这里 c 是真空中的光速)，车中一实验者向前照手电筒，光相对于实验者以光速 c 前进. 按照伽利略变换，光相对于地面 f 观察者的速度应为 $1.2c$. 但是，按照光速不变原理，地面上的观察者观察到光速仍为 c.

这两种结论之间的矛盾是如此明显、如此简单. 爱因斯坦认为，光速仍为 c 的结论是正确的，光速为 $1.2c$ 的结论是错误的.

由这个简单的例子可以看到爱因斯坦提出相对论的胆识.

根据相对论的两条基本原理，可以导出两个惯性参照系中时空坐标的变换公式，即“洛仑兹变换”，由此形成一套完整的时空理论. 同时，还可导出质量随速度的增加而增加、光速是一切物质运动速度的上限以及质能关系等一系列结论. 下面介绍狭义相对论的几个主要结论.

狭义相对论效应 1 相对论证明，在不同的惯性系中，没有统一的同时性，也就是发生在不同地点的两个事件在一个惯性系内同时，在另一个惯性系内就不同时，这就是同时的相对性.

相对论导出了不同惯性系之间时间进度的关系，发现运动的惯性系时间进度慢，这就是所谓的钟慢效应. 我们可以通俗的理解为，运动的钟比静止的钟走得慢，而且，运动速度越快，钟走得越慢，接近光速时，钟就几乎停止了.

在不同惯性系中测得的尺的长度也不同. 相对论证明,在长度方向上运动的尺子比静止的尺子短,这就是所谓的尺缩效应,当速度接近光速时,尺子缩成一个点.

狭义相对论效应 2 由以上陈述可知,钟慢和尺缩的原理就是时间进度有相对性. 也就是说,时间进度与参照系有关. 这就从根本上否定了牛顿的绝对时空观,相对论认为,绝对时间是不存在的,然而时间仍是个客观量. 比如在下面将讨论的双生子理想实验中,哥哥乘飞船回来后是 15 岁,弟弟可能已经是 45 岁了,说明时间是相对的,但哥哥的确是活了 15 年,弟弟也的确认为自己活了 45 年,这是与参照系无关的,时间又是“绝对的”. 这说明,不论物体运动状态如何,它本身所经历的时间是一个客观量,是绝对的,这称为固有时. 也就是说,无论你以什么形式运动,你都认为你喝咖啡的速度很正常,你的生活规律都没有被打乱,但别人可能看到你喝咖啡用了 100 年,而从放下杯子到寿终正寝只用了一秒钟.

时钟佯谬或双生子佯谬 相对论诞生后,曾经有一个令人极感兴趣的疑难问题——双生子佯谬. 一对双生子 A 和 B,A 在地球上,B 乘火箭去做星际旅行,经过漫长岁月返回地球. 爱因斯坦由相对论断言,二人经历的时间不同,重逢时 B 将比 A 年轻. 许多人有疑问,认为 A 看 B 在运动,B 看 A 也在运动,为什么不能是 A 比 B 年轻呢? 由于地球可近似为惯性系,B 要经历加速与减速过程,此过程中时间绝对地变慢,因此狭义相对论并没有内在矛盾.

狭义相对论建立以后,对物理学起到了巨大的推动作用,并且深入到量子力学的范围,成为研究高速粒子不可缺少的理论. 然而在成功的背后,却有一个原则性问题没有解决. 这就是万有引力引起的困难. 万有引力定律与绝对时空紧密相连,必须修正,但将其修改为洛伦兹变换下形式不变的任何企图都失败了,万有引力无法纳入狭义相对论的框架.

爱因斯坦只用了几个星期就建立起了狭义相对论,然而为解决这个困难,建立起广义相对论却用了整整十年时间. 广义相对论让所有物理学家大吃一惊,至今为止爱因斯坦的场方程也只得到了为数不多的几个确定解. 它那优美的数学形式至今令物理学家们叹为观止.

二 旧量子论的建立

20 世纪初,新的实验事实不断发现,经典物理学在解释一些现象时出现了困难，其中表现最为明显和突出的是以下三个问题：1. 黑体辐射问题；2. 光电效应问题；3. 原子稳定性和原子光谱. 量子概念就是在对这三个问题进行理论解释时作为一种假设而提出的.

1. 黑体辐射的研究 热辐射是 19 世纪发展起来的一门新学科，它的研究得到了热力学和光谱学的支持，同时用到了电磁学和光学的新兴技术，因此发展很快. 到 19 世纪末，由这个领域又打开了一个缺口，即关于黑体辐射的研究，导致了量子论的诞生.

所谓黑体是指入射的电磁波全部被吸收，既没有反射，也没有透射（当然黑体仍然要向外辐射）. 黑洞也许就是理想的黑体.

1900 年，才华横溢而又保守谨慎的德国物理学家普朗克为解决黑体辐射问题，大胆地提出了一个革命性的思想：电磁振荡只能以"量子"的形式发生，量子的能量 E 和频率 ν 之间有一确定的关系：

$$E = h\nu \tag{1}$$

h 为一自然的基本常数. 普朗克假定：黑体以 $h\nu$ 为能量单位不连续地发射和吸收频率为 ν 的辐射，而不是像经典理论所要求的那样可以连续地发射和吸收能量. 令人叹为观止的是，普朗克利用这个经典物理学无法解释的假设，能够在理论上得到与观察一致的能量－频率关系. 普朗克是一名出色的物理学工作者，长期从事热力学的研究工作. 自 1894 年起，他把注意力转向黑体辐射问题. 很快地，他就找到了辐射的正确公式. 作为理论物理学家，普朗克当然不满足于找到一个经验公式. 实验结果越是证明他的公式与实验相符，就越促使他致力于探求这个公式的理论基础. 为从理论上推导这一新定律，普朗克以最紧张的工作，经过两三个月的努力，终于在 1900 年底用一个能量不连续的谐振子假设，推出了黑体辐射公式. 普朗克解决黑体辐射问题并提出能量子假说的关键，是采用了玻耳兹曼的方法. 玻耳兹曼是热力学第二定律的统计解释的提出者. 1877 年，玻耳兹曼在讨论能量在分子间的分配问题时，把实际连续可变的能量分成分立的形式加以讨论. 普朗克本来一直是玻耳兹曼统计观点的反对者. 为此曾与玻耳兹曼进行过论战. 然而，当他从热力学的普遍理论出发无法直接推出新的辐射定律时，他只好使用玻耳兹曼的统计方法了. 出乎所有人的意料，这不仅解决了黑体辐射问题，使一场"灾难"消于无形，更为重要的是，普朗克凭此壮举，迎来了量子论的曙光. 普朗克的能量子概念，是近代物理学中最重要的概念之一，在物理学发展史上具有划时代的意义. 普朗克的新思想是与经典理论相违背的，它冲破了经典物理传统观念对人们的长期束缚,为人们建立新的概念,探索新的理论开拓了一条新路. 在这个假设的启发下,许多微观现象得到了正确的解释,并在此基础上建立起一个比较完整的、成为近代物理学重要支柱之一的量子理论体系. 1900 年不仅是历史书上一个新世纪的开始,也是物理学发展史上一个新纪元的开端. 它标志着人类对自然的认识,对客观规律的探索从宏观领域进入微观领域的物理学新时代的开始. 而年轻的爱因斯坦,则在普朗克理论的基础上,为量子理论的发展打开了新的局面.

2. 光电效应的研究 金属表面在光辐照作用下发射电子的效应,叫光电效应,发射出来的电子叫做光电子. 光波长小于某一临界值时方能发射电子,即极限波长,对应的光的频率叫做极限频率. 临界值取决于金属材料,而发射电子的能量取决于光的波长而与光强度无关,这一点无法用光的波动性解释.

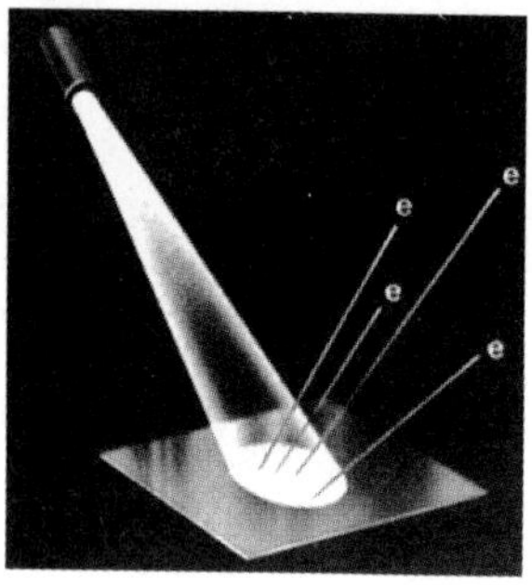

图 1.2 光电效应示意图

1905 年,爱因斯坦针对经典理论解释光电效应所遇到的困难,发表了他的著名论文:《关于光的产生和转化的一个试探性观点》. 在这篇论文中,爱因斯坦总结了光学发展中微粒说和波动说长期争论的历史,揭示了经典理论的困境,在普朗克能量子假说的基础上,提出了一个崭新的观点——光量子假说. 爱因斯坦从经验事实出发,阐明了能量子存在的客观性. 他指出,19 世纪中期,光的波动说与电磁理论取得了绝对性的胜利,但在光的产生与转化的瞬时现象中,光的波动说与经验事实不相符. 爱因斯坦注意到:如果假定黑体空腔中的电磁辐射有粒子性,即假定辐射能量由大小为 $h\nu$ 的量子组成,就能理解普朗克的奇怪的黑体辐射定律的某些方面,而光是电磁波,可以看做由光量子组成. 他在文中写道:"在我看来,如果假定光的能量在空间的分布是不连续的,就可以更好地理解黑体辐射、光致发光、紫外线产生阴极射线(即光电效应),以及其他有关光的产生和转化的现象的各种观测结果. 根据这一假设,从点光源发射出来的光束的能量在传播过程中将不是连续分布在越来越大的空间中,而是由一个数目有限的局限于空间各点的能量子所组成. 这些能量子在运动中不再分散,只能整个地被吸收或产生. "爱因斯坦早已意识到量子概念必然会引起物理学基本理论的变革. 不过,在普朗克看来,电磁场在本质上还是连续的波. 在这里,爱因斯坦明确指出,光的能量不仅在辐射时是一份一份的,即量子化的,而且在传播过程中以及在与物质相互作用过程中也是一份一份的. 这就是说，电磁场能量本身是量子化的，辐射场也不是连续的，而是由一个个集中存在的，不可分割的能量子组成的. 爱因斯坦把这一个个能量子称为“光量子”，1926 年被美国物理学家路易斯定名为“光子”. 同时，爱因斯坦从维恩公式有效范围内的辐射熵的讨论中，得到了光量子的能量表达式：

$$E = h\nu \tag{2}$$

爱因斯坦认为，当光照到金属表面时，能量为 $h\nu$ 的光子与电子之间发生了能量交换. 电子全部吸收了光子的能量，从而具有能量 $E = h\nu$，但要使电子从金属表面逸出，则须克服金属表面对它的吸引力，损失掉一部分能量，即电子须克服吸引力而做功 W（逸出功）. 根据能量转化和守恒定律可知，剩下的一部分能量就成为离开表面时的动能：

$$E_m = h\nu - W \qquad (W\text{ 和材料有关}) \tag{3}$$

这就是爱因斯坦的光电效应方程. 依据爱因斯坦的光量子假说和光电效应方程，便可以非常出色地解释光电效应的实验结果. 从上式可以看到，电子逸出金属表面的速度（动能），只与光的频率和所用材料有关而与光的强度无关；当所用光的频率低于某一特定值时，即 $h\nu$ 小于 W 时，无论光强多大，电子都不会逸出金属表面. 1923 年，美国物理学家康普顿通过 X 射线在物质中的散射实验，进一步证实了光量子的存在，为爱因斯坦的理论提供了有力的证据. 爱因斯坦所以能得出光电效应方程，并对光电效应进行了正确的解释，主要是由于他对黑体辐射现象的深入理解，受到了普朗克能量子假说的启发，再加上他的坚实的知识基础和创新精神. 爱因斯坦提出光量子假说和光电效应方程，又的确是非常大胆的，因为在当时还没有足够的实验事实来支持他的理论，尽管理论与已有的实际观测结果并无矛盾. 爱因斯坦非常谨慎，所以称之为“试探性观点”. 但如果我们比较详细地回顾一下光电效应的发现史，就会更加佩服爱因斯坦的胆略.

光量子理论在揭示自然规律时的重要意义不仅在于对光电效应作出了正确的解释，还表现在它使人们重新认识了光的粒子性，从而对光的本性的认识产生了一个飞跃，揭示了光既有波动性又有微粒性的双重特性，为光的波粒二象性的提出作了准备. 这种特性具体表现在，作为一个“粒子”的光量子的能量 E，它是与电磁波的频率不可分割地联系在一起. 具体地说，在光的衍射与干涉现象中，光主要表现出波动性；而在光电效应一类现象中则主要表现出粒子性. 1909 年爱因斯坦在一次学术讨论会上说,理论物理学发展的下一阶段,将会出现关于光的新理论,这个理论将把光的波动说与微粒说统一起来.

3. 玻尔理论 1911 年,英国物理学家卢瑟福在 α 粒散射实验的基础上,提出了原子的有核模型. 这个模型无疑是符合事实的. 但是,一个严峻而急迫的难题,挡住了卢瑟福模型进一步发展的道路,那就是它还缺少一个理论支柱. 因为,如果按照经典理论和卢瑟福模型,原子将不会稳定存在,并且原子光谱也将是连续变化的. 而事实上,原子是稳定的,光谱则是分立的. 丹麦物理学家玻尔(N. Bohr,1885——1962)是卢瑟福的学生,他坚信卢瑟福的有核原子模型是符合客观事实的. 当然,他也很了解这个模型所面临的困难. 玻尔认为,要解决原子的稳定性问题,"只有量子假说是摆脱困难的唯一出路."正当玻尔苦思冥想之际,他的一位朋友汉森向他介绍了氢光谱的巴尔末公式和斯塔克的著作. 他立即意识到这个公式与卢瑟福的原子结构模型之间应当存在着密切的关系.

1913 年,玻尔提出了与经典理论相违背的两个极为重要的假设,它们是:定态假设和跃迁假设. 为了具体确定定态的能量数值,玻尔提出了量子化条件,即电子的角动量 J 只能是普朗克常数 h 的整数倍. 玻尔的原子结构模型取得了巨大的成功,较好地了解决原子的稳定性问题,并且成功地解释了氢光谱的巴尔末公式,对氢原子和类氢离子光谱的波长分布规律作出了完满的解释. 狄拉克后来曾评论说:"这个理论打开了我的眼界,使我看到了一个新的世界,一个非常奇妙的世界.""我认为,在量子力学的发展中,玻尔引进的这些概念,是迈出了最伟大的一步."

4. 量子力学的建立与发展 自普朗克提出量子概念后,物理学的基本理论研究已进入到近代物理的领域. 在本世纪 20 年代,物理学理论的研究主要集中在以下三个方面:

(1)从经典电动力学的研究进入到相对论的研究. 1905 年,爱因斯坦提出了狭义相对论,1917 年又提出了广义相对论,从此相对论不单是理论物理学家们竞相钻研的对象,而且为全世界所瞩目.

(2)19 世纪末 20 世纪初,麦克斯韦、玻耳兹曼、吉布斯等人所建立的统计物理是理论物理中广泛研究的内容之一. 到 20 世纪 20 年代,导致了玻色-爱因斯坦统计和费密-狄拉克统计的出现.

(3)关于原子结构的研究. 1897 年,汤姆逊发现电子,开始了对原子结构的研究.1911 年,卢瑟福提出原子的有核模型.1913 年玻尔提出原子结构的量子论.玻尔理论虽然在解释氢原子光谱方面取得了巨大成功,但在解释复杂原子光谱方面却遇到了困难.此外,玻尔的量子化条件的引入显得很不自然.由此可见,玻尔理论需要作重大改造,必须建立一个前后一致的、更加完善的理论,这就是后来建立起来的量子力学.量子力学的发展有两条路线,一条路线是由德布罗意提出物质波,后来薛定谔引入波函数的概念,并提出薛定谔方程,建立了波动力学;另一条路线是海森堡提出了力学量用算符表示,建立了矩阵力学.二者的统一工作主要是由狄拉克完成,并加以推广,最后完成了相对论性的量子力学.

实践活动

借助互联网,了解近现代物理的发展和现代物理的前沿.

专题二 航天技术简介

万有引力定律的发现是近代经典物理学发展的必然结果. 科学史上普遍认为,这一成果应该归功于伟大的牛顿. 但是,其他杰出的科学家如胡克、哈雷等在这一方面也做出了非常重要的贡献.

图 2.1 英国科学家牛顿

牛顿指出,月球可以由于重力或者其他力的作用,使它偏离直线运动而偏向地球,形成绕转运动,“如果没有这样一种力的作用,月球就不能保持在它的轨道上运行.”但是,迫使月球作轨道运动的向心力与地面上物体所受的重力到底是否有同一本质呢? 在《自然哲学的数学原理》一书中,牛顿提出了一个思想实验,设想有一个小月球很靠近地球,以至几乎触及地球上最高的山顶,那么使它保持轨道运动的向心力当然就等于它在山顶处所受的重力. 这时如果小月球突然失去了速度,它就如同山顶处的物体一样下落. 如果它所受的向心力并不是重力,那么它就将在这两种力的作用下以更大的加速度下落,这是与我们的经验不符合的. 可见重物的重力和月球的向心力,必然是出于同一个原因. 因此使月球保持在它轨道的力就是我们通常称为重力的那个力. 进一步深入,牛顿根据惠更斯的向心力公式和开普勒的三个定律推导出了力与距离的平方反比关系. 反过来牛顿还证明了,如果物体所受的力指向一点而且遵从平方反比关系,则物体的轨道是圆锥曲线——椭圆,抛物线或双曲线,这就推广了开普勒的结论. 在《原理》中,牛顿把引力作用同磁力作用相类比,得出这些指向物体的力应与这些物体的质量有关,从而把质量引进了万有引力定律. 牛顿把他在月球方面得到的结果推广到行星的运动上去,并进一步得出所有物体之间万有引力都在起作用的结论. 这个引力**同相互吸引的物体质量的乘积成正比,同它们之间距离的平方成正比**. 牛顿根据这个定律建立了天体力学的严密的数学理论,从而把天体的运动纳入到根据地面上的实验得出的力学原理之中,这是人类认识史上的一个重大的飞跃. 万有引力公式:

$$F = G\frac{m_1 m_2}{r^2}$$

G 为万有引力常量，由英国物理学家卡文迪许首先在实验室测出，即

$$G=6.67\times10^{-11}\,\mathrm{Nm^2/kg^2}$$

人造卫星的发射过程是万有引力的典型应用. 当我们要发射一颗地球卫星时，我们只要以一定的角度和一定的初速度把卫星发射向太空，这个速度的理论值由万有引力定律可推知为：7.9km/s. 万有引力定律给我们确定了卫星上天的临界条件. 当我们要求卫星成为一个太阳的卫星时，我们的发射速度的理论值会高达 11.2km/s. 当我们要求卫星成为一个太阳外的天体时，发射速度的理论值会高达 16.7km/s.

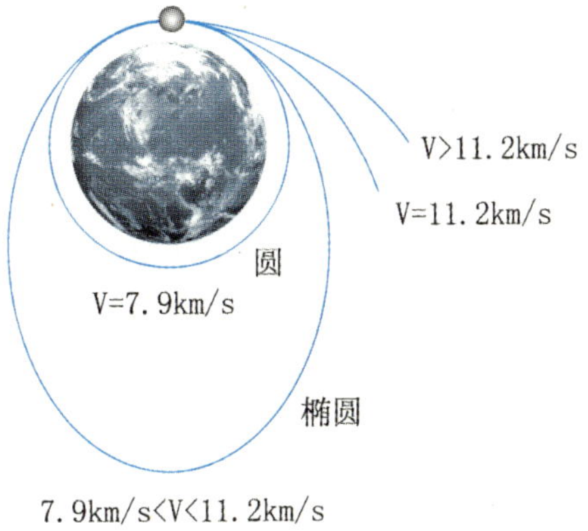

图 2.2　三个宇宙速度示意图

俄国科学家康斯坦丁·齐奥尔科夫斯基，是开拓宇宙航行理论的先驱者. 正是他奠定了火箭在太空中飞行的理论基础，提出了利用火箭进行星际航行和发射人造地球卫星的可能性，并且建立了火箭结构特点与飞行速度之间的关系式，即著名的齐奥尔科夫斯基公式. 关于宇宙航行的思想他有一段十分精辟的名言：“地球是人类的摇篮，但是人不能永远生活在摇篮里.”

图 2.3　俄国科学家齐奥尔科夫斯基

1857 年，齐奥尔科夫斯基出生在俄国梁赞省伊热夫斯基村一个贫穷的家庭里. 他从小便对数理和天文有着浓厚兴趣，常常将自己沉浸在书本和思索之中. 1880 年，齐奥尔科夫斯基开始了他在卡卢加的中学教师生涯，并把他的全部业余时间放在了宇宙航行理论的研究上. 很快，他便发表了一篇题为《外层空间》的论文，首次提出宇宙飞船利用喷气运动的原理，并且画出了第一张所设想的宇宙飞船工作图. 1898 年，齐奥尔科夫斯基完成了他的有关火箭研究的划时代巨著《利用喷气工具研究宇宙空间》. 这部著作的问世标志着火箭飞行技术的真正开端，为后来火箭技术的发展奠定了坚实的理论基础. 虽然齐奥尔科夫斯基一生中并没有亲手设计出实用的火箭，但他的许多研究成果却大大加快了人类飞向太空的历程. 鉴于他的杰出贡献，齐奥尔科夫斯基被后人誉为苏联“航天之父”.

差不多与此同时，后来被誉为美国“火箭之父”的罗伯特. 哥达德（Robert H. Goddard）也开始了火箭技术的研究，并且率先将理论付诸于实践，进行了多次的火箭试验. 经过几年的艰苦努力，1926 年 3 月 16 日，哥达德在马萨诸塞州奥本郊区的沃德农场成功地发射了由他设计的世界上第一枚液体火箭. 这枚火箭长 3. 04 米，重 5. 5 千克，在空中飞行 2. 5 秒，上升了 12 米. 随后他又将火箭进行了一系列的改进，然而，哥达德的工作在当时并没有引起足够的重视，因而他的火箭没有得到进一步的发展.

1932 年，年仅 20 岁的冯・布劳恩受聘于德国陆军军械部，随后他便邀请了里德尔、鲁道夫等一批火箭专家组成了库麦斯多夫液体火箭小组，开始实施在库麦斯多夫试验场研制 A 系列火箭的计划. 1934 年，冯・布劳恩主持研制的两枚 A—2 火箭便在波尔库姆岛试验成功. 1937 年，他所领导的火箭小组转至佩内明德基地，先后研制出了 A—3、A—4 和 A—5 火箭. 然而，由于战争的需要，德国政府下令将 A—4 火箭改装成为战争工具，这便是著名的 V—2 导弹——人类历史上的第一枚导弹.

二战以后，航天科技得到了迅猛的发展. 1957 年 10 月 4 日，前苏联发射了人类历史上的第一颗人造地球卫星，这一划时代的成功加快了人类实现载人航天的步伐. 一个月之后，1957 年 11 月 3 日，前苏联又发射了第二颗人造地球卫星，这颗卫星不但比第一颗重了五倍多，更为不同的是卫星上搭载了一条名叫“莱卡”的小狗. “莱卡”住在卫星圆柱形的生物舱中，舱内的密闭式生态保障系统可供给它生存所需的空气、水和食物. 科学家们在“莱卡”身上连接了用于测量其脉搏、呼吸和血压等的医疗仪器，以便获取航天过程中高等动物的机体反映. 随后，前苏联又用动物进行了大量的试验，在连续两次成功地回收了载狗的宇宙飞船以后，人类在太空中遨游的日子悄然来临了.

图 2. 4　前苏联宇航员加加林

1961 年 4 月 12 日清晨，在前苏联哈萨克共和国的拜科努尔空间发射场上，一个高约 38 米，粗达 10 米的庞然大物巍然耸立，这便是顶端带有“东方”号宇宙飞船的多级运载火箭. “东方”号宇宙飞船中载着尤里・加加林上尉. 随着发射倒计时的开始，人们的心都提了起来，莫斯科时间上午 9 时 7 分，运载火箭伴随着发动机的巨大轰鸣声腾空而起，载着人们几千年的飞天梦想飞入了太空. 大约 14

分钟以后,"东方"号宇宙飞船顺利进入了人造地球卫星轨道.在环绕地球一圈之后,10 时 55 分,飞船安全降落在前苏联萨拉托夫州的一块田野里.人类终于迈出了征服了太空的第一步,载人航天的时代到来了.当时年仅 27 岁的尤里·加加林上尉成为第一个遨游太空的人而载入史册.

美国的第一次载人轨道飞行是在 1962 年 2 月20 日,宇航员格林乘坐"水星 6 号"宇宙飞船绕地球飞行了三圈,随后美苏之间展开了激烈的载人航天技术竞争.长期以来,载人航天一直是美苏(俄)两国一统天下的局面.直到今天,我国的"神舟"号宇宙飞船发射成功以后,中国也成为世界上第三个掌握载人航天技术的国家.可以这样说,航天旅游走入寻常百姓家的日子已经不远了.

图 2.5　阿波罗登月照片

月球,我们美丽星球的卫星,也是距地球最近的天体,自古以来,人们对月亮一直怀着无限的好奇和向往,我国民间就传说月宫里住着美丽的嫦娥和玉兔,皓洁美丽的月亮更成为人类爱情的象征.因此,月球自然成为人类走出地球的第一个驿站.美国和前苏联为了显示各自的军事能力,从六十年代初几乎同时启动了登月计划.然而到目前为止,只有美国实现了登上月球的计划.

美国的登月计划被称为"阿波罗"计划,开始于 1961 年.随着"水星 6 号"飞船实现了首次载人轨道飞行,之后美国又发射了一系列双子星座号载人飞船.1965 年 3 月 23 日,"双子星座 3 号"飞船发射,实现了首次双人飞行;1965 年 6 月3 日,"双子星座 4 号"飞船发射,宇航员首次走出飞船,进行了太空行走;1965 年 12 月4 日,"双子星座 7 号"飞船发射,1965 年 12 月 15 日,"双子星座 6 号"飞船发射,两艘飞船在轨道上进行了编队飞行;1966 年 3 月 16 日,"双子星座 8 号"飞船发射,实现了与另一无人航天器的对接,并进行了出舱作业.截止到 1966 年 11 月,美国已经积累了 1993 个小时的航天经验和 12 个小时的出舱活动经验.

1969 年 7 月 16 日,美国东部时间 9 时 32 分,随着隆隆的轰鸣声,高达 85 米的"土星 -5"运载火箭尾部喷射出闪亮刺目的火舌,背负着"阿波罗 11 号"飞船腾空而起,3817 吨的庞然大物穿云拨雾,直冲九霄,人类的登月之旅开始了.

1969年7月20日22时56分,阿姆斯特朗将他的左脚踏在了月面细细的尘土上.然后他道出了那句富含哲理的名言:“这只我个人的一小步,但却是整个人类的一大步”.

7月21日13时15分,登月舱从月面起飞,飞离月球.7月24日13时35分飞船开始了再入大气层程序,13分钟后飞船降落进太平洋夏威夷西南海面.

“阿波罗”计划在世界航天史上具有划时代意义.整个计划历时11年,共进行了7次登月,一共带回了近400千克的月球样品,获得了15000米的月球全景摄影和测地摄影的软片,在月球上安装了5套科学仪器.航天员在月球上停留的时间总共为299小时32分,外出到月面的时间为80小时14分.

图2.6 嫦娥一号传回的月球照片

登上月球,是人类科技发展和勇敢精神的结晶,是人类探索精神的胜利,它坚定了人类走出地球的信心.人类的目光也从此移向了更加深远的宇宙.

我国的探月工程于2007年取得突破,“嫦娥一号”月球探测卫星于2007年10月24日在西昌卫星发射中心由“长征三号甲”运载火箭发射升空.运行在距月球表面200千米的圆形轨道上执行科学探测任务,11月20日开始传回探测数据.

2007年11月26日,中国国家航天局正式公布嫦娥一号卫星传回的第一幅月面图像.

人类的求知欲望是永无止境的,当我们对地球的认识越来越深入的时候,自然而然地将目光投向了更加广阔的宇宙.我们将对太阳系内的行星及星际空间的探测称为行星探测.然而以人类目前的能力,我们所能探测的也就是这个太阳系,因为现代火箭以20千米每秒的速度,到达距地球最近的恒星“比邻星”约需6.5万年,到天狼星约需13万年,只有接近光速的飞行速度才有可能实现有意义的太阳系以外的探测.

长久以来,人们对火星可能存在生命一直寄予厚望,希望能够在近处考察它.1964年11月28日,美国从卡拉维拉尔角将“水手4号”探测器送入了奔向火星的轨道. 1965 年 7 月 15 日，从离火星表面 10000 公里处飞过，行程 5 亿多公里，成了第一个绕过火星的人造行星.

太阳系的外行星如木星、土星、天王星、海王星、冥王星，距地球十分遥远，对人类来说既奇妙又陌生. 然而那惊人的土星光环、难解的木星大红斑……却深深地吸引着人们去探索. 从七十年代初起，美国先后派出了“先驱者”号和“旅行者”号两组“探险队”，独揽了对太阳系外层空间的探测. “先驱者 10 号”于 1973 年 12 月飞近木星，行程 10 亿公里，发回了 300 幅木星和木卫的照片，并利用木星引力场加速飞向土星，又借助土星引力场加速，于 1986 年 10 月越过冥王星的平均轨道，成为第一个飞出太阳系的航天器.

八十年代末，美国发射了科学仪器更加先进的“麦哲伦”号金星探测器和“伽利略”号木星探测器；九十年代，又发射了月球探测者、火星探路者、火星全球勘测者、星尘彗星探测器等等.

可以预见，随着航天科技的突飞猛进，随着世界各国对探索宇宙奥秘、开发利用宇宙资源的重视，人类的行星际探测活动将越来越活跃，探测的目的、内容将更趋深入和明确，手段将更为完整和先进，宇宙探测将步入新的发展阶段.

尽管人类的航天技术发展十分迅速，但似乎离老百姓的生活还很遥远，宇宙飞船、航天飞机、空间站一类东西对普通人来说仍是遥不可及的事物.

然而，我们已经在不知不觉中享受到了现代航天技术带来的便利. 我们收看的卫星电视是由通讯卫星转发的信号；而从气象卫星发回的气象云图则为每日的天气预报提供了可靠的依据. 未来的航天技术就如同今天的航空技术一样，将深入到人们日常生活中的各个方面，人们乘坐宇宙飞船进行星际航行就如同今天的环球飞行一样方便.

众所周知，在宇宙间飞行的物体是没有重力作用的. 各种材料和物体在失重的环境下会产生许多意想不到的奇妙变化. 除了能改善目前所拥有的材料的结构和性能外，还能制造出地面上不能制造的新材料，经历过失重状态的农作物种子大都异常茂盛，这些必将影响到人类的衣、食、住、行等各方面，给我们的生活带来巨大的变革.

人们还设想在空间利用强大的太阳能发电，将电能通过电磁波发射回地面，以解决人类目前面临的能源危机，虽然以目前宇宙飞船和航天飞机的运载能力来说，建立这样大的太空电站存在运输上的难题，但无论从理论上还是技术上都是可行的. 此外，由于地球人口爆炸，环境的恶化，人们开始设想向太空和其它星球移民. 未来的太空城将是一个密闭式的生态系统，完全实行自给自足.我们还可以运用各种先进技术改造其他星球上的恶劣环境,使之适合人类的生存.这一系列诱人的前景,随着航天技术的进步将离我们越来越近.人类正以其无穷无尽的智慧迎来一个精彩纷呈的航天新时代.

航天大事记

1942.10.03 世界上第一颗导弹,德国制造的 V2 导弹首次发射成功,为二战以后的航天运载工具、远程导弹奠定了基础.

1957.10.04 苏联发射世界上第一颗人造地球卫星成功,开创了人类航天的新纪元.

1959.10.04 苏联的"月球 3 号"探测器首次拍摄到了月球背面的照片.

1961.04.12 第一艘载人飞船,苏联的"东方 1 号"发射成功,宇航员加加林在绕地飞行一圈,历时 108 分钟后安全返回地面,开始了载人航天的新时代.

1963.06.16 世界上第一位女宇航员,美国的捷连丝柯娃绕地球飞行了 48 圈.

1965.03.18 苏联宇航员列昂诺夫走出"上升 2 号"宇宙飞船,第一次在空间自由行走了十分钟.

1969.07.20 美国宇航员阿姆斯特朗和奥尔德林乘坐"阿波罗 11 号"宇宙飞船登月成功,阿姆斯特朗成为第一个踏上月球的人.

1970.04.24 中国成功发射了第一颗人造地球卫星"东方红 1 号".

1971.04.19 苏联成功发射"礼炮 1 号"空间站.

1972.03 美国发射"先驱者 10 号"探测器,经过 11 年的飞行,于 1983 年 6 月越过海王星轨道,而后成为飞离太阳系的第一个人造天体.

1975.07.18 美国的"阿波罗"和苏联的"联盟 19 号"宇宙飞船在大西洋上空对接成功.

1981.04.12 第一艘航天飞机,美国的"哥伦比亚"号首次发射成功.

1981.09.20 中国首次用一枚运载火箭发射三颗人造卫星成功.

1986.01.28 美国的"挑战者"号航天飞机在发射后 73 秒爆炸,七名宇航员罹难,其中包括两名女宇航员.

1999.07.23 世界上第一位女航天飞行指令长,美国的艾琳·科林斯乘坐"哥伦比亚"号航天飞机升空.

1999.11.20 中国的第一艘宇宙飞船"神舟一号"发射成功.中国成为继俄、美之后第三个发射宇宙飞船的国家.

2005 年 10 月 15 日中国的第一艘载人飞船"神舟五号"发射成功,杨利伟成为我国第一位宇航员.

2007 年 10 月 24 日我国第一颗探月卫星“嫦娥一号”发射成功，11 月 20 日开始传回数据.

2008 年 9 月 25 日，“神舟七号”发射成功，宇航员翟志刚首次实现太空行走.我国成为第三个掌握太空出仓技术的国家.

实践活动

查阅和观看有关人造地球卫星、航天飞机、空间站的文字资料或视频资料，了解我国航天事业的发展历史和前景.

专题三 现代通信技术简介

所谓通信，就是互通信息. 从这个意义上来说，通信在远古的时代就已存在. 人之间的对话是通信，用手势表达情绪也可算是通信. 以后用烽火传递战事情况是通信，快马与驿站传送文件当然也是通信. 现代的通信一般是指电信，国际上称为远程通信. 现代通信技术，就是随着科技的不断发展，如何采用最新的技术来不断优化通信的各种方式，让人与人的沟通变得更为便捷，有效. 这是一门系统科学，目前炙手可热的3G就是其中的重要课题.

通信技术和通信产业是20世纪80年代以来发展最快的领域之一. 不论是在国际还是在国内都是如此. 这是人类进入信息时代的重要标志之一.

图3.1　古人通过烽火狼烟通信

通信的发展分为以下三个阶段：第一阶段是语言和文字通信阶段. 在这一阶段，通信方式简单，内容单一. 第二阶段是电通信阶段. 1837年，莫尔斯发明电报机，并设计莫尔斯电报码. 1876年，贝尔发明电话机. 1895年，马可尼发明无线电设备，从而开创了无线电通信发展的道路. 第三阶段是电子信息通信阶段. 从总体上看，通信技术实际上就是通信系统和通信网的技术. 通信系统是指点对点通信所需的全部设施，而通信网是由许多通信系统组成的多点之间能相互通信的全部设施. 而现代的主要通信技术有数字通信技术，程控交换技术，信息传输技术，通信网络技术，数据通信与数据网，ISDN与ATM技术，宽带IP技术，接入网与接入技术.

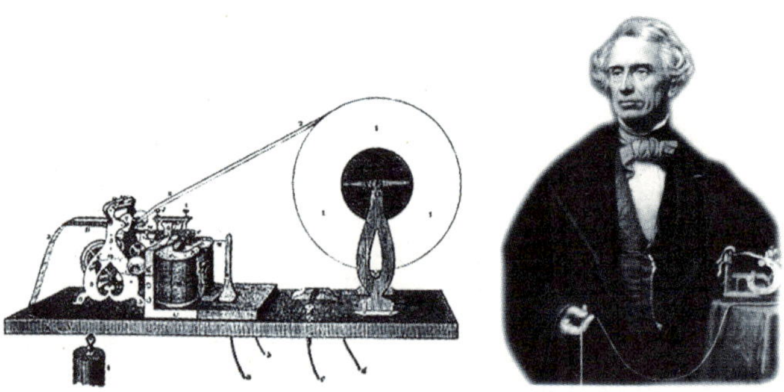

图3.2　莫尔斯发明电报机

图 3.3　贝尔发明电话机

数字通信即传输数字信号的通信，是通过信源发出的模拟信号经过数字终端编码成为数字信号，终端发出的数字信号，经过信道编码变成适合于信道传输的数字信号，然后由调制解调器把信号调制到系统所使用的数字信道上，再传输到收信端，经过相反的变换最终传送到信宿. 数字通信以其抗干扰能力强，便于存储，处理和交换等特点，已经成为现代通信网中最主要的通信技术基础，广泛应用于现代通信网的各种通信系统.

程控交换技术即是指人们用专门的电子计算机根据需要把预先编好的程序存入计算机后完成通信中的各种交换. 程控交换最初是由电话交换技术发展而来，由当初电话交换的人工转接，自动转接和电子转接发展到现在的程控转接技术，到后来，由于通信业务范围的不断扩大，交换的技术已经不仅仅用于电话交换，还能实现传真，数据，图像通信等交换. 程控数字交换机处理速度快，体积小，容量大，灵活性强，服务功能多，便于改变交换机功能，便于建设智能网，向用户提供更多，更方便的电话服务. 随着电信业务从以话音为主向以数据为主转移，交换技术也相应地从传统的电路交换技术逐步转向时分的数据交换和宽带交换，以及适应下一代网络基于 IP 业务综合特点的软交换方向发展.

现代通信传输技术主要包括光纤通信，数字微波通信，卫星通信，移动通信以及图像通信.

1. 光导纤维通信　光导纤维通信简称光纤通信，是利用光导纤维传输信号，以实现信息传递的一种通信方式. 可以把光纤通信看成是以光导纤维为传输媒介的“有线”光通信. 光纤由内芯和包层组成，内芯一般为几十微米或几微米，比一根头发丝还细；外面层称为包层，包层的作用就是保护光纤. 实际上光纤通信系统使用的不是单根的光纤，而是许多光纤聚集在一起的组成的光缆.

光纤通信是利用光波作载波，以光纤作为传输媒质将信息从一处传至另一处的通信方式. 1966 年英籍华人高锟博士发表了论文，提出利用带有包层材料的石英玻璃光学纤维，能作为通信媒质. 从此，开创了光纤通信领域的研究工作. 1977 年美国在芝加哥相距 7000 米的两电话局之间成功地进行了光纤通信试验. 采用的是 85 微米波段的多模光纤，这是第一代光纤通信系统. 1981 年又使用 1.3 微米多模光纤，成为第二代光纤通信系统. 1984 年实现了 1.3 微米单模光纤的通信，这是第三代光纤通信系统. 80 年代中后期又实现了 1.55 微米单模光纤通信，即第四代光纤通信系统. 目前，用光波分复用技术提高速率，用光波放大增长传输距离的系统，这就是第五代光纤通信系统.

光纤通信的发展极其迅速，至 1991 年底，全球已敷设光缆 563 万千米，到 1995 年已超过 1100 万千米. 光纤通信在单位时间内能传输的信息量大. 一对单模光纤可同时开通 35000 部电话，而且它还在飞速发展. 光纤通信的建设费用正随着使用数量的增大而降低，同时它具有体积小，重量轻，使用金属少，抗电磁干扰、抗辐射，保密性好，频带宽，价格便宜等优点.

图 3.4　通信光缆

2. 数字微波中继通信　数字微波中继通信是指利用波长为 1m ~ 1mm 范围内的电磁波通过中继站传输信号的一种通信方式. 其主要特点是信号可利用微波进行通信，具有容量大、质量好并可传至很远的距离，因此是国家通信网的一种重要通信手段，也普遍适用于各种专用通信网.

我国微波通信广泛应用 L、S、C、X 诸频段，K 频段的应用尚在开发之中.

由于微波的频率极高，波长又很短，在空中的传播特性与光波相近，也就是直线前进，遇到阻挡就被反射或被阻断，因此微波通信的主要方式是视距通信，超过视距以后需要中继转发.

一般说来，由于地球曲面的影响以及空间传输的损耗，每隔 50 公里左右，就需要设置中继站，将电波放大转发而延伸. 这种通信方式，也称为微波中继通信或称微波接力通信. 长距离微波通信干线可以经过几十次中继，传至数千公里仍可保持很高的通信质量.

微波站的设备包括天线、收发信机、调制器、多路复用设备以及电源设备、自动控制设备等. 为了把电波聚集起来成为波束，送至远方，一般都采用抛物面天线，其聚焦作用可大大增加传送距离. 多个收发信机可以共同使用一个天线而互不干扰，我国现用微波系统在同一频段同一方向可以六收六发同时工作，也可八收八发同时工作以增加微波电路的总体容量. 多路复用设备有模拟和数字之分. 模拟微波系统每个收发信机可以有 60 路、960 路、1800 路或 2700 路通信同时工作，可用于不同容量等级的微波电路. 数字微波系统应用数字复用设备以 30 路电话按时分复用原理组成一次群，进而可组成二次群 120 路、三次群 480 路、四次群 1920 路，并经过数字调制器调制于发射机上，在接收端经数字解调器还原成多路电话. 最新的微波通信设备，其数字系列标准与光纤通信的同步数字系列(SDH)完全一致，称为 SDH 微波. 这种新的微波设备在一条电路上八个束波可以同时传送三万多路数字电话(2.4Gbit/s).

微波通信由于其频带宽、容量大、可以用于各种电信业务传送，如电话、电报、数据、传真以及彩色电视等. 微波通信具有良好的抗灾性能，水灾、风灾以及地震等自然灾害，都不影响微波通信. 但微波经空中传送，易受干扰，在同一微波电路上不能使用相同频率于同一方向，因此微波电路必须在无线电管理部门的严格管理之下进行建设. 此外由于微波直线传播的特性，在电波波束方向上，不能有高楼阻挡，因此城市规划部门要考虑城市空间微波通道的规划，使之不受高楼的阻隔而影响通信.

图 3.5　微波中继站

近年来我国开发成功点对多点微波通信系统，其中心站采用全向天线向四周发射，在周围 50 公里以内，可以有多个点放置用户站，从用户站再分出多路电话分别接至各用户使用. 其总体容量有 100 线、500 线和 1000 线等，每个用户站可以分配十几或数十个电话用户，在必要时还可通过中继站延伸至数百公里外的用户使用. 这种点对多点微波通信系统对于城市郊区、县城至农村村镇或沿海岛屿的用户、对分散的居民点也十分合用，较为经济.

微波通信还有“对流层散射通信”、“流星余迹通信”等，是利用高层大气的不均匀性或流星的余迹对电波的散射作用而达到超过视距的通信，这些系统,在我国应用较少.

3. 卫星通信 卫星通信是地球上(包括陆地、水面和低层大气中)无线电通信站之间利用人造卫星作为中继站而进行的空间微波通信,卫星通信是地面微波接力通信的继承和发展.我们知道微波信号是直接传播的,因此,可以把卫星通信看作是微波中继通信的一种特例,它只是把中继站放置在空间轨道上.卫星通信是现代通信技术的重要成果,它是在地面微波通信和空间技术的基础上发展起来的.与电缆通信、微波中继通信、光纤通信、移动通信等通信方式相比,卫星通信具有下列特点:

(1)卫星通信覆盖区域大,通信距离远.因为卫星距离地面很远,一颗地球同步卫星便可覆盖地球表面的1/3,因此,利用3颗适当分布的地球同步卫星即可实现除两极以外的全球通信.卫星通信是目前远距离越洋电话和电视广播的主要手段.

(2)卫星通信具有多址联接功能.卫星所覆盖区域内的所有地球站都能利用同一卫星进行相互间的通信.

(3)卫星通信频段宽,容量大.卫星通信采用微波频段,每个卫星上可设置多个转发器,所以通信容量很大.

(4)卫星通信机动灵活.地球站的建立不受地理条件的限制,可建在边远地区、岛屿、汽车、飞机和舰艇上.

(5)卫星通信质量好,可靠性高.卫星通信的电波主要在自由空间传播,噪声小,通信质量好.就可靠性而言,卫星通信的正常运转率达99.8%以上.

(6)卫星通信的成本与距离无关.地面微波中继系统或电缆载波系统的建设投资和维护费用都随距离的增加而增加,而卫星通信的地球站至卫星转发器之间并不需要线路投资,因此,其成本与距离无关.

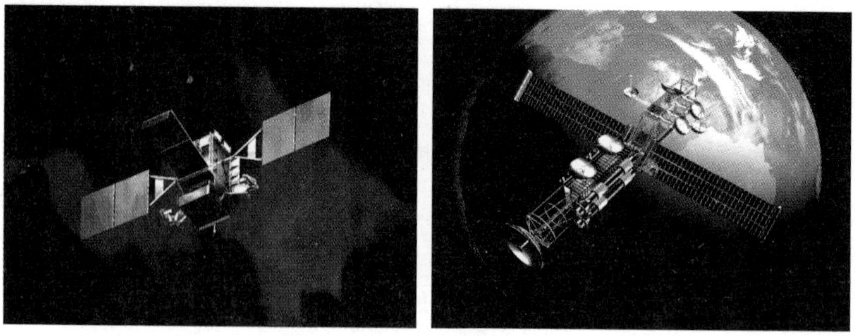

图3.6 通信卫星

但卫星通信也有不足之处,主要表现在:

(1)传输时延大.在地球同步卫星通信系统中,通信站到同步卫星的距离最大可达 40000km，电磁波以光速(3×10^8m/s)传输，这样，路经地球站→卫星→地球站(称为一个单跳)的传播时间约需 0.27s. 如果利用卫星通信打电话的话，由于两个站的用户都要经过卫星，因此，打电话者要听到对方的回答必须额外等待 0.54s.

(2)回声效应. 在卫星通信中，由于电波来回转播需 0.54s，因此产生了讲话之后的"回声效应". 为了消除这一干扰，卫星电话通信系统中增加了一些设备，专门用于消除或抑制回声干扰.

(3)存在通信盲区. 把地球同步卫星作为通信卫星时，由于地球两极附近区域"看不见"卫星，因此不能利用地球同步卫星实现对地球两极的通信.

(4)存在日凌中断、星蚀和雨衰现象.

4. 移动通信 移动通信就是在运动中实现的通信. 其最大的优点是可以在移动的时候进行通信，方便，灵活. 现在的移动通信系统主要有数字移动通信系统(GSM)，码多分址蜂窝移动通信系统(CDMA).

对于通信网，主要分为电话网，支撑网和智能网. 电话网是进行交互型话音通信，开放电话业务的电信网；一个完整的电信网除了有以传递信息为主的业务网外，还需要有若干个用以保障业务网正常运行，增强网络功能，提高网络服务质量的支撑网络，这就是支撑网，支撑网主要包括 No.7 信令网，数字同步网和电信管理网. 而智能网是在原有的网络基础上，为快速，方便，经济，灵活地生成和实现各种电信新业务而建立的附加网络结构.

在通信领域，信息一般可以分为话音，数据和图像三大类型. 数据是具有某种含义的数字信号的组合，如字母，数字和符号等，传输时这些字母，数字和符号用离散的数字信号逐一表达出来，数据通信就是将这样的数据信号加到数据传输信道上传输，到达接收地点后再正确地恢复出原始发送的数据信息的一种通信方式. 其主要特点是：人—机或机—机通信，计算机直接参与通信是数据通信的重要特征；传输的准确性和可靠性要求高；传输速率高；通信持续时间差异大等. 而数据通信网是一个由分布在各地数据终端设备，数据交换设备和数据传输链路所构成的网络，在通信协议的支持下完成数据终端之间的数据传输与数据交换.

数据网是计算机技术与近代通信技术相结合的产物，它把信息采集，传送，存储及处理融为一体，并朝着更高级的综合体发展.

纵观通信技术的发展，虽然只有短短的一百多年历史，却发生了翻天覆地的变化，由当初的人工转接到后来的电路转接，以及到现在的程控交换和分组交换,还有可以作为未来分组化核心网用的 ATM 交换机,IP 路由器;由当初只是单一的固定电话到现在的卫星电话,移动电话,IP 电话等等,以及由通信和计算机结合的各种其他业务,第三代通信技术的即将上市,以及以后的第四代通信,随着通信技术的发展,人类社会已经逐渐步入信息化的时代.

计算机通信网络是现代计算机技术与通信技术结合的产物,网络将不同位置的计算机系统通过通信设备和线路连接,由网络软件实现网络资源共享,实现数据通信. 网络分局域网和广域网两种. 系统安全性好、可靠性高,一般设计网络具有 24 小时不间断处理能力,广域网采用专线通信,保证数据的安全. 系统中各种功能有严格的级别设置,不同级别的用户可享用不同的服务. 系统有可扩充性,便于在局域网上增加新客户.

5. GPS **卫星定位系统** Global Positioning System,简称 GPS,即全球卫星定位系统,近年来得到了越来越广泛的应用,已经产生了可观的 GPS 产品需求. 随着科技水平的提高、应用方向的不断开拓,GPS 无疑会迅速渗透到人们的日常生活中来.

我们经常提到的 GPS 定位系统是由美国军方所设计、控制. 除此之外,我国的北斗双星定位系统正在默默地为我国的现代化建设做贡献;俄罗斯的 GLONASS 系统也曾有过辉煌的历史;欧盟组织设计的伽利略卫星定位系统兼容目前广泛应用的 GPS 系统,在几年后将会给全球定位系统增添更加光彩的一页.

图 3.7 GPS 定位导航

GPS 系统由三大部分组成:空间部分、控制部分和用户部分.

空间部分是 GPS 人造卫星的总称. 人造卫星的平均高度约 20200Km,运行轨道是一个椭圆,地球位于该椭圆的一个焦点上;运行周期约 12 小时. 在 6 个倾角约 55°的轨道面上不平均地分布着近 30 颗导航卫星,部分为备用卫星,美国军方可通过地面控制部分调整工作卫星的数目. 在 GPS 系统中,GPS 卫星是动态的已知点,用户端所有的导航定位信息都是依据这个动态已知点发送的“星历”计算得到的. GPS 星历,实际上是一系列描述 GPS 卫星运动及轨道的实时状态参数. 民用 GPS 模块所接收到的广播星历是由 GPS

卫星以扩频通信方式通过导航电文直接向用户播发的用于实时数据处理的预报星历，在不同的载波上以不同的速率广播民用的伪随机码 C/A 码星历和军用的 P 码星历.

对于整个 GPS 系统来说，实际上地面控制部分是整个系统的核心. 所有的 GPS 卫星所播发的用于导航定位的星历，都是由分布在地面的 5 个监控站提供的. 地面系统负责监测 GPS 信号、收集数据、计算并注入导航电文，状态诊断、轨道修正等. 正是有了地面监控系统的海量数据处理，才使得 GPS 系统精确运转.

我们常说的 GPS 定位模块是 GPS 系统的用户部分，它像“收音机”一样接收、解调卫星的广播 C/A 码信号，中心频率为 1575. 42MHz. GPS 模块并不播发信号，属于被动定位. 通过运算与每个卫星的伪距离，采用距离交会法求出接收机所处经度、纬度、高度和时间修正量这四个参数，特点是定位速度快，但误差大. 初次定位的模块至少需要 4 颗卫星参与计算，称为 3D 定位，3 颗卫星即可实现 2D 定位，但精度不佳. GPS 模块通过串行通信口不断输出 NMEA 格式的定位信息及辅助信息，供接收者选择应用.

GPS 模块性能的评价指标主要有接收灵敏度、定位时间、位置精度、功耗、时间精度等. 模块开机定位时间在不同的启动模式下有很大不同. 一般来说，冷启动时间是指模块内部没有保存任何有助于定位的数据的情况，包括星历、时间等，一般标称在 1 分钟以内；温启动时间是指模块内部有较新的卫星星历（一般不超过 2 小时），但时间偏差很大，一般标称在 45 秒以内；热启动时间是指关机不超过二十分钟，并且 RTC 时间误差很小时的情况. 一般标称在 10 秒以内；重新捕捉时间就如同汽车钻过了一个隧道，出隧道时重新捕捉卫星. 一般标称在 4 秒以内.

实践活动

查找资料或访问，了解移动通信的原理；调查当地移动通信的发展情况.

专题四 新能源的开发利用与节能

能源是发展农业、工业、国防、科学技术和提高人民生活水平的重要基础.煤、石油、天然气是当今世界最重要的三大化石燃料,它们以及从中分离出来的各种燃料照亮了我们这个世界,使整个世界变得美丽多姿.然而,这些资源在地球上的蕴藏量是有限的,按照目前这些能源的消耗速度,并考虑人口增长等因素,有人估计石油和天然气不过几十年,煤不过几百年就会消耗完.因此,我们要节省化石能源,研究和开发如太阳能、核能、风能、海洋能、地热能等可再生能源.

1.太阳能 太阳照射到地面的能量相当于全球能耗的1.6万倍,既无污染,又是永久性能源.可惜太阳辐射到地球的能量密度太低,只有$1kW/m^2$,还受气候影响.太阳能的利用形式主要有两种:一是热能的直接利用,如利用镜面或反射槽将太阳光聚焦在收集器上,由中间介质吸热产生蒸汽,推动汽轮机组发电;另一种形式是利用小型太阳能装置为房屋采暖供热,现已大量应用.

发达国家都在积极开发太阳能,如美国“百万屋顶”计划、日本“600个屋顶”太阳能电池系统等.我国对西部地区的开发应把太阳能的利用列为重点,因为西部地区日照好、居民分散,适合发展太阳能.20世纪70年代美国有一个异想天开的计划,就是在同步人造卫星上装两个$16km^2$的电池板和聚光系统,将所获电能用微波传到地面.由于在大气层外阳光强度比地面高1.4倍,又不受气候影响,据估计,由此得到的电能成本可与常规电能相比.

太阳能电池板

太阳能路灯

太阳能热水器

图4.1

2.核能 原子核在聚变和裂变时,能放出巨大的能量,简称核能.核裂变的燃料是铀、钚等物质,核聚变的燃料是氘、氚等物质.有些物质,例如钍,本身并非核燃料,但经过核反应可以转化为核燃料.核能不仅单位质量产生的能量大,而且资源丰富. 据初步统计,地球上已勘探到的铀矿和钍矿资源,按蕴藏的能量计算,相当于地壳中有机燃料能量的20倍. 核聚变效应的原料就更用之不竭了,如果可控聚变反应获得成功,那么人类就不必为能源供应担忧了.

图4.2 秦山核电站

核能发电是利用核能的重要形式,从20世纪50年代第一座核电站建成以来,越来越受到人们重视,许多国家先后建造了核电站. 据统计,截止2002年底世界上已有30多个国家和地区建成约441座核电站,发电容量约为3.6亿千瓦. 预计到2030年,世界核电站总数将达到1000座,核发电量将占总发电量的三分之一,可以预期在相当长一段时期内核电将成为电力工业的支柱.

核能除了用来发电外,还可以作为船舶、火箭、宇宙飞船、人造卫星等的动力能源. 特别是核动力不需要空气助燃,因而它可在地下、水下、空间等缺乏空气的环境下作为特殊动力,它将是人类开发海底世界的理想能源.

3. 风能 太阳能在地面上约2%转变为风能,全球风力用于发电功率可达11.3万亿kW,很有发展前景. 风能与风速密切相关,我国沿海与西北地区的风力资源丰富,大有作为,但风车材料是关键. 一个2.5MW的风车,转子叶片直径要80m,包括传动箱的总重达30t;风车高近百米,用材几百吨. 风车叶片要有足够的强度和抗疲劳性能,目前主要采用玻璃钢或碳纤维增强塑料,正向增强木材发展. 虽然风能发电装置造价较高,但运行成本低,电价可与常规能源相比,而且无污染.

图4.3 吐鲁番风力发电站

4. 海洋能　海洋能指依附在海水中的可再生能源，海洋通过各种物理过程接收、储存和散发能量，这些能量以潮汐、波浪、温度差、盐度梯度、海流等形式存在于海洋之中. 海洋能在海洋总水体中的蕴藏量巨大，而单位体积、单位面积、单位长度所拥有的能量较小，要想得到大能量，就得从大量的海水中获得；海洋能具有可再生性，海洋能来源于太阳辐射能与天体间的万有引力，只要太阳、月球等天体与地球共存，这种能源就会再生，就会取之不尽，用之不竭；海洋能属于清洁能源，也就是海洋能一旦开发后，其本身对环境污染影响很小. 海洋能有较稳定与不稳定能源之分：较稳定的为温度差能、盐度差能和海流能；不稳定能源分为变化有规律与变化无规律两种. 属于不稳定但变化有规律的有潮汐能与潮流能；既不稳定又无规律的是波浪能.

潮汐能是以重力势能形态出现的海洋能，是指海水潮涨和潮落形成的水的势能. 海水涨落的潮汐现象是由地球和天体运动以及它们之间的相互作用而引起的. 在海洋中，月球的引力使地球的向月面和背月面的水位升高. 由于地球的旋转，这种水位的上升以周期为 12 小时 25 分和振幅小于 1m 的深海波浪形式由东向西传播. 太阳引力的作用与此相似，但是作用力小些，其周期为 12 小时. 当太阳、月球和地球在一条直线上时，就产生大潮；当它们成直角时，就产生小潮. 同时地表的海水又受到地球运动离心力的作用，月球引力和离心力的合力正是引起海水涨落的引潮力. 除月球、太阳外，其他天体对地球同样会产生引潮力. 世界上潮差的较大值约为 13～15m，但一般说来，平均潮差在 3m 以上就有实际应用价值.

潮汐是因地而异的，不同的地区常有不同的潮汐系统，它们都是从深海潮波获取能量，只有出现大潮，能量集中时，并且在地理条件适于建造潮汐电站的地方，从潮汐中提取能量才有可能. 我国海岸线曲折，沿海还有 6000 多个大小岛屿，组成 1.4×10^4km 的海岸线，漫长的海岸蕴藏着十分丰富的潮汐能资源. 我国潮汐能的理论蕴藏量达 1.1×10^8kW，其中浙江、福建两省蕴藏量最大，约占全国的 80.9%.

波浪能是指海洋表面波浪所具有的动能和势能，是一种在风的作用下产生的，并以势能和动能的形式由短周期波储存的机械能. 波浪能是海洋能源中能量最不稳定的一种能源. 波浪发电是波浪能利用的主要方式，此外，波浪能还可以用于抽水、供热、海水淡化以及制氢等.

海水温差能是指表层海水和深层海水之间水存在温差而具有的热能，

是海洋能的一种重要形式.温差能的主要利用方式为发电，首次提出利用海水温差发电设想的是法国物理学家阿松瓦尔，1926 年，阿松瓦尔的学生克劳德试验成功海水温差发电.1930 年，克劳德在古巴海滨建造了世界上第一座海水温差发电站，获得了 10kW 的功率.

盐差能是指海水和淡水之间或两种含盐浓度不同的海水之间的化学电势差能，是以化学能形态出现的海洋能.主要存在与河海交接处.同时，淡水丰富地区的盐湖和地下盐矿也有可以利用盐差能.盐差能是海洋能中能量密度最大的一种可再生能源.据估计，世界各河口区的盐差能达 30TW，可能利用的有 2.6TW.我国的盐差能估计为 1.1×10^8kW，主要集中在各大江河的出海处.但总体上，对盐差能这种新能源的研究还处于实验室水平，离示范应用还有较长的距离.

海流能是指海水流动的动能，主要是指海底水道和海峡中较为稳定的流动以及由于潮汐导致的有规律的海水流动所产生的能量，是另一种以动能形态出现的海洋能.海流能的利用方式主要是发电，其原理和风力发电相似.

全球海洋能的可再生量很大.根据联合国教科文组织 1981 年出版物的估计数字，五种海洋能理论上可再生的总量为 766 亿千瓦.其中温差能为 400 亿千瓦，盐差能为 300 亿千瓦，潮汐和波浪能各为 30 亿千瓦，海流能为 6 亿千瓦.

图 4.4　海洋能电站

5. 地热能　地热能是由地壳抽取的天然热能，这种能量来自地球内部的熔岩，并以热力形式存在，是引致火山爆发及地震的能量.地球内部的温度高达摄氏 7000 度，而在 80 至 100 千米的深度处，温度会降至摄氏 650 度至 1200 度.透过地下水的流动和熔岩涌至离地面 1 至 5 千米的地壳，热力被转送至较接近地面的地方.高温的熔岩将附近的地下水加热，这些加热了的水最终会渗出地面.运用地热能最简单和最合乎成本效益的方法，就是直接取用这些热源，并抽取其能量. 地热来源主要是地球内部长寿命放射性同位素热核反应产生的热能. 按照其储存形式，地热资源可分为蒸汽型、热水型、地压型、干热岩型和熔岩型5大类. 地热资源可按温度划分，中国一般把高于150℃的称为高温地热，主要用于发电. 低于此温度的叫中低温地热，通常直接用于采暖、工农业加温、水产养殖及医疗和洗浴等. 截止1990年底，世界地热资源开发利用于发电的总装机容量为588万千瓦，地热水的中低温直接利用约相当于1137万千瓦. 世界地热资源主要分布于以下5个地热带：①环太平洋地热带，即从美国的阿拉斯加、加利福尼亚到墨西哥、智利，从新西兰、印度尼西亚、菲律宾到中国沿海和日本；②地中海、喜马拉雅地热带，即从意大利直至中国的滇藏；③大西洋中脊地热带，大西洋板块的开裂部位，包括冰岛和亚速尔群岛的一些地热田；④红海、亚丁湾、东非裂谷地热带，包括肯尼亚、乌干达、扎伊尔、埃塞俄比亚、吉布提等国的地热田；⑤其他地热区. 除板块边界形成的地热带外，在板块内部靠近边界的部位，在一定的地质条件下也有高热流区，可以蕴藏一些中低温地热

地热能的利用可分为地热发电和直接利用两大类，而对于不同温度的地热流体可能利用的范围如下：

(1)200～400℃直接发电及综合利用；

(2)150～200℃双循环发电，制冷，工业干燥，工业热加工；

(3)100～150℃双循环发电，供暖，制冷，工业干燥，脱水加工，回收盐类，罐头食品；

(4)50～100℃供暖，温室，家庭用热水，工业干燥；

(5)20～50℃沐浴，水产养殖，饲养牲畜，土壤加温，脱水加工.

地热的主要作用有以下几点：

(1)地热发电是地热利用的最重要方式. 高温地热流体应首先应用于发电. 地热发电和火力发电的原理是一样的，都是利用蒸汽的热能在汽轮机中转变为机械能，然后带动发电机发电. 所不同的是，地热发电不像火力发电那样要备有庞大的锅炉，也不需要消耗燃料，它所用的能源就是地热能. 地热发电的过程，就是把地下热能首先转变为机械能，然后再把机械能转变为电能的过程.

(2)将地热能直接用于采暖、供热和供热水是仅次于地热发电的地热利用方式. 因为这种利用方式简单、经济性好，备受各国重视.

(3)地热在农业中的应用范围十分广阔. 如用温度适宜的地热水灌溉农

田，可使农作物早熟增产；用地热水养鱼，在28℃水温下可加速鱼的育肥，提高鱼的出产率；利用地热建造温室，育秧、种菜和养花；利用地热给沼气池加温，提高沼气的产量等.

图4.5　地热能发电

(4)地热在医疗领域的应用有诱人的前景，目前热矿水就被视为一种宝贵的资源，世界各国都很珍惜.由于地热水从很深的地下提取到地面，除温度较高外，常含有一些特殊的化学元素，从而使它具有一定的医疗效果.由于温泉的医疗作用及伴随温泉出现的特殊的地质、地貌条件，使温泉常常成为旅游胜地，吸引大批疗养者和旅游者.

未来随着与地热利用相关的高新技术的发展，将使人们能更精确地查明更多的地热资源；钻更深的钻井将地热从地层深处取出，因此地热利用也必将进入一个飞速发展的阶段.

科学家们还将在此基础上，寻找和开发新的能源.

实践活动

收集资料，了解新能源利用的途径及前景；了解节能的意义与途径并进行讨论.

专题五 物理与环境保护

1. 噪声污染与控制 噪声是一种无形的污染. 早在公元前七世纪,人们就懂得了噪声会影响人的情绪,损害健康,甚至引起死亡. 随着生产技术的迅速发展,噪声干扰范围之广,危害之深有增无减. 据联合国统计,目前城市的噪声与1956年相比增加了4倍. 在我国,约有两千万人在90分贝以上的环境下工作,有约2亿人在超过环境噪声标准下生活.

噪声的危害是多方面的,最直接受到损害的是听觉系统. 一类是急性损伤,这种损伤常常发生在开凿矿井、隧道,筑路等工程的爆炸作业中,由于其噪声强度大(超过130分贝),频率高,强大的声压和冲击波使受害者耳鸣、眩晕直至鼓膜破裂,致人耳聋. 另一类是慢性损伤,如果人们长期生活在85~90分贝的噪声环境中,会使听觉疲劳不断加深,发生器质性病变,造成听力下降.

此外,噪声还能影响胃肠道的正常分泌,使肠蠕动功能改变,引起代谢过程的紊乱,造成多种疾病. 噪声对人的视力,对妊娠和胎儿发育都会造成不良影响. 噪声还能损伤建筑物. 所以噪声已被认为仅次于大气污染和水污染的第三大公害.

噪声的控制一是加强科学管理,一是采用控制噪声的技术措施.

在管理方面,许多国家都制定了有关的噪声标准和管理条例. 我国已提出了城市环境噪声标准和机动车辆噪声试行标准.

控制噪声的技术措施,主要是从噪声源、噪声传递途径和保护噪声接受者三个环节入手,结合技术、经济和活动要求来全面考虑. 对噪声源的根本改造一般是困难的. 主要手段是操作限制,即对使用时间、使用功率与环境的限制. 选用低噪声设备是噪声控制的关键,而加工工艺的改进是噪声控制的有效方法. 比如铆接噪声达125分贝,改成焊接不到90分贝;打桩如用锤打可达120分贝,使用油压机可降低50分贝. 还有用斜齿轮代替直齿轮;用软管连接通风管道和通风机;用无轨电车替代有轨电车等.

控制噪声传播的途径是十分广泛的. 在建筑一些会发生噪声的厂房时,利用具有通气性能的吸音材料,如棉、毛、麻、玻璃棉以及泡沫塑料等多孔材料作内墙壁面,可使噪声降低. 在建筑结构上,利用薄板、空腔共振和微穿孔板等结构,也可达到减小噪声的目的.

图 5.1　噪音污染

机器和飞机的地面试车都可采用隔声办法来降低噪声. 消声库就是专为减少飞机试车噪声而设计的. 机库内壁用吸声材料作成吸声层,可降低噪声向外传递. 在机器上加隔声罩,也能收到吸声和隔声的效果. 为控制排气噪声,可利用小孔或多孔扩散消声器,使气流通过多孔扩散器得到充分扩散,气流速度便可降低.

保护噪声接受者,通常是使用护耳器、耳塞、耳罩和头盔等. 德国专家最近研制了一种小巧、轻便、外形像耳塞似的除噪膜. 这种膜用一种特殊的塑料薄膜制成,戴上它就可隔绝外界的噪声,又能清晰听到无害于耳膜的正常声音.

2. 电磁污染与防护　现代生活离不开电子产品的使用,而大量电子产品的使用所带来的电磁污染,严重地影响着人们的身体健康. 那么电磁污染是怎样产生的呢? 我们又该如何进行有效的防护呢?

电磁污染的产生　影响人类生活环境的电磁污染可分为自然型和人工型两大类. 自然型电磁污染是某些自然现象引起的,最常见的是雷电,雷电除了可能对电气设备、飞机、建筑物等直接造成危害外,还会在广大地区产生严重的电磁干扰. 此外,火山喷发、地震和太阳黑子活动引起的磁暴等都会产生电磁干扰. 人工型主要是工频交变电磁场(如大功率电机、变压器、输电线附近等)、射频电磁辐射(如广播、电视、微波通讯等).

电磁污染的危害　人体神经细胞受外界刺激后会产生神经冲动,由中枢神经产生反馈信息,称为神经细胞的电传导,电磁辐射能使人体产生电磁感应,可改变电传导,日积月累,就会出现神经衰弱、植物神经功能紊乱等情况,具体表现为头痛、头晕、失眠、多梦、健忘等,严重时可出现心悸及心律失常. 电磁辐射作用于肾上腺,则肾上腺素和去甲肾上腺素水平降低,抗损伤能力下降;作用于垂体,则使生长激素水平降低,儿童生长迟缓;作用于松果体,则松果体素水平下降,出现生物钟紊乱;母细胞复制子细胞的过程是 DNA 的复制和传递过程,当这一过程受到电磁波及其他因素干扰时,就会诱发癌基因产生癌细胞及其它变异细胞;电磁辐射还能使生物膜功能紊乱甚至遭到破坏,会抑制细胞活性,如精子生成减少及活性降低,出现不育症,脸部皮肤细胞代谢障碍等. 其中对孕妇及胎儿的影响(不育、畸胎、死胎、流产等)已成为世界性的研究课题.

电磁辐射会造成电子设备、仪器仪表、通讯联络、自动控制等系统的信息失误,控制失灵或发生中断等故障及电视机、收音机不能收看收听. 高的电磁辐射能引起易爆物质和电爆兵器控制失灵,发生爆炸,可以引起挥发性液体或气体意外燃烧. 现代生活中的电磁污染是多方面的,它对人体健康造成的是一种潜在的、积累型的损害,并且会长期存在.

防护与治理 对电磁污染的防护主要有,屏蔽防护,分主动场屏蔽、被动场屏蔽;采用等效负载,采用天线或大功率吸收负载;采用漏能抑制器等.

在家庭中,使用家电时应注意一些操作方法. 主要有:(1)电视机与电脑:电视的电磁辐射比电脑大,看电视时应距离3米远以上,看完后应洗脸. 电脑屏幕会放射出阴离子,操作时应距之至少在30厘米以上,最好每隔1小时休息活动一会儿;(2)微波炉:使用时,人至少应离炉0.5米以上,不可在炉前久站. 食物取出后,应先放几分钟再吃. 还应经常检测有无微波泄漏,其简单方法是将收音机打开放在炉边,打开微波炉后若收音机受到干扰,则表示有泄漏,应及时请技术人员检修;(3)手机:最好装上合格的防辐射机套,每次通话时间不宜过长,充电时不应置于卧室中;(4)电热毯:电热毯相当于一个电磁场,即使关上开关,仍然会扰乱体内的自然电场,对孕妇、儿童、老人的损害最大.

图5.2　电磁污染

3. 光污染与控制

(1)环境中的光污染

白亮污染 现代不少建筑物采用大块镜面或铝合金装饰门面,有的甚至整个建筑物都用这种镜面装潢. 也有一些建筑物采用钢化玻璃、釉面砖墙、铝合金板、磨光花岗岩、大理石和高级涂料装饰,明亮亮、白花花炫眼逼人. 据测定,白色的粉刷面光反射系数为69—80%,而镜面玻璃的反射系数达82—90%;比绿色草地、森林、深色或毛面砖石装修的建筑物的反射系数大10倍左右、大大超过了人体所能承受的范围. 长时间在白色光亮污染环境下工作和生活的人,眼角膜和虹膜都会受到程度不同的损害,引起视力的急剧下降，白内障的发病率高达 40%—48%. 同时还使人头昏心烦，甚至发生失眠、食欲下降、情绪低落、乏力等类似神经衰弱的症状.

人工白昼污染 当夜幕降临后，酒店、商场的广告牌、霓虹灯使人眼花缭乱. 一些建筑工地灯火通明，亮如白昼，人工白昼对人体的危害不可忽视. 由于强光反射，可把附近的居室照得如同白昼，在这样的“不夜城”里，使人夜晚难以入睡，打乱了正常的生物节律，致使精神不振，白天上班工作效率低下，还时常会出现安全方面的事故.

眩光污染 汽车夜间行驶时照明用的头灯，厂房中不合理的照明布置等都会造成眩光. 某些工作场所，例如火车站和机场以及自动化企业的中央控制室，过多和过分复杂的信号灯系统也会造成工作人员视觉锐度的下降，从而影响工作效率. 焊枪所产生的强光，若无适当的防护措施，也会伤害人的眼睛. 长期在强光条件下工作的工人（如冶炼工、熔烧工、吹玻璃工等）也会由于强光而使眼睛受害.

视觉污染 指的是城市环境中杂乱的视觉环境. 例如城市街道两侧杂乱的电线、电话线、杂乱不堪的垃圾废物、乱七八糟的货摊和五颜六色的广告招贴等.

激光污染 激光污染也是光污染的一种特殊形式. 由于激光具有方向性好、能量集中、颜色纯等特点，而且激光通过人眼晶状体的聚焦作用后，到达眼底时的光强度可增大几百至几万倍，所以激光对人眼有较大的伤害作用. 激光光谱的一部分属于紫外和红外范围，会伤害眼结膜、虹膜和晶状体. 功率很大的激光能危害人体深层组织和神经系统. 近年来，激光在医学、生物学、环境监测、物理学、化学、天文学以及工业等多方面的应用日益广泛，激光污染愈来愈受到人们的重视.

红外线污染 红外线近年来在军事、人造卫星以及工业、卫生、科研等方面的应用日益广泛，因此红外线污染问题也随之产生. 红外线是一种热辐射，对人体可造成高温伤害. 较强的红外线可造成皮肤伤害，其情况与烫伤相似，最初是灼痛，然后是造成烧伤. 红外线可造成眼底视网膜的伤害. 人眼如果长期暴露于红外线可能引起白内障.

紫外线污染 紫外线最早是应用于消毒以及某些工艺流程. 近年来它的使用范围不断扩大，如用于人造卫星对地面的探测. 紫外线对人体主要是伤害眼角膜和皮肤. 引起红斑和小水疱，严重时会使表皮坏死和脱皮.

(2)光污染的防治

防治光污染主要有下列几个方面:加强城市规划和管理,改善工厂照明条件等,以减少光污染的来源;对有红外线和紫外线污染的场所采取必要的安全防护措施;采用个人防护措施,主要是戴防护眼镜和防护面罩.光污染虽未被列入环境防治范畴,但它的危害显而易见,并在日益加重和蔓延.因此,人们在生活中应注意,防止各种光污染对健康的危害,避免过长时间接触污染.

图5.3　光污染

4. 放射线污染与防治　对于放射线的危害,人们既熟悉又陌生.在常人的印象里,它是与威力无比的原子弹、氢弹的爆炸联系在一起的.随着全世界和平利用核能呼声的高涨,核武器的禁止使用,核试验的大大减少,人们似乎已经远离放射线危害.然而,近年来,随着放射性同位素及射线装置在工农业、医疗、科研等各个领域的广泛应用,放射线危害的可能性却在增大.

过量的放射线对人体内DNA作用使之发生突变,造成对人体的伤害.科研或生产中使用的放射源物质丢失、遗落,核爆炸、核电站泄露等都会导致放射性污染.

美国在1945年向日本广岛和长崎投掷的两枚原子弹不仅在当时就炸死了约10万人,在以后的50多年里因放射性污染又死去了许多无辜的平民.1987年前苏联切尔诺贝利核电站的核泄露也造成了大量的人员伤亡.美国在近几年的两次地区冲突(海湾地区、科索沃地区)中大量使用了含有放射性的炸弹,使许多人患有莫名其妙的疾病.一些人工合成的放射性物质以及一些天然物质(如大理石)所放出的过量的放射线对人类和自然也会产生严重的危害.

为了防止有害的放射线对人类和自然的破坏,人们采取了有效的防范措施.例如在核电站的核反应堆外层用厚厚的水泥来防止放射线的外泄;用过的核废料要放在很厚很重的重金属箱内，深埋在地下并建立档案．在生活中对那些有放射性的物质要有防范的意识，尽可能远离放射源．

实践活动

调查研究，了解造成噪音污染、电磁污染、光污染、放射性污染的主要原因．

附录一

法定计量单位

国际单位制基本单位

量	单位名称	单位符号	备　　注
长度	米	m	米是光在真空中(1/299792458)s时间间隔内所经路径的长度
质量	千克	kg	千克是质量单位,等于国际千克原器的质量
时间	秒	s	秒是铯-133原子基态的两个超精细能级之间跃迁所对应的辐射的9192631770个周期的持续时间
电流	安[培]	A	在真空中,截面积可忽略的两根相距1m的无限长平行圆直导线内通以等量恒定电流时,若导线间相互作用力在每米长度上为2×10^{-7}N,则每根导线中的电流为1A
热力学温度	开[尔文]	K	热力学温度单位开尔文是水的三相点热力学温度的1/273.16
物质的量	摩[尔]	mol	①摩尔是一系统的物质的量,该系统中所包含的基本单元数与0.012kg碳-12的原子数目相等 ②在使用摩尔时,基本单元应予指明,可以是原子、分子、离子、电子及其他粒子,或是这些粒子的特定组合
发光强度	坎[德拉]	cd	坎德拉是一光源在给定方向上的发光强度,该光源发出频率为540×10^{12}Hz的单色辐射,且在此方向上的辐射强度为1/683W/sr每球面度

国际单位制辅助单位

量	单位名称	单位符号	备　　注
平面角	弧度	rad	弧度是一圆内两条半径之间的平面角,这两条半径在圆周上截取的弧长与半径相等
立体角	球面度	sr	球面度是一立体角,其顶点位于球心.而它在球面上所截取的面积等于以球半径为边长的正方形面积

国际单位制具有专门名称的导出单位

量	单位名称	单位符号	其他单位表示式	基本单位表示式
频率	赫[兹]	Hz		s^{-1}
力	牛[顿]	N		$m \cdot kg \cdot s^{-2}$
压力(压强),应力	帕[斯卡]	Pa	N/m^2	$m^{-1} \cdot kg \cdot s^{-2}$
能[量],功,热量	焦[耳]	J	$N \cdot m$	$m^2 \cdot kg \cdot s^{-2}$
功率,辐[射能]通量	瓦[特]	W	J/s	$m^2 \cdot kg \cdot s^{-3}$
电荷[量]	库[仑]	C		$s \cdot A$
电位(电势),电压,电动势	伏[特]	V	W/A	$m^2 \cdot kg \cdot s^{-3} \cdot A^{-1}$
电容	法[拉]	F	C/V	$m^{-2} \cdot kg^{-1} \cdot s^4 \cdot A^2$
电阻	欧[姆]	Ω	V/A	$m^2 \cdot kg \cdot s^{-3} \cdot A^{-2}$
电导	西[门子]	S	A/V	$m^{-2} \cdot kg^{-1} \cdot s^3 \cdot A^2$
磁通[量]	韦[伯]	Wb	$V \cdot s$	$m^2 \cdot kg \cdot s^{-2} \cdot A^{-1}$
磁感应[强度],磁通密度	特[斯拉]	T	Wb/m^2	$kg \cdot s^{-2} \cdot A^{-1}$
自感	亨[利]	H	Wb/A	$m^2 \cdot kg \cdot s^{-2} \cdot A^{-2}$
摄氏温度	摄氏度	℃		K
光通[量]	流[明]	lm		$cd \cdot sr$
[光]照度	勒[克斯]	lx	lm/m^2	$m^{-2} \cdot cd \cdot sr$
[放射性]活度,(放射性强度)	贝可[勒尔]	Bq		s^{-1}

部分可与国际单位制单位并用的中国法定计量单位(GB 3100—93)

量	单位名称	单位符号	单位表示式
时间	分	min	1min = 60s
	[小]时	h	1h = 60min = 3600s
	日(天)	d	1d = 24h = 86400s
[平面]角	[角]秒	(″)	1″ = (π/648000)rad(π为圆周率)
	[角]分	(′)	1′ = 60″ = (π/10800)rad
	度	(°)	1° = 60′ = (π/180)rad
旋转速度	转每分	r/min	$1r/min = (1/60)s^{-1}$
质量	吨	t	$1t = 10^3kg$
体积	升	L	$1L = 1dm^3 = 10^{-3}m^3$
能	电子伏	eV	$1eV \approx 1.602189 \times 10^{-19}J$
级差	分贝	dB	$1L = 1dm^3 = 10^{-3}m^3$

用于构成十进倍数和分数单位词头

所表示的因数	词头名称	词头符号
10^9	吉[咖]	G
10^6	兆	M
10^3	千	k
10^2	百	h
10^1	十	da
10^{-1}	分	d
10^{-2}	厘	c
10^{-3}	毫	m
10^{-6}	微	μ
10^{-9}	纳[诺]	n
10^{-12}	皮[可]	p

附录二

基本物理常量

物理量名称	符号	数值	单位
真空中的光速	c	2.9979×10^{8}	$m\cdot s^{-1}$
重力加速度(赤道外海平面)	g	9.78949	$m\cdot s^{-2}$
引力常量	G	6.673×10^{-11}	$N\cdot m^{2}\cdot kg^{-2}$
地球质量		5.975×10^{24}	kg
地球平均半径		6.371×10^{6}	m
地球到太阳的平均距离		1.49×10^{11}	m
地球到月亮的平均距离		3.84×10^{8}	m
太阳直径		1.39×10^{9}	m
太阳质量		1.99×10^{30}	kg
静电力常量	k	9.0×10^{9}	$N\cdot m^{2}\cdot C^{-2}$
元电荷	e	1.60×10^{-19}	C
电子质量	m_e	9.1×10^{-31}	kg
质子质量	m_p	1.67×10^{-27}	kg
α 粒子质量	m_α	6.64×10^{-27}	kg
电子荷质比	e/m_e	1.76×10^{11}	$C\cdot kg^{-1}$
普朗克常数	h	6.63×10^{-34}	$J\cdot s$
阿伏加德罗常数	L,N_A	6.02×10^{23}	mol^{-1}
原子质量常量	m_u	1.66×10^{-27}	kg